VIENS ESPRIT CRÉATEUR

Illustration de couverture :

L'Esprit de Dieu planant sur les eaux.
Enluminure de la Bible de Sens (XIVᵉ siècle)
Turin, Biblioteca Reale.

Si vous souhaitez être tenu au courant de nos publications,
vous pouvez envoyez vos nom, adresse et email aux
Éditions des Béatitudes, Burtin, 41 600-Nouan-le-Fuzelier
ed.beatitudes@wanadoo.fr
www.editions-beatitudes.fr

ISBN : 978-2-84024-296-3
© Éditions des Béatitudes
Société des Œuvres Communautaires, mai 2008
Conception de la couverture : Atelier Béatitudes-Graphisme
Illustration de couverture : Consolata © atelier St Séraphim

Raniero CANTALAMESSA

VIENS ESPRIT CRÉATEUR

*Méditations
sur le Veni Creator*

6ᵉ édition

« Theologia »

EdB

Ouvrages du même auteur :

L'Esprit Saint dans la vie de Jésus, DDB, 1987.
Joie de Dieu sur notre terre, Le Centurion, 1988.
Marie, un miroir pour l'Église, DDB, 1992.
La sobre ivresse de l'Esprit, DDB, 1996.
La force guérissante de l'Esprit Saint, conférence reprise dans :
    Le ministère de guérison, EdB, coll. Pneumathèque, 1996.
Notre sœur la Mort, Saint-Paul, 1996.
Le Mystère de Pentecôte, Saint-Augustin, 1998.
L'Eucharistie, notre sanctification, Saint-Augustin, 1999.
La vie dans la Seigneurie du Christ, Médiaspaul, 2001.
Le Mystère pascal, Éditions Salvator, 2002.
Aimer autrement, EdB, 2004.
Aimer l'Église, EdB, 2005.
Le Passage à ce qui ne passe pas, Parole et Silence, 2005.
Contempler la Trinité, EdB, 2006.
Huit étapes vers le bonheur, EdB, 2009.
Ceci est mon corps, Parole et Silence, 2009.
Ta Parole me fait vivre, EdB, 2009.
Mariage et famille selon la Bible, EdB, coll. PTS, 2009.
Éros et Agapè, les deux visages de l'amour, EdB, 2012.
Comme le sillage d'un beau vaisseau, EdB, 2012.
Crois-tu ? Avancer dans la foi, EdB, 2013.
Amoureux du Christ, Le secret de François d'Assise, EdB, Zenit
    Books, 2014.
Ma vie au service de la Parole, Entretiens avec Aldo Maria Valli,
    EdB, 2015.
Être en paix avec Dieu, avec les autres, avec soi-même, EdB, coll.
    PTS, 2015.

Titre Original : *Il Canto dello Spirito*
© Père Raniero Cantalamessa, 1997
Traduction de l'italien : Julia Philippe
Révision de la traduction :
    Étienne Méténier, père Silouane Ponga, Odile Haumonté
Préface écrite par le cardinal Joseph Ratzinger, pour l'édition allemande : *Komm, Schöpfer Geist* © Libreria Editrice Vaticana 2005 © Verlag Herder Freiburg im Breisgau 1999/2007. Traduction par Yves et Marie-Noëlle Villedieu

Abréviations

AHMA	*Analecta Hymnica Medii Aevi*, éd. C. Blume.
CC	*Corpus Christianorum.*
CinSS	*Credo in Spiritum Sanctum,* Actes du Congrès Théologique International de Pneumatologie, 2 vol., Libreria Editrice Vaticana 1983.
CM	*Corpus Christianorum, Continuatio Mediaevalis.*
CSCO	*Corpus Scriptorum Christianorum Orientalium.*
CSEL	*Corpus Scriptorum Ecclesiasticorum Latinorum.*
Dict. Spir.	Dictionnaire de Spiritualité, Paris 1936 s.
DB Suppl.	Dictionnaire de la Bible Supplément.
Documents	St François d'Assise, Documents, écrits et premières biographies, Paris 1968.
DS	*Denzinger-Schönmetzer*, Enchiridion Simbolorum, Herder 1967.
GCS	*Grieschische Christliche Schriftsteller.*
JAWG	*Jahrbuch der Akademie der Wissenschaften zu Göttingen.*
PG	*Patrologia Graeca.*
PL	*Patrologia Latina.*
PLS	*Patrologia Latina*, Supplementum.
PS	*Patrologia Siriaca.*
SC	Sources Chrétiennes.
ThWNT	*Theologisches Wörterbuch zum Neuen Testament.*
WA	*Weimar Ausgabe* (*opera omnia* de Luther).

N.B. Les œuvres des Pères, dont il existe diverses éditions de semblable qualité et qui présentent une division communément admise, sont citées sans indication relative à l'édition.

PRÉFACE [1]

Longtemps, la théologie occidentale n'a accordé à l'Esprit Saint qu'une modeste place, malgré les écrits de quelques théologiens éminents tels que J. A. Möhler (1796-1838), et il faut bien reconnaître que l'Esprit Saint était vraiment resté le Dieu inconnu. Cela a changé avec la nouvelle prise de conscience du Concile Vatican II. Dans les dernières décennies précédant le Concile, les théologiens ont voulu placer l'Incarnation – le mystère du Verbe éternel qui se fait chair – au centre de toute la théologie, et ce avec raison ; mais la conception même de l'Incarnation s'en est trouvée réduite. Le mystère merveilleux d'un Dieu qui descend dans la matière, dans le monde sensible, dans notre monde, pour s'unir à lui, qui vient habiter parmi nous et se fait Homme pour le rester à jamais, a été considéré à juste titre comme la nouveauté, la Bonne Nouvelle de la foi chrétienne. Mais si cet événement – l'entrée du divin dans le monde incarné, dans le monde matériel – n'est pas mis en relation avec celui de Pâques, avec la transfiguration de la « chair » par la Croix et la Résurrection, la vision de Dieu et de l'Homme subit alors inévitablement une réduction notable. Il n'est pas rare que l'on ait confondu l'*incarnation* avec l'*institution*. Au XIXe siècle, Möhler parlait déjà de cette forme réductrice de la théologie de l'Incarnation et disait ironiquement : « En créant la hiérarchie, Dieu a fait suffisamment pour l'Église jusqu'à la fin des temps. »

Grâce à la lecture renouvelée de l'Écriture Sainte et des Pères de l'Église ainsi qu'au dialogue œcuménique suscité par Vatican II, cette forme rétrécie a volé en éclats pour laisser place à une conception de l'Incarnation davantage tournée vers le mystère pascal et à une christologie plus ouverte au mystère trinitaire : c'est sur ce point que le *Catéchisme de l'Église Catholique* a fait porter tous ses efforts. On a repris conscience que saint Paul et saint Jean ne dissocient pas le Christ de l'Esprit Saint. Il suffit de penser à cette magnifique parole de Paul dans la deuxième épître aux Corinthiens, parole trop souvent mal

---
1. Écrite pour l'édition allemande de ce livre, Herder 1999.

comprise : « *Car le Seigneur, c'est l'Esprit* » (2 Co 3, 17) ; ou encore aux discours d'adieu de Jésus dans lesquels le Seigneur met en relation Son retour avec la venue de l'Esprit Saint et associe Sa parole à celle de l'Esprit Saint : l'Esprit de vérité doit introduire les disciples dans la vérité tout entière, vérité qu'ils ne peuvent encore porter. Il ne parlera pas de lui-même, mais glorifiera le Christ, tout comme le Christ ne parle pas de lui-même, mais glorifie le Père (cf. Jn 16, 13 et s.). Les théologiens ont alors cherché à élaborer une christologie « pneumatologique » ; ceci n'est pas resté sans effet sur la dévotion des chrétiens qui allait devenir plus trinitaire, plus « spirituelle », apprenant à considérer le Christ à la lumière de Pâques et de l'Esprit Saint.

Après le Concile, différents éléments ont contribué à renforcer ces premiers élans. Ce fut tout d'abord – et essentiellement – une rencontre plus approfondie avec les Églises d'Orient dont la théologie invitait à s'ouvrir largement à la présence de l'Esprit Saint. Dans la pratique, il devenait important que le phénomène pentecostal, né en milieu protestant, prenne également racine – d'une manière différente, certes – dans l'Église catholique sous la forme du Renouveau charismatique. Alors qu'une nouvelle vague de rationalisme, un nouveau « siècle des Lumières », ébranlait l'Église catholique, déposant comme un voile sur la vie de foi, on faisait parallèlement une nouvelle expérience de Pentecôte et l'on accueillait avec joie la présence de l'Esprit Saint dans les communautés issues du Renouveau charismatique, ainsi que dans d'autres mouvements qui se formaient alors et se percevaient comme un don de l'Esprit Saint fait à l'Église. S'ajouta enfin à cela un autre facteur qui fournit une nouvelle thématique à la recherche sur l'Esprit Saint, mais qui, en même temps, fit surgir de nouvelles questions. Dans le dialogue interreligieux, l'attachement à la personne du Christ comme unique Sauveur du monde fut souvent perçu comme un rétrécissement. Le thème de l'Esprit Saint semblait donc offrir des perspectives plus vastes. Mais il semble que l'on ait, par exemple, interprété la parole de saint Irénée, disant que le Fils et l'Esprit Saint sont les deux mains du Père, de la manière suivante : il y aurait deux « économies » divines dans le monde – deux moyens utilisés par Dieu pour apporter le salut aux hommes : l'« économie » christologique et l'« économie » pneumatologique. L'Église serait le domaine où s'exerce le salut par le Christ, et les religions le champ d'action de l'autre main – de l'Esprit Saint. Il est évident qu'une telle conception, dissociant la personne du Christ de l'Esprit Saint, est en opposition flagrante avec la foi révélée dans les Écritures et n'a rien de commun avec la « christologie pneumatologique » que nous essayons de définir depuis le dernier Concile. Cependant, les questions ainsi posées – à savoir comment le Christ et l'Esprit Saint sont à l'œuvre dans l'histoire et quels sont le rayon d'action de l'Esprit Saint et son mode de présence dans le monde – peuvent conduire à une réflexion féconde.

On peut considérer comme un fruit de Vatican II les ouvrages théologiques importants, consacrés à l'Esprit Saint, qui ont vu le jour après le Concile. En Allemagne, il s'agit essentiellement des ouvrages de H. Mühlen et de Chr. Schütz qui ont contribué à enrichir la pneumatologie. Mais il faut surtout mentionner la somme sans équivalent sur l'Esprit Saint, à la fois historique et actuelle, que nous a laissée Yves Congar. Tous ces ouvrages renferment une grande richesse de connaissances qui appellent une transposition dans la vie concrète des chrétiens. C'est à ce point précis que se situe le livre de Raniero Cantalamessa.

L'auteur a tout d'abord été professeur d'histoire de la littérature des premiers siècles chrétiens à l'Université catholique de Milan et a fait paraître à cette époque toute une série de travaux importants, notamment sur l'histoire de la christologie dans l'Église primitive. Il a ensuite renoncé à sa chaire pour se consacrer entièrement au service du renouveau de l'Église dans la puissance de l'Esprit Saint. Il est en lien avec le Renouveau charismatique, mais travaille aussi indépendamment à promouvoir de multiples façons l'annonce de l'Évangile de Jésus-Christ dans notre temps. En Italie, il est l'un des écrivains les plus lus, l'un des guides spirituels les plus appréciés des croyants et des personnes en recherche. Ses livres, ses sermons télévisés, ses conférences, son activité comme prédicateur du Vatican, l'ont fait connaître dans le monde entier. Mais ce qui, finalement, lui donne du poids dans la vie du catholicisme italien, c'est sa foi convaincante et la richesse intérieure de ses œuvres : c'est bien ce qui apparaît dans ce livre sur l'Esprit Saint. Un simple coup d'œil suffit pour se rendre compte de l'extraordinaire connaissance qu'il a des Pères de l'Église et permet de voir combien sa vie est profondément ancrée dans la Parole de Dieu. Mais il ne s'en tient pas aux Pères, il connaît parfaitement le Moyen-Âge ainsi que la Réforme ; dans le trésor de citations que contient cet ouvrage, on trouve aussi bien des negro-spirituals nord-américains que des écrivains non chrétiens tels que R. Tagore. Il va même jusqu'à prendre des exemples dans le domaine de l'informatique – zone de notre vie a priori très éloignée de Dieu – et il arrive à en tirer des perspectives étonnantes et très éclairantes. Il n'en reste jamais aux seuls événements historiques, tout en respectant scrupuleusement les textes auxquels il se réfère ; dans le passé, il révèle le présent et montre comment des idées apparemment très éloignées de nous peuvent devenir des guides pour notre vie concrète. L'ouvrage se veut un commentaire de l'hymne à l'Esprit Saint : *Veni Creator Spiritus*, composée par le théologien allemand du Moyen-Âge Rhabanus Maurus (780-856), et pourtant, il ne s'agit pas tant d'un ouvrage sur un texte que d'un ouvrage sur l'Esprit Saint lui-même.

Je me réjouis que ce livre soit maintenant édité en langue allemande. J'espère qu'il trouvera dans les pays germanophones des lecteurs aussi nombreux qu'en Italie et qu'il pourra les aider à faire une rencontre personnelle avec l'Esprit Saint, avec le Dieu vivant.

Rome, Pentecôte 1999
Cardinal Joseph Ratzinger

INTRODUCTION

Dans les Églises chrétiennes d'Occident, l'avènement du XXIe siècle et du nouveau millénaire a été salué par le chant solennel du *Veni creator*. Dès les premières décennies du second millénaire, il a inauguré chaque nouvelle année, chaque conclave et chaque concile œcuménique, chaque synode et chaque réunion importante de la vie de l'Église, chaque ordination sacerdotale et épiscopale et, par le passé, chaque sacre royal. Dès sa composition au IXe siècle, il n'a cessé de résonner dans la chrétienté d'expression latine, spécialement en la fête de la Pentecôte, comme une longue et solennelle épiclèse sur l'Église et sur toute l'humanité.

Le *Veni creator*, comme tout ce qui relève de l'Esprit, ne s'est pas appauvri mais enrichi avec l'usage. Si l'Écriture « croît avec celui qui la lit [1] », comme le dit saint Grégoire le Grand, le *Veni creator*, comme d'autres textes vénérables de la liturgie, a crû au fil des siècles avec ceux qui l'ont chanté. Il s'est imprégné de la foi, de la dévotion et de l'ardent désir de l'Esprit qui ont animé toutes les générations précédentes. Et maintenant, dès lors qu'il est chanté, ne fût-ce que par le plus modeste chœur de fidèles, Dieu l'entend avec cette immense « orchestration » de la communion des saints.

Les informations concernant l'origine de ce chant seront données dans les différents chapitres et surtout dans l'excursus final. Pour le moment, indiquons quelques données essentielles. Raban Maur est considéré aujourd'hui comme étant vraisemblablement l'auteur de cette hymne ; abbé de Fulda en Allemagne, puis archevêque de Mayence, il vécut entre la fin du VIIIe siècle et la première moitié du IXe siècle. Grand connaisseur des Pères, il compte parmi les plus grands théologiens de son temps. Les actes du Concile de Reims de 1049 constituent le premier témoignage d'un usage officiel de cette hymne quand il est dit qu'« à l'entrée du pape dans la salle, le clergé chanta, avec une

---

[1]. Grégoire le Grand, *Morales sur Job*, XX, 1 (CC 143 A, p. 1003).

grande dévotion, l'hymne *Veni creator Spiritus* [2] ». Néanmoins, ce chant était probablement en usage depuis longtemps dans quelques églises locales et dans certains monastères. Dès cette époque, l'hymne occupe une place à part entière dans la liturgie de toute l'Église.

Le *Veni creator* est un texte éminemment œcuménique, ce qui contribue à sa « modernité ». Il est la seule hymne ancienne en latin que toutes les grandes Églises nées de la Réforme ont conservée ; Luther en fit lui-même une traduction. Dès son origine, l'hymne fut insérée dans le rite de l'ordination épiscopale de l'Église anglicane et occupe même une place d'honneur à la Pentecôte dans l'hymnologie des Églises nées du calvinisme. Le *Veni creator* favorise ainsi l'unité de tous les chrétiens dans l'invocation de l'Esprit Saint qui doit nous conduire à la pleine unité, de même qu'il nous conduit à la pleine vérité.

Le *Veni creator* a joui d'un extraordinaire succès, même en dehors du domaine ecclésiastique. Goethe en donna une splendide version en allemand, de même que les poètes et mystiques Tersteegen et Angelus Silesius. Les musiciens se sont intéressés à elle : Bach a mis en musique la traduction de Luther ; Gustav Mahler a choisi cette hymne pour son œuvre chorale dite *Symphonie des Mille*, sans parler de tant d'autres auteurs moins connus. Nul n'a toutefois pu égaler le charme simple de la mélodie grégorienne, qui semble née avec les paroles. Écouter cette mélodie au début d'une retraite ou dans une réunion pastorale nous fait immédiatement entrer dans une atmosphère de mystère et de présence de l'Esprit.

Il ne s'agit pas ici d'un livre sur le *Veni creator*, mais bien sur l'Esprit Saint ! L'hymne nous servira seulement de carte dans notre découverte du territoire de l'Esprit. De nos jours, celui qui souhaite apprendre rapidement une langue étrangère recourt à la méthode de l'« immersion totale » (*full immersion*) : pendant une certaine période, il s'efforce d'éviter toute occasion de parler une autre langue, notamment sa langue maternelle, et tâche de s'« immerger » totalement dans la culture et les coutumes propres à cette langue. C'est ainsi que nous souhaitons apprendre la langue de l'Esprit Saint, véritable langue « étrangère » pour nous, qui sommes faits de chair et qui parlons la langue de la chair !

Les paroles du *Veni creator* contiennent la fine fleur de la révélation biblique et de la tradition patristique concernant l'Esprit Saint. Et puisqu'elles découlent toutes de la Bible, elles constituent une sorte de structure ouverte, capable d'accueillir ce que l'Église, au long de son histoire, a vécu et découvert au sujet de l'Esprit Saint. Notre réflexion suivra ce parcours. Nous parti-

---

2. Cf. MANSI, *Sacrorum Conciliorum Collectio*, XIX, Venise 1774, p. 740.

rons toujours de l'abondante base biblique et théologique, codifiée dans l'hymne, pour nous ouvrir ensuite à de nouvelles perspectives ; nous puiserons en particulier dans la doctrine une inspiration concrète pour notre vie. Les paroles de l'hymne sont comme des rayons ruisselant de miel ; notre tâche sera donc celle de l'apiculteur qui s'applique à démieller. Le *Veni creator* n'est pas seulement une belle hymne, riche en sujets de réflexion stimulants. Il présente une vision théologique grandiose du rôle de l'Esprit Saint dans l'histoire du Salut, qui, je l'espère, émergera progressivement de la lecture de ce livre. Il a en outre l'avantage d'être une théologie orante, de type doxologique (qui est le seul style permettant de parler dignement de l'Esprit).

À quelles sources l'auteur a-t-il puisé pour rédiger son hymne et à quelles sources puisons-nous aujourd'hui pour la commenter ? Pour le Père, outre l'Écriture, nous disposons de la philosophie, capable de nous dire certaines choses sur Dieu ; pour le Fils, outre l'Écriture, nous disposons de l'histoire, car il s'est fait chair et est entré visiblement dans notre histoire. Mais pour l'Esprit Saint, à quoi aurons-nous recours, corrélativement à l'Écriture ? À l'expérience !

Il s'agit non seulement de l'expérience personnelle de chaque croyant, mais aussi et surtout de l'expérience que l'Église a faite de lui au cours des siècles et qui constitue la Tradition. Si « la loi était porteuse du Christ », comme le disaient les Pères, l'Église est porteuse de l'Esprit Saint ! Nous aurons donc besoin des mains délicates d'une sage-femme pour mettre au monde ces fruits de l'Esprit qui mûrissent dans le sein de l'Église.

Il s'agit également de l'expérience actuelle de l'Esprit. La naissance au XXe siècle de ce qui a été défini comme « le mouvement de réveil de l'Esprit de la plus grande ampleur dans toute l'histoire de la chrétienté » a créé une situation nouvelle et plus favorable pour parler de l'Esprit. Cette expérience sera largement valorisée dans ces pages.

Pour rester fidèles au caractère œcuménique du *Veni creator*, nous nous efforcerons de puiser dans les traditions non seulement catholique, mais aussi protestante et orthodoxe, ce qui donnera une sorte de chant à trois voix.

Le symbole, l'image, le chant, la prophétie et la poésie évoquent peut-être mieux l'Esprit Saint que le raisonnement et les concepts. C'est pourquoi nous laisserons une grande place, surtout à la fin de chaque chapitre, à l'hymnographie des diverses traditions liturgiques chrétiennes, qui recourent abondamment à ces formes d'expression. Enfin, nous laisserons plus de place encore au témoignage des saints, convaincus, comme disait saint Basile, que l'« Esprit est […] vraiment le lieu des saints ; et le saint est pour l'Esprit un lieu propre [3] ».

---

3. BASILE LE GRAND, *Sur le Saint-Esprit*, XXVI, 62 (PG 32, 184 A), SC 17bis, p. 473.

Le saint est le « lieu » par excellence où se manifeste l'Esprit « Saint ».

« *Chantez au Seigneur un chant nouveau* », nous dit souvent l'Écriture. Est-il possible aujourd'hui de chanter un chant nouveau en l'honneur de l'Esprit ? Trouvera-t-on un enseignement nouveau à écrire à son sujet, qui n'ait pas encore été dit ? Oui, cela est possible, car il renouvelle toutes choses ; sa seule présence est nouveauté. L'Esprit Saint est lui-même le chant toujours nouveau de l'Église ! Il « rajeunit » tout ce qu'il touche, même les paroles anciennes que les hommes ont cherché à balbutier à son sujet.

Je fais donc miennes les paroles par lesquelles Grégoire de Nazianze débutait une hymne en l'honneur de l'Esprit Saint : « Et maintenant, mon cœur, qu'attends-tu ? De l'Esprit, tu dois chanter la gloire [4]. »

---

4. Grégoire de Nazianze, *Poèmes dogmatiques*, III (PG 37, 408 A).

INTRODUCTION

Voici le texte original en latin de l'hymne et sa traduction liturgique officielle.

Veni, creator Spiritus,	Viens en nous Esprit Créateur,
Mentes tuorum visita,	Visite les âmes des tiens ;
Imple superna gratia	Emplis de la grâce d'en haut
Quae tu creasti pectora.	Les cœurs qui sont tes créatures.
Qui Paracletus diceris,	Toi qu'on appelle Conseiller,
Donum Dei altissimi,	Don du Seigneur de Majesté,
Fons vivus, ignis, caritas	Source vive, Feu, Charité,
Et spiritalis unctio.	Toi qui es onction spirituelle,
Tu septiformis munere,	Toi, le Donateur aux sept Dons,
Dexterae Dei tu digitus,	Puissance de la main de Dieu,
Tu rite promissum Patris,	Toi que le Père avait promis,
Sermone ditans guttura.	Qui fais jaillir notre louange,
Accende lumen sensibus	Mets ta lumière en nos esprits,
Infunde amorem cordibus,	Répands ton amour en nos cœurs,
Infirma nostri corporis	Et que ta force sans déclin,
Virtute firmans perpeti.	Tire nos corps de leur faiblesse.
Hostem repellas longius	Repousse l'Adversaire au loin ;
Pacemque dones protinus ;	Sans tarder, donne-nous la paix ;
Ductore sic te praevio	Ouvre devant nous le chemin ;
Vitemus omne noxium.	Que nous évitions toute faute !
Per te sciamus da Patrem,	Fais-nous connaître Dieu le Père,
Noscamus atque Filium ;	Fais-nous apprendre aussi le Fils
Te utriusque Spiritum	Et croire en tout temps que tu es
Credamus omni tempore.	L'unique Esprit de l'un et l'autre.
Amen.	Amen.

I

« VIENS, ESPRIT ! »

L'Esprit Saint, mystère de force et de tendresse

1. Ruah, ou le nom de l'Esprit

La première strophe du *Veni creator*, traduite littéralement, dit ceci :

« Viens, Esprit créateur,
visite les âmes des tiens,
emplis de la grâce d'en haut
les cœurs qui sont tes créatures. »

Dans cette première méditation, nous nous intéresserons aux deux premiers mots du *Veni creator* : « Viens, Esprit », et plus particulièrement au mot *Esprit*. Habituellement, la première chose que nous connaissons d'autrui est son nom. C'est grâce à son nom que nous désignons une personne, que nous la distinguons de toutes les autres et que nous en gardons le souvenir. La troisième personne de la Trinité porte elle aussi un nom, d'une nature toute particulière : elle s'appelle Esprit.

Mais il s'agit ici d'une traduction. Or, celui qui aime souhaite tout connaître de la personne aimée, notamment son véritable nom. Le vrai nom de l'Esprit, celui qu'ont connu les premiers destinataires de la Révélation, c'est *ruah*. Il est si doux d'invoquer l'Esprit par ce nom, prononcé avant nous par les prophètes et les psalmistes, par Marie et Jésus lui-même, puis par Paul ! Les auteurs du Nouveau Testament nous indiquent encore un autre nom de l'Esprit Saint : *pneuma*.

Le nom revêtait dans le monde juif une telle importance qu'il s'identifiait presque entièrement à la personne qui le portait. Sanctifier le nom de Dieu équivaut à sanctifier et à honorer Dieu lui-même. Par ailleurs, contrairement aux usages d'aujourd'hui, ce nom n'est jamais purement conventionnel, il exprime quelque chose de la personne elle-même, de son origine ou de sa fonction. Il en va de même pour le nom *ruah*, qui donne une première révélation fondamentale sur la personne et sur la fonction de l'Esprit Saint. C'est donc avec lui que nous commençons notre parcours à la découverte de l'Esprit.

Que signifie *ruah* en hébreu ? À l'origine et dans sa racine même, il indique l'éther, l'atmosphère, calme ou agitée, qui se situe entre le ciel et la terre ; un espace ouvert, semblable à une prairie où le souffle du vent est plus perceptible qu'ailleurs ; et, par extension, il indique l'« espace vital » dans lequel l'homme vit et respire. La théologie de l'Esprit Saint a gardé l'empreinte de cette signification première. Il est très souvent précédé, notamment dans le Nouveau Testament, d'un adverbe de lieu spécifique, « dans », alors que le Père est précédé de l'adverbe « du » et que le Fils est précédé de l'adverbe « par » : « Du Père, par le Fils, dans l'Esprit. » L'Esprit Saint est cet espace spirituel, sorte de milieu ambiant où s'établit le contact avec Dieu et avec le Christ.

Laissons maintenant de côté ces significations lointaines, rapidement délaissées par la langue hébraïque elle-même, et venons-en au sens ordinaire que ce terme revêt dans la Bible. *Ruah* désigne deux choses étroitement liées : le vent et le souffle. Il en est de même pour le mot grec *pneuma* et le mot latin *spiritus*. En français, le mot « Esprit » a conservé cette parenté originelle avec le vent et le souffle : « esprit » et « expirer » découlent de la même racine. (Nous retrouvons la même association dans les langues anglo-saxonnes : l'allemand *Geist* et l'anglais *Ghost* dérivent en effet tous deux de la même racine *gast* qui signifie « souffle ».)

Le vent et le souffle sont donc davantage que de simples symboles de l'Esprit Saint. Le symbole et la réalité sont ici tellement liés qu'ils se cachent sous le même terme. Là où nous lisons dans la Bible « vent », nos Pères lisaient aussi « esprit », et là où nous lisons « esprit », ils lisaient aussi « vent ». Cela a eu une incidence, difficile à mesurer bien que réelle, sur tout le développement de la Révélation. Ce n'est pas l'Esprit Saint qui a donné son nom au vent, mais bien le vent qui a donné son nom à l'Esprit Saint. En d'autres termes, le signe a précédé la signification parce que, dans l'expérience humaine, ce qui vient en premier n'est pas ce qui est spirituel, mais ce qui est matériel (cf. 1 Co 15, 46).

Commençons notre cours de pneumatologie à l'air libre. Elle se poursuivra tout au long du *Veni creator* avec d'autres symboles naturels de l'Esprit comme l'eau, le feu, l'huile et la lumière. La Bible aime nous instruire sur les réalités spirituelles en se servant des symboles les plus matériels et les plus élémentaires tirés de la nature. Les deux « livres » écrits par Dieu – celui de la Création, fait de choses et d'éléments muets, et celui de la Bible, fait de lettres et de paroles – s'éclairent et s'expliquent l'un par l'autre. Nous retrouvons la même économie dans les sacrements : grâce au signe, la parole devient visible et grâce à la parole, le signe devient audible.

J'ai fait allusion aux deux significations physiques fondamentales de *ruah* utilisées par Dieu pour nous révéler la réalité ineffable de son Esprit : celle du vent et celle du souffle ou de la respiration. Nous chercherons à les identifier dans quelques passages significatifs de la Bible. Au début de la Genèse, l'« Esprit de Dieu » plane au-dessus des eaux (cf. Gn 1, 2). Ici, la proximité entre le vent et l'Esprit est telle que les traducteurs modernes hésitent souvent entre les expressions « Esprit de Dieu », « vent de Dieu » et « vent impétueux », choisissant en définitive l'une ou l'autre des traductions. Un peu plus loin, nous lisons que « *Dieu modela l'homme avec la glaise du sol, et il* insuffla *dans ses narines une haleine de vie* » (Gn 2, 7). La suite de la Bible voit dans ce « souffle » une première manifestation, encore embryonnaire, de l'Esprit Saint (cf. 1 Co 15, 45).

Nous voyons ainsi apparaître deux images fondamentales qui s'éclaircissent au cours de la Révélation. Dans les Actes des Apôtres, l'Esprit Saint est donné dans le signe du vent impétueux (Ac 2, 2) ; dans l'Évangile de Jean, Jésus ressuscité communique l'Esprit aux apôtres par le signe du souffle et de la respiration, dans un geste qui se réfère explicitement aux origines : « *Il souffla sur eux et leur dit : "Recevez l'Esprit Saint"* » (Jn 20, 22).

D'après Jean, Jésus « donne l'Esprit » au moment où il « émet son dernier souffle » (cf. Jn 19, 30). Il n'ignore cependant pas l'image du vent impétueux, puisque c'est lui qui nous rapporte ces paroles de Jésus : « *Le vent souffle où il veut et tu entends sa voix, mais tu ne sais pas d'où il vient ni où il va. Ainsi en est-il de quiconque est né de l'Esprit.* » (Jn 3, 8)

(Comme en d'autres occasions, Jésus apparaît ici comme le grand « poète de l'Esprit ».) Les images du *bruit* et du *violent coup de vent* servent à exprimer la puissance, la liberté et la transcendance de l'Esprit de Dieu. Dans la nature comme dans la Bible, le vent est par excellence l'expression d'une force immense et incontrôlable. Il est capable de « *fendre les montagnes et* [de] *briser les rochers* » (1 R 19, 11), de « *soulever les flots,* [de] *monter aux cieux et* [de] *descendre aux gouffres* » (cf. Ps 107, 25-26). Seul le vent peut ainsi remuer l'océan.

En revanche, les images du *souffle* et de la *brise* légère expriment la bonté, la délicatesse, le calme et l'immanence de l'Esprit de Dieu. Le souffle est ce qu'il y a de plus « intime » dans l'homme, ce qui lui est le plus vital et le plus personnel.

Les experts en phénoménologie de la religion – les manières et les formes d'expression du sentiment religieux dans les différentes cultures – ont observé un élément constant dans toutes les formes supérieures de religiosité, spécialement dans la Bible. Le divin apparaît comme un mystère « terrible et fascinant », c'est-à-dire capable de susciter à la fois la crainte et l'amour, la stupeur et l'attrait [1]. Augustin raconte que la première fois qu'il perçut de près le mystère de Dieu, il « frissonna d'amour et d'horreur » et que sa simple pensée « le glaça d'épouvante et l'embrasa d'amour [2] ». Et la Bible confirme ces observations. Dieu est à la fois celui à qui l'on dit : « *Toi le terrible, qui tiendra devant ta face ?* » (Ps 76, 8) et celui dont la tendresse « *s'étend sur toutes ses œuvres* » (Ps 107, 7 s.). Dieu n'est pas compliqué et sa nature n'est pas variable ; il est la simplicité même. C'est nous qui sommes incapables de saisir d'un seul regard cette réalité infinie et tellement simple. Nous avons besoin de deux angles différents pour le connaître, de même que nous avons besoin de nos deux yeux pour percevoir le relief des choses.

L'Esprit Saint incarne, de la manière la plus évidente, ce mystère de Dieu qui est à la fois puissance absolue et tendresse infinie, mouvement incessant et calme permanent. Réfléchissons maintenant à ces deux caractéristiques, cela nous aidera à comprendre une grande partie de la Révélation biblique concernant le Paraclet. Désormais, le symbole du vent et du souffle ne nous servira plus ; il nous a permis de nous élever du plan naturel au plan surnaturel. Il serait dommage de ne pas établir nettement la distinction entre le symbole et la réalité. Nous en resterions au même stade que les philosophes stoïciens qui, n'ayant pas accompli le passage qualitatif entre le souffle et l'esprit, finirent par concevoir l'Esprit divin comme un « effluve subtil qui pénètre et traverse tout » (cf. Sg 7, 22-25) et s'y mêle ; ou encore comme un « feu créateur », autrement dit comme une chose matérielle. Nous tomberions alors soit dans le panthéisme, soit dans le matérialisme, détruisant la notion même d'Esprit telle que les chrétiens l'entendent aujourd'hui.

2. L'Esprit Saint vient au secours de notre faiblesse

Réfléchissons d'abord sur l'Esprit comme mystère de puissance et de transcendance. Il représente le « numineux » (c'est-à-dire le totalement autre, le transcendant) à l'état pur. On trouve ce concept dans la Séquence à l'Esprit qui est chantée à la Pentecôte : « Sans ta présence (*numen*), dans l'homme il n'y a rien qui soit pur. »

---

1. Cf. R. OTTO, *Le Sacré*, Payot, 1969.
2. Cf. AUGUSTIN, *Confessions*, VII, 10, 16 ; XI, 9, 11.

Dans l'Ancien Testament, on voit à plusieurs reprises l'Esprit de Dieu arriver comme un violent coup de vent, ou bien « tomber » sur certaines personnes, par exemple sur Samson, pour leur communiquer une force surnaturelle [3]. Cette révélation de puissance est amplifiée par le qualificatif « saint », *qadosh*, qui lui est attribué de plus en plus souvent à partir d'Isaïe 63, 10 et du Psaume 51 et qui finit par former avec « Esprit » un seul nom composé.

Mais que veut dire *qadosh* ? Dans l'usage moderne, le terme « saint » s'est affiné, mais s'est aussi dévalué. Revêtant un sens presque exclusivement moral, signifiant « bon », « pieux » ou « pur », il est devenu un terme rassurant. Mais pour Isaïe qui entendit les Séraphins proclamer ce mot trois fois de suite alors que « *les montants des portes vibrèrent au bruit de ces cris et le Temple était plein de fumée* », ce terme n'avait rien de rassurant, si bien qu'il se mit à crier : « *Malheur à moi, je suis perdu !* » (cf. Is 6, 3-5.) En effet, le terme « saint » est particulièrement numineux, c'est-à-dire chargé de divin. Il exprime un sentiment de séparation, de transcendance et d'altérité absolue qui exige en conséquence, pour se tenir devant lui, l'adoration, le silence et la purification : « *Qui pourrait tenir en face du Seigneur, le Dieu saint ?* » (1 S 6, 20.) Dire que Dieu est saint équivaut à dire qu'il est un « feu dévorant ». « Saint » est même associé à « terrible » : « *Saint et redoutable est son nom.* » (Ps 111, 9) Cela ne se situe pas seulement au plan moral, mais aussi au niveau de l'être : « *Je suis Dieu et non pas homme, au milieu de toi je suis le Saint.* » (Os 11, 9) Est saint ce qui appartient au plan divin, par opposition au plan humain. Tout cela est contenu dans le terme « saint », attribut, par excellence, de l'Esprit.

Dans le Nouveau Testament, cet aspect « irrésistible » du souffle divin est exprimé par un binôme que l'on retrouve fréquemment : « Esprit et puissance. » Dieu oint Jésus de Nazareth de « *l'Esprit Saint et de puissance* » (Ac 10, 38). Après son baptême dans le Jourdain, Jésus retourne en Galilée « *avec la puissance de l'Esprit Saint* » (Lc 4, 14). L'Esprit est défini comme « *la puissance du Très Haut* » (Lc 1, 35) ou comme la « *puissance d'en haut* » (Lc 24, 49). Cet aspect « terrible » ou numineux de l'Esprit réapparaît à diverses reprises dans le Nouveau Testament. Quand Ananie par exemple « le met à l'épreuve », l'Esprit provoque sa mort et quand le magicien Elymas s'oppose à la mission de Paul, il le rend aveugle [4].

La descente de l'Esprit Saint à la Pentecôte est décrite avec les mêmes caractéristiques que la théophanie du Sinaï (cf. Ex 19-20). C'est une manière indirecte d'affirmer que le mystère de l'Esprit n'est pas inférieur à celui de

---

3. Cf. Jg 6, 34 ; 13, 25 ; 14, 16.
4. Cf. Ac 5, 3 s ; 13, 9 s.

Dieu lui-même. Dans ce même mystère, les effets sont identiques : les personnes présentes furent « confondues », « stupéfaites », « tout étonnées ». Venons-en maintenant à l'aspect qui nous tient le plus à cœur dans cette réflexion. Que veut nous apprendre la Bible à travers cette révélation de l'Esprit Saint comme force et puissance ? Que peut-on en déduire pour notre vie de foi ? Voici ce que je pense : l'Esprit Saint est la seule force véritable, le seul vrai pouvoir qui soutient l'Église ! Comme le croyant, elle ne vit pas selon ses propres forces. Sa force ne réside pas dans les « armées » ni dans les « chars et les chevaux ». « *Ce n'est pas par la puissance, ni par la force, mais par mon Esprit – dit le Seigneur. Qu'es-tu, grande montagne ? Devant Zorobabel, deviens une plaine !* » (Za 4, 6.)

La force de l'Église ne réside pas non plus dans les « raisonnements savants » tels que l'intelligence, la diplomatie, la philosophie, le droit canonique ou l'organisation. Paul dit ceci : « *Notre Évangile ne s'est pas présenté à vous en paroles seulement, mais en puissance, dans l'action de l'Esprit Saint, en surabondance.* » (1 Th 1, 5)

C'est par l'Esprit que l'Église, comme tout évangélisateur, a la puissance de convaincre et de convertir, de pénétrer le cœur d'une culture et de renverser les forteresses qui se dressent contre le Christ, pour « *obtenir l'obéissance des païens en parole et en œuvre* [5] ». L'Esprit Saint est donc la source et le secret du courage et de l'audace du croyant. On peut lire, à propos des apôtres confrontés à une situation difficile, que « *tous furent remplis d'Esprit Saint et annoncèrent la Parole en toute assurance (parrhesia)* » (cf. Ac 4, 13 ; 4, 29).

L'Esprit Saint est la force des prophètes, des apôtres et des martyrs : « *Moi, au contraire, je suis plein de force et du souffle du Seigneur, de justice et de courage* », s'exclame Michée (Mi 3, 8) et Paul déclare : « *Car ce n'est pas un esprit de crainte que Dieu nous a donné, mais un Esprit de force.* » (2 Tm 1, 7) Lorsqu'il parle des chrétiens que l'on oblige à combattre les bêtes dans l'arène, Tertullien appelle l'Esprit Saint « l'entraîneur des martyrs [6] ». Cyrille de Jérusalem écrit à son tour : « Les martyrs rendent témoignage grâce à la force de l'Esprit Saint [7]. »

Il est donc faux de croire que « le courage, personne ne peut se le donner ». Au plan spirituel du moins, il est possible de « se donner du courage » car « *l'Esprit vient au secours de notre faiblesse* » (Rm 8, 26). La faiblesse elle-même peut devenir un lieu privilégié où faire l'expérience de la puissance de l'Esprit Saint.

---

5. Cf. 2 Co 10, 3-5 ; Rm 15, 18 et s.
6. Tertullien, *Aux Martyrs*, 3, 3 (CC 1, p. 5).
7. Cyrille de Jérusalem, *Catéchèses*, XVI, 21.

3. L'Esprit Saint remplit notre solitude

Considérons maintenant la deuxième caractéristique de l'Esprit Saint, mystère de bonté et de douceur, mystère d'indulgence et de proximité de Dieu, mystère de sérénité. L'Occident a parfois cherché à résumer ces caractéristiques par le verset biblique qui, dans la Vulgate latine, disait ceci : *« Ô Seigneur, comme ton Esprit est doux et bon en toutes choses !* » (Sg 12, 1.) Dans un discours de la Pentecôte, le pape Innocent III s'exclame : « Oh ! cet Esprit est si doux, si délicieux et si agréable ! Seul celui qui l'a goûté peut le connaître [8]. »

Dans les langues sémitiques, le mot « Esprit » est féminin. Dans certains milieux, comme chez des auteurs syriaques anciens, cela a donné naissance à une abondante doctrine sur l'Esprit Saint en tant que « mère », mettant l'accent sur les traits de douceur et d'amabilité de sa personne. Pour certains, la disgrâce d'Adam après la faute consista à ne plus voir « le vrai Père des cieux, ni la bonne Mère, la grâce de l'Esprit, ni le doux Frère, le Seigneur [9] ». Comme les gnostiques abusèrent initialement de ce thème, la grande tradition de l'Église le mit rapidement de côté. Il n'en reste pas moins que dans les trois personnes de la Trinité, l'Esprit Saint, tel qu'il apparaît dans la Révélation et dans le langage, a le caractère le moins masculin des trois (la première personne étant le « père » ; la deuxième étant le « fils » qui est entré dans l'histoire en prenant la condition d'un homme).

Tout en évitant soigneusement les spéculations sur l'Esprit comme « mère », les auteurs orthodoxes n'ont pas craint d'employer ce titre pour désigner les fonctions du Paraclet. Quand il nous apprend à crier « Père ! », l'Esprit Saint se comporte « comme une mère qui apprendrait à son petit le mot "père", en le répétant avec lui jusqu'à ce qu'elle l'ait amené à l'habitude d'appeler distinctement son père, même dans son sommeil [10] ».

Nous connaissons la situation des femmes dans le passé ; elles furent en marge de la société. Dans tous les domaines (philosophie, littérature, art, politique…), à l'exception de la famille, les femmes se situent à un niveau nettement inférieur à celui des hommes. Dans un seul domaine, le plus important, elles se trouvent dans une situation d'absolue parité : la sainteté. Il n'est pas facile de dire si les saintes furent plus nombreuses ou plus « grandes » que les saints, bien qu'il ait été certainement plus difficile pour les saintes d'être reconnues comme telles. L'Esprit Saint a sanctifié des hommes et des femmes, res-

---

8. INNOCENT III, *Discours*, XXV (PL 217, 427 A).
9. MACAIRE, *Les homélies spirituelles*, 28, 4 (PG 34, 712 s.) ; trad. FR. P. Deseille, *Les homélies spirituelles de Saint Macaire*, Abbaye de Bellefontaine 1984, p. 273.
10. DIADOQUE DE PHOTICÉ, *Œuvres spirituelles*, 61 (SC 5bis, p. 121).

pectant les caractéristiques propres à chaque sexe, induisant une sainteté virile et une sainteté féminine. Il s'est surtout manifesté comme mystère de puissance, de force et de courage chez les hommes, et comme mystère de tendresse, d'accueil et de douceur chez les femmes.

Nous disions que le souffle, *ruah*, indique en Dieu sa part la plus intime et la plus secrète, de même qu'en l'être humain : le souffle est son principe vital, son âme même. C'est pourquoi il est écrit : « *Qui donc entre les hommes sait ce qui concerne l'homme, sinon l'esprit de l'homme qui est en lui ? De même, nul ne connaît ce qui concerne Dieu, sinon l'Esprit de Dieu.* » (cf. 1 Co 2, 11)

L'Écriture ne parle que tardivement de l'Esprit divin qui entre en l'homme pour y demeurer. Cela représente une grande conquête et une avancée décisive dans la compréhension de l'œuvre de l'Esprit par rapport aux manifestations extérieures et charismatiques. Isaïe parle de l'Esprit que Dieu a fait habiter en l'intimité de Moïse (cf. Is 63, 11), d'un esprit qui sera avec nous (cf. Is 59, 20), d'un Esprit qui peut être contristé (cf. Is 63, 10). Dans le Nouveau Testament, cet aspect est pleinement mis à jour. En annonçant la venue de l'Esprit Saint, Jésus dit à ses apôtres : « *Il demeure auprès de vous et il est en vous* » (cf. Jn 14, 17), c'est-à-dire qu'il n'est plus seulement un hôte de passage, mais qu'il devient, comme le chante la Séquence de Pentecôte, « l'hôte très doux de nos âmes » (*dulcis hospes animae*). Nous devenons véritablement le temple de l'Esprit Saint (cf. 1 Co 3, 17 ; 6, 19).

Que peut nous dire la douceur, cette seconde caractéristique de l'Esprit Saint, en complément de son premier attribut, l'aspect « terrible » ? Saint Basile répond dans une phrase simple et splendide : l'Esprit est celui qui crée « l'intimité (*oikeiôsis*) avec Dieu [11] ». C'est une image biblique que nous trouvons dans la Lettre aux Éphésiens :

> « *Par lui* [le Christ] *nous avons en effet, tous deux en un seul Esprit, libre accès auprès du Père. Ainsi donc, vous n'êtes plus des étrangers ni des hôtes ; vous êtes concitoyens des saints, vous êtes de la maison de Dieu* (oikeioi). *Car la construction que vous êtes a pour fondation les apôtres et prophètes, et pour pierre d'angle le Christ Jésus lui-même. En lui, toute construction s'ajuste et grandit en un temple saint, dans le Seigneur ; en lui, vous aussi, vous êtes intégrés à la construction pour devenir une demeure de Dieu, dans l'Esprit.* » (Ep 2, 18-22)

Le terme employé dans les deux cas dispose d'une large palette de significations, enrichissant encore davantage cette notion : appropriation, attirance, affection, familiarité. Dans l'Esprit, Dieu devient nôtre, nous attire à lui et fait disparaître en nous cette peur et ce malaise qui nous habitent depuis le

---

11. Cf. Basile le Grand, *Sur le Saint-Esprit*, XIX, 49 (PG 32, 157 A), SC 17bis, p. 421.

péché d'Adam. Par l'Esprit, nous sommes de la maison de Dieu ! Jean écrit de son côté : « *À ceci, nous connaissons que nous demeurons en lui et lui en nous : il nous a donné de son Esprit.* » (1 Jn 4, 13)

Au-delà de toute métaphore humaine, notre intimité avec Dieu consiste bien en cela : Dieu est en nous et nous en lui grâce à la présence de l'Esprit Saint. Le mot « intime » est un superlatif du mot *intus* qui signifie « dedans ». Saint Augustin fait donc bien d'affirmer que Dieu est plus intime à l'homme que l'homme à lui-même [12].

Le mot « intimité » est l'un des rares mots à posséder toujours un sens positif : l'intimité familiale, l'intimité dans le couple, l'intimité du foyer, l'intimité de son propre cœur. Dans l'intimité avec un autre s'opère une réconciliation entre l'identité et l'altérité, entre être soi-même et être en relation, entre le « je » et le « tu ». L'Esprit Saint est à l'œuvre dans toute intimité sainte. De même que toute paternité vient de Dieu (cf. Ep 3, 15), toute intimité vient de l'Esprit. En effet, ce n'est pas le lieu qui crée l'intimité, mais l'amour, et l'amour vient de l'Esprit Saint. Dans toute expérience humaine d'intimité sincère, y compris dans le couple, la personne cherche l'intimité avec Dieu, qui est l'intimité absolue. Elle cherche, souvent sans le savoir, ce centre de l'être, ce point de fusion, ce lieu de repos ultime au plus profond de l'âme, où se trouve le vrai bonheur.

Nous en tirons une conséquence pratique à notre égard. L'Esprit Saint est la réponse et le remède à notre solitude qui constitue, avec la peur et la faiblesse, l'une des causes universelles de la souffrance. Qu'est-ce qui peut véritablement rompre la solitude ? Certainement pas la foule, mais plutôt la présence d'un ami, d'un interlocuteur, d'un compagnon. C'est bien ce que représente l'Esprit Saint pour nous. Saint Basile dit encore que l'Esprit Saint fut « le compagnon inséparable [13] » de Jésus durant toute sa vie terrestre et qu'il désire l'être aussi pour nous. Jean Chrysostome ajoute que Jésus fut toujours « assisté du très doux Esprit qui lui est intimement consubstantiel », de même que Moïse a eu toute sa vie comme compagnon et conseiller son frère Aaron [14].

Si la faiblesse peut nous permettre d'expérimenter la force de l'Esprit, la solitude peut permettre ou susciter l'expérience de ce « doux hôte » intérieur. Par la foi, personne n'est vraiment seul en ce monde. S'il nous arrive de ne pouvoir parler à personne, nous pouvons apprendre progressivement à parler avec cet hôte discret, « consolateur souverain » et « admirable conseiller ».

---

12. *Confessions*, III, 6, 11.
13. Cf. Basile, *Sur le Saint-Esprit*, XVI, 39 (PG 32, 140 C), SC 17bis, p. 386.
14. Jean Chrysostome, *Huit catéchèses baptismales*, III, 26 (SC 50, p. 166).

Comme mystère de « quiétude », l'Esprit Saint est aussi la réponse à notre « inquiétude ». Notre cœur est inquiet, insatisfait, en recherche, et l'Esprit Saint est justement le lieu de son repos [15]. Le Paraclet est invoqué comme « repos dans le labeur » (*in labore requies*) dans la Séquence de Pentecôte. On trouve, dans les milieux pentecôtistes et charismatiques, un phénomène assez commun appelé le « repos dans l'Esprit », qui a certes besoin de discernement, mais dont on ne peut nier, dans certains cas, la nature authentiquement spirituelle. La personne « touchée » par l'Esprit tombe doucement à terre comme si quelqu'un l'étendait sur le sol ; elle cesse alors toute activité mentale et, au réveil, ne peut décrire la sensation éprouvée que par le terme de « paix, paix, grande paix ».

Pour conclure cette réflexion sur les deux modes de manifestation de l'Esprit Saint, il nous faut préciser qu'il n'est pas nécessaire, ni même peut-être possible, d'expérimenter à la fois sa force et sa douceur, son dynamisme et sa paix. Il s'est révélé tour à tour sous l'une ou l'autre forme et nous l'expérimentons, nous aussi, d'une manière ou de l'autre, selon le besoin, les dispositions et la grâce du moment. Alors que Moïse au Sinaï perçoit la présence de Dieu dans les coups de tonnerre (cf. Ex 19, 18-19), Élie à l'Horeb, sur la même montagne, l'expérimente dans la brise légère (cf. 1 R 19, 12).

4. À l'école de « frère Vent »

Les symboles du vent et du souffle vont faciliter notre contemplation en nous donnant des images visibles. Ces symboles sont « fonctionnels » : ils nous aident à comprendre ce que *fait* l'Esprit Saint, plutôt que ce qu'il *est*. Mettons-nous donc à l'école de « frère Vent », comme l'appelait saint François d'Assise. Si nous l'observons avec un regard renouvelé par la Parole de Dieu, nous apprendrons beaucoup de choses grâce à lui. En effet, le langage des peuples évolue au fil du temps, mais celui de la nature reste identique. « Frère Vent » parle aujourd'hui comme il parlait à l'origine du monde ou à l'époque d'Ézéchiel.

Regardons par exemple ce qui se passe lorsque le vent souffle violemment. Les arbres se courbent et les robustes cèdres du Liban ne lui résistent pas longtemps, finissant par se briser. Cela nous rappelle la prière de la liturgie : « Plie à toi nos volontés, même si elles sont rebelles [16] ». Remarquons que les petites feuilles qui se plient docilement au passage du vent ne subissent aucun

---

15. AUGUSTIN, *Confessions*, I, 1, 1 ; XIII, 9, 10.
16. Missel Romain, Samedi IV Semaine de Carême : « *Nostras etiam rebelles ad te compelle voluntates* ».

dommage (du moins quand elles sont encore vertes). Il faudrait que nos âmes soient sensibles et dociles à l'Esprit comme les feuilles sont dociles au vent. Dans un texte chrétien du IIe siècle, l'âme est comparée à une harpe résonnant au passage du vent, et l'Esprit Saint au vent faisant vibrer « les cordes » de l'âme : « Comme la main se promène sur la cithare et que les cordes parlent, ainsi parle en mes membres l'Esprit du Seigneur et je parle dans son amour [17]. » Comme il est fatiguant de marcher ou de ramer contre le vent, mais comme il est agréable de se laisser porter par lui ! Sans l'Esprit Saint, tout est lourd ; avec lui, tout semble tellement léger !

Le vent, de surcroît, féconde. Il transporte les graines des fleurs ou des plantes, les dépose dans les calices d'autres fleurs ou dans la terre, puis les laisse germer. Ainsi fait l'Esprit avec cette graine qu'est la Parole de Dieu.

Les Pères se sont mis à l'école de la pneumatologie de « frère Vent ». Lorsque souffle le vent chaud du printemps, observe l'un d'eux, les fleurs de toutes espèces se mettent à fleurir, et les prés à exhaler leur parfum : de même, dans notre âme, quand souffle l'Esprit Saint [18]. Un autre prie ainsi : « Que tu remplisses du souffle de ton Esprit les voiles, déployées pour toi, de notre confession de la foi [19]. »

J'ai séjourné quelque temps dans une maison de retraite spirituelle située à l'extrême nord de l'Irlande, au bord de l'océan, où nichent beaucoup de mouettes. À cette époque, je commençais déjà à penser à un commentaire du *Veni creator*. Les mouettes furent mes maîtres en pneumatologie. Je passais de longs moments à les observer du haut des falaises. Elles planaient longuement, presque immobiles, sur la mer, au-dessus des précipices. J'avais alors devant mes yeux la même image que celle de l'auteur sacré lorsqu'il disait que l'Esprit de Dieu planait sur les eaux, au-dessus de l'abîme. Mais ce qui m'impressionnait le plus était de voir comment les mouettes connaissaient l'art de faire travailler le vent. Elles planaient sur les ailes du vent (cf. Ps 18, 11), se laissant porter par lui, volant ainsi des heures sans se fatiguer à des vitesses très élevées. Que d'enseignements nous pouvons tirer de tout cela ! Le vent est la seule chose qui ne puisse absolument pas être mise « en bouteille » ou « en conserve », à l'inverse de l'eau, ou de l'énergie électrique qui peut être accumulée dans une pile. Si c'était le cas, ce ne serait plus du vent, c'est-à-dire de l'air en mouvement, mais de l'air immobile, mort. Le rationalisme moderne a tenté d'enfermer l'Esprit Saint dans des concepts, des définitions, des thèses et des traités ; or, cela ne mène à rien.

---

17. *Odes de Salomon*, 6, 1-2, trad. Ephrem Azar, Le Cerf, 1996.
18. Zénon de Vérone, *Traités*, I, 33 (CC 22, p. 84).
19. Hilaire de Poitiers, *La Trinité*, I, 37 (CC 62, p. 35), SC 443, p. 271.

« VIENS, ESPRIT ! »

Une tentation analogue consiste à figer l'Esprit Saint dans des « boîtes » ecclésiastiques, c'est-à-dire des canons, des institutions et des définitions. L'Esprit crée et anime les institutions, mais ne peut lui-même être institutionnalisé. Le vent souffle où il veut ; pareillement, l'Esprit distribue ses dons comme il l'entend (cf. 1 Co 12, 11). On ne peut « canaliser » l'Esprit Saint de manière rigide, comme si, en dehors des « canaux » de la grâce institués, il ne pouvait agir librement. Le Concile Vatican II a reconnu que l'Esprit Saint « offre à tous, *d'une façon que Dieu connaît*, la possibilité d'être associé au mystère pascal [20] ». Le vent est le symbole le plus éloquent de la liberté de l'Esprit.

L'autre symbole, celui du souffle, nous rappelle aussi beaucoup de choses. Que se passe-t-il si l'on retient son souffle trop longtemps ? C'est la terrible expérience de l'asphyxie : « Je n'ai plus d'air, je suffoque ! » Si nous savions écouter l'appel de notre âme quand nous restons trop longtemps sans prier, privés de l'Esprit Saint, nous sentirions qu'elle aussi se met à crier : « Je n'ai plus d'air, je suffoque ! » Quand une personne est sur le point de s'évanouir, on lui conseille d'habitude : « Respire bien, respire profondément ! » On devrait dire de même à celui qui baisse les bras et se désespère dans le combat contre le mal : « Respire dans la prière, respire profondément l'air de l'Esprit Saint ! »

Jésus, le soir de Pâques, souffla sur ses disciples. Dans le baptême, il a répété ce geste sur chacun de nous. Jusqu'à une époque récente, le prêtre prononçait ces paroles à un moment du rituel : « Sors de cet enfant, esprit impur, et fais place à l'Esprit Saint consolateur », tout en soufflant par trois fois sur le visage de l'enfant. Jésus est toujours prêt à renouveler ce geste sur quiconque lui demande de recevoir son souffle.

Les trois sens de *ruah* évoqués dans cette première méditation (le vent, le souffle et l'Esprit Saint) se trouvent réunis dans un texte de la Bible : c'est la prophétie des ossements desséchés d'Ézéchiel 37. Le symbole et la réalité se mêlent ici. *« Il n'y avait pas d'esprit en eux »*, c'est-à-dire de souffle, de vie. *« Viens des quatre vents, esprit, souffle ! »*, c'est-à-dire : viens des quatre points cardinaux et souffle. Et *« l'esprit vint en eux, ils reprirent vie et se mirent debout sur leurs pieds »*.

Nous avons vu le symbole, voici maintenant la réalité spirituelle : *« Je mettrai en vous mon esprit et vous vivrez. »* L'esprit évoqué est l'Esprit de Dieu, l'Esprit Saint ; la vie dont on parle n'est plus seulement la vie physique.

« Viens, Esprit ! » est l'épiclèse primordiale d'où dérive l'invocation au début de notre hymne : *Veni creator spiritus*, comme celle qui commence la

---

20. *Gaudium et spes*, n. 22.

Séquence de Pentecôte : *Veni Sancte Spiritus.* Dans la Bible, c'est la première et la seule prière adressée directement à l'Esprit ; c'est aussi la seule que l'Église ait reprise et conservée dans les siècles. C'est le *Marana-tha* de l'Esprit, l'équivalent de « Viens, Seigneur ! » que les premiers chrétiens adressaient au Christ dans leur culte. « *Fils d'homme, ces ossements, c'est toute la maison d'Israël. Les voilà qui disent : "Nos os sont desséchés, notre espérance est détruite, c'en est fait de nous."* » (Ez 37, 11) Cette maison, c'est nous. Parmi nous, également, certains disent : « Notre espérance est détruite. C'en est fait de nous. » Cette promesse du « souffle » de l'Esprit Saint et cette expérience de résurrection sont aussi pour nous. Ces méditations voudraient servir à cela : aider le lecteur à découvrir que le « souffle impétueux » de la Pentecôte vient encore ; que Jésus est toujours en train de « souffler » sur ses disciples ; que le Cénacle s'est rouvert et que les eaux de la piscine de Bethesda sont à nouveau agitées par l'ange. Celui qui veut être guéri peut y entrer...

Nous ne nous lassons pas de nous inscrire dans cette incessante épiclèse qui accompagne toute l'histoire de l'Église, répétant nous aussi :

Viens, Esprit Saint !
Viens, force et douceur de Dieu !
Viens, toi, le mouvement et la paix !
Renouvelle notre courage,
Remplis notre solitude dans le monde,
Crée en nous l'intimité avec Dieu !
Nous ne disons plus comme le prophète :
« Viens des quatre vents »,
Comme si nous ne savions d'où tu proviens ;
Nous disons :
Viens, Esprit du côté transpercé du Christ en croix !
Viens de la bouche du ressuscité !

II

« CRÉATEUR »

L'Esprit Saint transforme le chaos en cosmos

Veni creator Spiritus, Viens Esprit créateur ! « Créateur » est un titre nouveau et insolite pour l'Esprit Saint. Cette hymne est peut-être le seul texte liturgique où l'Esprit est appelé par ce nom, au lieu du qualificatif habituel de « Saint ». Dans le premier verset, voire dans l'hymne entière, « créateur » est le mot le plus fort. C'est une sorte de fenêtre qui s'ouvre sur toute la Bible et sur la Tradition. La fenêtre est une petite ouverture, mais à travers elle, on peut percevoir un immense panorama qui s'étend à mesure que l'on s'en approche. Plus l'on creuse dans son histoire, plus cet adjectif « créateur » révèle des profondeurs insoupçonnées.

Le musicien Gustav Mahler, voulant écrire, à la fin de sa vie, une symphonie chorale, se demandait quelles seraient les paroles les plus aptes à exprimer « l'inouï ». Il passa en revue l'ensemble de la littérature mondiale, y compris la Bible. Son choix s'arrêta finalement sur le *Veni creator* et il créa à ce but le plus grand ensemble vocal et instrumental jamais joué, si bien que l'œuvre a fini par s'intituler *Symphonie des Mille*. Le premier verset, *Veni creator Spiritus*, contient le thème de l'œuvre entière. C'est une sorte de cri cosmique qui se lève par vagues successives avec la participation de toutes les voix et de tous les instruments. Voici ce qu'écrivit l'auteur à un ami : « Essayez d'imaginer l'univers tout entier commençant à retentir et à résonner. Ce ne sont pas des voix humaines, mais des planètes et des soleils qui tournent dans l'espace. »

Ces paroles résonnent encore de l'enthousiasme de l'artiste, mais elles ne sont pas disproportionnées, si l'on pense du moins à ce que le *Veni creator* a suscité dans les cœurs, au cours des douze siècles qui se sont écoulés depuis sa composition.

1. L'Esprit créateur dans la Tradition

Si l'on analyse le terme « créateur », on constate rapidement qu'il ne s'agit pas d'un choix conjectural, dicté par des questions métriques. Il s'agit, bien au contraire, de l'aboutissement de tout un courant de la révélation biblique et de la Tradition de l'Église.

La notion de « créateur » a joué un rôle décisif dans la définition de la divinité de Jésus Christ au Concile de Nicée (325). Ce fut le terrain d'affrontement des ariens et des orthodoxes. Les hérétiques ariens, suivant la pensée philosophique de l'époque, le moyen-platonisme, distinguaient trois degrés de l'être : l'être inengendré, Dieu ; l'être intermédiaire, le démiurge ou le second Dieu ; et l'être créé, la créature. Or, la pensée orthodoxe définie à Nicée oppose à cette tripartition deux possibilités seulement : l'Être incréé et l'être créé. Créateur ou créature, il n'y a pas d'autre possibilité.

Toute la bataille de l'orthodoxie consistera à démontrer que le Fils n'est pas une créature et qu'il fait donc partie de l'être créateur comme son Père. La distinction faite dans le Credo : « engendré, non pas créé » (*genitum non factum*) permet de dépasser le dilemme de l'arianisme. Elle différencie en effet la génération et la création ; le Fils, bien qu'il soit engendré, n'est pas créé, mais créateur avec son Père.

La divinité du Christ étant ainsi clarifiée, on utilise cette arme pour résoudre le problème de la divinité de l'Esprit Saint. C'est encore Athanase, le champion de Nicée, qui utilise en premier la force de cet argument en faveur de la divinité de l'Esprit Saint. Son raisonnement est simple :

> « Comme [...] le Fils qui est dans le Père [...] n'est pas une créature, mais est propre à la substance du Père [...], ainsi il n'est pas permis [...] de ranger avec les créatures l'Esprit, qui est dans le Fils et a le Fils en lui [...], et de mutiler [ainsi] la Trinité [1]. »

Cet argument s'appuie sur une donnée fondamentale de l'expérience chrétienne ; les chrétiens se sentent transformés et « déifiés » par le contact avec l'Esprit.

> « Si l'Esprit Saint était une créature, nous n'aurions par lui aucune participation de Dieu, [...] mais si [...] nous devenons participants de la nature divine, bien

---

[1]. ATHANASE D'ALEXANDRIE, *Lettres à Sérapion*, I, 21 (PG 26, 580 C), SC 15, p. 121.

insensé serait quiconque dirait que l'Esprit appartient à la nature créée et non à celle de Dieu [2]. »

Tous les Pères de l'Église qui écrivent au sujet de la divinité de l'Esprit Saint suivent cette démarche [3]. Ambroise en fait le fondement de sa doctrine sur l'Esprit Saint, transférant ce débat au monde latin : l'Esprit Saint « n'est pas une créature, mais il est créateur [4] ». L'expression « *creator Spiritus* » se trouve déjà aussi chez saint Augustin qui écrit : « Par défaut de distinction, ceux-ci confondent la créature avec le Créateur, et comptent parmi les créatures l'Esprit de Dieu qui est créateur [5]. »

Le Concile de Constantinople en 381 n'insère pas explicitement, dans l'article sur l'Esprit Saint, le titre de « créateur », peut-être pour ne pas répéter ce qui est dit du Père dans le Symbole de la foi et utilise, à sa place, le terme de « Seigneur » (« Je crois en l'Esprit Saint qui est Seigneur... »). Mais l'opposition entre le serviteur et le seigneur (ou roi) n'est qu'une autre manière d'exprimer l'opposition entre la créature et le créateur. Grégoire de Nazianze condamne ceux qui distinguent en Dieu un créateur (le Père), un collaborateur (le Fils) et un serviteur (l'Esprit Saint) [6]. Et saint Basile écrit ceci : « Si l'Esprit est créé, il est esclave, de toute évidence [...] ; mais s'il est au-dessus de la création, alors il est associé à la royauté [7]. »

Aujourd'hui, cela nous paraît étrange de ne pas résoudre le problème à la racine, en attribuant clairement et simplement au Paraclet le titre de « Dieu ». Mais c'était le procédé de l'orthodoxie à l'époque. Les Pères évitaient d'appliquer ouvertement à l'Esprit Saint le titre de « Dieu » pour rester fidèles à la lettre des Écritures qui parlent d'« un seul Dieu » (cf. Ep 4, 6) ; mais ils exprimaient la foi dans l'absolue divinité de l'Esprit, lui attribuant, de fait, l'*isotimie*, c'est-à-dire le même honneur et la même vénération qu'au Père et au Fils. Pour cette même raison, l'article de foi approuvé à Constantinople en 381 ne dit pas de l'Esprit Saint qu'il est Dieu, mais qu'« avec le Père et le Fils, il reçoit même adoration et même gloire ».

À un certain moment, la foi dans l'Esprit Saint comme « créateur » s'approfondit, trouvant son fondement théologique dans la doctrine trinitaire. Toutes les œuvres que Dieu accomplit en dehors de Lui-même sont communes aux trois personnes divines [8] et l'Esprit est donc créateur avec le Père et le Fils. Saint

---

2. *Ibid.*, I, 24 (PG 26, 585 B-C), SC 15, p. 126.
3. GRÉGOIRE DE NAZIANZE, *Discours*, XXXI, 6 (PG 36, 140), SC 250, p. 285-287.
4. AMBROISE, *Du Saint-Esprit*, III, 139-140.
5. AUGUSTIN, *Discours sur les Psaumes*, 32, II, 2 (CC 38, p. 22).
6. Cf. GRÉGOIRE DE NAZIANZE, *Discours*, XXXI, 5 (PG 36, 137 D), SC 250, p. 285.
7. BASILE, *Sur le Saint-Esprit*, XX, 51 (PG 32, 161 C), SC 17bis, p. 431.
8. GRÉGOIRE DE NYSSE, *Contre les Macédoniens*, 13 (PG 45, 1317).

Augustin conduit cette « conquête » à sa perfection et en fait un fondement de la doctrine trinitaire : en Dieu, tout est commun, quand ce n'est pas la caractéristique propre de chaque personne qui est en cause. La création est donc aussi commune aux trois personnes.

C'est dans cette forme définitive que l'idée patristique de l'Esprit Saint créateur entre dans le *Veni creator*. Dans une autre œuvre, Raban Maur dit ceci :

> « Très opportunément, lorsqu'il est dit qu'"À l'origine, Dieu – c'est-à-dire le Père dans le Fils – créa le Ciel et la Terre", l'Esprit Saint est lui aussi mentionné puisque *"l'Esprit de Dieu planait au-dessus des eaux"*. Cela indique que la puissance de toute la Trinité coopéra dans la création du monde [9]. »

Et par la suite, Thomas d'Aquin énonça que l'Esprit Saint « est le principe même de la création des choses [10] ». Nous découvrons ainsi peu à peu ce qui sous-tend la notion d'Esprit Saint « créateur ».

2. L'Esprit créateur dans l'Écriture

Les Pères se fondent sur la Bible lorsqu'ils attribuent à l'Esprit Saint un rôle dans la création. Une grande partie de leur argumentaire consiste à démontrer que l'Esprit Saint « n'est pas une créature », tandis que le développement positif de leur discours va tendre à montrer, à partir de la Bible, que l'Esprit Saint est effectivement « créateur ». C'est sur ce point que nous voulons maintenant nous concentrer. Nous utiliserons la méthode employée par les Pères plutôt que les contenus de leurs thèses : nous allons interroger l'Écriture selon les moyens et les connaissances dont nous disposons aujourd'hui. Nous verrons alors que les Pères ne se sont pas trompés dans leurs conclusions : l'Écriture contient bien cette idée de l'Esprit « créateur ». Mais nous relevons une différence : les Pères accentuent le sens ontologique du terme « créateur », faisant de lui une désignation de l'être ou de la nature de l'Esprit Saint (l'Esprit Saint *est* créateur et donc il *est* Dieu), alors que la Bible s'intéresse plutôt à l'aspect fonctionnel et dynamique de ce terme (l'Esprit Saint *crée*, il agit *comme* un créateur).

Nous pouvons trouver dans la Bible deux types d'affirmations concernant l'Esprit créateur : d'une part, des paroles qui lui attribuent explicitement une fonction créatrice ; et, d'autre part, des moments ou des faits dans les-

---

9. Raban Maur, *Commentaire sur la Genèse* 1, 1 (PL 107, 447).
10. Thomas d'Aquin, *Somme contre les Gentils*, IV, 20, n. 3570.

quels l'Esprit Saint est associé à des actions créatrices de Dieu et où il apparaît implicitement comme le principe d'une nouvelle naissance, d'une vie et de situations nouvelles. Dans la plupart de ces cas, on parle alors, il est vrai, de « nouvelle création », ou de création spirituelle, dans le Christ. L'Esprit Saint est l'auteur de la nouvelle création, puisqu'il est déjà l'auteur de la première ; il recrée ce qu'il a créé. Le Nouveau Testament est le premier texte à établir ce lien en présentant les interventions de l'Esprit Saint dans la rédemption en parallèle avec d'autres moments de la création. Ainsi, la colombe qui plane sur les eaux du Jourdain rappelle le vent de Dieu qui, au début, tournoie sur les eaux (Gn 1, 2), d'autant plus que le verbe utilisé en hébreu évoque justement un oiseau qui couve ses petits ; Jésus qui souffle sur les visages des disciples le soir de Pâques rappelle le moment où Dieu insuffle en Adam une « *haleine de vie* [11] ».

Le point de départ de tous ces développements est certainement ce passage, en Genèse 1, 2 : « *L'Esprit de Dieu planait sur les eaux.* » Sur la base d'expressions analogues présentes dans les poèmes cosmogoniques babyloniens, on tend à n'attribuer à la *ruah 'elohim* de Genèse 1, 2 que la signification naturelle du vent impétueux, faisant de lui un élément du chaos primordial au même titre que l'abîme et les ténèbres, le reliant ainsi à ce qui précède et non à ce qui suit le récit de la création [12].

Si l'on refusait toute référence, même embryonnaire, à la réalité de l'Esprit Saint, on lirait la Genèse simplement à la lumière des textes précédents et non à celle des textes ultérieurs dans la Bible ; on ne chercherait à voir que les influences qu'il a subies, et non celles qu'il a exercées, contrairement à ce que la tendance récente de l'herméneutique de la Bible nous suggère. (La plus sûre manière de connaître la nature d'une semence inconnue n'est-elle pas de voir à quelle plante elle donne naissance ?) Or, à mesure que l'on avance dans la Révélation, les allusions à une activité créatrice du *pneuma* se référant à ce premier texte deviennent explicites. « *Par la parole* (dabar) *du Seigneur, les cieux ont été faits, par le souffle* (ruah, pneuma) *de sa bouche, toute leur armée.* » (Ps 33, 6 ; cf. aussi Is 11, 4 : « *Il frappera le pays de la férule de sa bouche, et du souffle de ses lèvres fera mourir le méchant.* »)

L'Esprit ou le souffle ne représentent pas dans ces textes le vent naturel. Un autre psaume se réfère au même texte lorsqu'il dit : « *Tu envoies ton souffle,*

---

11. Cf. Gn 2, 7 ; 1 Co 15, 45.
12. Cf. G. VON RAD, *Genèse*, Genève, Labor et Fides, 1968 ; il faut noter cependant que dans *Enuma Elish*, le vent apparaît comme un allié du Dieu créateur et non comme un élément hostile qui s'oppose à lui : cf. R. J. CLIFFORD-R. E. MURPHY, dans *The New Jerome Biblical Commentary*, Prentice Hall 1990, p. 8-9.

ils sont créés, tu renouvelles la face de la terre. » (Ps 104, 30) Quelle que soit l'interprétation que l'on veuille donner à Genèse 1, 2, il est évident que la suite de la Bible attribue à l'Esprit de Dieu un rôle actif dans la Création.

Dans les derniers textes canoniques de l'Ancien Testament, l'idée de l'Esprit qui remplit l'univers s'exprime parfois dans un langage influencé par le stoïcisme (Sg 1, 7 : « *L'esprit du Seigneur en effet remplit le monde, et lui, qui tient unies toutes choses, a connaissance de chaque mot* » ; Sg 12, 1 : « *Car ton esprit incorruptible est en toutes choses* »), mais ce thème est d'origine biblique et non hellénistique.

Cette ligne de développement se précise nettement dans le Nouveau Testament où l'intervention de l'Esprit Saint dans la création nouvelle est décrite, comme on l'a déjà dit, avec les mêmes images que celles qui évoquent l'origine du monde. L'idée de la *ruah* créatrice ne peut être apparue comme venant de nulle part. On ne peut, dans le même commentaire biblique, traduire Genèse 1, 2 par « *un vent de Dieu soufflait sur les eaux* », puis renvoyer au même texte pour expliquer la colombe au moment du baptême de Jésus [13] !

Il n'est donc pas incorrect de continuer à se référer à Genèse 1, 2 et aux témoignages postérieurs pour trouver, comme le faisaient les Pères, un fondement biblique au rôle créateur de l'Esprit Saint. Saint Basile dit (suivi ensuite en ce sens par Luther) : « Si tu adoptes cette opinion, tu y trouveras grand profit [14]. » Et cela est vrai : découvrir dans l'Esprit de Dieu qui planait sur les eaux une première allusion voilée à la réalité de l'Esprit élargit la compréhension de bien d'autres passages de la Bible, dont on ne comprendrait pas, sinon, l'origine.

3. Le titre de « créateur », une « structure ouverte »

Que peut nous dire aujourd'hui ce titre de « créateur » attribué à l'Esprit Saint ? Les Pères ont mis en lumière une vérité qui demeure fondamentale : l'Esprit Saint est Dieu ! Par le titre de « créateur », l'auteur de l'hymne a voulu mettre en exergue, de manière solennelle, la profession de foi en la divinité de l'Esprit Saint. Le titre de « créateur » est comme la clé qui, en musique, décide du son de toutes les notes de la portée. Il s'agit de Dieu lui-même, et non de quelque attribut ou d'une vague énergie divine. La beauté de cette hymne

---

13. C'est le cas dans la Bible de Jérusalem : cf. notes relatives à Gn 1, 2 et Mt 3, 16 et dans *The New Jerome Biblical Commentary*, p. 10 et 638.
14. BASILE LE GRAND, *Homélies sur l'Hexaéméron*, II, 6 (SC 26, p. 169) ; cf. aussi LUTHER, *Commentaire de la Genèse* (WA 42, p. 8).

tient notamment à sa forme : elle est une prière. Dans le Symbole de la foi, on parle « de » l'Esprit Saint, ici on parle « à » l'Esprit Saint.

Mais l'hymne et les paroles qui la composent sont des « structures ouvertes ». Le terme « créateur » exerce la fonction d'une digue solidement érigée pour empêcher le fleuve de la Tradition de prendre une mauvaise direction ; ou encore la fonction de l'anticorps qui devient actif lorsque la maladie contre laquelle il fut produit par l'organisme réapparaît. L'idée de l'Esprit créature resurgit avec une nouvelle ampleur au temps de l'idéalisme rationaliste du XVIIIe siècle, après avoir été refusée au IVe siècle. Si les anciens adversaires de l'Esprit Saint (dits Tropistes, macédoniens ou pneumatomaques) voyaient en l'Esprit une réalité hypostatique intermédiaire entre Dieu et l'homme, il est ici purement et simplement considéré comme l'esprit de l'homme. Ce n'est plus un Esprit divin, mais un esprit humain, l'intellect ou la raison. Cette simple invocation : « Viens, Esprit créateur ! », placée au début de l'hymne, permet d'exclure d'emblée toutes ces nouvelles « réductions ». Cela signifie clairement que l'Esprit n'est pas par nature en l'homme, qu'il n'est pas l'homme. La personne qui fait l'invocation n'est évidemment pas la personne qui est invoquée ; on ne s'invoque pas soi-même. Celui qui dit : « Viens, Esprit créateur ! » reconnaît au même instant son état de créature et l'existence d'une différence qualitative infinie entre lui-même et celui qu'il invoque. Il se voit dans la vérité. Il ne met pas la créature à la place du créateur, comme le faisaient les païens (cf. Rm 1, 25), ni même le créateur à la place de la créature.

Mais ce terme « créateur » ne joue pas simplement le rôle négatif que nous avons indiqué ; il a aussi un rôle positif de grande ampleur. Il fonde en effet l'universalisme chrétien et rend possible le dialogue avec les religions non-chrétiennes [15]. Que signifie cette proclamation de l'Esprit Saint comme créateur ? Elle signifie que son champ d'action ne se limite pas à l'Église ni à l'histoire du Salut, mais s'étend à toute la Création. Cela réfute aussi la thèse de ceux qui, dans l'Antiquité, réservaient au Père le domaine de tout « ce qui est » – le plus universel – ; au Fils, celui des « créatures raisonnables » ; et à l'Esprit Saint, le domaine plus restreint de ceux qui sont « sanctifiés par la grâce [16] ». Rien de ce qui s'accomplit dans l'Église – la création, la rédemption et la sanctification – ne lui est étranger. Aucune époque n'est privée de sa présence agissante. Il œuvre aussi bien dans l'Église qu'en dehors. Il agit avant le Christ, pendant le Christ et après le Christ, même s'il n'agit jamais sans lui. Maxime le Confesseur fait cette remarque très juste :

---

15. Cf. H. SCHWARTZ, *Reflections on the work of the Spirit outside the Church*, in CinSS II, p. 1455-1471.
16. Cf. ORIGÈNE, *Traité des Principes*, I, 3, 5 (PG 11, 150 s.), SC 252, p. 153-155.

« L'Esprit Saint n'est absent d'aucun être... Il est simplement présent *dans toutes les choses* car c'est lui qui les tient unies et qui les vivifie ; il est particulièrement présent *en ceux qui sont sous la loi*, il est présent dans tous les chrétiens d'une manière différente et nouvelle, faisant d'eux des fils ; il est présent comme l'auteur de la sagesse chez *les saints* qui par une vie divinement inspirée se sont rendus dignes de l'inhabitation [17]. »

« L'esprit du Seigneur en effet remplit le monde, et lui, qui tient unies toutes choses, a connaissance de chaque mot. » (Sg 1, 7) Nul ne peut se soustraire à la lumière bienfaisante ou à la chaleur du soleil. *« Où fuirai-je loin de ton Esprit ? »*, s'interroge le psalmiste (Ps 139, 7). Il en résulte que tout dérive de l'Esprit, les charismes surnaturels comme les dons naturels ou les activités séculières.

Un document du Concile Vatican II dit que l'Esprit est à l'œuvre dans les cœurs humains. À propos de l'évolution de l'ordre social, il affirme que « l'Esprit de Dieu qui, par une providence admirable, conduit le cours des temps et rénove la face de la terre est présent à cette évolution [18] ».

Certes, nous verrons par la suite combien sa manière d'agir dans le domaine de la Création est qualitativement différente de sa manière d'agir dans le domaine de la Rédemption et de l'Église. Il s'agit du même rapport que celui existant entre « les semences du Verbe » et « le Verbe total » qui a été révélé en Jésus-Christ. Selon Thomas d'Aquin : « Toute vérité dite par qui que ce soit vient de l'Esprit Saint [19]. »

Le choix du terme « créateur » permet de donner aujourd'hui un fondement, non pas seulement théologique mais aussi pneumatologique et spirituel, au problème de l'écologie et de la sauvegarde de la Création. La Création est l'œuvre de l'Esprit créateur ; la détruire conduit à contrister son auteur. L'Esprit incorruptible de Dieu est présent *« dans toutes les choses »* (Sg 12, 1). Le psaume qui chante les merveilles de la Création (de la mer, des montagnes et des rivières...) et qui attribue à toute créature sa place et son espace est aussi celui qui attribue à l'Esprit Saint toutes ces œuvres :

« Tu caches ta face, ils s'épouvantent, tu retires leur souffle, ils expirent, à leur poussière ils retournent. Tu envoies ton souffle, ils sont créés, tu renouvelles la face de la terre. » (Ps 104, 29-30)

Il est faux d'accuser la Bible d'avoir favorisé, en désacralisant les choses, l'exploitation de la Création et sa soumission à l'arbitraire de l'homme. Dans

---

17. Maxime le Confesseur, *Chapitres variés*, I, 73 (PG 90, 1209).
18. *Gaudium et spes*, n. 26.
19. Thomas d'Aquin, *Somme théologique*, I-II, q. 109, a. 1 ad 1 ; Ambrosiaster, *Commentaire de la Première épître aux Corinthiens*, 12, 3 (CSEL 81, p. 132).

les cultures animistes et idolâtres, la Création est protégée par la croyance que tout être – forêt, arbre, ruisseau – serait habité par un esprit. La vision chrétienne substitue à cette conception animiste une conception authentiquement spirituelle selon laquelle toute chose fait partie d'une harmonie et d'un ordre issus de l'Esprit créateur. Dans ce cas, l'Esprit reste transcendant, tandis que la vision sacrale ou panthéiste du stoïcisme le considère comme partie intégrante des créatures qu'il habite. Saint Ambroise substituait déjà cette conception à la vision païenne, même s'il n'annonçait pas encore l'écologie moderne. En référence à Virgile, il écrit :

> « Certains poètes païens dirent dans leurs vers que "le ciel et la terre ainsi que le globe lumineux de la lune et des étoiles étincelantes sont nourris d'un souffle intérieur". Ils ne nient pas que la puissance de la Création subsiste grâce à l'Esprit et nous, qui lisons cela dans l'Écriture, pourrions-nous le nier [20] ? »

Le titre de « créateur » apporte donc au discours sur l'Esprit Saint une ouverture à trois cent soixante degrés. Le titre de « saint » n'aurait pas donné ce résultat car il aurait réduit, d'une certaine manière, l'action de l'Esprit à la sphère de la sanctification et de la grâce. L'Esprit créateur est aussi à l'œuvre dans l'inspiration des poètes et dans la création artistique en général. Il transcende cependant toutes choses et ne peut être identifié à aucune d'entre elles. Ceci étant précisé, nous pouvons maintenant accueillir l'opinion de Goethe qui voyait dans le *Veni creator* (dont il fit lui-même une belle traduction allemande et qu'il aurait voulu entendre chanter chaque dimanche à la maison) une « invocation au génie parlant puissamment à tous les hommes d'esprit et d'âme élevée [21] ».

4. L'expérience de l'Esprit créateur

Le plus important n'est pas de comprendre l'Esprit créateur ni de l'expliquer, mais d'en faire l'expérience. Qu'est-ce que cela signifie ? Au sens fort, créer signifie extraire du néant, c'est-à-dire de l'absence de toute réalité et de toute possibilité de devenir. Comment alors un être qui existe déjà peut-il invoquer l'Esprit créateur ? S'il l'invoque, c'est qu'il existe, et s'il existe, comment peut-il encore être créé ?

Il y a ici une profonde implication religieuse. Invoquer l'Esprit créateur, c'est se référer, dans la foi, à ce moment où Dieu avait sur nous tout pouvoir,

---

20. AMBROISE, *Du Saint-Esprit*, II, 36.
21. J.W. GOETHE, *Gedenkausgabe der Werke*, Zurich-Stuttgart, vol.15, p. 131-132 et 1103.

quand nous n'étions encore qu'« une pensée dans son cœur » et qu'il pouvait faire de nous tout ce qu'il voulait, sans même devoir tenir compte de notre liberté. C'est restituer à Dieu sa propre liberté. C'est se remettre, par une décision spontanée, comme l'argile entre les mains du potier en lui redisant les mots qu'il a lui-même inspirés à cet effet : « *Seigneur, tu es notre père, nous sommes l'argile, tu es notre potier, nous sommes tous l'œuvre de tes mains.* » (Is 64, 7)

Invoquer l'Esprit Saint créateur, c'est s'abandonner à l'action souveraine de Dieu, dans une confiance totale ; c'est choisir l'attitude de la créature face au Créateur, base de toute religiosité authentique. C'est ne plus poser aucune condition et être disposé à tout. C'est donner « carte blanche » à Dieu, comme le fit Marie quand elle dit : « *Je suis la servante du Seigneur, qu'il me soit fait selon ta parole.* » (Lc 1, 38) Les Pères ont vu en Marie, à ce moment-là, la manifestation suprême de l'Esprit comme créateur : « La puissance créatrice du Très-Haut forma le corps du Christ, lorsque l'Esprit Saint vint sur Marie [22]. »

Invoquer l'Esprit Saint créateur, c'est s'ouvrir à la nouveauté et, également, entrer dans un grand silence...

Revenons au texte qui est à la base de toute cette réflexion sur l'Esprit créateur (Gn 1, 2) afin de comprendre pourquoi nous invoquons dans le *Veni creator* l'action créatrice de l'Esprit, et non celle de Dieu en général. Qu'apporte donc l'Esprit de spécifique ou de « personnel » dans la Création ? Cela dépend, comme toujours, des rapports internes à la Trinité. L'Esprit Saint n'est pas à l'origine mais, pour ainsi dire, au terme de la Création, de même qu'il n'est pas à l'origine mais au terme du processus trinitaire. Dans la Création, le Père est la cause principielle (*prokatartikè*), celui d'où vient toute chose ; le Fils, la cause démiurgique (*dèmiourgikè*), celui par lequel tout est fait ; l'Esprit Saint est la cause perfectionnante (*téléiôtikè*). La force d'action du Père n'est pas imparfaite, mais il veut faire exister par son Fils et porter à la perfection par l'Esprit [23].

L'action créatrice de l'Esprit est donc à l'origine de la perfection de la Création ; il n'est pas tant celui qui fait passer du néant à l'être que celui qui fait passer de l'être informe à l'être formé et parfait. En d'autres termes, l'Esprit Saint est celui qui fait passer la Création du chaos au cosmos, faisant de celui-ci quelque chose de beau, d'ordonné et de propre : un « monde » justement, selon la signification première de ce terme [24].

---

22. Didyme l'Aveugle d'Alexandrie, *L'Esprit Saint*, 31 (PG 39, 1062).
23. Cf. Basile, *Sur le Saint-Esprit*, XVI, 38 (PG 32, 136), SC 17bis, p. 377-379.
24. Le grec *kosmos* (d'où cosmétique) et le latin *mundus* signifient « net, propre, bien rangé ».

« Quand l'Esprit commença à souffler sur elle, la Création n'avait encore aucune beauté. En revanche, quand elle reçut l'opération de l'Esprit, elle obtint toute cette splendeur de beauté qui la fit resplendir comme "monde" [25]. »

Nous savons maintenant que l'action créatrice de Dieu n'est pas limitée à l'action initiale, comme le pensait la vision déiste ou mécaniciste de l'univers. Dieu ne « fut » pas une fois pour toutes créateur, mais « est » créateur, non seulement au sens faible où il « conserve » l'être et gouverne le monde par sa Providence, mais aussi au sens fort où il soutient et communique continuellement l'être et l'énergie, soutenant, animant et renouvelant toute la Création. « Créer, c'est renouveler sans cesse [26]. »

Que nous apprend, sur l'Esprit Saint, cette réflexion ? Il est celui qui, toujours, fait passer du chaos au cosmos, c'est-à-dire du désordre à l'ordre, de la confusion à l'harmonie, de la difformité à la beauté, de la vétusté à la nouveauté. Il n'agit pas de manière mécanique et abrupte, mais travaille à travers l'évolution, en conduisant cette évolution vers sa fin. Il est celui qui, toujours, « crée et renouvelle la face de la terre ». « Supprime donc l'Esprit par la pensée et […] tout est mêlé, voilà [la] vie sans lois, sans ordre, sans détermination [27]. » « Sans l'Esprit, la Création entière ne peut perdurer [28]. »

Ceci est vrai à tous les niveaux : dans le macrocosme, comme dans le microcosme que constitue chaque personne. Considérons avant tout la grande scène du monde et de l'Histoire. À la mort du Christ, les Évangélistes notent que « *l'obscurité se fit sur la terre entière* » (Mc 15, 33). C'est une allusion voilée au chaos primordial dans lequel l'humanité est retombée à cause du péché porté à son paroxysme par le meurtre du Christ. Voici ce qu'écrit un auteur du IIe siècle :

« Peu s'en fallut que le monde entier ne fût anéanti, dissous de peur devant la Passion, si le grand Jésus n'avait exhalé le divin Esprit en disant : *"Père, je remets mon Esprit en tes mains."* (Lc 23, 46) […] Mais quand à nouveau monta le divin Esprit, l'univers en quelque sorte animé, vivifié et affermi retrouva la stabilité [29]. »

Dans cette vision grandiose, c'est une fois encore l'Esprit Saint qui fait passer le monde du chaos au cosmos. Cette fois-ci, cependant, il ne s'agit pas d'un vague « esprit de Dieu », mais de l'Esprit qui vient de la croix du Christ ;

---

25. AMBROISE, *Du Saint-Esprit*, II, 32. Ainsi, la tâche de conduire l'univers « du désordre à l'ordre » que Platon attribua au Démiurge s'étend à l'Esprit Saint (cf. PLATON, *Timée*, 30a) alors que certains Pères l'attribuèrent eux au *Logos* (cf. CLÉMENT D'ALEXANDRIE, *Les stromates*, V, 14).
26. LUTHER, *Résolutions sur les indulgences* (WA I, p. 563).
27. Cf. BASILE, *Sur le Saint-Esprit*, XVI, 38 (PG 32, 137B), SC 17bis, p. 383.
28. Cf. AMBROISE, *Du Saint-Esprit*, II, 5, 33.
29. *Homélies pascales*, 55, SC 27, Paris 1950, p. 182.

il ne s'agit plus d'un chaos physique, mais moral, lié au mal et au péché ; il ne s'agit plus d'un cosmos matériel, mais de l'Église, le « cosmos des cosmos », c'est-à-dire l'ornement du monde [30].

Cette vision se poursuit dans la description de la descente de l'Esprit Saint à la Pentecôte. L'Esprit transforme le chaos linguistique de Babel en une nouvelle harmonie vocale. Grâce à lui, « dans toutes les langues [...], animés d'un même sentiment, les disciples célébraient les louanges de Dieu [31] », comme lorsque le chef d'orchestre monte sur l'estrade, faisant taire le crissement des instruments qui s'accordent pour donner naissance à une admirable symphonie.

5. Veni creator Spiritus

Appliquons maintenant ces considérations au « petit monde » de notre cœur. L'être humain, lui aussi, est parfois défini par les Pères comme « le cosmos des cosmos », l'ornement du monde [32]. Cela peut avoir une portée extraordinaire dans la compréhension et l'accueil de l'action de l'Esprit Saint dans notre vie de croyants. « *Les ténèbres couvraient l'abîme.* » (Gn 1, 2) Mais le cœur de l'homme aussi est un gouffre et un abîme. On trouve en lui un chaos extérieur et un chaos intérieur. Notre chaos, ce sont nos ténèbres intérieures : désirs, projets, intentions et regrets contradictoires. Un auteur spirituel du Moyen-Âge décrivait en ces termes son état spirituel (et il s'agit d'un moine chartreux vivant dans une profonde contemplation !) :

> « Je m'aperçois, Seigneur, que la terre de mon esprit est encore inconsistante et vide, et que les ténèbres recouvrent la face de mon abîme. [...] Elle est en effet dans sa confusion comme une sorte de chaos hideux et obscur, ignorant aussi bien sa fin que son origine et le mode de sa nature. [...] Telle est mon âme, mon Dieu, telle est mon âme : une terre déserte et vide, invisible et informe, et les ténèbres règnent à la surface de l'abîme. [...] L'abîme de mon esprit vous invoque, Seigneur, pour que vous créiez, même de moi, des cieux nouveaux et une terre nouvelle [33]. »

Un courant de la littérature moderne reprend, sous l'angle psychologique, ce thème de l'homme en proie au chaos, se débattant dans le marasme de ses contradictions intérieures : l'homme « du sous-sol [34] » ou celui qui décide de

---

30. ORIGÈNE, *Commentaire de l'Évangile de saint Jean*, VI, 59, 301, SC 157, p. 361.
31. IRÉNÉE DE LYON, *Contre les Hérésies*, III, 17, 2, SC 211, p. 331.
32. *Les Constitutions Apostoliques III*, VIII, 12.16, SC 336, p. 185 ; MÉTHODE D'OLYMPE, *Traité sur la résurrection*, XXXV (GS 27, p. 275).
33. GUIGUES II LE CHARTREUX, *Douze Méditations*, V, SC 163, Paris 1980, p. 148-150.
34. Cf. F. DOSTOÏEVSKI, *Les Carnets du Sous-Sol*, Actes Sud, 1992.

faire à l'envers le chemin de la création, allant de l'être au néant, de la lumière aux ténèbres. C'est le chemin du nihilisme.

Quelle lumière jette sur cette expérience universelle du chaos la foi dans l'Esprit créateur ! L'Esprit de Dieu, qui était à l'œuvre au-dessus et dans le chaos originel, est toujours à l'œuvre dans le monde. En entonnant le *Veni creator*, nous disons : « Viens, Esprit Saint, souffle et tournoie aussi sur mon chaos, éclaire mes ténèbres (cf. Ps 18, 29), fais de moi aussi un microcosme, un petit monde, une belle créature, harmonieuse et pure : une création nouvelle. »

Voici les paroles d'une personne ayant médité longuement sur ces premières paroles du *Veni creator* :

« *Veni creator Spiritus* ! Face à ces paroles, je ne peux rester ni à genoux, ni assise, ni debout, mais je reste assommée, recroquevillée au sol comme peut l'être un paralytique ; ou mieux encore, comme l'argile avant que Dieu n'insufflât la vie en elle. C'est le silence absolu. Le protagoniste de l'univers, l'auteur de la vie, c'est Dieu. Et l'invocation se répand en taches d'huile tout autour de moi, sur ma famille, sur mes amis, sur mes voisins, sur mes connaissances et sur les inconnus. Combien de millions de personnes peuplent cette terre ? Sur toutes ces personnes : *Veni creator Spiritus* ! Cieux nouveaux, terre nouvelle, nouveaux Adams, nouvelles Èves. Hommes politiques, gouvernants, malheureux, prostitués, dépravés, tous les pécheurs qui ne savent pas ce qu'ils font, se trouvent tous là, à terre, sous la puissance créatrice de l'Esprit de Dieu. À cet Esprit créateur qui a créé le modèle humain dans la perfection de chaque cellule, je confie cet enchevêtrement de nerfs, de neurones, d'astrocytes, d'hypothalamus, d'hypophyses, de noyaux de base, tout ce qui régule notre vie végétative, intellectuelle et émotive pour que tout puisse être, dans ses mains, régénéré harmonieusement, en beauté, en vérité, en pureté. Dans la sainte condition des enfants de Dieu. *Veni creator Spiritus* ! »

Il existe en nous un vestige du chaos primordial : notre inconscient. Ce que la psychanalyse moderne a qualifié de passage de l'inconscient à la conscience, du « ça » au « moi », est un aspect de cette création, de ce passage de l'informe au formé, qui doit continuer de s'accomplir en nous. L'Esprit Saint veut aussi tournoyer sur le chaos de notre inconscient, siège de forces obscures, d'impulsions contradictoires, où se retrouvent des angoisses et des névroses, mais aussi des possibilités inconnues. « *L'Esprit de Dieu sonde tout…* » (1 Co 2, 10.) À ceux qui ont des problèmes avec leur inconscient (et qui n'en a pas ?), on ne peut donner de meilleur conseil que celui de nourrir une dévotion particulière à l'Esprit Saint et de l'invoquer souvent en sa qualité de créateur. Il est le meilleur psychanalyste et le meilleur psychiatre du monde. La dévotion à l'Esprit Saint n'implique pas nécessairement de se passer des aides humaines, mais il les complète et les dépasse sans nul doute.

Il est un moment de la journée où l'expérience de la puissance créatrice de l'Esprit se fait plus nécessaire et spontanée qu'à aucun autre : c'est le réveil matinal. Chaque matin qui succède à la nuit est une vivante réminiscence et un symbole de notre monde sortant du chaos originel. Le prodige se renouvelle. La liturgie elle-même nous suggère cette association, dans certaines hymnes des Laudes :

> « Aux premières lueurs du jour,
> revêtues de lumière et de silence,
> les choses jaillissent des ténèbres
> comme au commencement du temps [35]. »

La nuit ressemble à une rechute momentanée dans le chaos. « Au coucher du soleil surgit l'affreux chaos [36]. » Angoisses, rêves, cauchemars ; le bien et le mal ; le réel et l'irréel ; tout se mélange et se confond dans la nuit. Tout est informe ; les rêves sont sans durée, sans couleur. On se lève parfois avec la sensation de tout devoir recommencer à zéro, comme si nous étions des athées qui n'ont jamais connu Dieu et ne savent pas ce que sont la foi, l'espérance et la charité. D'où l'importance de commencer chaque nouvelle journée avec l'Esprit Saint, pour qu'il transforme notre chaos nocturne en lumière de foi, d'espérance et de charité. J'ai découvert que les paroles les plus belles pour commencer la journée sont justement les deux premiers versets de notre hymne : « Viens, Esprit créateur, visite nos âmes ! » Il s'agit en moi d'un besoin presque physique en réaction à la pesanteur, à l'inertie et à l'oubli de la nuit.

Toutes les réflexions qui suivent nous aideront à rejoindre la lumineuse ligne d'arrivée entrevue dans cette méditation : passer à nouveau du chaos au cosmos, devenir une « créature nouvelle », grâce à l'action créatrice de l'Esprit Saint.

Terminons par une hymne de la Liturgie des Heures, récitée dans les pays anglophones :

> « *Esprit qui planait au commencement*
> *Sur le désert et les ténèbres du monde*
> *Et transformait la boue et le chaos en harmonie,*
> *Insufflant en l'homme la vie en profondeur.*
>
> *Viens faire fleurir notre désert,*
> *Viens prier en nous, transforme-nous dans le Fils,*
> *Dispose notre âme à ta grâce,*
> *Fais-nous adhérer au Père et à sa volonté* [37]*.* »

---

35. P. BELTRAME QUATTROCHI, *I Salmi, preghiera cristiana* : « *Nel primo chiarore del giorno, vestite di luce e silenzio, le cose riemergono dal buio com'era al principio del tempo.* »
36. PRUDENCE, *Cathemerinon*, 5, 3 (CC 126, p. 23) : « *Merso sole chaos ingruit horridum.* »
37. Hymnaire de l'Abbaye de Stanbrook en Angleterre.

III

« EMPLIS DE LA GRÂCE D'EN HAUT LES CŒURS QUI SONT TES CRÉATURES »

L'Esprit Saint renouvelle aujourd'hui les prodiges de la première Pentecôte

Voici les deux derniers versets de la première strophe du *Veni creator* : « Emplis de la grâce d'en haut les cœurs qui sont tes créatures. »

Dans le Nouveau Testament, trois verbes et trois images expriment la venue de l'Esprit Saint en nous : être « *baptisés* » dans l'Esprit Saint [1] ; être « *revêtus* » de l'Esprit Saint (Lc 24, 49) ; être « *remplis* » de l'Esprit Saint. Ce dernier est le terme le plus utilisé. Jésus revint du Jourdain « *rempli d'Esprit Saint* » (Lc 4, 1) ; Jean-Baptiste, Élisabeth et Étienne sont aussi remplis d'Esprit Saint [2]. Et surtout, ce verbe décrit le miracle de la Pentecôte : « *Tous furent remplis de l'Esprit Saint.* » (Ac 2, 4)

Ce verset évoque donc l'événement de la Pentecôte. Le mot « grâce » indique ici l'Esprit Saint en personne. Le Paraclet est appelé grâce « car il est donné gratuitement, non pas à cause de nos mérites mais par la volonté de Dieu [3] ». Ce que nous demandons à l'Esprit Saint, c'est de nous remplir de lui-même et non de quelque don, aussi sublime soit-il. Dans une hymne très ancienne attribuée à Ambroise, on demande à l'Esprit Saint « de se répandre et de remplir le cœur [4] ». Cette expression devient commune par la suite, jus-

---

[1]. Cf. Mt 3, 11 ; Jn 1, 33 ; Ac 1, 5.
[2]. Cf. Lc 1, 15. 41 ; Ac 6, 5 ; 7, 55.
[3]. Raban Maur, *De l'Univers*, I, 3 (PL 111, 25) ; cf. Isidore de Séville, *Étymologies*, VII, 3, 20 (PL 82, 269).
[4]. Cf. Ambroise, *Nunc Sancte nobis Spiritus,* in *Opera omnia,* vol. 22, Biblioteca Ambrosiana, Milano, 1994, p. 88.

tement sous l'influence du *Veni creator*. La Séquence de Pentecôte adresse à l'Esprit cette prière : « Ô lumière bienheureuse, viens *remplir* jusqu'à l'intime le cœur de tes fidèles. » Et une antienne du Xe siècle, toujours en usage, dit ceci : « Viens, Esprit Saint, *remplis* les cœurs de tes fidèles et allume en eux le feu de ton amour. »

L'auteur du *Veni creator* pouvait dire avec une même justesse : « Emplis de *toi* les cœurs qui sont tes créatures » ; mais, par le choix du mot « grâce », il a donné une nouvelle dimension au discours, l'enrichissant considérablement. Il a attiré dans l'orbite du Saint-Esprit toute l'œuvre du Christ, établissant ainsi un lien indissoluble entre la pneumatologie et la christologie. La grâce est en effet le point de rencontre entre l'œuvre du Christ et l'œuvre de l'Esprit : le premier est l'auteur de la grâce, le second est, pour ainsi dire, le contenu de la grâce. « Il donne sa grâce aux humbles ? Qu'est-ce à dire ? Qu'il leur donne le Saint-Esprit [5]. »

Nous demandons ainsi que se réalise en nous une nouvelle effusion de l'Esprit, c'est-à-dire une nouvelle Pentecôte. La caractéristique de cette hymne, nous le savons désormais, est de faire surgir l'application pratique d'un profond fondement biblique et théologique, entremêlant la théologie et la spiritualité, la doctrine et l'expérience. Nous devons à nouveau tenter de mettre à jour les présupposés théologiques conduisant à la décision existentielle qui est exprimée en crescendo par ces trois verbes : « Viens, visite, emplis ! »

1. L'Esprit Saint et le retour de la créature à Dieu

Après avoir mis en lumière l'œuvre de l'Esprit Saint dans la Création, saint Basile entame ainsi un nouveau chapitre de son traité : « Quant à l'économie [le dessein de salut] établie pour l'homme par *"notre grand Dieu et Sauveur le Christ Jésus"* (cf. Tt 2, 13), selon la bonté de Dieu, qui donc en refuserait la pleine réalisation à la grâce de l'Esprit [6] ? »

Une grande découverte au sujet de l'Esprit Saint commence à poindre dans ses paroles ; elle se précisera peu à peu. Diachroniquement (c'est-à-dire en rapport au *temps*), l'Esprit Saint est actif d'abord dans la Création et puis dans la Rédemption ; synchroniquement (c'est-à-dire en rapport à l'*espace*), il œuvre aussi bien dans l'Église que dans le monde.

L'idée passe alors au monde latin et se précise davantage. Ambroise, après avoir traité de l'Esprit créateur, dédie une section entière de son traité à l'éco-

---

5. AUGUSTIN, *Sermons*, 270, 6 (PL 38, 1243).
6. BASILE LE GRAND, *Sur le Saint-Esprit*, XVI, 39 (PG 32, 140 B), SC 17bis, p. 385.

nomie du Salut. Il dit notamment ceci : « L'Esprit est l'auteur de la régénération spirituelle dans laquelle nous sommes créés selon Dieu, pour être des enfants de Dieu [7]. »

Par la première création, nous sommes des *créatures* ; par la seconde, nous devenons aussi des *enfants* de Dieu. La nouvelle création n'est autre que la nouvelle naissance, naissance d'en haut ou « de l'Esprit », dont parle Jésus dans l'Évangile (cf. Jn 3, 3.5). Selon Augustin, par la première création, nous sommes des *hommes* ; dans la seconde, nous sommes des *chrétiens*. Le don d'être créés est aussi une grâce, en ce qu'il est donné gratuitement ; mais la grâce qui fait de nous des chrétiens est bien différente. Dans le premier cas, aucun mérite ne nous rendait *dignes* de ce don ; dans le second, beaucoup de démérites nous en rendaient *indignes*. C'est pourquoi nous ne disons pas que la création est une grâce, ou bien c'est une grâce au sens général, mais nous réservons ce terme à la rédemption [8].

L'Esprit est donc à l'œuvre dans l'ordre de la nature comme dans celui de la grâce. Les théologiens médiévaux portent à son apogée cette vision patristique. À propos de la création et de la rédemption, saint Bonaventure écrit : « Les deux œuvres sont immergées dans la puissance de l'Esprit Saint : les œuvres de la Création sont par lui conservées, les œuvres de la Rédemption sont par lui parfaites [9]. » Saint Thomas d'Aquin a construit toute sa *Somme théologique* sur le schéma : « sortie des créatures de Dieu » et « retour des créatures à Dieu ». Il dit ceci : « Il est bon que là où commença la sortie des créatures de Dieu, là se produise leur retour à Dieu… Comme nous avons été créés par le Fils et le Saint-Esprit, par eux, nous sommes conduits à notre fin ultime [10]. »

S'il existe une distinction entre le Fils et l'Esprit Saint, elle consiste, selon l'un des premiers théologiens latins ayant écrit au sujet de la Trinité, en ceci : au Fils est attribuée plus particulièrement la sortie de Dieu (*progressio*) et à l'Esprit Saint leur retour ou leur remontée (*regressus*) à Dieu [11]. L'Esprit Saint étend donc son action d'un bout à l'autre de l'histoire du Salut. Comme le soleil, « *à la limite des cieux, il a son lever et sa course atteint à l'autre limite, à sa chaleur rien n'est caché* » (Ps 19, 7). « L'Esprit de Dieu […] fut depuis le commencement avec les hommes dans toutes les économies de Dieu, prédisant l'avenir, montrant le présent et racontant le passé [12]. »

---

7. AMBROISE, *Du Saint-Esprit*, II, 62-69.
8. Cf. AUGUSTIN, *Sermons*, 26, 5 (CC 41, p. 351 s.).
9. BONAVENTURE, *Sermons sur les Saints*, I (Quaracchi, IX, p. 468).
10. THOMAS D'AQUIN, *Commentaire du Livre des Sentences*, I d., 14, q. 2, a. 2.
11. Cf. MARIUS VICTORINUS, *Hymnes à la Trinité*, 3, 72-73 (CSEL 83, 1, p. 295).
12. IRÉNÉE DE LYON, *Contre les Hérésies*, IV, 33, 1, SC 100, p. 803.

Il ne s'agit pas d'attribuer à l'Esprit Saint quelques domaines spécifiques de compétence dans lesquels il resterait confiné, comme cela a pu se faire autrefois. Au contraire, le cosmos et l'histoire lui appartiennent entièrement : tout relève de sa compétence, comme naturellement tout relève de la compétence du Père et du Fils. Il s'agit plutôt de découvrir l'« empreinte » particulière que chaque personne confère aux œuvres divines.

Cela réfute le fondement de la thèse de Joachim de Flore qui réservait à l'Esprit Saint la troisième et dernière *époque de l'histoire*. L'idée d'une troisième ère semble juste si elle est appliquée uniquement à la *révélation* de l'Esprit Saint qui se manifeste à nous, non à la *réalité* et à l'action de l'Esprit. C'est la démarche de Grégoire de Nazianze qui distingue trois phases dans la révélation de la Trinité. Dans l'Ancien Testament, le Père s'est pleinement révélé et le Fils a été promis et annoncé ; dans le Nouveau Testament, le Fils s'est révélé pleinement et l'Esprit a été promis et annoncé ; dans le temps de l'Église, l'Esprit Saint est pleinement connu et « goûté [13] ».

2. Quelle nouveauté l'Esprit a-t-il apportée à la Pentecôte ?

Cette vision grandiose se retrouve dans les paroles de notre hymne : « Emplis de la grâce d'en haut les cœurs qui sont tes créatures » signifie : « Toi qui es le principe de notre création, sois aussi l'artisan de notre sanctification ! » On ne pouvait affirmer plus clairement que l'Esprit de la création est aussi l'Esprit de la rédemption. Le mot « grâce » est la fenêtre qui ouvre à nos yeux ce nouvel horizon. Elle est reliée au Christ, à l'Église, aux sacrements, aux vertus théologales de la foi, de l'espérance et de la charité. Elle nous conduit sur un autre terrain que celui évoqué par le terme « créateur » dans le premier verset. La grâce, dans le langage chrétien, est toujours la « grâce du Christ ». À la différence de l'usage profane, ce mot n'indique jamais, dans le Nouveau Testament, des dons naturels ou créés, mais toujours les dons surnaturels. Dans la seconde partie de la strophe, l'Esprit « de Dieu » se précise comme étant l'Esprit « du Christ ».

Mais il ne s'agit pas de substituer un Esprit à un autre, ni de renier ou de mettre entre parenthèses l'œuvre de la Création pour affirmer celle de la Rédemption, pas plus que de substituer la grâce à la nature. Il s'agit en revanche d'ajouter la grâce à la nature, les dons surnaturels de l'Esprit aux dons naturels. Pour cela, nous invoquons à la fois l'Esprit comme créateur et comme grâce, et nous disons : « Viens ! » à l'un et à l'autre simultanément. La

---

13. Cf. Grégoire de Nazianze, *Discours*, XXXI, 26 (PG 36, 161 C), SC 250, p. 327.

grâce en effet ne détruit pas la nature, mais la « suppose » et construit à partir d'elle, même après le péché, parce que le péché a « blessé » la nature mais ne l'a pas entièrement corrompue. De ce point de vue, la nouvelle création est une restauration, un renouvellement, une élévation, et non une création *ex nihilo*, à partir de rien, comme la première création.

L'Esprit « emplit de grâce divine » les cœurs qui sont ses propres créatures, et non celles d'un autre. Ce que les Pères ont affirmé contre Marcion et les manichéens à propos du Christ vaut aussi pour l'Esprit Saint : il n'y a pas deux économies diverses et opposées, remontant à deux Esprits différents, mais un seul Dieu, un seul Verbe, un seul Esprit. La continuité s'affirme dans la nouveauté.

S'il n'est pas nécessaire de renier l'Esprit de la création pour accueillir celui de la grâce, on ne peut non plus se contenter de l'Esprit créateur, laissant de côté l'Esprit du Christ. C'est le même Esprit Saint qui nous pousse à faire un saut en avant. Refuser de le faire, c'est opposer une résistance à l'Esprit Saint (cf. Ac 7, 51).

Disons tout de suite que la distinction entre l'Esprit créateur et l'Esprit rédempteur ne coïncide pas avec la distinction entre l'Ancien et le Nouveau Testament. L'Esprit de la grâce, en effet, est déjà à l'œuvre dans la Loi pour préparer l'Évangile. Celui qui parlait par les prophètes était déjà l'Esprit du Christ (cf. 1 P 1, 11). L'Esprit établit également un lien différent, plus profond, avec Israël et le peuple juif qu'avec les autres peuples et les autres religions.

La distinction entre l'Esprit créateur et l'Esprit rédempteur ne coïncide pas de façon rigide avec la distinction entre le *monde* et l'*Église*, comme si, hors d'elle, dans le monde, l'Esprit agissait seulement comme créateur et non aussi comme Esprit du Christ. Le Concile Vatican II a affirmé que « l'Esprit Saint, d'une manière que lui seul connaît, offre à tout homme la possibilité d'être associé au mystère pascal [14] ».

On ne peut plus affirmer aujourd'hui : « Hors de l'Église, point de Salut » (du moins dans le sens employé par le passé) ; de même, on ne peut plus dire : « Hors de l'Église, point d'Esprit Saint. » L'Esprit Saint comme Esprit « du Christ » est mystérieusement à l'œuvre hors des limites visibles de l'Église, quoique non sans rapport avec elle.

Quelle nouveauté l'Esprit a-t-il donc apportée avec la venue du Christ et la Pentecôte ? Nous pouvons donner la réponse de saint Irénée au sujet du Christ : « Il a apporté toute nouveauté en apportant sa propre personne [15]. »

---

14. *Gaudium et spes*, n. 22.
15. Irénée de Lyon, *Contre les hérésies*, IV, 34, 1, SC 100, p. 847.

Celui qui venait autrefois partiellement et provisoirement sur les prophètes est aujourd'hui, dans le Christ, de manière constante avec chacun d'entre nous :

> « Et c'est pourquoi cet Esprit est descendu sur le Fils de Dieu devenu Fils de l'homme : par là, avec lui, il s'accoutumait à habiter dans le genre humain, à reposer sur les hommes, à résider dans l'ouvrage modelé par Dieu ; il réalisait en eux la volonté du Père et les renouvelait en les faisant passer de leur vétusté à la nouveauté du Christ [16]. »

Aussi longtemps que le Verbe n'avait pas « planté sa tente » parmi nous, l'Esprit Saint ne le pouvait pas non plus ; avant que l'Esprit ne descende et ne demeure en Jésus (cf. Jn 1, 33), il ne pouvait descendre et demeurer en nous. On dit par la suite, dans un langage plus évolué, qu'avant la Pentecôte, l'Esprit était présent dans le monde par ses dons et par sa puissance, et qu'après, il est devenu présent hypostatiquement (par sa personne) :

> « Il y avait dans les prophètes une très riche illumination de l'Esprit Saint. Mais dans les fidèles, il n'y a pas seulement cette illumination ; c'est l'Esprit lui-même qui habite et séjourne en nous. Nous sommes appelés temple de Dieu, ce qui n'a jamais été dit des prophètes [17]. »

Nous sommes ainsi passés du niveau de la création à celui de la conversion. Par le péché, l'homme a transformé la *sortie* (*exitus*) de la créature de Dieu, c'est-à-dire la création, en un *éloignement* de Dieu (*aversio a Deo*) ; voici pourquoi le mouvement de *retour* (*reditus*) des créatures à Dieu ne peut se réaliser désormais, sinon sous la forme d'une *conversion* à Dieu (*conversio ad Deum*). La sortie et le retour indiquent deux mouvements objectifs, universels, indépendants de l'homme. Qu'il le veuille ou non, l'homme est sorti de Dieu et à Dieu il retourne, du moins au Dieu juge, si ce n'est comme récompense. L'éloignement de Dieu et la conversion à Dieu indiquent deux mouvements subjectifs, deux décisions libres de l'homme. Puisque l'homme a transformé la sortie de Dieu en son éloignement de Dieu, il doit maintenant transformer le simple retour à Dieu en sa conversion à Dieu. Et c'est dans ce processus de conversion que l'Esprit Saint est vu désormais en action.

Le rôle de l'Esprit Saint dans le retour des créatures à lui est mis en lumière à travers le thème du *jubilé*. À côté du « cinquantième jour » ou « jour de Pentecôte », la Bible parle aussi d'une « cinquantième année » ou d'« une année de Pentecôte ». C'est l'année où la terre reposera, où les esclaves seront affranchis et où « *chacun rentrera dans son patrimoine* » (cf. Lv 25, 10-13). Les

---

16. *Ibid.*, III, 17, 1, SC 211, p. 331.
17. Cyrille d'Alexandrie, *Commentaire sur l'Évangile de saint Jean*, 5, 2 (PG 73, 757A).

théologiens médiévaux en ont déduit que la Pentecôte indique l'entrée dans le repos eschatologique, la rémission des péchés, l'affranchissement de tous les liens et le moment où l'humanité retourne à l'état dans lequel elle se trouvait avant de devenir esclave, à cause du péché : « Approfondis le mystère et tu verras que cette fête sainte accomplit le Jubilé [18]. »

3. L'Esprit de la grâce

Il est clair, maintenant, que le message de cette partie du *Veni creator* réside dans la « grâce ». Avec cette clé, nous pourrons découvrir un nouveau trésor dans la révélation sur l'Esprit Saint. Vous avez peut-être déjà vu ces fresques qui semblent abîmées à cause de restaurations trop nombreuses, réalisées en des époques différentes, selon des sensibilités artistiques différentes. Il en va de même pour certains mots qui ont fini par s'abîmer au fil de leur usage ; c'est le cas du mot « grâce ».

Ce qui saute aux yeux dans le Nouveau Testament, et plus spécialement chez Paul, c'est la grande proximité, pour ne pas dire même l'équivalence, entre l'Esprit Saint et la grâce. Ces deux réalités sont réunies dans l'expression *« l'Esprit de la grâce »* (He 10, 29). La preuve principale se trouve dans les prérogatives souvent identiques attribuées à l'une et à l'autre réalité. On peut bien souvent remplacer le terme d'« Esprit Saint » par celui de « grâce » et vice versa, sans modifier le sens du texte dans lequel ils se trouvent.

L'identification entre la grâce et l'Esprit Saint devient explicite chez les Pères, dès lors qu'ils commencent à réfléchir à la nature divine du Paraclet : « De même qu'elle est du Père et du Fils, la grâce est du Saint-Esprit. Comment peut-il y avoir la grâce sans l'Esprit, quand toute grâce divine est dans l'Esprit [19] ? »

Que nous révèle de l'Esprit Saint cette étroite parenté avec la grâce ? La première chose, c'est la *gratuité*. L'Esprit Saint, en tant que grâce, est un don absolument gratuit, non mérité, que Dieu fait aux hommes. La deuxième chose, c'est l'*historicité*. La présence de l'Esprit provient de l'événement rédempteur de la mort et de la résurrection du Christ. L'Esprit Saint qui fait vivre les chrétiens n'est pas une réalité intemporelle, vague, qui serait au

---

18. ADAM DE ST VICTOR, « *Typum gerit iubilaei/dies iste, si diei/requiris mysteria* », AHMA 54, p. 243 ; cf. aussi RUPERT DE DEUTZ, *Sur le Lévitique*, II, 41 (CM 22, p. 907) et *Livre des offices divin*, 12 (CM 7, p. 347 s) ; HERMANN DE REUN, *Sermones festivales*, 34, 1 (CM 64, p. 142). L'idée vient d'ORIGÈNE, *Sur les Nombres*, 5, 2 (GCS, 30, p. 28).

19. AMBROISE, *Du Saint-Esprit*, I, 127 ; cf. DIDYME L'AVEUGLE D'ALEXANDRIE, *L'Esprit Saint*, 16 (PG 39, 1048 s.).

croyant ce que l'atmosphère est à la terre. Il est entré, avec le Christ, dans l'histoire, et, par le baptême, dans la vie de chaque croyant.

Que nous révèle de la grâce cette étroite parenté avec l'Esprit Saint ? D'abord, la grâce n'est pas une disposition bienveillante, une « bonne volonté » de Dieu à notre égard ; il ne s'agit pas seulement d'une intention, mais d'une réalité. Ensuite, c'est un événement, un acte précis, une intervention nouvelle et personnelle de Dieu, comparable à son intervention initiale dans la Création. La grâce, dans sa signification fondamentale, n'est pas quelque chose que Dieu trouverait en l'homme et qui le lui rendrait agréable. C'est avant tout l'acte même de Dieu qui rend l'homme juste et agréable à ses yeux. La grâce est avant tout « de Dieu » et non « de l'homme ». Une fois qu'elle est reçue en l'homme, la grâce n'est pas seulement un titre juridique de salut, une sorte de sauf-conduit ; c'est un pouvoir réel, de même que celui de l'Esprit Saint.

La grâce est quelque chose que l'on expérimente. On peut avoir d'elle, comme de l'Esprit Saint, non seulement une idée, un concept ou même une foi (si par « foi », on entend uniquement l'adhésion de l'esprit), mais on peut aussi en faire – et c'est normal – l'expérience. Ceci est très clair dans l'Écriture [20]. Un jour, Jésus « *exulta dans l'Esprit Saint et dit...* » (Lc 10, 21) ; l'action de l'Esprit Saint est la source de cette vague de joie qui surgit dans le cœur du Christ et qui le pousse à bénir, à louer et à remercier le Père. De même chez Paul, lorsqu'il écrit : « *L'espérance ne trompe jamais, parce que l'amour de Dieu a été répandu dans nos cœurs par l'Esprit Saint qui nous a été donné* » (Rm 5, 5) ; ou lorsqu'il parle de l'Esprit qui « *atteste à notre esprit que nous sommes enfants de Dieu* » ou de l'Esprit qui « *vient au secours de notre faiblesse* » et intercède pour nous par « *des gémissements inexprimables* » (Rm 8, 16.26). Il ne fait pas des affirmations abstraites de principe, mais cherche plutôt à traduire en mots ce qu'il a expérimenté, ce qu'il continue d'expérimenter dans son cœur et qui le touche. Il ne s'agit pas seulement d'une expérience individuelle, mais collective. Des expressions telles que « *Dieu nous a donné son Esprit* », « *Vous avez reçu l'Esprit* » et « *L'Esprit habite en vous* » évoquent une réalité connue de tous et expérimentée.

L'Apôtre parle de l'Esprit Saint et de la grâce comme de choses dont on peut faire l'expérience spirituelle (non matérielle). C'est cette expérience de l'Esprit Saint dans la vie de la communauté chrétienne, dans le culte et dans le martyre, qui donne lieu à la définition de l'Esprit Saint par le Concile œcuménique de Constantinople de 381. Si l'Esprit Saint nous divinise, il est

---

20. Cf. J.D.G. DUNN, *Jesus and the Spirit*, Londres, 1975, p. 201.

Dieu sans nul doute ; c'était l'argument qu'Athanase répétait sans cesse [21]. D'abord, l'expérience – il nous divinise, il nous sanctifie –, puis l'affirmation dogmatique – il est Dieu.

Comment se situe le *Veni creator* dans cette perspective ? J'ai déjà rappelé les propos de l'auteur du *Veni creator* à propos de la « grâce ». L'Esprit Saint, dit-il, est appelé « grâce » en ce qu'il est donné gratuitement (*gratis datur*). Il y a ensuite, en théologie scholastique, un changement sensible : la grâce de l'Esprit Saint rend agréable à Dieu (*gratum faciens*), alors que seuls les charismes ont la qualification d'être « donnés gratuitement » (*gratis datum*). C'est ainsi le charisme, et non la grâce sanctifiante, qui réalise l'idée originelle plus forte de grâce. Thomas d'Aquin écrit : « Cependant, dans le don même de la grâce sanctifiante, c'est le Saint-Esprit que l'on possède et qui habite l'homme. Aussi est-ce le Saint-Esprit lui-même qui est donné et envoyé [22]. » On voit bien qu'il maintient fermement la doctrine d'Augustin selon lequel, dans la grâce, on ne possède pas seulement quelque don, distinct de lui, mais la personne même de l'Esprit Saint. L'expression « la grâce *du* Saint-Esprit », c'est-à-dire la grâce qu'*est* l'Esprit Saint, est de lui [23].

Cependant, par la suite, le fait d'avoir qualifié l'Esprit Saint de grâce « qui rend agréable à Dieu » conduira à mettre de plus en plus en valeur la grâce « créée », c'est-à-dire la grâce comme « qualité » ou « attribut » inhérent à l'âme et qui détermine son « état de grâce ». On ne peut en effet définir la grâce sanctifiante comme « ce qui rend l'homme agréable à Dieu » sans passer, par là même, du stade d'attribution de la grâce au stade successif ; de la grâce comme *acte* de Dieu à la grâce comme *bien* de l'homme. L'effet créé, et non l'acte créateur de la justification, constitue en ce cas le centre d'intérêt. Cette idée se renforça lors de la polémique contre les Réformateurs. Le Concile de Trente présente la grâce de la justification surtout comme un don créé, c'est-à-dire un effet surnaturel produit dans l'âme par Dieu ; un don qui a Dieu pour « cause efficiente » et qui ne peut donc pas s'identifier à l'Esprit Saint [24].

Il s'agit simplement d'une perspective ou d'un point de départ différent, car le Concile de Trente n'entend pas nier que, appréhendée dans un autre sens, la grâce s'identifie à l'Esprit Saint. Cela étant dit, nous voyons bien que les préoccupations polémiques de chaque époque ont rétréci l'horizon. À chaque schisme, les chrétiens ont perdu quelque chose de leur patrimoine commun, qui s'en est trouvé morcelé et appauvri, à l'instar d'un polyptique

---

21. ATHANASE, *Lettres à Sérapion*, I, 22-26 (PG 26, 581 s.), SC 15, p. 121 s.
22. THOMAS D'AQUIN, *Somme théologique*, I, q. 43, a. 3.
23. *Ibid.*, I-IIae, q. 106, a. 1 ; cf. AUGUSTIN, *De L'Esprit et de la lettre*, 21, 36.
24. Cf. DS 1529.

dont les parties auraient été séparées et exposées en différents musées, empêchant ainsi les amateurs d'admirer l'œuvre dans la beauté de son ensemble.

La polémique anti-pélagienne a réduit l'horizon à la *gratia sanans* (grâce guérissant l'homme) et *adjuvans* (le secourant) ; la polémique anti-protestante a limité encore l'attention à la grâce « créée ». Fort heureusement, l'œcuménisme a instauré un climat favorable à la reconstitution de cet héritage morcelé en retrouvant l'ensemble initial, sans toutefois ignorer les richesses et les précisions survenues au cours des multiples controverses au sujet de la grâce.

Le *Veni creator* vient à notre secours dans ce parcours. Rédigé avant l'avènement de la scholastique et des controverses successives, il nous reconduit de manière concise et essentielle au fait biblique initial, selon lequel la grâce et l'Esprit Saint semblent se fondre ensemble sans se confondre.

4. Le baptême de l'Esprit

La première strophe du *Veni creator* est « innervée » par ces trois verbes : « Viens, visite, emplis ! », placés en position de force, au début ou en fin de verset. Ils confèrent un grand élan à toute la strophe, faisant d'elle un crescendo musical. Mais ces trois verbes, à bien y réfléchir, posent une sérieuse question à notre théologie. Comment l'Église peut-elle répéter à l'Esprit Saint : « Viens, visite, emplis ! » ? Ne croit-elle pas avoir déjà reçu l'Esprit à la Pentecôte, puis, singulièrement, dans le baptême ? Que signifie : « Viens ! » s'il est adressé à une personne qui est déjà présente parmi nous ?

L'Écriture pose la même question. Le jour de la Pentecôte, tous furent remplis de l'Esprit Saint : mais, peu de temps après, il y eut comme une deuxième Pentecôte, où ils furent tous à nouveau « *remplis du Saint-Esprit* » y compris, parmi eux, certains apôtres qui étaient déjà présents lors de la première Pentecôte (Ac 4, 31). Paul recommande à certains chrétiens, baptisés depuis longtemps et actifs dans la communauté, de « se remplir de l'Esprit » (cf. Ep 5, 18), comme s'ils ne l'avaient pas fait auparavant.

Cette apparente contradiction nous fournit en fait une précieuse indication. Thomas d'Aquin donne une explication théologique aux nouvelles « venues » de l'Esprit Saint en nous. Il note, avant tout, que l'Esprit Saint « vient » non pas au sens où il se déplace localement, mais « parce qu'il commence à habiter d'une nouvelle manière, *par la grâce*, en ceux dont il fait le temple de Dieu [25] ». Il écrit :

---

25. THOMAS D'AQUIN, *Commentaire sur l'Évangile de saint Jean*, XV, n. 2061, Cerf 2006, tome 2, p. 245.

> « Il y a mission invisible de l'Esprit Saint même dans le progrès vertueux ou la croissance de la grâce. [...] Cependant, s'il est un accroissement de grâce où il y ait lieu de considérer une mission invisible, c'est avant tout celui qui fait passer à quelque acte nouveau ou à un nouvel état de grâce ; par exemple, lorsqu'on est élevé à la grâce des miracles, à celle de la prophétie, ou lorsqu'on en vient, par ferveur de charité, à s'exposer au martyre, à renoncer à tous ses biens, ou à entreprendre quelque œuvre difficile [26]. »

Mais le plus important, avant l'explication, est le fait lui-même. La nouvelle Pentecôte est en acte depuis toujours, mais, depuis le siècle dernier, elle a pris de nouvelles proportions, inconnues jusqu'alors : au début du vingtième siècle, avec l'apparition du phénomène pentecôtiste, puis vers les années cinquante, avec les différents mouvements charismatiques apparus dans les Églises traditionnelles. Un théologien y voit le mouvement spirituel de plus vaste ampleur de toute l'histoire de l'Église avec, dans une centaine d'années, une croissance de zéro à environ six cent millions de personnes [27].

Il faut évoquer le baptême ou effusion de l'Esprit qui est la grâce propre de ce vaste réveil spirituel. Il s'agit d'une sorte de para-liturgie faite de gestes d'une grande simplicité, accomplis dans l'humilité, le repentir et la disponibilité à devenir des enfants afin d'entrer dans le Royaume. Il s'agit de renouveler et d'actualiser non seulement le baptême, mais aussi toute l'initiation chrétienne. L'intéressé s'y prépare par une bonne confession et en participant à des rencontres de catéchèse qui le remettent en contact, de manière vivante et joyeuse, avec les principales vérités et réalités de la foi : l'amour de Dieu, le péché, le Salut, la vie nouvelle, la transformation en Christ, les charismes, les fruits de l'Esprit. L'ensemble est vécu dans un climat de grande communion fraternelle.

Il arrive parfois que cette effusion se produise spontanément, hors de tout schéma. On est comme « surpris » par l'Esprit, ainsi qu'en témoigne cet homme : « J'étais en avion en train de lire le dernier chapitre d'un livre sur l'Esprit Saint. À un moment donné, j'eus l'impression que l'Esprit Saint sortait des pages de mon livre et entrait dans mon corps. Je me mis à pleurer à chaudes larmes. Je commençai à prier. J'étais dominé par une force bien plus grande que moi [28]. »

L'effet de cette grâce est l'expérience de l'Esprit Saint, lequel devient autre chose qu'un objet de foi intellectuel plus ou moins abstrait. Un théologien connu a écrit : « On ne peut contester à l'homme la possibilité de vivre ici-bas

---

26. *Ibid.*, *Somme théologique*, I, q. 43, a. 6, ad 2 ; cf. SULLIVAN, *Dict. Spir.* 12, col. 1045.
27. M. WELKER, *Gottes Geist. Théologie des heiligen Geistes*, Neukirchen – Vluyn 1992.
28. Dans « *New Covenant* » (Ann Arbor, Michigan), Juin 1984, p. 12.

des *expériences* de la grâce, qui lui donnent une sensation de libération, ouvrent devant lui des horizons nouveaux, s'impriment en lui profondément et le transforment en façonnant de manière durable son comportement chrétien le plus intime. Rien n'interdit d'appeler ces expériences "baptême dans l'Esprit" [29]. »

À travers ce que l'on nomme ainsi « baptême dans l'Esprit », on fait l'expérience de l'Esprit Saint : son onction dans la prière, son pouvoir dans le ministère apostolique, sa consolation dans l'épreuve, sa lumière dans les choix. Sa présence se manifeste de cette manière, avant même que ne s'exercent des charismes. Il transforme intérieurement, donne le goût de la louange, fait découvrir une joie nouvelle, ouvre l'esprit à l'intelligence des Écritures et enseigne surtout à proclamer que Jésus est le « Seigneur ». Il donne aussi le courage d'accepter des rôles nouveaux et difficiles au service de Dieu et du prochain.

Voici ce que raconte une personne qui était présente à la retraite de 1967 qui marqua le début du Renouveau charismatique dans l'Église catholique :

> « Notre foi est devenue vive : notre croyance est devenue une sorte de connaissance. À l'improviste, le surnaturel est devenu plus réel que le naturel. En résumé, Jésus est devenu une personne vivante pour nous. Lorsqu'on lit le Nouveau Testament, c'est comme si maintenant toute parole, toute ligne était vraie. La prière et les sacrements sont vraiment devenus notre pain quotidien et non plus de "pieuses pratiques". Un amour pour les Écritures que je n'aurais jamais cru possible, une transformation de nos relations avec les autres, un besoin et une force de témoigner au-delà de toute attente ; tout cela fait maintenant partie de notre vie. L'expérience initiale du baptême dans l'Esprit ne nous a pas donné une émotion extérieure particulière, mais notre vie s'est remplie de calme, de confiance, de joie et de paix… Nous avons chanté le *Veni creator Spiritus* avant chaque rencontre, en prenant au sérieux ce que nous disions, et nous n'avons pas été déçus… Nous avons aussi été inondés de charismes et tout cela nous a mis dans une parfaite atmosphère œcuménique [30]. »

Comment expliquer que ce geste si simple puisse faire revivre et rendre tellement présent le moment de la Pentecôte ? Une explication se trouve déjà dans les paroles de Thomas d'Aquin que nous avons citées. Il existe une nouvelle mission de l'Esprit Saint, donc une nouvelle venue, aussi souvent que nous avons besoin d'une nouvelle grâce dans notre vie spirituelle ou dans notre ministère, par exemple lorsque se présente une nouvelle tâche à exercer. Cette « accélération » dans le chemin de grâce est habituellement liée à un sacrement mais, comme le fait comprendre Thomas d'Aquin, ce n'est pas exclusif.

---

29. K. RAHNER, *Erfahrung des Geistes, Meditation auf Pfingsten*, Herder, Fribourg, 1977.
30. Dans P. GALLAGHER MANSFIELD, *Comme une nouvelle Pentecôte, Les débuts du Renouveau charismatique catholique*, Emmanuel, 1992, 276 p.

Saint Ambroise aussi, dans son style plus poétique que conceptuel, exprime cette conviction. Il dit qu'à côté de l'Eucharistie (la coupe du salut) et des Écritures (les signes sacramentels), il y a une autre voie où s'exprime la « sobre ivresse de l'Esprit », une voie pentecostale, libre, imprévisible, indépendante des signes institués, dépendante seulement de la libre et souveraine initiative de Dieu : « L'ivresse de la coupe du salut est bonne. Il y a une autre ivresse qui vient de la surabondance des Écritures et une troisième qui vient de la pluie pénétrante de l'Esprit Saint. C'est elle qui, dans les Actes des Apôtres, fit apparaître ceux qui parlaient en langues comme des gens ivres [31]. »

La Pentecôte fut le premier baptême dans l'Esprit. Annonçant la Pentecôte, Jésus dit : « *Jean a baptisé dans l'eau, mais vous, c'est dans l'Esprit Saint que vous serez baptisés sous peu de jours.* » (Ac 1, 5) Dans toute son activité, et pas seulement dans le baptême qu'il a lui-même institué, Jésus « baptise dans l'Esprit Saint ». Toute son œuvre messianique consiste à répandre l'Esprit sur la terre.

Le baptême dans l'Esprit, dont on reparle dans l'Église aujourd'hui, est l'un des modes par lesquels Jésus ressuscité continue cette œuvre essentielle : baptiser l'humanité dans « l'Esprit ». C'est un renouvellement non seulement du *sacrement* du baptême et de l'initiation chrétienne en général, mais aussi véritablement de l'*événement* de la Pentecôte. Le plus grand fruit du dialogue entre les Églises traditionnelles et les Églises pentecôtistes sera d'aboutir à cette reconnaissance : la Pentecôte et les sacrements (en particulier le baptême d'eau) ne peuvent se passer les uns des autres.

5. Viens, visite, emplis !

Que faut-il pour que nous fassions, nous aussi, une telle expérience de Pentecôte ? D'abord, il faut demander l'Esprit Saint au Père avec insistance, au nom de Jésus, et s'attendre à ce qu'il réponde ! Il faut une foi pleine d'attente. Sur qui l'Esprit Saint descend-il ? s'interrogeait saint Bonaventure qui répondait avec sa concision habituelle : « Il vient là où il est aimé, où il est invité, où il est attendu [32]. » On ne compte plus les personnes qui, depuis le siècle dernier, ont senti en leur âme le frémissement de l'Esprit en invoquant ensemble sa venue par les paroles du chant « pentecôtiste » : « Ô Esprit du Dieu vivant, viens toucher mon cœur. Prends-moi, guide-moi en ton Amour. Ô Esprit du Dieu vivant, viens toucher mon cœur [33]. »

---

31. AMBROISE, *Commentaire des Psaumes*, 35, 19 (CSEL 64, p. 63 s.).
32. S. BONAVENTURE, *Sermons*, IVe dimanche après Pâques, 2 (éd. Quarachi, IX, p. 311).
33. « *Spirit of the living God, fall afresh on me : melt me, mould me, fill me, use me, Spirit of the living God, fall afresh on me.* »

Dans beaucoup d'endroits, si une personne se présente à l'improviste à l'heure de passer à table, il est d'usage de l'inviter à entrer et à partager le repas du maître de maison. Mais tout le monde sait que si la personne invitée est éduquée, elle s'excusera et déclinera cette invitation polie. On serait même surpris, voire secrètement contrariés, si celle-ci répondait d'emblée : « Oh oui, avec plaisir ! » Nos invocations de l'Esprit Saint ressemblent parfois à ce type d'invitations. Ce ne sont pas de vraies invitations, mais des invitations formelles. Il nous faut donc répéter ces trois invitations comme une personne qui souhaite être écoutée et prise très au sérieux.

Tous doivent être « *assidus à la prière, d'un même cœur* », comme l'étaient les Apôtres avec Marie au Cénacle. Il est bon, si possible, de s'unir à des personnes qui ont déjà fait l'expérience d'une nouvelle Pentecôte et peuvent nous aider à nous y préparer et à vaincre toute crainte.

Il faut aussi être prêts à ce que notre vie change. On ne peut inviter l'Esprit à venir et à emplir notre être sous réserve qu'il laisse tout comme avant. « Ce que touche l'Esprit, il le transforme », disaient les Pères [34]. Celui qui dit à l'Esprit : « Viens, visite, emplis ! » se livre à l'Esprit, c'est comme s'il lui confiait les rênes de sa vie ou les clés de sa maison. Se livrer au Père pour que le Père nous livre l'Esprit ! Telle est la condition.

Nous ne pouvons répéter : « Viens, visite, emplis ! » tout en écoutant la petite voix, celle de la chair, qui nous murmure : « Mais surtout, pas de bizarreries, pas d'excès ! » Les Apôtres n'eurent pas peur d'être pris pour des gens ivres. Ne nous étonnons pas si « les murs de Jéricho » font du bruit en tombant ou s'ils soulèvent de la poussière, c'est-à-dire si l'irruption de l'Esprit provoque parfois des pleurs ou d'autres réactions physiques incontrôlées. Ce n'est évidemment pas l'Esprit qui provoque directement ces manifestations ; c'est la chair qui, parfois, n'est pas prête au contact avec l'Esprit et qui réagit comme l'eau froide au contact d'un fer brûlant. Mais il ne faut pas en avoir peur ni honte. Dans la messe du jour de la Pentecôte, l'Église fait cette prière : « Renouvelle aujourd'hui, ô Dieu, dans la communauté des croyants, les prodiges que tu as opérés au début de la prédication de l'Évangile. »

Mais comment pouvons-nous continuer à dire ces paroles si, dès que l'Esprit Saint commence à faire sérieusement ce que nous lui demandons, nous crions effrayés : « Pas ainsi, pas ainsi ! » et que nous disons de ceux qui montrent les effets de sa venue : « *Ils sont pleins de vin doux* » ?

---

34. CYRILLLE DE JÉRUSALEM, *Catéchèse mystagogique*, V, 7.

Terminons par les paroles inspirées qu'un évêque oriental prononça dans une solennelle assise œcuménique :

« Sans l'Esprit Saint,
Dieu est loin,
Le Christ reste dans le passé.
L'Évangile est une lettre morte.
L'Église est une simple organisation.
L'autorité est une domination.
La mission est une propagande.
Le culte est une évocation.
L'agir chrétien est une morale d'esclave.

Mais avec l'Esprit Saint,
Le cosmos soulevé gémit dans l'enfantement du Royaume.
Le Christ ressuscité est là.
L'Évangile est une puissance de vie.
L'Église est une communion trinitaire.
L'autorité est un service libérateur.
La mission est une Pentecôte.
La liturgie est mémorial et anticipation.
L'agir humain est déifié [35]. »

---

[35]. IGNACE DE LATTAQUIÉ, *Discours à la IIIe Assemblée mondiale des Églises*, juillet 1968, dans *The Uppsala Report*, Genève, 1969, p. 298.

IV

« TOI QU'ON APPELLE PARACLET »

L'Esprit Saint nous enseigne à devenir des paraclets

Saint Séraphim de Sarov disait à l'un de ses disciples :

« Il ne faut prier que jusqu'au moment où le Saint-Esprit descend sur nous et nous accorde, dans une certaine mesure, connue de lui seul, Sa grâce céleste. Visité par Lui, il faut s'arrêter de prier. En effet, à quoi bon L'implorer ou invoquer en disant : "Viens, fais Ta demeure en nous, purifie-nous de toute souillure et sauve nos âmes, Toi qui es bonté" (tropaire orthodoxe [...]) quand il est déjà venu... [1] ? »

Faire autrement serait comme inviter quelqu'un à la maison et puis, une fois qu'il est entré et qu'il a pris place, continuer à lui répéter avec insistance et d'un ton monotone : « Viens donc me rendre visite ! » Ce serait parler sans penser du tout à ce que l'on dit.

Le moment est venu pour nous de ne plus dire à l'Esprit : « Viens, visite-nous, emplis-nous de la grâce céleste ! » et de croire que, d'une manière et dans une mesure connus de lui seul, il est venu et demeure en chacun de nous. En effet, à ce stade du *Veni creator*, l'*invocation* de l'Esprit cède le pas à la *contemplation* de l'Esprit. Si le *Veni creator* était une symphonie, ce serait ici le début du deuxième mouvement qui, habituellement, est un *adagio*, *largo* ou *calmo*, après le premier mouvement *mosso*, *impetuoso* ou *fortissimo*, qu'était la première strophe de l'hymne.

---

1. I. Goraïnoff, *Séraphim de Sarov*, Desclée de Brouwer - Bellefontaine, 1979, p. 162.

1. L'action sanctifiante de l'Esprit

La deuxième strophe du *Veni creator* dit ceci :

« Toi qu'on appelle Conseiller,
Don suprême de Dieu,
Source vive, Feu, Charité
et onction spirituelle. »

Ici commence alors une contemplation émue et prolongée de l'Esprit Saint dans l'Église. L'Esprit dont on parle désormais est justement l'Esprit de la grâce, du retour à Dieu ; l'Esprit de la rédemption qui œuvre en plénitude dans l'Église.

D'un point de vue littéraire aussi, l'hymne change de registre. À l'*epiclésis* ou invocation (« Viens, visite, emplis ! ») succède l'*eulogia*, c'est-à-dire l'éloge de l'Esprit. Selon le schéma traditionnel, l'éloge est introduit par la formule « Toi qui... » et consiste en une série de titres, de mérites ou de faits sur lesquels on s'appuie pour être exaucé. Il s'agit aussi d'exprimer sa reconnaissance. On n'évoque pas ces qualités seulement pour s'attirer la bienveillance de la divinité dans un esprit d'adulation, mais dans un élan sincère et gratuit d'admiration, de louange et d'enthousiasme, ce qui est certainement notre cas.

Cet éloge est composé d'une série de titres et de symboles de l'Esprit Saint qui sont tous, sans exception, issus de la Bible. Et là réside leur force. Le *Veni creator* est comme un filet à mailles larges jeté dans la mer des Écritures pour recueillir et ne garder que les gros « poissons » ou les « perles » les plus grandes. Ces perles, l'auteur ne fait que les lier entre elles par l'humble fil métrique, selon un dessein théologique précis. Il les offre à l'Église comme un splendide collier à mettre au cou de la mariée, comme une couronne de citations à réciter en contemplant l'Esprit. En ce sens, il y a une grande affinité entre le *Veni creator* et le cantique de Marie, le Magnificat. Marie crée, avec des expressions et des titres puisés eux aussi presque tous dans l'Écriture, une prière fraîche, personnelle, tellement neuve que personne, sauf elle-même, ne pourrait se l'approprier totalement. C'est la caractéristique inimitable de l'Écriture qui continue à des degrés divers dans la Tradition : dire avec des paroles anciennes des choses nouvelles, avec des paroles brèves des vérités profondes.

J'ai dit que cette partie contemplative englobe la deuxième et la troisième strophe du *Veni creator*. Mais il y a une grande différence entre les deux qui, à elle seule, suffirait à montrer la profondeur théologique et l'inspiration profondément biblique de l'hymne.

Dans la Bible, l'Esprit de Dieu se manifeste successivement de deux manières. La première est *charismatique*. Elle présente l'Esprit Saint comme une force divine qui surgit en certaines occasions sur des personnes données, les rendant capables d'actions et de prestations au-delà des possibilités humaines. L'Esprit descend sur une personne et la remplit de sagesse, ou d'une capacité artistique pour embellir le Temple (Ex 31, 3 ; 35, 31) ; à d'autres, il donne le charisme prophétique (Mi 3, 8) ou des qualités exceptionnelles de gouvernement (Jg 13, 25).

La deuxième manière est *sanctifiante*. Elle apparaît à partir des Prophètes et dans les Psaumes, durant et après l'Exil. En Ézéchiel, Dieu annonce : « *Je vous donnerai un cœur nouveau, je mettrai en vous un esprit nouveau* [...]. *Je mettrai mon esprit en vous et je ferai que vous marchiez selon mes lois et que vous observiez et pratiquiez mes coutumes.* » (Ez 36, 26-27) Et le Psaume 51 est le premier à qualifier l'Esprit de « saint » en l'associant à un processus de purification et de renouvellement du cœur (cf. Ps 51, 12 s.).

Voici la différence fondamentale entre les deux manières d'agir : dans le premier cas, l'action de l'Esprit passe à travers la personne qui le reçoit, mais ne s'arrête pas en elle ; le but poursuivi n'est pas l'amélioration de la personne, mais le bien de la communauté entière. La personne peut ne pas sembler meilleure à cause du charisme qu'elle a exercé ; elle peut même en abuser et en faire un motif de réprobation. Dans le second cas, en revanche, l'action de l'Esprit reste dans la personne qui le reçoit, en la renouvelant et en la transformant intérieurement.

La première aboutira, dans le Nouveau Testament, aux charismes qui sont les dons et les opérations de l'Esprit présents d'abord en Jésus de Nazareth puis, après la Pentecôte, dans l'Église. La seconde atteindra son apogée dans ce que l'on appelle « l'action sanctifiante de l'Esprit [2] » qui est la vie nouvelle de l'Esprit, c'est-à-dire, concrètement, la charité. Paul résumera ces deux actions de l'Esprit en parlant successivement des charismes, puis de la charité (cf. 1 Co 12, 14). Il insiste sur la supériorité de la charité, mais reconnaît que les deux sont nécessaires à l'Église, puisqu'elles proviennent du même Esprit et sont destinées au même but, l'édification du corps du Christ.

Ces prémisses générales nous aideront à mieux comprendre les deux strophes de l'hymne que nous méditons. Les titres que nous lisons dans la deuxième strophe, à partir de « Paraclet », se réfèrent tous, sans exception, à l'action sanctifiante et éclairante de l'Esprit, alors qu'il est très clair, dès le début (*Tu septiformis munere...*), que la troisième strophe est entièrement et exclusivement dédiée à l'Esprit qui donne les charismes et les dons.

---

2. Cf. 2 Th 2, 13 ; 1 P 1, 2.

2. Un nom issu de l'expérience

Venons-en au premier verset et au premier titre de notre strophe : « Toi qu'on appelle Paraclet (*Qui Paracletus diceris*) ». Si vous connaissez l'usage de l'ordinateur, vous comprendrez ce qui se produit lorsque l'on prononce simplement le nom de Paraclet grâce à l'image du fichier, qui est le nom d'un document. Après avoir écrit un livre entier comme celui-ci sur le *Veni creator*, je le sauvegarde sous un nom qui ne dépasse pas huit lettres. Dans ce cas, le nom abrégé est justement « Paraclet ». Tout le livre est désormais dans la mémoire de l'ordinateur, mais il m'est impossible de l'imprimer ou même de le lire si je ne lui donne pas ce nom. Dès que j'écris sur mon clavier « Paraclet », en une commande, tout le contenu du livre remonte prodigieusement de la mémoire et m'apparaît sur l'écran, page par page. Je peux alors le lire, le modifier ou le réécrire. C'est le cas de tous les titres de l'Esprit Saint que nous rencontrerons dans cette strophe : Paraclet, don de Dieu, eau vive, feu, amour et onction spirituelle. Chacun accomplit le miracle de faire remonter, de la mémoire que sont l'Écriture et la Tradition de l'Église, des flots de révélation et de doctrine sur l'Esprit Saint.

Où l'évangéliste Jean a-t-il trouvé ce titre de Paraclet qui apparaît quatre fois dans les chapitres 14 à 16 de son Évangile ? S'il est difficile de démontrer qu'il l'a recueilli de vive voix de Jésus, il est aussi difficile d'affirmer le contraire. Jésus, vivant ou ressuscité, avait parlé plusieurs fois de l'Esprit Saint. Peut-on exclure *a priori* qu'il ait utilisé un mot, une image ou une comparaison que l'évangéliste aurait recueilli pour le placer au centre de sa réflexion ? Un seul évangéliste, Luc, atteste le titre de « doigt de Dieu » donné à l'Esprit Saint, mais peut-on en déduire que le terme de Paraclet n'est pas « authentique » ?

Il n'est pas si curieux ou si étrange d'appliquer le terme et le concept de Paraclet à l'Esprit Saint, car c'est l'aboutissement de tout un courant de pensée biblique. Dans l'Ancien Testament, Dieu est le grand consolateur de son peuple, comme on l'entend dans Isaïe : « *Je suis celui qui te console* » (Is 51, 12), littéralement, dans le texte de la Septante, « *ton Paraclet !* » –, celui qui « console comme une mère » (cf. Is 66, 13).

Cette consolation de Dieu ou ce « *Dieu de la consolation* » (Rm 15, 5) s'est incarné en Jésus Christ qui se définit, en effet, comme le premier consolateur ou Paraclet (cf. Jn 14, 16). L'Esprit Saint, puisqu'il continue l'œuvre du Christ et qu'il accomplit les actions communes de la Trinité, ne pouvait pas échapper lui aussi à cette définition de « *Consolateur* », de « *l'autre Paraclet* », comme le nomme justement Jésus.

Ce titre tire son origine et son importance d'une autre source encore :

l'*expérience* de l'évangéliste et de l'Église. Après Pâques, l'Église entière a fait une expérience vivante et forte de l'Esprit comme consolateur, défenseur et allié dans les difficultés externes et internes, dans les persécutions, dans les procès et dans la vie de tous les jours. Dans les Actes des Apôtres, nous lisons : « *Les Églises [...] s'édifiaient et vivaient dans la crainte du Seigneur, et elles étaient comblées de la consolation du Saint-Esprit.* » (Ac 9, 31)

Ces paroles sont incompréhensibles sans une expérience vécue et partagée, qui apparaît alors comme l'origine de ce titre de Paraclet. Son origine nous reste inconnue si nous la recherchons dans les domaines les plus éloignés et les plus étranges, sans regarder près de nous. L'évangéliste évoque lui-même cette expérience de l'Esprit Saint comme source de sa connaissance, quand il fait dire à Jésus à son sujet : « *Vous, vous le connaissez parce qu'il demeure auprès de vous et qu'il est en vous.* » (Jn 14, 17)

Ce qui se produit entre les disciples et l'Esprit Saint après Pâques suscite la stupeur. Il est impossible de ne pas y voir l'action puissante de Dieu. Ce que l'on savait de l'Esprit de Dieu dans l'Ancien Testament n'est absolument pas suffisant pour expliquer tout ce qui est dit de lui maintenant. À tous les niveaux, l'Église perçoit l'Esprit comme une présence, une réalité familière. Il est normal que l'on parle ainsi de Jésus : il a été vu, connu, il a laissé des traces de son passage, un « mémorial » de lui-même. Mais l'Esprit Saint, qui l'a vu ? Et pourtant, tout le monde en parle comme d'une réalité bien connue, et l'on fait remonter à lui tous les événements, du plus petit au plus grand. Qu'est-ce qui peut justifier une telle ampleur, sinon la révélation apportée par Jésus et l'expérience personnelle ? Nous sommes ici face au mystère de l'Esprit. Le Paraclet fait simplement, point par point, ce que Jésus avait annoncé à son sujet.

3. Avocat, consolateur et Esprit de vérité

Prenons en considération les contextes où se trouve ce terme, dans la Bible et en dehors. « Paraclet » peut signifier *intercesseur, avocat* (comme lorsqu'il est appliqué au Christ dans 1 Jn 2, 1) ou *consolateur*, comme le qualifient le verbe « consoler » (*parakalein*) et le substantif « consolation » (*paraklesis*) venant de la même racine : « *Consolez, consolez* (parakaleite) *mon peuple.* » (Is 40, 1)

La Tradition a repris le terme dans sa polyvalence en accordant au mot « Paraclet » la signification d'avocat, de défenseur ou de consolateur. La chose devient évidente dans le monde latin puisqu'il faut traduire le terme grec et choisir entre plusieurs significations. Certains traduisent « Paraclet » par

« avocat », d'autres par « consolateur », d'autres encore par les deux [3], ce qui est l'usage prévalant à l'époque où notre hymne est composée [4].

Dans les premiers siècles, quand l'Église était persécutée et faisait l'expérience quotidienne des procès et des condamnations, on voyait surtout dans le Paraclet l'avocat et le défenseur divin. À Lyon, au IIe siècle, voyant les chrétiens condamnés à mort, un homme, « tout bouillant de l'Esprit Saint », se leva pour contester la manière dont avait été conduit le procès et fut de suite promu au rang des martyrs, sous le chef d'accusation d'être « l'avocat des chrétiens ». « On l'appela *paraclet* des chrétiens, et il avait en lui le Paraclet, l'Esprit… [5] », d'après le rédacteur des actes du martyre.

Le rôle de l'avocat dans les procès humains était vu, du reste, comme un élément d'une défense de bien plus ample portée : celle que le Paraclet fait devant le tribunal de Dieu contre « *l'accusateur de nos frères, celui qui les accusait jour et nuit devant notre Dieu* » (Ap 12, 10). C'est en pensant à ce rôle de l'Esprit Saint que saint Irénée écrit : Dieu a donné le Paraclet à l'Église « pour que, là où nous avons un accusateur, nous ayons aussi un Défenseur [6] ».

L'ère des persécutions étant finie, on voit apparaître un changement de terminologie. « Consolateur » devient alors le terme donné communément au Paraclet. Saint Bonaventure met en parallèle la consolation du monde et celle de l'Esprit Saint :

> « La consolation de l'Esprit est vraie, parfaite et proportionnée. Elle est *vraie* car il exerce la consolation là où il faut l'appliquer, c'est-à-dire à l'âme et non à la chair, ce que fait le monde, au contraire, qui console la chair et afflige l'âme, semblable à un mauvais aubergiste qui soignerait le cheval et délaisserait le cavalier. Elle est *parfaite* car elle console dans toutes les tribulations, non pas comme le monde, dont la consolation procure deux tribulations, comme si, en raccommodant un trou sur un vieux manteau, il en formait deux autres. Elle est *proportionnée* car là où il y a une plus grande tribulation, il accorde une plus grande consolation, non comme le fait le monde qui console et flatte dans la prospérité et qui méprise et condamne dans l'adversité [7]. »

La Séquence de Pentecôte, écrite plus ou moins à la même époque, au XIIIe siècle, exprime ce même sentiment quand elle nomme l'Esprit Saint *consolator optime*, « consolateur souverain ».

---

3. Tertullien, *Du jeûne*, 13, 5 (CC 2, p. 1272) ; Hilaire de Poitiers, *Traité sur les Psaumes*, 125, 7 (CSEL 22, p. 610) ; Augustin, *Traité sur l'Évangile de Jean*, 94, 2.
4. Cf. Isidore de Séville, *Étymologies*, VII, 2, 31 ; 7, 3, 10 ; Raban Maur, *De l'Univers*, I, 3 (PL 111, 24).
5. Cf. Eusèbe, *Histoire ecclésiastique*, V, 1, 10, SC 41, p. 8.
6. Irénée de Lyon, *Contre les Hérésies*, III, 17, 3, SC 211, p. 337.
7. Bonaventure, *Sermons*, Dimanche dans l'octave de l'Ascension, II (Quaracchi, IX, p. 329).

Les paroles du *Veni creator*, je l'ai déjà dit, sont des « structures ouvertes » qui peuvent accueillir sans peine tout ce que l'Église découvre au sujet de tel ou tel thème dans l'Écriture. Ceci est plus vrai que jamais au sujet du Paraclet. Il s'agit en effet d'un titre qui exprime, non pas ce que l'Esprit Saint est en soi, dans la Trinité (cela sera dit seulement dans la dernière strophe), mais ce qu'il est et ce qu'il fait pour nous dans l'histoire du Salut. Il ne faut donc pas s'étonner si le sens attribué au titre évolue et s'enrichit au fil du temps et des situations historiques où se trouvent les croyants.

Car les termes « avocat » et « consolateur » n'épuisent pas le sens de « Paraclet » dans le quatrième Évangile, qu'ils soient pris séparément ou ensemble. Le terme « Paraclet » pour désigner l'Esprit Saint, comme celui de « *Logos* » pour désigner le Fils, est un terme issu du langage courant que Jean revêt de tant de significations qu'il lui donne une existence toute nouvelle. À partir de là, ces termes ne peuvent plus s'expliquer à partir de leur étymologie ou de leur usage antérieur. On ne peut expliquer « Paraclet » par la seule considération du *nom* ; il faut regarder aussi les *fonctions* qui lui sont attribuées. « Le Paraclet *est* ce qu'il *fait* [8]. » Les fonctions dilatent beaucoup le sens du terme jusqu'à créer l'impression d'une certaine contradiction entre le nom et ses prérogatives.

Pour connaître exactement ces fonctions, il n'existe pas de moyen plus simple et plus efficace que de lire les paroles qui se rapportent au Paraclet dans l'Évangile de Jean [9]. Deux choses apparaissent clairement : le Paraclet se définit en fonction de la vérité et en fonction de Jésus. Les diverses activités attribuées au Paraclet – enseigner, rappeler, témoigner, convaincre, conduire à la vérité et annoncer – indiquent que son rôle principal est doctrinal, d'enseignement, et que son domaine essentiel est celui de la connaissance. Jean semble vouloir traduire « Paraclet » par « Esprit de vérité ».

Toutefois, il ne s'agit pas de deux centres distincts – Jésus et la vérité –, mais d'un seul, parce que la vérité, pour l'évangéliste, n'est autre que la Révélation et la Parole amenée sur terre par Jésus Christ. « Esprit de vérité » équivaut en pratique à « Esprit du Fils [10] ». Le rôle de l'Esprit Saint, d'un bout à l'autre du quatrième Évangile, est d'accueillir, d'intérioriser, de comprendre et de vivre la révélation dont le Fils est porteur. C'est en ce sens surtout que le titre de « Paraclet » appartient à l'œuvre sanctifiante et éclairante de l'Esprit, dont traite la seconde strophe du *Veni creator*.

---

8. Cf. E. COTHENET, *Esprit Saint*, DBSuppl., fasc. 60, 364.
9. Cf. Jn 14, 16-17. 26 ; 15, 26-27 ; 16, 7-15.
10. CYRILLE D'ALEXANDRIE, *Commentaire sur l'Évangile de saint Jean*, IX, 14, 16-17 (PG 74, 257 B).

4. Le Paraclet en tant que « personne »

« Paraclet » est le titre qui exprime le plus clairement le caractère personnel de l'Esprit Saint. Avec lui, l'auteur de l'hymne nous fait faire un pas décisif dans la contemplation de l'Esprit Saint. Si, par « créateur », il affirme sa *nature* divine, avec « Paraclet », il affirme qu'il est aussi une *personne* divine. Les autres titres et symboles de l'Esprit – l'eau, le feu, la colombe et le nom même d'« Esprit » – peuvent tout au plus le faire apparaître comme « quelque chose de divin » alors que le titre « Paraclet » est en soi personnel ; on ne peut le dire que d'une personne, car il implique le raisonnement et la volonté. Il n'est pas grammaticalement neutre comme *pneuma*, mais masculin ; « *Il (ekeinos) me glorifiera* » (Jn 16, 14), écrit l'évangéliste en se référant au terme *pneuma* qui est neutre (*eikeno*), montrant ainsi qu'il préfère trahir la grammaire grecque plutôt que l'idée qu'il a de l'Esprit Saint.

Nous ne voulons pas affirmer que Jean a clairement à l'esprit notre concept de personnes divines ou de Trinité, mais simplement que ce qu'il induit justifie et rend cohérente la future foi de l'Église à cet égard. C'est un point névralgique qui ne peut rester « dans le flou » sous peine de ne plus rien saisir du *Veni creator* qui est un cri adressé à une personne, à un *tu* capable d'écouter, de « venir » et de « visiter ».

Chez Jean, la relation de l'Esprit à Jésus Christ est modelée sur la relation de Jésus à son Père. Le Père est celui qui rend témoignage au Fils [11], et l'Esprit Saint est celui qui rend témoignage à Jésus (Jn 15, 26) ; le Fils ne parle pas de lui-même, mais dit ce qu'il a entendu du Père [12] ; l'Esprit Saint non plus ne parlera pas de lui-même, mais dira ce qu'il aura entendu du Fils (Jn 16, 33) ; Jésus glorifie le Père (Jn 8, 49 ; 17, 1) et l'Esprit glorifie Jésus (Jn 16, 14).

Sur ce point, Paul se situe dans la même optique que Jean ; il est indispensable d'écouter son témoignage. Pour lui aussi, l'Esprit Saint n'est pas juste une *action*, mais aussi un *agent*, c'est-à-dire un principe doté de volonté et d'intelligence, qui agit consciemment et librement. Il dit de lui qu'il enseigne, atteste, gémit, intercède, s'attriste, sait et a des désirs. Cette évolution nette vers une conception subjective, plus qu'objective, du *pneuma* est confirmée par la présence chez Paul de formules triadiques, comme celle-ci : « *La grâce du Seigneur Jésus Christ, l'amour de Dieu et la communion du Saint-Esprit soient avec vous tous !* » (2 Co 13, 13.)

Les formules triadiques [13] lues à la lumière de Matthieu 28, 19 (« *Les bap-*

---

11. Cf. Jn 5, 32. 37 ; 8, 18.
12. Cf. Jn 8, 28 ; 12, 49 ; 14, 10.
13. Cf. 1 Co 12, 4-6 ; Rm 5, 1-5 ; Ga 4, 4-6.

tisant au nom du Père, du Fils et du Saint-Esprit... ») et du développement successif de la foi indiquent une nouvelle orientation à l'égard de l'Esprit Saint, liée à la révélation sur le Père et sur le Fils, autrement dit à la révélation de la Trinité.

Certains expliquent l'Esprit Saint en Paul comme « une force qui s'identifie au Seigneur glorieux, considéré non en lui-même, mais en tant qu'il agit dans la communauté [14] ». Mais cette assertion est démentie par le fait que l'Esprit précède dans la Bible la résurrection du Christ et même son incarnation. Il est appelé par Paul « Esprit de Dieu » et non seulement « Esprit du Christ » (cf. 1 Co 2, 11. 14). Si l'Esprit Saint s'identifie ensuite au Seigneur ressuscité en tant qu'il agit dans la communauté, pourquoi attribue-t-on cette même résurrection à l'action de l'Esprit [15] ? Et que veulent dire des phrases comme « *l'Esprit de celui qui a ressuscité Jésus d'entre les morts* » (Rm 8, 11) ou « *personne ne peut dire "Jésus est Seigneur" s'il n'est avec l'Esprit Saint* » (1 Co 12, 3) ? Ne supposent-elles pas précisément une certaine distinction entre l'Esprit et le Ressuscité ?

Le rapport entre l'Esprit et le Seigneur ressuscité est certainement très étroit. Paul arrive à dire : « *Le Seigneur, c'est l'Esprit* » (2 Co 3, 17) et « *Le dernier Adam* [a été fait] *souffle vivifiant* » (1 Co 15, 45). Mais ces affirmations ne peuvent être lues de manière isolée, comme si le Christ n'était que l'*Esprit incarné* et l'Esprit un *Christ spiritualisé*. Ce serait ramener la théologie au stade archaïque du *Pasteur* d'Hermas et d'autres auteurs du IIe siècle, caractérisé par une sorte de binitarisme *de facto* ne considérant que deux réalités : Dieu et son Esprit.

Dans le même ouvrage, il est dit que : « La question métaphysique du rapport entre Dieu, le Christ et l'Esprit ne touche pas Paul, c'est pourquoi il est faux de voir la première désignation paulinienne de la troisième personne de la Trinité dans le terme *pneuma*, qui apparaît souvent de manière claire comme quelque chose d'impersonnel. » Il est vrai que le *pneuma* apparaît souvent chez Paul comme quelque chose d'*impersonnel*, mais il apparaît très souvent aussi comme quelque chose de personnel et cela suffit pour dire que l'Esprit se présente à lui comme une réalité personnelle, c'est-à-dire active, libre et consciente. Comment nier par exemple le caractère personnel de l'Esprit dans le texte suivant : « *Mais tout cela, c'est l'unique et même Esprit qui l'opère, distribuant ses dons à chacun en particulier comme il l'entend* » (1 Co 12, 11) ? L'Esprit n'est pas seulement le don ou l'ensemble des dons, mais le dispensateur libre (« *comme il l'entend* ») et conscient de ses dons.

---

14. E. Schweizer, *Pneuma*, ThWNT VI, p. 431 s.
15. Cf. Rm 1, 4 ; 1 P 3, 18 ; 1 Tm 3, 16.

L'objection selon laquelle « le problème de la personnalité du *pneuma* apparaît mal posé pour la simple raison que le terme de "personnalité" n'existe ni en hébreu ni en grec [16] » semble elle-même « mal posée ». Appliquée de manière cohérente, elle amènerait à la conclusion que ni le Père ni le Fils Jésus Christ ne sont pour Paul des « personnes », puisqu'il ne dispose pour eux non plus du concept de personnalité. L'absence du terme n'indique pas nécessairement l'absence de la réalité correspondante s'il s'agit d'une réalité nouvelle, inconnue autrefois. Affirmer le contraire reviendrait à prétendre que l'on ne pouvait inventer le téléphone quand ce nom n'existait pas encore. Cela vaut particulièrement pour le concept de « personne » ou « hypostase », qui, distinct de la « substance », n'avait jusqu'alors existé dans aucune culture. La pensée chrétienne réussit à le découvrir justement à partir de ce que Jésus a révélé du Père, du Fils et de l'Esprit Saint. Si l'on ne part pas de cette constatation, on ne comprend pas comment et pourquoi le concept de personne est né et s'est développé.

On peut dire que chez Paul et dans le Nouveau Testament, on ne trouve pas encore le terme et le *concept* de personnalité appliqué à l'Esprit Saint (il en va de même pour le Père et pour Jésus Christ, d'ailleurs), mais il existe déjà la *réalité* correspondante. *Pneuma* n'est plus vu comme un simple *principe* ou une *sphère d'action*, comme c'était le cas dans la mentalité grecque ; mais il est considéré comme un *agent*, qui œuvre de manière distincte. Les Pères grecs exprimeront plus tard cette conquête de la foi en disant que l'Esprit Saint n'est pas une simple « énergie de Dieu », mais une « substance énergétique » ou une « énergie substantielle » douée de volonté et d'intelligence [17].

Le principe qui permit la distinction personnelle entre le Père et le Fils – « Celui qui engendre est autre que celui qui est engendré ; celui qui envoie est autre que celui qui est envoyé [18] » – vaut aussi pour les rapports entre l'Esprit et le Père, entre l'Esprit et le Fils : « Celui qui procède est autre que celui dont il procède ; celui qui envoie est autre que celui qui est envoyé... »

Cependant, lorsque le terme « personne » est appliqué au Père, au Fils et à l'Esprit Saint, il n'a pas la signification qu'il revêt dans l'usage courant. Appliqué à l'Esprit Saint, il ne désigne pas un centre spirituel d'action autosuffisant, une personne consciente d'elle-même et indépendante, au sens actuel ; il indique seulement la relation d'origine qui « oppose », en les distinguant, le Père, le Fils et l'Esprit Saint. On ne peut cependant en conclure que

---

16. E. Schweizer, *Ibid.*, p. 431 s.
17. Cf. Origène, *Fragment 37 sur Jean* (GCS IV, p. 513) ; Grégoire de Nysse, *Discours catéchétique*, II (PG 45, 17 C), SC 453, p. 155.
18. Tertullien, *Contre Praxeas*, 9, 2 (CC 2, p. 1168).

« pour la notion de personne dans la théologie trinitaire, il est indifférent que l'Esprit soit présenté comme une personne qui parle et agit (au sens habituel), ou comme une force impersonnelle [19] ». C'est justement le fait qu'il parle et agisse qui permet de l'établir dans une relation au Père et au Fils. D'ailleurs, si la personne dans la Trinité n'est pas un *centre autonome* d'action et de volonté, elle fait partie du seul *centre commun* aux Trois Personnes et peut, en tant que telle, agir et vouloir : « Le vouloir créateur [...] passe par toute la divinité et son accomplissement est le fait de la substance transcendante à la création. Dès lors, c'est quelque chose de commun et qui pourtant revient aussi en propre à chaque personne que ce qui est opéré à partir d'une seule nature [20]. »

Depuis l'époque d'Athanase, une vérité s'impose au sujet de la Trinité chrétienne : ou elle est homogène ou elle n'est pas. Elle ne peut être formée de deux *personnes* plus une *chose* ou (dans le langage des Grecs) de deux *hypostases* plus une *énergie*. Ce ne serait plus une vraie Trinité, mais une somme de choses différentes.

5. Devenir des paraclets

Avec le terme « Paraclet », nous touchons d'une certaine manière au sommet de la révélation sur l'Esprit Saint : il n'est pas seulement « quelque chose », mais « Quelqu'un ». Il est une présence qui demeure en nous, un interlocuteur, un défenseur, un ami, un consolateur, l'« hôte très doux de nos âmes », comme l'appelle la Séquence de Pentecôte. Celui qui fut le « compagnon inséparable » de Jésus, déjà durant sa vie terrestre [21], veut l'être maintenant de chacun de nous. Tout ce qu'une personne pourrait nous donner de mieux et de plus agréable se trouve en lui, et infiniment plus encore. Notre contemplation de l'Esprit trouve ici un trésor inépuisable. Un grand contemplatif médiéval écrit :

> « Il est bien, pour les enfants de la grâce et les pauvres en esprit, l'avocat dans l'exil de la vie présente, le consolateur, la force dans l'adversité, l'aide dans les tribulations. Il est celui qui enseigne à prier comme il faut, qui fait adhérer l'homme à Dieu, qui le rend agréable et digne d'être exaucé [22]. »

Il est temps de déduire de notre contemplation du Paraclet une conséquence pratique et opérante. On ne saurait se contenter d'honorer et d'invo-

---

19. Cf. J. Schierse, dans *Mysterium salutis*, II, 1, vol. 3, Brescia 1968, p. 155. 161.
20. Cyrille d'Alexandrie, *Dialogues sur la Trinité III*, VI (PG 75, 1053), SC 246, p. 105.
21. Cf. Basile le Grand, *Sur le Saint-Esprit*, 39 (PG 32, 140 C), SC 17bis, p. 387.
22. Guillaume de Saint-Thierry, *L'énigme de la foi*, 100 (PL 180, 440 C).

quer l'Esprit Saint par ce doux nom de « Paraclet » ni d'en étudier la signification : ce titre, une fois compris, doit être vécu. Nous devons devenir nous-mêmes des paraclets ! S'il est vrai que le chrétien doit être un *alter Christus*, un autre Christ, il doit être aussi un « autre Paraclet ».

L'amour de Dieu a été répandu dans nos cœurs par le Saint-Esprit (cf. Rm 5, 5) : l'amour par lequel nous sommes aimés de Dieu et l'amour par lequel nous sommes rendus capables d'aimer, à notre tour, Dieu et notre prochain. Si nous appliquons cela à la consolation – qui est la forme que prend l'amour face à la souffrance de la personne aimée –, nous comprenons une chose très importante : le Paraclet non seulement nous console, mais nous pousse à consoler et nous rend capables de consoler. Paul écrit encore : « *Béni soit le Dieu et Père de notre Seigneur Jésus Christ, le Père des miséricordes et le Dieu de toute* consolation, *qui nous* console *dans toute notre tribulation, afin que, par la* consolation *que nous-mêmes recevons de Dieu, nous puissions* consoler *les autres en quelque tribulation que ce soit.* » (2 Co 1, 3-4)

Ce texte dans lequel le mot grec – d'où dérive le nom Paraclet – revient cinq fois, comme verbe ou comme substantif, contient l'essentiel pour une théologie de la consolation. La consolation vient de Dieu qui est le « *Père de toute consolation* ». Elle vient sur ceux qui sont affligés, mais ne s'y arrête pas ; son but ultime est atteint lorsque ceux qui ont expérimenté la consolation en usent pour consoler à leur tour.

Consoler, mais comment ? Cette question est importante. Avec la consolation même par laquelle j'ai été consolé par Dieu ; avec une consolation divine, non humaine. Non pas en me contentant de répéter des paroles stériles de circonstance qui ne changent rien à la situation (« Courage, ne te laisse pas aller : tu verras que tout s'arrangera pour le mieux ! »), mais en transmettant l'authentique consolation qui vient des Écritures et procure l'Espérance (cf. Rm 15, 4). Cela explique les miracles qu'une seule parole ou un seul geste, accompli dans un climat de prière avec la foi dans la présence de l'Esprit, est capable d'opérer au chevet d'un malade. C'est Dieu qui console à travers moi.

En un certain sens, l'Esprit Saint a besoin de nous pour être Paraclet. Il veut consoler, défendre, exhorter, mais n'a pas de mains, d'yeux ni de bouche, si ce ne sont nos mains, nos yeux, notre bouche. Notre âme agit, se déplace et sourit à travers les membres de notre corps. Il en est de même pour l'Esprit Saint qui opère à travers les membres de « son » corps : l'Église et nous. « *Réconfortez-vous mutuellement* », recommande Paul aux premiers chrétiens (cf. 1 Th 5, 11) ; et le verbe employé (*parakaleite*) dans sa traduction littérale signifie « Devenez des paraclets » les uns pour les autres. Le cardinal Newman disait dans un discours au peuple :

« Instruits par notre propre souffrance, par notre propre douleur, disons-le, par nos propres péchés, nous aurons l'esprit et le cœur exercés à toute œuvre d'amour vers ceux qui en ont besoin. Nous serons, selon notre capacité, des consolateurs à l'image du Paraclet, et dans tous les sens du mot : avocats, assistants, porteurs de réconfort. Nos paroles et nos conseils, notre manière de faire, notre voix, notre regard seront gentils et apaisants [23]. »

Si la consolation que nous recevons de l'Esprit Saint ne se transmet pas aux autres, si nous voulons la garder de manière égoïste pour nous, elle se corrompt rapidement. C'est ce que dit une belle prière attribuée à François d'Assise : « Que je ne cherche pas tant à être consolé qu'à consoler, à être compris qu'à comprendre, à être aimé qu'à aimer... » Dans un psaume que les évangélistes ont régulièrement appliqué au Christ souffrant et que le Christ s'est lui-même attribué, on peut lire : « *J'espérais la compassion, mais en vain, des consolateurs, et je n'en ai pas trouvé.* » (Ps 69, 21) À Gethsémani, Jésus chercha des consolateurs, mais il n'en a pas trouvé. Qu'il ne puisse prononcer ces paroles à mon sujet... Il est en agonie jusqu'à la fin du monde. Il l'est avant tout dans son corps mystique, en ceux qui souffrent et sont dans la désolation. Or, le Paraclet est appelé « père des pauvres » ; nous ne sommes jamais aussi sûrs d'être des paraclets que lorsque nous nous penchons sur le pauvre, l'humilié, l'affligé ; quand la consolation est gratuite.

Demandons cette grâce à Marie, honorée dans la piété chrétienne par deux titres qui constituent ensemble la signification de Paraclet : « *Consolatrice* des affligés » et « *Avocate* des pécheurs ». Marie est elle-même certainement devenue pour nous un « paraclet » ! Un texte du Concile Vatican II dit ceci : « La mère de Jésus brille déjà comme un signe d'espérance assurée et de *consolation* devant le Peuple de Dieu en pèlerinage [24]. »

Terminons par cette invocation au Paraclet extraite de l'office des grandes Vêpres de Pentecôte de la liturgie orthodoxe (la prière à laquelle se référait Séraphim de Sarov dans le texte cité au début de ce chapitre) :

« Roi céleste, Consolateur, Esprit de vérité,
partout présent et remplissant l'univers,
trésor de grâces qui donnes la vie,
viens et demeure en nous,
purifie-nous de tout ce qui est vil
et sauve nos âmes, Dieu de bonté [25]. »

---

23. J. H. NEWMAN, *Parochial and plain Sermons*, vol. V, Londres, 1870, p. 300 s.
24. *Lumen gentium*, n. 68.
25. Cf. *Pentecostaire*, trad. de D. GUILLAUME, *Diaconie apostolique*, Parme, 1994, p. 400.

V

« DON SUPRÊME DE DIEU »

L'ESPRIT NOUS ENSEIGNE À FAIRE DE NOTRE VIE UN DON

Le titre de l'Esprit Saint qui sera l'objet de cette méditation est, selon la version habituelle de l'hymne : « don du Dieu Très Haut (*donum Dei altissimi*) ». Je pense qu'une erreur s'est glissée dans la transmission du texte, car la forme originale devrait être *donum Dei altissimum*, c'est-à-dire : « don suprême du Seigneur » et non « don du Dieu Très-Haut ».

Cette nuance n'est pas insignifiante. Dans le premier cas, *altissimi* se réfère à Dieu et ne dit donc rien de l'Esprit Saint en particulier. Il s'agirait d'un mot de remplissage, chose étonnante dans cette hymne où chaque parole est soigneusement choisie. Dans le second cas, *altissimum* se réfère au don et souligne une chose très importante, qu'Augustin et les Latins n'ont cessé d'affirmer : « Il n'est pas de don plus excellent que la charité », qui est l'Esprit Saint ; il est donc « le plus grand don de Dieu [1] ». Ce concept se trouve dans le texte qui sert d'inspiration à l'auteur de l'hymne concernant le choix des titres du Saint-Esprit [2]. La tradition manuscrite elle-même présente des variantes à ce niveau, signe d'une incertitude dans la transmission du texte [3].

Mais cette incertitude n'a pas d'incidence sur le sens fondamental de notre verset qui réside davantage dans le substantif « don » que dans l'adjectif

---

1. AUGUSTIN, *La Trinité*, XV, 18, 32 ; 19, 37.
2. ISIDORE DE SÉVILLE, *Étymologies*, VII, 3, 16 ; RABAN MAUR, *De l'Univers*, I, 3 (PL 111, 25).
3. Un manuscrit porte la mention *altissimus*, cf. A. S. WALPOLE, *Early Latin Hymns*, Cambridge, 1922, p. 375. Il est significatif qu'un commentateur ancien de notre hymne, après avoir cité le titre dans sa forme traditionnelle « don du Dieu Très-Haut » (*donum dei altissimi*), l'interprète ensuite dans le sens de « don suprême » (*munus praestantissimum*) : cf. DENYS LE CHARTREUX, *Commentaire du Veni Creator*, dans *Opera omnia*, vol. 35, Tournai 1908, p. 54.

« suprême ». Ce titre donne un éclairage important sur la personne du Paraclet, qui possède un sens particulier pour les personnes consacrées comme pour les époux. Ce titre est celui qui peut le mieux les familiariser avec l'Esprit Saint et je ne serais pas surpris qu'il devienne pour eux son titre privilégié. Avant d'évoquer les applications concrètes de ce titre dans notre vie, nous en poserons comme toujours le fondement doctrinal, de manière que la dévotion à l'Esprit Saint ne soit pas détachée de la foi, mais découle d'elle comme son fruit le plus exquis.

1. Le nom propre de l'Esprit Saint

Nombreux sont les passages du Nouveau Testament où l'Esprit Saint est présenté, directement ou indirectement, comme le don de Dieu. « *Si tu savais le don de Dieu…* », dit Jésus à la Samaritaine (Jn 4, 10) et le contexte qui parle de l'eau vive a toujours permis de penser qu'il s'agit de l'Esprit Saint (cf. Jn 7, 38). L'Esprit Saint en tous les cas est défini comme le « don de Dieu » dans les Actes des Apôtres : « *Repentez-vous […] et vous recevrez alors le don du Saint-Esprit* [4]. »

Le génitif « de l'» Esprit Saint signifie le don que *donne* l'Esprit Saint et le don qu'*est* l'Esprit Saint. « Il est donné comme Don de Dieu, de manière à ce qu'il se donne lui-même comme Dieu [5]. » En ce cas, le don de l'Esprit Saint n'est autre que l'Esprit Saint lui-même. À d'autres reprises, le sujet et l'objet du don sont distincts : l'Esprit Saint apparaît comme le don que le Père ou le Christ a fait aux croyants : « *À ceci nous connaissons que nous demeurons en lui et lui en nous : il nous a donné de son Esprit.* » (1 Jn 4, 13) L'Esprit est appelé aussi « *le don céleste* » (He 6, 4) ou simplement « *le don* » que Dieu a fait aux Apôtres à la Pentecôte (cf. Ac 11, 17).

Irénée est le premier à valoriser ce titre biblique de l'Esprit Saint : « C'est à l'Église, en effet, qu'a été confié le "Don de Dieu", comme l'avait été le souffle à l'ouvrage modelé (Gn 2, 7) afin que tous les membres puissent y avoir part et être par là vivifiés [6]. »

Alors que les Pères grecs ont réservé une place modeste à ce titre personnel de l'Esprit en tant que « don de Dieu », il est extrêmement valorisé chez Augustin, puis dans la pneumatologie latine qui s'est largement construite autour de lui.

---

4. Ac 2, 38 ; cf. aussi 8, 20 ; 10, 45.
5. Augustin, *La Trinité*, XV, 19, 36.
6. Irénée de Lyon, *Contre les Hérésies*, III, 24, 1, SC 211, p. 473.

Pour Augustin, « Don » est le nom propre de l'Esprit Saint, celui qui exprime sa relation au Père et au Fils et qui nous le fait connaître comme personne distincte. Ni « Esprit » ni « Saint » ne peuvent remplir cette tâche, car le Père aussi est « Esprit » et il est « Saint », le Fils aussi est « Esprit » et il est « Saint ». La troisième personne de la Trinité est appelée avec le nom d'Esprit Saint, qui convient aussi aux deux autres personnes, justement pour exprimer qu'il est l'« ineffable communion entre le Père et le Fils ». « Cependant, fait remarquer Augustin, il est vrai de dire que ce nom (Esprit Saint) n'exprime point ces relations divines, et qu'elles se montrent bien mieux dans celui de don de Dieu. » Nous pouvons en effet appeler l'Esprit Saint « Esprit du Père » et « Esprit du Fils », mais nous ne pouvons à l'inverse appeler le Père « Père de l'Esprit » et le Fils « Fils de l'Esprit ». La relation, qui ne fonctionne pas dans les deux sens quand on utilise les termes Père, Fils et Esprit Saint, fonctionne en revanche quand nous utilisons les termes « don » et « donateur ». Nous pouvons appeler en effet l'Esprit Saint : « don du donateur » (c'est-à-dire du Père et du Fils ensemble) et nous pouvons appeler le Père et le Fils « donateur du don [7] ».

Comment se conjuguent cette vision de l'Esprit Saint en tant que don et celle de l'Esprit Saint en tant qu'amour ? Voici la réponse de Thomas d'Aquin, à la suite d'Augustin :

> « Le premier don que nous lui accordons est donc l'amour, qui nous fait lui vouloir du bien. On voit donc ainsi que l'amour constitue le don premier, en vertu duquel sont donnés tous les dons gratuits. Aussi, puisque le Saint-Esprit procède comme Amour, nous l'avons déjà dit, il procède en qualité de Don premier [8]. »

Quelle est la conséquence de tout cela ? L'Esprit Saint, en répandant dans les cœurs la charité, ne répand pas seulement une vertu, mais lui-même. Le don de Dieu est le Donateur lui-même. Nous aimons Dieu par Dieu.

Dans cette ligne, la théologie du don connaîtra une autre application importante, celle qui se réfère à la doctrine de la grâce. La grâce n'est que le don de l'Esprit Saint qui se communique à nous comme principe de vie nouvelle et comme « loi nouvelle [9] ». La grâce sanctifiante n'est pas une simple « qualité créée » répandue dans l'âme ni une simple « énergie incréée », mais l'inhabitation dans l'âme de la personne même de l'Esprit Saint et, avec lui, de toute la Trinité. « En tant que don venant de Dieu, la grâce est un don qui

---

7. AUGUSTIN, *La Trinité*, V, 11, 12 ; 12, 13.
8. THOMAS D'AQUIN, *Somme théologique*, I, q. 38, a. 2 ; cf. AUGUSTIN, *La Trinité*, XV, 18, 32.
9. Cf. *ibid.*, I-IIae, q. 106, a.1.

est donné et infusé par Dieu, sans intermédiaire ; car, avec elle et en elle, est donné l'Esprit Saint qui est le don incréé [10]. »

Cela n'exclut pas le don « créé », c'est-à-dire la grâce comme disposition déiforme distincte de Dieu qui, d'un côté, prédispose l'âme à l'inhabitation de l'Esprit Saint et de l'autre, jaillit du fait même de cette inhabitation dans l'âme [11].

2. L'Esprit Saint, « don » de Dieu qui « se donne »

Voilà en résumé ce que contient le verset qui définit l'Esprit Saint comme « don suprême de Dieu ». Raban Maur explique le titre *donum Dei* par des expressions empruntées presque littéralement à Augustin. Il appelle en effet l'Esprit Saint : « donateur du don et don du donateur », et encore « ineffable communion du Père et du Fils » ; il répète lui aussi que « don de Dieu » est le titre de l'Esprit Saint qui « exprime sa relation [12] ».

Nous voyons encore une fois combien l'Écriture et la Tradition se rejoignent admirablement dans cette hymne qui nous livre ainsi la fine fleur de la révélation sur le Paraclet, enrichie, revécue et expérimentée par l'Église au fil des siècles. Cela m'évoque l'image d'une vigne vigoureuse dont un sarment se serait enfoui sous terre pour en assimiler tous les éléments nutritifs, puis, devenu assez fort, réapparaîtrait à la surface du sol et se développerait au soleil en de belles grappes mûres.

Mais en ce qui concerne ce titre aussi, la Tradition et la réflexion ont continué d'évoluer après la composition de cette hymne, car l'Église a poursuivi son effort de repenser le fait révélé et de l'exprimer de manière de moins en moins inadéquate.

Quel a été l'apport de cette réflexion successive à propos du titre « don de Dieu » ? Je crois que les développements les plus récents de la théologie trinitaire ont créé les prémices d'une meilleure compréhension du contenu de ce titre. Selon la vision classique en Occident, le Père, le Fils et l'Esprit Saint sont tous trois des dons, mais de manière différente. Le Père est un don au sens purement actif, en tant qu'il donne sans recevoir de personne ; le Fils est un don à la fois au sens passif et actif, en tant qu'il reçoit l'amour du Père et le donne à l'Esprit ; l'Esprit Saint est un don au sens seulement passif, en tant qu'il reçoit mais ne donne pas, qu'il ne retransmet pas à une autre personne

---

10. BONAVENTURE, *Breviloquium*, V, 1.
11. Cf. W. KASPER, *Le Dieu des chrétiens*, Paris, Cerf, 1985.
12. Cf. RABAN MAUR, *De l'Univers*, I, 3 (PL 111, 23 s.).

l'amour, puisque le cercle trinitaire se referme avec lui [13].

Cette explication suscite aujourd'hui des réserves, spécialement dans le dialogue avec l'Orthodoxie, car elle semble attribuer à l'Esprit Saint, dans la Trinité, un rôle purement passif et non actif. Les choses changent si l'on donne au mot « don » un sens non pas statique mais dynamique, comme à tous les concepts qui concernent la Trinité, qui est tout « acte ». Le Père dispense au Fils non seulement le don, mais le fait même de se donner (de même qu'il ne lui communique pas seulement son amour, mais sa capacité même d'aimer) ; et l'Esprit Saint se trouve déjà dans ce don actif du Père au Fils.

L'Esprit Saint dans la Trinité n'est donc pas seulement le don au sens passif, celui qui est donné, mais aussi, activement, le fait même de se donner, celui qui pousse le Fils à se redonner au Père. C'est ce qui se passe dans l'économie du Salut. L'Esprit pousse le Fils à crier, dans un tressaillement de joie : « *Abba, Père !* » (cf. Lc 10, 21), comme il le fera ensuite dans les membres du Christ (cf. Rm 8, 15 s.) ; c'est encore l'Esprit qui suscite en Jésus le fait de s'offrir au Père en sacrifice : le Christ « *par un Esprit éternel s'est offert lui-même sans tache à Dieu* » (He 9, 14). Si ce qui se produit dans l'économie du Salut reflète la vie et les rapports intimes de la Trinité, tout cela indique que l'Esprit Saint est le principe même de l'« auto-donation », il est à la fois « le don » et « l'action même de se donner ».

Nous aurons l'occasion, en commentant les deux derniers versets de l'hymne, d'éclairer ce que cela implique au sujet des rapports internes entre les personnes de la Trinité. Pour le moment, il nous suffit de retenir que l'Esprit Saint ne répand pas en nous uniquement le « don de Dieu », mais aussi la capacité et le besoin de nous donner. Il nous communique ce qu'il est. Puisqu'il est l'« action de se donner », il crée, là où il se trouve, une dynamique qui nous pousser à notre tour à nous donner aux autres.

« *L'amour de Dieu a été répandu dans nos cœurs par le Saint-Esprit de Dieu qui nous fut donné.* » (Rm 5, 5) Le mot « amour » indique aussi bien l'amour de Dieu pour nous que la capacité nouvelle à aimer Dieu et nos frères ; et donc non seulement l'amour par lequel Dieu nous aime, mais aussi « l'amour par lequel nous l'aimons [14] ». L'Esprit Saint ne répand pas seulement en nous l'*amour*, mais aussi *l'action d'aimer*. Il en va de même pour le don : en venant en nous, l'Esprit ne donne pas seulement le *don* de Dieu, mais aussi l'*action de se donner* de Dieu. L'Esprit Saint est vraiment « *l'eau vive jaillissant en vie éternelle* » (Jn 4, 14) qui se répand sur tous ceux qui l'entourent.

---

13. Richard de Saint-Victor, *La Trinité*, V, 8 (PL 196, 954 s.).
14. Augustin, *De l'Esprit et de la Lettre*, 32, 56.

3. Devenir un don

Cette vérité a une conséquence directe dans notre vie. Si l'Esprit est celui qui répand et prolonge dans l'histoire l'acte de se donner du Dieu trine, il est alors le seul à pouvoir faire de notre vie un don et une « offrande vivante ». En cela se résume tout le but de la vie morale du chrétien ; il est pour Paul la seule réponse à la Pâque du Christ : « *Je vous exhorte donc, frères, par la miséricorde de Dieu, à offrir vos personnes en hostie vivante, sainte, agréable à Dieu.* » (Rm 12, 1)

Dans l'Ancien Testament, personne ne devait se présenter à Dieu « *les mains vides* [15] ». Même si les dispositions intérieures de celui qui présentait les offrandes étaient indispensables (cf. 1 S 15, 22), ce que l'on offrait à Dieu était constitué de dons et de sacrifices externes, de fruits ou d'animaux. Or, Jésus a inauguré un nouveau genre d'offrande et de sacrifice : l'offrande et le sacrifice de soi-même. Il se présente au Père « *non pas avec du sang de boucs et de jeunes taureaux, mais avec son propre sang* » (He 9, 12), s'offrant lui-même en sacrifice d'agréable odeur (cf. He 5, 2). En cela, recommande l'apôtre, nous devons tous « *chercher à imiter Dieu* » (Ep 5, 1). Dieu dit à tous les hommes ce que Paul disait à ses fidèles : « *Ce que je recherche, ce ne sont pas vos biens, mais vous.* » (2 Co 12, 14)

Ici se réalise le but ultime de l'existence humaine sur la terre. Pourquoi Dieu nous aurait-il fait le don de la vie, sinon pour que nous ayons quelque chose de beau et de grand à lui offrir en retour ? Irénée écrit :

> « Nous lui offrons, en effet, non comme à quelqu'un qui serait dans le besoin, mais pour lui rendre grâce à l'aide de ses dons et sanctifier la création. Car de même que Dieu n'a pas besoin de ce qui vient de nous, de même nous avons besoin d'offrir quelque chose à Dieu [16]. »

Un courant de la pensée philosophique et psychologique moderne est arrivé, par un autre chemin, à la même conclusion que l'Évangile : le moyen de sauver sa vie, c'est de la perdre, c'est-à-dire de la donner : « La seule voie d'issue du conflit humain est le renoncement total, qui nous conduit à offrir toute notre vie comme un don au Pouvoir Suprême [17]. »

À la fin de notre vie, seul ce que nous aurons donné subsistera, transformé en un bien éternel. Une poésie de Tagore présente l'histoire d'un mendiant :

---

15. Cf. Ex 23, 15 ; Dt 16, 16.
16. Irénée de Lyon, *Contre les hérésies*, IV, 18, 6, SC 100, p. 613
17. E. Becker, *The Denial of Death*, New York – Londres 1973, chap. VIII.

« J'étais allé mendiant de porte en porte sur le chemin du village lorsqu'un chariot d'or apparu au loin, pareil à un rêve splendide, et j'admirais quel était ce roi des rois... Mes espoirs s'exaltèrent et je pensai : c'en est fini des mauvais jours ! Et déjà je me tenais prêt dans l'attente d'aumônes spontanées et de richesses éparpillées partout dans la poussière. Le chariot s'arrêta là où je me trouvais... Ton regard tomba sur moi et tu descendis avec un sourire... Je sentais que la chance de ma vie était enfin venue... Soudain, tu tendis la main et tu dis : "Qu'as-tu à me donner ?" Ah ! quel jeu était celui-là de tendre la main au mendiant pour mendier ! J'étais confus et demeurais perplexe. Enfin, de ma besace, je tirai un tout petit grain de blé et te le donnai. Mais combien fut grande ma surprise lorsqu'à la fin du jour, vidant mon sac à terre, je trouvai un tout petit grain d'or parmi le tas des pauvres grains de blé... Je pleurai amèrement et pensai : "Que n'ai-je eu le cœur de tout donner ?" [18] »

Tout ce qui n'est pas donné est perdu car nous sommes destinés à mourir et tout ce que nous aurons conservé jusqu'à la fin mourra avec nous. Mais ce que nous donnons n'est pas soumis à la corruption ; c'est envoyé dans l'éternité.

Si cette idée est juste pour l'ensemble des chrétiens, elle l'est encore davantage pour les personnes consacrées. Quelle est l'essence ou l'âme de la consécration religieuse, si ce n'est de faire de sa propre vie un don et une oblation vivante à Dieu ? Un ancien Père expliquait ainsi les vœux religieux :

« Non seulement [les Pères] gardèrent les commandements, mais ils offrirent à Dieu des présents. Voici comment : les commandements du Christ ont été donnés à tous les chrétiens, et tout chrétien est tenu de les observer. Ce sont, pourrait-on dire, des impôts dus à un roi. Celui qui refuse de payer des impôts au roi échappera-t-il au châtiment ? Mais il y a dans le monde de grands et illustres personnages qui, non contents de payer des impôts au roi, lui font encore des présents, et méritent par là beaucoup d'honneur, de faveurs et de dignité. Et c'est ainsi que les Pères, non contents de garder les commandements, offrirent à Dieu des présents ; ces présents sont la virginité et la pauvreté. Ce ne sont pas des commandements, ce sont des présents. Nulle part il n'est écrit : "Tu ne prendras pas femme, tu n'auras pas d'enfant." [19] »

Si nous parlons d'offrir sa vie comme un don et un sacrifice vivant, il faut nous souvenir de la loi fondamentale du sacrifice. Dans le christianisme, le destinataire du sacrifice et du don n'est pas la même personne que le bénéficiaire : le destinataire est toujours Dieu, le bénéficiaire est toujours le prochain. Le Christ *« s'est livré pour nous, s'offrant à Dieu en sacrifice d'agréable odeur »* (Ep 5, 2) ; il s'est offert « à Dieu », mais « pour nous ». Nous aussi devons offrir notre vie à Dieu, mais pour nos frères (cf. 1 Jn 3, 16).

---

18. R. TAGORE, *L'offrande lyrique* (Gitanjali), 50.
19. DOROTHÉE DE GAZA, *Œuvres spirituelles*, I, 11-12, SC 92, p. 165.

Dieu n'a pas besoin de nos dons et de nos sacrifices. Certaines personnes prennent le risque d'offrir leur vie à Dieu et de renouveler cette offrande au début de chaque journée, en vivant dans l'attente que Dieu vienne prendre, en des circonstances extraordinaires, ce qui lui a été offert comme lors d'un martyre. Et pourtant, rien ne se passe. Dieu a pris cette offrande au sérieux, il a envoyé un frère dans le besoin, peut-être celui qu'on aurait le moins désiré et attendu, venir chercher ce don promis, et nous ne l'avons pas reconnu.

Nous sommes incapables, par nous-mêmes, de donner notre vie à Dieu pour nos frères, sans une aide spéciale de l'Esprit Saint. Jésus lui-même, nous l'avons vu, se livra au Père « avec un Esprit éternel », ou « avec la coopération de l'Esprit Saint (*cooperante Spiritu Sancto*) », comme le dit une ancienne prière de la messe. Ses membres ne peuvent se livrer que de la même manière. Voici pourquoi la liturgie, lors de l'invocation de l'Esprit sur l'assemblée, après la consécration, insiste justement sur cet aspect : « Que l'Esprit Saint fasse de nous une éternelle offrande à ta gloire. » « Accorde [aux fidèles] d'être rassemblés par l'Esprit Saint en un seul corps, pour qu'ils soient eux-mêmes dans le Christ une vivante offrande à la louange de ta gloire [20]. »

Le Christ a institué la messe pour offrir à tout croyant la possibilité de se donner au Père en union avec lui. Élevé sur la croix, Jésus « *attire tous les hommes à lui* » (Jn 12, 32), non au sens d'une attirance générale des cœurs et des regards, mais au sens où il nous unit intimement à son offrande pour former avec lui une seule oblation ; comme les gouttes d'eau unies au vin forment, dans le calice, l'unique coupe du salut. L'humble offrande de nous-mêmes acquiert ainsi une immense valeur. Une manière simple d'y participer intérieurement est de répéter avec le prêtre, mentalement, les paroles si denses de la doxologie, en donnant à chacune son poids : « Par Lui, avec Lui et en Lui, à toi Dieu le Père tout-puissant dans l'unité du Saint-Esprit, tout honneur et toute gloire pour les siècles des siècles. Amen. »

4. L'Esprit Saint renouvelle le don réciproque des époux

S'il est un état de vie dans lequel le don revêt une importance particulière, c'est bien le mariage. Le mariage occupe une place singulière dans le mouvement de « sortie des créatures de Dieu » et dans celui du « retour des créatures à Dieu » ; c'est pour cela que l'Esprit Saint occupe une place si spécifique dans le mariage.

---

20. Missel Romain, Desclée - Mame 2001, Prières eucharistiques III et IV, p. 432 et 441.

L'acte constitutif du mariage est le don réciproque de son propre corps (dans le langage biblique, de toute la personne) au conjoint. Comme dans tout acte de donation, le mari ne dispose plus de son corps, mais sa femme, à qui il s'est donné, et réciproquement (cf. 1 Co 7, 4). Jean-Paul II, dans une catéchèse du mercredi, disait ceci :

> « Ainsi le corps humain, marqué du sceau de la masculinité ou de la féminité [...], n'est pas seulement source de fécondité et de procréation mais il contient, depuis "l'origine" l'attribut "conjugal", c'est-à-dire *la capacité d'exprimer l'amour : cet amour, justement, par lequel l'homme-personne devient don* et par l'intermédiaire de ce don réalise le sens même de son essence et de son existence [21]. »

Puisqu'il est le sacrement du don, le mariage est par nature un sacrement ouvert à l'action de l'Esprit Saint. Comment l'Esprit Saint sanctifie-t-il le mariage ? Non pas de l'extérieur, mais de l'intérieur, dans son noyau le plus profond, que nous avons rappelé. C'est la présence sanctifiante de l'Esprit Saint qui fait de lui un sacrement. L'Esprit, qui agit dans tous les couples comme « Esprit créateur » à travers le désir de l'autre, agit dans le mariage chrétien comme « Esprit rédempteur » ou de la grâce, qui s'exprime dans le don généreux de soi, imitation du don réciproque du Christ et de l'Église.

L'Esprit Saint pénètre et sanctifie non seulement la « célébration » ou le rite du mariage, mais sa réalité quotidienne. Il n'est pas seulement présent aux noces, mais dans chaque instant et dans chaque geste de donation réciproque, notamment dans l'acte conjugal qui en constitue le moment le plus fort. Dans l'Antiquité, certaines personnes, influencées par les prescriptions judaïques sur la pureté rituelle, voulaient empêcher les époux de s'approcher des sacrements après leurs rapports intimes, considérant que l'Esprit Saint s'était alors éloigné d'eux. Une source canonique qui fait autorité a réagi énergiquement contre cette pratique :

> « À travers le baptême, les époux ont reçu l'Esprit Saint, qui reste toujours auprès de ceux qui font œuvre de justice et ne les abandonne certainement pas au motif de leurs rapports conjugaux, mais il demeure toujours auprès de ceux qui le possèdent et il les garde sous sa protection [22]. »

Si nous interrogeons la Tradition à la lumière de ces développements, nous y trouvons une confirmation particulière. La théologie latine du don a entrevu ce lien très étroit entre l'Esprit Saint et l'amour conjugal, mais l'a développé dans un seul sens. Elle est partie du *symbole* – l'amour humain des

---

21. JEAN-PAUL II, Catéchèse *Le don dans la liberté de l'amour* (16 janvier 1980), dans *La Documentation catholique* 77 (1980), p. 162.
22. *Didascalie des Apôtres*, XXVI, éd. R. H. Connolly, Oxford 1969, p. 242.

époux – pour illustrer la *réalité*, c'est-à-dire l'Esprit Saint. Saint Hilaire le premier a relié les deux concepts de « don » et de « jouissance » quand il écrit : « L'infinité dans l'Éternel (le Père), la visibilité dans l'Image (le Fils), la jouissance (*fruitio*) dans le Bienfait (le Saint-Esprit) [23]. » Augustin a développé cette intuition :

> « Cette ineffable union du Père et de son Image n'est donc pas sans jouissance, sans amour, sans joie. Et c'est cet amour, cette délectation, cette félicité ou béatitude – si aucune de ces expressions humaines est digne – qu'Hilaire appelle d'un seul mot, jouissance, c'est-à-dire : l'Esprit Saint dans la Trinité, non engendré, mais doux lien de celui qui engendre et de celui qui est engendré, se répandant avec générosité et abondance sur toutes les créatures dans la mesure de leur capacité, afin que chacune soit dans l'ordre et se tienne à sa place [24]. »

À la lumière de ce texte merveilleux, il apparaît que toute la douceur et la joie que l'on peut connaître sur la terre ne sont qu'un reflet ou une sorte de halo lumineux de l'union trinitaire.

À partir de là, les écrivains latins évoquent communément l'Esprit Saint à travers les images conjugales de l'union intime et du baiser. Saint Ambroise note ceci : « Le baiser est plus que le simple contact des lèvres ; c'est le désir de s'infuser l'un à l'autre leur souffle [25]. » Et saint Bernard d'ajouter : « Qu'est l'Esprit Saint sinon le baiser que le Père et le Fils se donnent mutuellement [26] ? » À ce sujet, voici ce qu'écrit un auteur du Moyen-Âge, Aelred de Rievaulx :

> « Cette dilection réciproque, cet amour si doux, cette heureuse union, cet amour béatifique, dans lequel le Père se repose en son Fils et le Fils en son Père ; cet imperturbable repos, cette incomparable beauté, cette inséparable unité, cette union de deux choses en une : nous disons que tout cela est le doux, suave, joyeux et saint Esprit [27]. »

Nous voyons que ce symbolisme est utilisé seulement dans la direction du symbole à la réalité, car il tente d'éclairer la personne de l'Esprit Saint en partant des gestes conjugaux du baiser et du rapport amoureux. Mais il est possible de l'utiliser aussi dans la direction opposée, c'est-à-dire en partant de l'Esprit Saint comme don de Dieu pour mettre en lumière le sens profond de l'amour conjugal humain. L'auteur cité disait au sujet de l'union divine qu'elle est bonheur, amour, repos, paix, douceur, pleine satisfaction, fusion parfaite

---

23. Hilaire de Poitiers, *La Trinité*, II, 1 (CC 62, p. 38), SC 443, p. 277.
24. Augustin, *La Trinité*, VI, 10, 11.
25. Ambroise, *Isaac et l'âme*, 3, 8 (CESL 32, p. 648).
26. Bernard, *Sermons divers*, 89, 1 (Ed. Cistercienne, VI, I, p. 336) ; cf. Isaac de l'Étoile, *Sermons* III, 45, 12 (SC 339, p. 105).
27. Aelred de Rievaulx, *Le miroir de la charité*, I, 20, 57 (CM 1, p. 36).

dans l'unité. Mais cela n'est-il pas l'aspiration de tous les époux lorsqu'ils s'unissent par un vrai amour ?

L'union charnelle en elle-même est impuissante à réaliser tout cela, comme le disait déjà, en termes crus mais efficaces, le poète païen Lucrèce [28]. Si le mauvais amour d'agression et de possession s'élève à l'amour de don (ce que l'Esprit Saint enseigne), l'intimité pourra réaliser entre les époux cette douce unité de paix, pâle reflet sur terre de l'union divine dans l'Esprit.

L'Esprit Saint, comme don de Dieu, nous offre la base d'une théologie du plaisir, capable de sauver, au moins en principe, cette expérience humaine, de l'ambiguïté qui pèse sur elle. Le même poète païen constatait ce qui arrive dans toute expérience de plaisir, particulièrement dans le plaisir charnel : « Du milieu même de la source des plaisirs surgit l'amertume et l'épine déchirante sort du sein brillant des fleurs [29]. »

Plaisir et douleur se succèdent dans l'expérience humaine comme les maillons indissociables d'une chaîne. Dans la lumière de la Trinité, le plaisir nous apparaît comme le compagnon inséparable du don, et, tant que nous sommes dans cette vie, du sacrifice que comporte le don. Dans ce cas, le plaisir suit la souffrance comme un *fruit*, il ne le précède pas comme une *cause*. C'est le plaisir qui a le dernier mot, et non la douleur et l'angoisse. Et la joie qui accompagne le don réciproque des époux devrait être de cette nature, comme un petit reflet de ce qui se passe dans la Trinité, où l'Esprit Saint est justement « la jouissance du don ».

Je n'ai pas cherché à établir une belle théorie du mariage. Ici aussi, l'expérience a précédé la théorie et en constitue la meilleure confirmation. L'Esprit Saint, qui renouvelle toutes choses, a montré qu'il sait renouveler le mariage, tellement marqué par la faiblesse et le péché. L'un des fruits les plus visibles du passage de l'Esprit Saint consiste en la « revitalisation » des mariages morts ou éteints. Le mariage, dit Paul, est un charisme (cf. 1 Co 7, 7) et, comme tous les charismes, il se rallume au contact de la flamme dont il provient.

Écoutons des témoignages directs qui parlent davantage que tout autre argument. Voici ce que dit le mari :

> « Mon épouse et moi reconnaissons que l'Esprit Saint est l'âme de notre mariage, c'est-à-dire ce qui nous donne la vie, de même qu'il est l'âme de l'Église. Quand nous nous fiançâmes, nous décidâmes de réciter chaque jour la Séquence de Pentecôte : "Viens, Esprit Saint" et durant ces vingt-deux années, à quelques exceptions près, nous nous sommes toujours efforcé de le faire et nous espérons continuer, jusqu'à ce que la mort nous sépare. »

---

28. LUCRÈCE, *De la nature des choses*, IV, 1104 s.
29. *Ibid.*, IV, 1129 s.

Et voici ce que déclare l'épouse :

« Le moment d'intimité n'est pas différent pour moi des autres moments de la vie où je me laisse conduire par l'Esprit. Dans notre vie de couple, nous passons naturellement des moments d'intimité à la conversation, à la prière ou au silence ; il n'y a pas de fracture entre les deux. Au lieu de considérer que certains moments, comme la messe dominicale, sont "pour Dieu" et que d'autres, comme l'intimité conjugale, sont "pour nous", tout est pour Dieu, tout est vécu librement et consciemment en sa présence. L'Esprit Saint n'est pas seulement la source de nos manifestations de tendresse lorsque vient *"le temps d'embrasser"*, mais aussi celui qui nous fait grandir dans l'amour réciproque quand vient le *"temps de s'abstenir d'embrassements"* (cf. Sg 3, 5), surtout maintenant que nous ne sommes plus tout jeunes. »

Notre méditation sur l'Esprit Saint « très haut don de Dieu » fait naître une espérance pour tous les couples chrétiens, pas seulement pour ceux qui ont reçu visiblement des dons particuliers comme ces époux qui y ont répondu avec générosité. Le temps, la pauvreté humaine et surtout l'incapacité d'aimer tendent souvent à réduire les conjoints et leur mariage à des « ossements desséchés ». C'est donc à eux que Dieu s'adresse lorsqu'il promet : « *Ossements desséchés* – conjoints arides ! –, *écoutez la parole du Seigneur… Je mettrai en vous mon esprit et vous vivrez !* » (Ez 37, 4.14.) L'Esprit Saint veut répéter en chaque couple le miracle des noces de Cana : transformer l'eau en vin ; l'eau de la routine, de l'affadissement et de la froideur, dans le vin enivrant de la nouveauté et de la joie. Il est lui-même le vin nouveau.

En outre, la plus belle chose que l'Esprit Saint enseigne aux époux chrétiens ne concerne pas seulement la manière de valoriser pleinement leur mariage, mais surtout la manière de le transcender. « Tout ce qui est périssable n'est qu'une apparence » ; au ciel seulement, « l'inaccessible est atteint, l'indescriptible est réalisé [30] ». Le mariage fait partie de ces choses qui passeront avec la figure de ce monde (cf. 1 Co 7, 31). Ce serait une grave erreur de l'instituer en absolu dont on ferait dépendre tout le reste et qui mesurerait la réussite ou l'échec de sa vie. Ce serait surcharger le mariage d'attentes qu'il ne pourra jamais combler et, donc, vouer le mariage à un inévitable échec. La pleine fusion, l'unité parfaite, le don complet, l'inaccessible ne sera atteint pour toujours qu'en Dieu seul.

Confions à l'Esprit Saint tous les couples de l'humanité afin qu'ils soient renouvelés dans leur don réciproque. Nous le faisons avec les paroles de l'hymne que chante l'Église anglicane à l'occasion des mariages :

---

30. W. GOETHE, *Faust*, Deuxième partie, final.

> *« La voix entendue dans l'Éden*
> *Ce premier jour nuptial*
> *Et la bénédiction divine*
> *A demeuré.*
> *Viens, Esprit Très Saint,*
> *Unir ces époux*
> *Comme à son Époux le Christ*
> *Tu as uni l'Église* [31]. »

---

31. The English Hymnal, Londres, 1933, p. 483, de J. KEBLE. « *The voice that breathed o'er Eden/that earliest wedding day/the primal wedding blessing/it hath not passed away/Be present, holiest Spirit/to bless them as they kneel/as thou for Christ, the Bridegroom/the heavenly Spouse dost seal.* »

VI

« EAU VIVE »

L'Esprit Saint nous communique la vie divine

Dieu s'est révélé à nous de deux manières : dans les choses et dans la parole. Selon Augustin, la Création et la Bible sont comme deux livres : « Que l'Écriture te serve de livre pour comprendre ; que l'univers te serve de livre pour voir. Ceux-là seuls qui connaissent les lettres peuvent lire dans les livres ; mais dans le livre du monde entier, un idiot peut lire [1]. »

Ce ne sont pas deux livres séparés, indépendants l'un de l'autre ; la Bible écoute souvent la Création, l'interprète et l'utilise comme un véhicule plus explicite de la Révélation.

Il en jaillit une sorte de sacrement universel et primordial. « La parole se joint à l'élément, et aussitôt se fait le sacrement [2] », dit encore Augustin. Si l'on ajoute à l'eau la formule baptismale, et au pain les paroles de la consécration, nous obtenons respectivement les sacrements du baptême et de l'Eucharistie. C'est ce qui se produit, dans une plus large mesure, avec tous les éléments de la Création. Tout l'univers créé est en ce sens un « sacrement ». Alors que les sept sacrements sont un canal de la *grâce*, les choses ne sont qu'un canal de la *connaissance* de Dieu. Dans les œuvres de la Création, l'homme ne peut que contempler avec son intelligence les perfections invisibles de Dieu (cf. Rm 1, 20). « On entend par signe ce qui, outre l'objet qu'il offre à nos sens, fait naître dans notre esprit l'idée d'une autre chose [3]. »

L'efficacité cognitive du signe s'appuie sur la psychologie de la connais-

---

1. Augustin, *Commentaire des Psaumes*, 45, 7 (CC 38, p. 522).
2. Id., *Traité sur l'Évangile de Jean*, 80, 3.
3. Id., *De la doctrine chrétienne*, 2, 1 (CSEL 80, p. 33).

sance. Dans le passage du symbole à la réalité signifiée, l'âme s'allume et s'enflamme comme une torche en mouvement. Si l'on s'en tient aux choses et aux signes matériels, aucune lumière ne s'allume dans l'âme ; de même lorsque l'intelligence en reste aux choses invisibles et abstraites. C'est dans le *passage* de l'une à l'autre chose, dans le mouvement et dans l'élan, que l'âme s'enflamme et que des significations jusqu'alors inconnues s'éclairent enfin [4].

Nous avons évoqué le principe consistant à expliquer les vérités spirituelles par des considérations matérielles, car il a été employé dans la Bible, notamment à propos de l'entité « spirituelle » par excellence : l'Esprit Saint. Les éléments les plus simples ont été employés pour parler de l'Esprit de Dieu : le vent, l'eau, la lumière, le feu, l'huile et le vin nouveau. Trois de ces symboles classiques de l'Esprit sont justement réunis dans la strophe du *Veni creator* que nous commentons à présent. L'Esprit Saint est invoqué successivement comme l'eau vive (*fons vivus*), comme le feu (*ignis*) et comme l'onction (*spiritalis onctio*). Nous nous sommes déjà mis à l'école de pneumatologie de « frère Vent » lorsque nous parlions du nom de l'Esprit ; nous sommes maintenant invités à faire de même avec « sœur Eau », « frère Feu » et le « précieux Onguent ». Notre hymne apparaît, sur ce point comme sur le reste, une sorte de fidèle reflet de la révélation biblique sur l'Esprit Saint.

1. L'eau, la vie et l'Esprit

En un sens analogique, toute la Création est un sacrement, c'est-à-dire un signe de Dieu, mais certains de ses éléments sont devenus des signes sacramentels de l'Esprit au sens étroit : l'eau est le signe de la renaissance par l'Esprit dans le baptême, l'huile et le chrême sont le signe sacramentel de la confirmation. L'eau est donc plus qu'un simple symbole de l'Esprit ; elle en est le signe efficace ; non seulement ce signe évoque l'Esprit, mais il le rend présent et agissant.

Dans une autre œuvre, l'auteur du *Veni creator* explique d'où vient et ce que signifie le titre d'« eau vive » attribué à l'Esprit Saint :

> « L'Esprit Saint est désigné par l'eau dans l'Évangile lui-même, quand le Seigneur s'exclame : *"Si quelqu'un a soif, qu'il vienne à moi, et qu'il boive, Celui qui croit en moi, de son sein couleront des fleuves d'eau vive."* Et l'évangéliste en explique tout de suite le sens : *"Il parlait de l'Esprit que devaient recevoir ceux qui avaient cru en lui."* (Jn 7, 37-39) Mais l'eau du sacrement n'est pas l'eau qui désigne l'Esprit Saint. La première est une eau visible, la seconde est invisible ; l'eau indique ce

---

4. Cf. Id., *Lettres*, 55, 11, 21 (CSEL 34, 2, p. 192).

qui se produit dans l'âme en lavant le corps, alors que par l'Esprit Saint, c'est l'âme elle-même qui est lavée et nourrie. » [5]

Comme d'habitude, c'est la Tradition des Pères, ici en particulier saint Ambroise, qui fait le lien entre l'Écriture et cette hymne :

> « Nous entendons par *source* non pas l'eau qui a été créée, mais la source de la grâce divine, l'Esprit Saint : c'est lui l'eau vive [...]. L'Esprit Saint est donc un fleuve, immense et fougueux [...]. Si le fleuve déborde quand il dépasse la hauteur des rives, combien plus encore l'Esprit Saint, qui domine toute créature [...]. L'Esprit Saint est donc la source de la vie [6]. »

Quel est ici le sens exact de l'expression *fons vivus* ? C'est avant tout l'« eau vive » (*fons* veut dire ici *eau* car le contenant exprime le contenu), mais aussi « la source de la vie ». Un auteur médiéval paraphrase ainsi l'expression de notre hymne : « Il est à la fois la source de la vie, la source vive, la source vivifiante, la source qui procède de la vie et la source qui donne la vie à ceux qui en procèdent [7]. »

Trois rapports s'entrecroisent dans ce symbolisme : *eau-vie*, *eau-Esprit*, *Esprit-vie*. Dans le passage du premier au troisième niveau, le mot « vie » change de sens ou, du moins, se charge d'un nouveau sens : de la vie naturelle et physique, on passe à la vie spirituelle.

L'association *eau-vie* est tellement universelle et répandue qu'elle n'a pas besoin d'être illustrée. Elle est particulièrement ressentie dans la culture, qui est celle de la Bible, qui se développe en marge du désert, dans des régions où la dépendance de la vie végétale et animale à la pluie est vécue à tout moment. Un Père ancien se demandait : « Pourquoi désigne-t-on la grâce de l'Esprit Saint par le nom de l'eau ? », et il répondait : « Parce que l'eau est constitutive de toutes choses : elle engendre la vie végétale et la vie animale [8]. »

Dans cette fonction symbolique, l'eau fut rapidement associée, dans la Bible, à l'Esprit de Dieu : « *Je vais répandre de l'eau sur le sol assoiffé [...]. Je répandrai mon Esprit sur ta race.* » (Is 44, 3)

L'association *eau-Esprit* est implicitement présente à chaque fois que l'on parle de l'Esprit qui est *répandu* (cf. Jl 3, 1 ; Zc 12, 10) dans des expressions comme : « *baptiser dans l'Esprit* [9] » et « *renaître d'eau et d'Esprit* », sans compter

---

5. RABAN MAUR, *De l'Univers*, I, 3 (PL 111, 25) ; cf. ISIDORE DE SÉVILLE, *Étymologies*, VII, 3, 27 (PL 82, 270).
6. AMBROISE, *Du Saint-Esprit*, I, 153-160 ; cf. HILAIRE DE POITIERS, *Traité sur les Psaumes*, 64, 14 s. (CSEL 22, p. 245 s.).
7. GAUTIER DE SAINT-VICTOR, *Sermons VIII sur l'Esprit Saint*, 8 (CM 30, p. 69).
8. CYRILLE DE JÉRUSALEM, *Catéchèses*, XVI, 12.
9. Cf. Mt 3, 11 ; Ac 1, 5.

les phrases déjà rappelées où Jésus promet l'Esprit à travers l'image de l'« *eau vive* » et de « *fleuves d'eau vive* ».

Ce symbolisme atteint son apogée dans l'Évangile selon saint Jean. Il associe le don de l'Esprit fait par le Christ sur la Croix au signe de l'eau qui sort de son côté (cf. 1 Jn 5, 6-8). C'est une manière tacite d'appliquer au Christ la vision grandiose d'Ézéchiel : de l'eau sort du Temple, faisant jaillir la vie tout au long de son parcours jusqu'à ce qu'elle se jette dans la Mer Morte, qui devient alors une mer fourmillante de vie (cf. Ez 47, 1 s). Le Christ sur la Croix représente, pour l'évangéliste, le « Temple » de Dieu nouveau et définitif (cf. Jn 2, 19) ; l'eau qui sort de son côté est la réalisation de la promesse des « *fleuves d'eau vive* ». L'Esprit Saint est le « *fleuve d'eau vive limpide comme le cristal qui jaillit du trône de Dieu et de l'Agneau* », de part et d'autre duquel fleurit un « *arbre de Vie* » qui, comme le prophétisait Ézéchiel, fructifie chaque mois et dont « *les feuilles peuvent guérir les païens* [10] ».

L'Esprit Saint est donc l'eau qui vient du Rédempteur et qui transforme le grand désert de cette vie ; il se jette dans la grande « Mer Morte » qu'est ce monde de péché et dans la petite « Mer Morte » qu'est chaque homme privé de la grâce, pour les transformer en des lieux pleins de vie.

À un moment donné, dans le Nouveau Testament, le symbole, l'eau, disparaît, ne laissant la place qu'à la réalité symbolisée, la vie. Il y a alors la troisième association, *Esprit-vie*, sans intermédiaires : « *C'est l'Esprit qui donne la vie* [...] *; les paroles que je vous ai dites sont Esprit et elles sont vie* » (Jn 6, 63) ; « *la lettre tue, l'Esprit vivifie.* » (2 Co 3, 6)

Au Concile de Constantinople de 381, les Pères durent exprimer leur foi en l'Esprit Saint par une brève phrase à ajouter au Symbole de Nicée. Ils ne trouvèrent rien de plus essentiel et de plus important à dire de lui que cela : « Je crois en l'Esprit Saint, qui est Seigneur et qui donne la vie... »

La Bible nous présente toute une série d'interventions et de présences de l'Esprit de Dieu qui tracent une sorte d'« histoire de l'Esprit » dans l'histoire du Salut. Toutes les fois où l'on perçoit un « saut » de qualité de vie, l'Esprit Saint est ponctuellement à l'œuvre.

Le souffle de l'Esprit :
- il vient sur Adam dans la Création et il devient un « être vivant »,
- il vient sur la Vierge dans l'Incarnation et le Sauveur prend vie en elle,
- il vient sur Jésus dans la Résurrection et fait de lui
    un « Esprit qui donne la vie »,

---

10. Cf. Ap 22, 1-2 ; Ez 47, 12.

- il vient sur les Apôtres à la Pentecôte et l'Église prend naissance,
- il vient sur l'eau du baptême et l'homme renaît à une vie nouvelle,
- il vient sur le pain et le vin dans l'Eucharistie
   qui se transforment en corps et en sang du Christ,
- il viendra sur nous à la fin des temps
   et « donnera la vie à nos corps mortels ».

Dans la tradition latine, cette caractéristique de l'Esprit – donner la vie – est exprimée à travers l'adjectif *almus*. *Alme Spiritus* constitue l'un des titres privilégiés du Paraclet chez les auteurs médiévaux : on le trouve dans beaucoup d'hymnes, notamment dans celles de l'auteur du *Veni creator*, peut-être aussi fréquemment que le terme « Saint-Esprit [11] ». *Almus* vient de *alere* et signifie : généreux, abondant, ami, qui nourrit et soutient la vie. On l'associait autrefois à la terre (*alma tellus*), au soleil et à la mère (*alma mater*) : à tout ce qui se rapporte le plus étroitement à la vie.

Pour son encyclique sur l'Esprit Saint, Jean-Paul II a justement choisi le titre *Dominum et vivificantem*, autrement dit, il a repris les paroles du Credo qui proclament l'Esprit « Seigneur et qui donne la vie ». Il proclame ainsi la foi de l'Église en « celui qui donne la vie, celui par qui le Dieu un et trine, insondable, se communique aux hommes, établissant en eux la source de la vie éternelle [12] ».

2. De quelle vie ?

Il est temps de nous demander de quelle vie nous parlons quand nous affirmons que l'Esprit donne la vie. La foi de l'Église n'a jamais eu de doutes pour répondre à cette question. Il s'agit de la vie divine qui a sa source dans le Père, qui « *s'est manifestée à nous dans le Christ* » (1 Jn 1, 2) et qui est communiquée au croyant dans la renaissance qu'est le baptême. Il n'y a pas d'opposition *réelle* entre cette vie-là et la vie naturelle reçue à la naissance (puisque les deux viennent de Dieu, maître absolu de toute la vie, physique et spirituelle) ; mais il existe une différence et une opposition sur un plan *moral*, qui s'expriment dans les fameuses antithèses : nature-grâce, vie ancienne-vie nouvelle, vie terrestre-vie éternelle.

La *différence* est due au fait que cette vie nouvelle dans l'Esprit vient d'une nouvelle intervention de Dieu dans la Création ; l'*opposition* est due au fait que

---

11. Cf. ARATOR, *De Actibus Apostolorum*, I, 226 (CSEL 72, p. 25) ; cf. aussi : RABAN MAUR (PL 112, 1596 C) ; ADAM DE ST-VICTOR (AHMA 54, p. 239) ; RUPERT DE DEUTZ (CM 29, p. 380).
12. JEAN-PAUL II, *Dominum et vivificantem*, n. 1.

le péché a fait de la vie naturelle une vie fermée, « repliée » sur elle-même et réfractaire à l'accueil de l'Esprit.

L'opposition ne tient pas seulement au péché de l'homme, c'est-à-dire à un accident arrivé au cours de l'histoire, mais aussi à une raison plus profonde. Elle tire ses racines de la nature même de l'homme qui est composite ; il est constitué d'un élément matériel et d'un élément immatériel, de quelque chose qui le conduit vers la multiplicité et de quelque chose qui le conduit vers l'unité. Il n'est pas nécessaire de penser, comme les gnostiques, les manichéens et tant d'autres encore, que ces deux éléments remonteraient à deux « créateurs » rivaux ; un bon, créateur de l'âme, et un mauvais, créateur de la matière et du corps. Le même Dieu a créé ces deux éléments en unité profonde, « substantielle ». Il ne les a pas créés dans une situation statique, en sorte que l'homme reste tranquillement dans une position intermédiaire, les deux forces s'équilibrant ou se neutralisant l'une l'autre ; au contraire, l'homme va décider librement, par l'exercice concret de sa liberté, dans quelle direction se développer et se réaliser, soit « vers le haut », vers ce qui est « au-dessus » de lui, soit « vers le bas », vers ce qui est « en dessous » de lui. « L'âme se trouve entre [deux réalités] : tantôt [elle] suit l'Esprit et prend son envol grâce à lui, tantôt [elle] se laisse persuader par la chair et tombe dans des convoitises terrestres [13]. »

C'est bien dans cette capacité d'autodétermination que se trouvent la dignité de l'homme et le terrain d'exercice privilégié de sa liberté. Selon un philosophe de la Renaissance, en créant l'homme libre, c'est un peu comme si Dieu lui disait :

> « Si je t'ai mis dans le monde en position intermédiaire, c'est pour que, de là, tu examines plus à ton aise tout ce qui se trouve dans le monde alentour. Si nous ne t'avons fait ni céleste ni terrestre, ni mortel ni immortel, c'est afin que, doté pour ainsi dire du pouvoir arbitral et honorifique de te modeler et de te façonner toi-même, tu te donnes la forme qui aura eu ta préférence. Tu pourras dégénérer en formes inférieures, qui sont bestiales ; tu pourras, par décision de ton esprit, te régénérer en formes supérieures, qui sont divines [14]. »

Ainsi s'explique la lutte entre la chair et l'esprit, le caractère dramatique qui caractérise l'existence du chrétien dans le monde. Si « choisir, c'est renoncer », il est impossible de choisir de vivre selon l'Esprit sans sacrifier quelque chose de la vie selon la chair. « *En effet, ceux qui vivent selon la chair désirent ce qui est charnel ; ceux qui vivent selon l'Esprit, ce qui est spirituel. Car le désir de la chair, c'est la mort tandis que le désir de l'esprit, c'est la vie et la paix,*

---

13. IRÉNÉE, *Contre les hérésies*, V, 9, 1, SC 153, p. 109.
14. G. PIC DE LA MIRANDOLE, *De la dignité de l'homme*, éd. De l'Éclat, 1993, p. 4-6.

puisque le désir de la chair est inimitié contre Dieu : il ne se soumet pas à la loi de Dieu, il ne le peut même pas. » (Rm 8, 5-7)

L'opposition entre les deux vies aboutit même à une opposition entre la vie et la mort : « *Car si vous vivez selon la chair, vous mourrez. Mais si par l'Esprit vous faites mourir les œuvres du corps, vous vivrez.* » (Rm 8, 13)

Le rapport entre la mort dans la chair et la vie dans l'Esprit n'est pas tellement de l'ordre de la chronologie (il faudrait d'abord mourir à la chair, à soi-même, pour expérimenter ensuite la vie nouvelle de la résurrection), mais plutôt de l'ordre de la simultanéité et de la causalité. C'est justement dans le fait de mourir à la chair que l'on peut expérimenter la vie nouvelle de l'Esprit ; c'est dans la mesure où l'on se configure au Crucifié que l'on participe à la vie du Ressuscité, dans l'attente de la situation finale, quand il n'y aura plus aucun conflit, puisqu'un des deux éléments, la « chair », aura disparu.

Il ne s'agit pas de sacrifier un élément de l'homme au profit de l'autre, mais de les sauver tous les deux. La chair elle-même ne peut être sauvée que par l'esprit et si celui-ci est sauvé. Dans ses *Dialogues entre l'âme et le corps*, sainte Catherine de Gênes montre bien qu'il est impossible de satisfaire à la fois tous les besoins du corps et tous les besoins de l'esprit : de deux choses l'une, soit le corps soumet l'âme à ses exigences, soit l'âme impose au corps les siennes. Dans ces dialogues, l'âme dit au corps : si tu fais ce que je veux, nous sommes sauvés tous les deux pour toujours, si je fais ce que tu veux, nous serons tous les deux perdus pour toujours [15].

Voilà le fondement de l'ascèse qui n'appartient pas seulement au christianisme, mais est présente sous des formes diverses dans toutes les grandes religions : on ne peut vivre selon l'esprit sans mortifier le corps et ses exigences insatiables. En tous les cas, il est injuste de faire retomber sur Augustin la « responsabilité » de ce que l'on a appelé « la haine du corps » parce que cette haine (si l'on peut qualifier cela de haine) est également présente dans le christianisme oriental, depuis le temps des Pères du désert, en dehors de toute influence augustinienne.

L'ascèse a certes connu des excès, mais l'exemple d'un saint comme François d'Assise démontre à lui seul que la « mortification » et le renoncement le plus radical peuvent s'accorder au plus grand amour de la vie et des choses, et à une joie presque frénétique devant les créatures de Dieu.

---

15. CATHERINE DE GÊNES, *Dialogues*, 40, Le Cerf, 1999.

3. Vie super-naturelle ou super-vie naturelle ?

Cet aspect de la vie chrétienne commence à être considéré différemment à partir de la fin du XIXe siècle, avec l'apparition d'une philosophie exaltant le « vitalisme ». Ce message existait déjà sous des formes diverses dans la biologie évolutionniste de Darwin, dans le positivisme, dans l'historicisme, dans la philosophie pragmatiste et dans l'intuitionnisme de Bergson qui développe la thèse séduisante de l'« élan vital ». Nietzsche ira jusqu'à faire du vitalisme une religion. Il propose l'idéal « de la grande santé » comme moyen essentiel pour réaliser le nouveau cours de l'histoire qu'il préconise ; en parlant des chrétiens, il dit : « Voici les phtisiques de l'âme : à peine sont-ils nés qu'ils commencent déjà à mourir et ils aspirent aux doctrines de la fatigue et du renoncement [16]. » Dans l'introduction à l'édition de *Ainsi parlait Zarathoustra* parue en 1919, la sœur du philosophe résume ainsi la pensée de son frère sur ce point :

> « Il suppose que, sous l'influence d'un christianisme faible et faussé, tout ce qui était beau, fort, superbe et puissant – comme les vertus provenant de la force – a été proscrit et interdit et qu'ainsi, les forces qui promeuvent et exaltent la vie ont été amoindries. Mais, maintenant, une nouvelle échelle de valeurs doit être placée au-dessus de l'humanité, autrement dit l'homme fort, puissant et magnifique, jusqu'au point le plus élevé, le *surhomme* qui nous est maintenant présenté avec une irrésistible passion comme le but de notre vie, de notre volonté et de notre espérance [...]. La nouvelle manière d'évaluer [...] doit présenter un homme sain, vigoureux, heureux de vivre, et une apothéose de la vie. »

Il substitue ainsi, à l'idée chrétienne de la vie super-naturelle, une super-vie naturelle ; à l'homme nouveau, le surhomme. La qualité est résolue dans la quantité. La vie ne peut alors comprendre qu'une évolution rectiligne, en termes d'intensité et de « puissance », et non plus un saut de qualité. À la lumière de ces développements, les paroles de Kierkegaard, écrites quelques années auparavant, semblent prophétiques :

> « Il n'y a aucun sentiment auquel l'homme ne soit plus attaché qu'à celui de la vie ; il ne désire rien avec autant d'ardeur que de sentir la vie en lui et rien ne le fait davantage frémir que la mort ! Mais voilà l'annonce d'un Esprit qui donne la vie. Alors attachons-nous à lui : qui hésiterait ? Donne-nous la vie, davantage de vie ; et que le sentiment de la vie bouillonne en moi comme si la vie entière était contenue dans mon cœur... Mais cette vivification de l'Esprit ne sublime pas directement la vie naturelle de l'homme dans une continuation et une cohérence immédiate... C'est une vie nouvelle, c'est-à-dire rigoureusement une nou-

---

16. F. NIETZSCHE, *Le gai savoir*, n. 382 ; *Ainsi parlait Zarathoustra*, I (Des prédicateurs de la mort).

velle vie. Il te suffit de réaliser que là intervient la mort, la mortification ; c'est une vie qui est de l'autre côté, la mort est certainement une nouvelle vie [17]. »

La pensée de Nietzsche nous intéresse ici dans la mesure où sa provocation a été reprise en partie par certains théologiens, conduisant à une nouvelle manière d'entendre l'Esprit « vivificateur ». L'idéal traditionnel de la spiritualité est alors remplacé par celui de la « vitalité », entendue comme « l'amour de la vie qui unit les hommes à tous les autres êtres vivants », une vitalité entendue comme « vraie humanité [18] ».

Je voudrais faire maintenant quelques considérations à ce propos. Le titre de « créateur » employé dans notre hymne évoque l'action universelle de l'Esprit Saint, c'est-à-dire même en dehors des frontières de l'Église. Toutefois, nous avons vu que cette hymne distingue clairement les deux manières d'agir de l'Esprit Saint, en tant qu'Esprit « créateur » et en tant qu'Esprit « de la grâce », alors que dans le cas cité plus haut, la distinction est dénuée de tout effet, la différence entre les deux sphères tenant davantage au degré qu'à la qualité. Cela revient dès lors à éliminer la distinction presque infinie qui existe, selon Pascal, entre les trois « ordres » de la vie : matériel, intellectuel et spirituel [19].

Cette nouvelle interprétation de l'« Esprit de la vie » veut donner un fondement théologique à la lutte pour la défense de la vie, surtout la vie faible, « empêchée » et menacée. En cela, elle se distingue nettement du vitalisme de Nietzsche qui est justement conçu, au contraire, en fonction des forts, des hommes à « la grande santé ». Mais je crois que cette noble préoccupation trouve un très juste fondement dans la perspective traditionnelle inspirée du principe biblique : « mourir à soi-même » pour faire vivre les autres. Paul a exprimé tout cela au sujet des tribulations apostoliques : « *Ainsi donc, la mort fait son œuvre en nous et la vie en vous.* » (2 Co 4, 12)

La mortification ne devrait jamais être une fin en soi, mais être toujours orientée vers la promotion de la vie d'autrui, aussi bien physique que spirituelle. Le modèle ultime est le Christ qui est mort pour donner la vie au monde, qui renonce à sa joie de vivre pour que la joie des autres soit complète [20]. Les vrais « spirituels » chrétiens suivent le Christ dans cette voie. Bien souvent, les ascètes les plus intransigeants avec leur propre corps ont été les plus enclins à soulager les souffrances de leurs frères dans le handicap, la maladie, la faim, la lèpre… Nul autre n'a respecté, défendu ni cultivé la vie

---

17. S. KIERKEGAARD, *Pour un examen de conscience*, in *Œuvres complètes*, vol. 18, Ed. De l'Orante.
18. J. MOLTMANN, *L'Esprit qui donne la vie*, Cerf, 1999, chap. 4.
19. Cf. B. PASCAL, *Pensées*, 793 (éd. Brunschvicg).
20. Cf. He 12, 2 ; Rm 15, 3 ; Jn 15, 11.

comme eux. L'expérience démontre, en outre, que personne ne peut dire « oui » à des frères s'il n'est prêt à se dire « non » à lui-même.

On ne peut séparer ni encore moins opposer les deux vies – naturelle et surnaturelle – suscitées par l'Esprit, mais il ne faut pas non plus les confondre ni les réduire à une seule vie qui ne connaîtrait aucune rupture. L'Esprit promeut évidemment la vie dans toutes ses manifestations, qu'elles soient naturelles ou surnaturelles, mais chacune dans son ordre. Il promeut la vie naturelle en la rendant capable de recevoir la forme à laquelle Dieu l'a destinée, la « conformité » au Christ. Il accompagne la vie physique dans tout ce qui l'ennoblit et l'oriente vers sa fin éternelle ; il la « mortifie » dans ce qui s'oppose à elle.

Nier la nouveauté radicale de la vie dans l'Esprit reviendrait à dénuer l'événement Jésus Christ de toute importance : la vie dans le Christ ou dans le nouvel Adam ne serait pas différente de la vie dans le vieil Adam. Cela reviendrait aussi à se résigner à ce que l'action vivifiante de l'Esprit soit vouée à l'échec dès le départ, car nous savons bien comment finira notre « vitalité », à un simple niveau naturel. Le succès final de l'Esprit réside dans la possibilité que le déclin et la mort au niveau naturel soient « relevés » et transformés en réussite sur un autre plan. L'Apôtre écrit ceci : « *C'est pourquoi nous ne faiblissons pas. Au contraire, même si notre homme extérieur s'en va en ruine, notre homme intérieur se renouvelle de jour en jour.* » (2 Co 4, 16)

4. La vie de l'Esprit

La lecture de certains textes du Nouveau Testament au sujet de l'Esprit « qui donne la vie » va éclairer ce que nous avons dit jusqu'à présent. Paul écrit : « *Il n'y a donc plus maintenant de condamnation pour ceux qui sont dans le Christ Jésus. La loi de l'Esprit qui donne la vie dans le Christ Jésus t'a affranchi du péché et de la mort.* » (Rm 8, 1-2)

Laissons de côté le thème de l'Esprit « loi nouvelle » que nous examinerons plus loin. Ce qui émerge avant tout, c'est que l'Esprit donne la vie, la vie du Christ, jaillie du mystère pascal. Vivre selon l'Esprit signifie donc participer à la vie même du Christ, partager ses sentiments, former avec lui « *un seul esprit* » (1 Co 6, 17). Être ou vivre « dans l'Esprit » équivaut en pratique à être ou à vivre « dans le Christ ». La même opposition fondamentale se retrouve ailleurs, sous une autre formulation, lorsque Paul écrit encore : « *La lettre tue, l'Esprit vivifie.* » (2 Co 3, 6)

L'Esprit Saint nous apparaît dans cette lumière comme le principe même de la nouvelle alliance, comme la norme et la force de la vie chrétienne, comme la source d'une vie et d'une activité nouvelles issues directement de l'œuvre du Christ.

Chez Jean, nous trouvons la même association entre l'Esprit et la vie, entre la vie de l'Esprit et l'œuvre du Christ. Pour lui aussi, « *les fleuves d'eau vive* » de l'Esprit jaillissent du corps glorifié du Christ. Ce qui lui est propre est la place différente accordée à l'incarnation par rapport au mystère pascal. Selon saint Jean, la vie donnée par l'Esprit est fondamentalement la vie du Père, la vie trinitaire qui « *s'est manifestée* » (1 Jn 1, 2) à travers l'incarnation. L'entrée de la vie éternelle dans le monde s'est déjà réalisée avec la venue du Verbe « *en qui était la vie* » (Jn 1, 4). Jésus lui-même est la vie (Jn 14, 6). De même qu'il vit par le Père, celui qui le mange vivra par lui (cf. Jn 6, 57). Ce qui se produit dans le mystère pascal n'est pas tant le début de cette vie nouvelle que l'élimination de l'obstacle – le péché – qui empêchait les hommes de la recevoir. En ce sens, Jean peut dire qu'il n'y avait pas encore l'Esprit, « *parce que Jésus n'avait pas encore été glorifié* » (cf. Jn 7, 39).

Paul et Jean présentent donc, avec des accents différents, la vie de l'Esprit comme la véritable vie divine offerte à l'homme dans le Christ. Cette vie constitue une possibilité éminemment nouvelle pour deux raisons : elle n'existait pas auparavant et, surtout, elle n'est pas de nature humaine et temporelle, mais divine et éternelle.

La vie de l'Esprit se reçoit de manière *volontaire*, à la différence de la vie naturelle qui est involontaire. Personne ne peut décider de naître ou de ne pas naître, mais toute personne peut décider de renaître ou de ne pas renaître. En effet, la vie nouvelle suppose un acte de foi ; elle s'obtient « *par l'Esprit qui sanctifie et la foi en la vérité* » (2 Th 2, 13). En un certain sens, on peut dire que, par la foi, nous devenons nos propres pères.

Comment entre-t-on concrètement dans cette vie nouvelle ? Par deux moyens fondamentaux : la Parole et les sacrements. Les paroles de Jésus sont « *esprit et elles sont vie* » (Jn 6, 63). La Parole n'est pas seulement inspirée par l'Esprit Saint, mais « expire » l'Esprit Saint lui-même. Sans l'Esprit Saint, la Parole est une lettre morte ; avec l'Esprit Saint, elle donne la vie (cf. 2 Co 3, 6). C'est une leçon de l'expérience : les Écritures lues « spirituellement », dans la lumière et l'onction de l'Esprit, prodiguent la lumière, le réconfort, l'espérance ; en un mot, la vie.

À côté de la Parole existent les sacrements. Le baptême est le moment où l'on renaît de l'Esprit (cf. Jn 3, 5) et où l'on commence à « *vivre dans une vie nouvelle* » (Rm 6, 4). Le baptême n'est pas seulement le *début* de la vie nouvelle, il en est aussi la *forme*, le modèle. Le déroulement même du baptême (immersion/« émersion ») indique l'ensevelissement et la résurrection, la mort et la vie. Saint Basile écrit :

> « La seconde naissance, comme le mot l'indique, est le commencement d'une autre vie. Si bien que, pour commencer cette autre vie, il faut mettre un terme à la précédente […]. Ainsi s'explique-t-on que le Seigneur, dispensateur de notre vie, ait institué avec nous l'alliance du baptême qui comprend un type de mort et de vie : l'eau y réalise l'image de la mort et les arrhes de la vie sont fournies par l'Esprit [21]. »

Voilà ce que dit poétiquement Cyrille de Jérusalem aux nouveaux baptisés : « L'eau salutaire fut et votre tombe et votre mère [22]. »

Cette loi s'étend du baptême à toute la vie chrétienne. La vie dont il est question prend sa source dans la mort : il s'agit de mourir pour vivre. Cela est tout le contraire de la vie naturelle qui est définie justement et rigoureusement comme « un vivre pour la mort [23] ». Sur le plan naturel, chaque instant de vie nous rapproche de la mort ; c'est un espace ôté à la vie et donné à la mort. Sur le plan surnaturel, toute petite « mortification » de la chair se traduit par une vie selon l'Esprit ; c'est un espace soustrait à la caducité, ainsi qu'à la mort, et donné à la vie.

5. Baigne ce qui est aride

Nous allons appliquer plus directement à notre vie pratique tout ce que nous avons mis en lumière au sujet de l'Esprit Saint sur le plan théologique, en recourant à nouveau à un symbole, « sœur Eau ». L'eau descend, elle ne monte jamais, allant toujours occuper le lieu le plus bas. De même, l'Esprit Saint aime visiter et remplir celui qui se tient en bas, celui qui est humble et « vide » de lui-même. François d'Assise, dans son Cantique des Créatures, fait de « sœur Eau » le symbole même de l'humilité : « Loué sois-Tu, mon Seigneur, par sœur Eau, laquelle est très utile et humble et précieuse et chaste. »

Un des phénomènes physiques les plus inquiétants de notre temps est la désertification. On calcule que des centaines de milliers d'hectares de terrain cultivé se désertifient chaque année. L'absence de végétation fait diminuer les précipitations atmosphériques et cette diminution fait disparaître la végétation. C'est un cycle « mortel ».

À partir d'Isaïe, on a compris que quelque chose de semblable peut se

---

21. BASILE, *Sur le Saint-Esprit*, XV, 35 (PG 32, 129A), SC 17bis, p. 367-369.
22. CYRILLE DE JÉRUSALEM, *Catéchèses mystagogiques*, II, 4 (PG 33, 1080), SC 126bis, p. 113.
23. Cf. M. HEIDEGGER, *L'Être et le Temps*, Gallimard, 1986, par. 51.

produire au niveau spirituel. Il existe une désertification du cœur. Or, l'Esprit est le seul à pouvoir renverser ce processus en transformant le désert spirituel en lieu de vie : « *Car je vais répandre de l'eau sur la terre assoiffée et des ruisseaux sur la terre desséchée. Je répandrai mon Esprit sur ta race et ma bénédiction sur tes descendants.* » (Is 44, 3)

L'image johannique des fleuves d'eau vive jaillissant du Christ (cf. Jn 7, 38) se réfère à ce même symbolisme de l'aridité et de la soif. Saint Irénée écrit ceci : « Comme la terre aride, si elle ne reçoit de l'eau, ne fructifie point, ainsi nous-mêmes [...] nous n'aurions jamais porté du fruit de vie sans la Pluie généreuse venue d'en haut [24]. »

Jean Tauler a appliqué ce que disait Ambroise (dans le texte cité plus haut), à propos du « fleuve fougueux » qui réjouit la cité de Dieu, à un fleuve réel, le Rhin, sur les rives duquel il a passé toute sa vie :

> « Cet Esprit Saint si précieux est venu dans les disciples et en tous ceux qui lui étaient ouverts, en leur procurant un tel bien-être, une telle abondance et une telle douceur qu'il les submergea intérieurement. C'est comme si le Rhin avait une digue qu'on eût ouverte de sorte qu'il eût rempli toutes les vallées et les pentes. L'Esprit Saint est ainsi descendu sur les disciples et sur tous ceux qui lui étaient ouverts. Et c'est ce qu'il continue sans cesse aujourd'hui. Il remplit et inonde le fond de nos âmes, de nos cœurs et de nos esprits, tout ce qu'il trouve. Il les comble d'un grand bien-être, de grandes grâces, d'amour et de dons indescriptibles. Il remplit les vallées et les profondeurs qui lui sont ouvertes [25]. »

Cela nous suggère un programme pratique : ouvrir toutes les vallées et tous les canaux à l'Esprit Saint. Nous pouvons d'abord l'appliquer à nous-mêmes, puis le proposer à tous ceux qui n'ont pas encore été rejoints par ce fleuve, mais qui l'attendent.

Dans l'une des premières hymnes à la Trinité, le Père est appelé « source », le Fils « fleuve » et l'Esprit Saint « irrigation [26] ». La même image a inspiré la belle prière de la Séquence de Pentecôte : « Baigne ce qui est aride (*riga quod est aridum*). »

Nous apercevons parfois, dans la campagne, des scènes fort intéressantes à ce sujet : sur des terrains en pente, des paysans s'ingénient en hâte à faire dériver du canal d'irrigation principal, situé au sommet de la pente, d'innombrables petits canaux et sillons pour permettre à l'eau de se diffuser par capillarité jusqu'à chaque rangée de cultures, voire chaque plante. C'est un travail

---

24. IRÉNÉE, *Contre les hérésies*, III, 17, 2, SC 211, p. 333.
25. TAULER, *Die Predigten Taulers*, éd. F. Vetter Berlin 1910, p. 190-191.
26. MARIUS VICTORINUS, *Traités théologiques sur la Trinité*, 3, 30-34 (CSEL 83, 1, p. 295) : « *Fons, flumen, Irrigatio : o beata Trinitas !* »

joyeux, surtout en été, qui peut se faire en chantant et que tous peuvent accomplir, même les enfants.

C'est l'image de ce que nous avons à entreprendre dans la vigne du Seigneur. Tracer un petit sillon qui puisse apporter à un frère l'eau de la parole, de la foi, de la louange et de la consolation ; en somme, l'eau de l'Esprit. Non seulement *tracer* des canaux, mais *être* nous-mêmes ces canaux.

Terminons avec les paroles d'une hymne à l'Esprit Saint, composée quelque temps après le *Veni creator*, qui chante le rapport mystique de l'eau et de l'Esprit :

> *« Lorsque Dieu créait par son Verbe*
> *La grande machine du monde,*
> *Toi, Esprit, tu planais au-dessus de l'eau,*
> *Répandant sur elle ta chaleur.*
>
> *Tu ne cesses maintenant de rendre féconde*
> *l'eau qui nous sanctifie dans le baptême :*
> *souffle sur nous, toi le Saint, et fais de nous*
> *des hommes spirituels* [27]. »

---

[27]. NOTKER LE BÈGUE, *Pour le jour de Pentecôte* (PL 131, 1013).

VII

« FEU »

L'Esprit Saint nous délivre du péché et de la tiédeur

1. Il vous baptisera dans l'Esprit Saint et dans le feu

Après le vent et l'eau, vient le tour d'un autre symbole naturel de l'Esprit Saint, le feu (*ignis*). L'Écriture nous parle volontiers des réalités divines par antinomie, c'est-à-dire par opposition ; par exemple, Jésus est appelé à la fois lion et agneau. Cela explique pourquoi l'Esprit Saint est désigné par deux symboles diamétralement opposés : l'eau et le feu. Étant situés aux deux extrêmes, les opposés ont l'avantage de créer entre eux un espace illimité, dilatant ainsi l'horizon à l'infini, ce qui est justement fondamental pour traiter des choses divines.

Dans notre cas, cette opposition revêt une signification encore plus profonde que d'ordinaire. L'eau engendre la vie et le feu la détruit. Mettant les deux symboles en contact direct, l'un à la suite de l'autre, l'auteur de l'hymne renforce l'enseignement que nous avons déjà découvert dans le symbole de l'eau vive : l'Esprit crée la vie nouvelle, certes, mais en faisant mourir la vie ancienne. Dans le même temps, il détruit et il crée, il fait mourir et il suscite la vie. Ainsi, on ne pourrait isoler dans le *Veni creator* le titre d'« eau vive » de celui de « feu » qui le suit, sans en compromettre la compréhension.

Comme toujours, les paroles du *Veni creator* renvoient à la Bible telle qu'elle est lue et vécue dans la Tradition. Examinons, dans le Nouveau Testament, les passages où l'Esprit Saint est présenté comme feu ou, du moins, associé au feu. Jean-Baptiste dit à propos du Christ : « *Lui vous baptisera dans l'Esprit Saint et dans le feu.* » (Mt 3, 11) Notons au passage que le contraste entre l'eau (« *baptisera* ») et le feu apparaît dès ce texte. Cette promesse se réalise visiblement et extérieurement à la Pentecôte : « *Ils virent apparaître des langues qu'on eût dites de feu* [...]. *Tous furent alors remplis de l'Esprit Saint.* » (Ac 2, 3-4)

Lorsqu'il déclare : « *Je suis venu jeter un feu sur la terre* » (Lc 12, 49), Jésus se réfère au don de l'Esprit. Implicitement, Paul compare lui aussi l'Esprit au feu quand il recommande de ne pas éteindre l'Esprit (cf. 1 Th 5, 19).

Pour comprendre ce que la Révélation veut nous dire par là, regardons ce que le feu symbolise dans la Bible. Il recèle de nombreuses significations, positives ou négatives. Le feu éclaire (comme la colonne de feu dans l'Exode), réchauffe, enflamme ; dévore les ennemis, punira les impies éternellement…

Une signification se dégage de toutes les autres : le feu purifie. L'eau aussi symbolise la purification, avec une différence importante que la Bible elle-même met en lumière : « *Toutefois, l'or, l'argent, le fer, l'étain, le plomb, tout ce qui peut aller au feu, vous le ferez passer par le feu et cela sera pur* [...], *tout ce qui ne peut aller au feu, vous le ferez passer par l'eau.* » (Nb 31, 22-23) Le feu symbolise une purification plus profonde et plus radicale. L'eau purifie en dehors ; le feu purifie aussi au-dedans. Le psalmiste chante : « *Scrute-moi, Seigneur, éprouve-moi, passe au feu mes reins et mon cœur.* » (Ps 26, 2) Les objets précieux – l'or au plan matériel, la foi au plan spirituel – s'éprouvent par le feu (cf. 1 P 1, 7). De là vient l'image du creuset. L'idée et le symbolisme du feu purificateur sont spécialement présents dans les textes qui annoncent l'œuvre future du Messie : « *Le Seigneur purifiera Jérusalem du sang répandu, au souffle du jugement et au souffle de l'incendie* » (cf. Is 4, 4) ; « *Je ferai entrer ce tiers dans le feu. Je les épurerai comme on épure l'argent, je les épurerai comme on éprouve l'or* » (Za 13, 9) ; « *Il est comme le feu du fondeur* [...]. *Il purifiera les fils de Lévi.* » (Ml 3, 2-3)

C'est dans cet éclairage que l'on doit accueillir la définition de Dieu en tant que « feu dévorant ». Sa sainteté et sa simplicité absolues ne tolèrent pas de mélange, mais mettent le mal à nu et le consument. Seul celui qui s'éloignera du mal pourra « *se tenir devant un feu dévorant* » (cf. Is 33, 14 s.). En un certain sens, le titre de « feu » ne fait qu'expliciter l'adjectif Saint qui accompagne le nom Esprit. L'Esprit est feu parce qu'il est Saint.

Comme nous l'avons déjà dit, la révélation sur l'Esprit contenue dans le *Veni creator* est issue de la Tradition vivante de l'Église. Quelques textes vont nous suffire à mesurer combien cette idée présente dans la Bible a été fidèlement reprise et vécue dans l'Église. À la Pentecôte, Cyrille de Jérusalem écrit que les Apôtres reçurent « un feu qui brûle les épines sur une terre mauvaise [1] ». Ambroise écrit au sujet de la braise qui purifie les lèvres d'Isaïe (cf. Is 6, 6) : « Ce feu représentait l'Esprit Saint qui allait descendre après l'Ascension du Seigneur, pour remettre les péchés de tous les hommes et pour embraser, tel un feu, l'âme et l'esprit des fidèles [2]. »

Un ancien répons qui se récitait à l'office de Pentecôte dit ceci : « Un feu divin surgit, qui ne brûle pas mais qui illumine, qui ne consume pas mais qui resplendit : il trouva les cœurs des disciples comme des réceptacles purs et leur donna ses dons et ses charismes [3]. » Pourquoi est-il dit que ce feu ne consume pas s'il est écrit que notre Dieu est un feu dévorant ? Voici la réponse d'un auteur médiéval : « Ce feu divin consume les épines et les ronces des vices et la rouille des péchés : il ne consume pas la nature, mais il la purifie [4]. »

Reprenant cette tradition sur le feu créateur et destructeur de la Pentecôte, un grand poète moderne écrit ceci :

« La colombe qui descend fend l'air
Dans une flamme incandescente de terreur
Et les langues déclarent
Que la seule espérance
(Ou désespérance)
Est de choisir l'un ou l'autre bûcher,
D'être sauvés du feu par le Feu [5]. »

Nous « choisissons » de passer à travers le feu rédempteur pour ne pas devoir un jour subir le feu du jugement destructeur. Ce que nous allons entreprendre est une sorte d'itinéraire pénitentiel, un exode pascal pour s'éloigner du péché, dont le guide intérieur sera l'Esprit Saint. Comme toujours, nous évoquerons d'abord les principes bibliques et théologiques avant de passer à leur application concrète.

---

1. Cf. CYRILLE DE JÉRUSALEM, *Catéchèses*, XVII, 15 ; cf. ORIGÈNE, *Homélies sur l'Exode*, VII, 8 (SC 16, p. 183).
2. AMBROISE, *Les Devoirs*, III, 18, 103 (PL 16, 174).
3. Répons du matin de Pentecôte : « *Advenit ignis divinus, non comburens sed illuminans, nec consumens sed lucens, et invenit corda discipulorum receptacula munda, et tribuit eis carismatum dona.* »
4. GAUTIER DE SAINT-VICTOR, *Discours*, III, 1-2 (CM 30, p. 27 s.).
5. T. S. ELIOT, *Four Quartets*, in *The Complete Poems and Plays*, Faber & Faber, Londres, 1990, p. 196 : « *The dove descending breaks the air/with flame of incandescent terror/of which the tongues declare/the only hope, or else despair/lies in the choice of pyre or pyre/to be redeemed from fire by fire.* »

2. L'Esprit Saint est la rémission de tous les péchés

À ce stade, « frère Feu » a lui aussi rempli son rôle. Après nous avoir permis de nous élever jusqu'à la réalité spirituelle qu'il symbolise, il peut se retirer. Et la réalité, la voici : l'Esprit Saint est celui qui nous purifie dans l'intime de notre être, qui dissout en nous le cœur de pierre, qui détruit le « *corps de péché* » (Rm 6, 6) et qui reforme en nous l'image de Dieu.

Cette conviction accompagne l'Église depuis les origines et se manifeste dans les domaines les plus divers. Une ancienne variante au texte du *Notre Père*, au lieu de « Que ton règne vienne », disait : « Que vienne sur nous l'Esprit Saint et qu'il nous purifie [6] ». Dans une liturgie de réconciliation de l'Église syriaque, le prêtre prononce cette prière d'absolution pour le pénitent : « Par l'irruption de l'Esprit Saint, détruis et efface de son âme, Seigneur, tous les crimes, les blasphèmes et les diverses sortes d'injustice dont son âme est souillée [7]. »

L'Esprit Saint, non seulement remet les péchés, mais il est lui-même la rémission des péchés ! Une vieille prière liturgique dit ceci : « Que l'Esprit Saint restaure nos âmes, Seigneur, par ces divins sacrements, puisqu'il est la rémission de tous les péchés [8]. » Cette audacieuse affirmation s'inspire d'Ambroise selon lequel « dans la rémission des péchés, les hommes exercent un ministère et non pas un pouvoir personnel, puisque c'est par l'Esprit Saint que les péchés sont pardonnés [9] ». L'auteur du *Veni creator* connaît tout cet arrière-plan liturgique et théologique puisqu'il affirme lui aussi, dans une autre œuvre, que « les péchés ne sont pas pardonnés sans l'Esprit Saint [10] ».

Là aussi, la Tradition a simplement relevé et mis en lumière une vérité qui était déjà présente dans l'Écriture. Selon le Nouveau Testament, en effet, l'action de l'Esprit Saint se situe au cœur même de la justification de l'impie. Paul l'affirme à plusieurs reprises : « *Car pour nous, c'est l'Esprit qui nous fait attendre de la foi les biens qu'espère la justice* » (Ga 5, 5) ; « *Mais vous vous êtes lavés, mais vous vous êtes sanctifiés, mais vous avez été justifiés par le nom du Seigneur Jésus Christ et par l'Esprit de notre Dieu.* » (1 Co 6, 11)

Le jour de la Pentecôte, Pierre dit à la foule : « *Repentez-vous et que chacun de vous se fasse baptiser au nom de Jésus Christ pour la rémission de ses péchés, et vous recevrez alors le don du Saint-Esprit* » (Ac 2, 38), ce qui ne veut pas dire :

---

6. Cf. GRÉGOIRE DE NYSSE, *La prière du Seigneur*, 3 (PG 44, 1157 D).
7. In PS 43, p. 452 ; *op. cit.* in E.-P. SIMAN, *L'expérience de l'Esprit par l'Église*, d'après la Tradition Syrienne d'Antioche, Paris 1971, p. 121.
8. Missel Romain (Missel quotidien et vespéral), mardi de la Pentecôte, Bruges 1947, p. 1226.
9. AMBROISE, *Du Saint-Esprit*, III, 137.
10. Cf. ISIDORE DE SÉVILLE, *Étymologies*, VII, 3, 17 (PL 82, 269) ; RABAN MAUR, *De l'Univers*, I, 3 (PL 111, 25).

d'abord est accordée la rémission des péchés, ensuite vient le don de l'Esprit Saint, mais plutôt que si, dans un premier temps, celui de la rémission des péchés, l'Esprit est présent comme agent, dans le second, celui de la purification accomplie (les deux temps étant en réalité concomitants), il est aussi présent comme don permanent. Bien que les Actes des Apôtres attribuent de préférence à la personne même de Jésus la rémission des péchés, cela doit toujours être considéré, comme l'avaient bien compris les Pères, à la lumière du principe général de l'Écriture, selon lequel « tout vient *du* Père, *par* le Christ, *dans* l'Esprit Saint ».

L'Esprit Saint n'est pas seulement l'*effet* de la justification, mais en est aussi la *cause*. Il n'est pas le terme du processus, comme s'il ne pouvait arriver qu'après l'œuvre négative de l'éloignement du péché, seulement une fois que le terrain aura été « déblayé » et le cœur désormais libéré. Saint Basile écrit : « Les péchés sont pardonnés dans la grâce de l'Esprit [11]. » Augustin en a tiré la conclusion suivante : « La charité de l'Église, que l'Esprit Saint répand en nos cœurs, remet les péchés de ses membres [12]. »

La rémission de notre péché et le don de la grâce ne sont pas deux opérations successives, mais une seule action vue sur deux versants opposés ; le péché n'est pas d'abord ôté pour laisser la place au don de la grâce, mais c'est le don de la grâce lui-même qui enlève le péché.

Dans la purification du péché, l'Esprit Saint n'intervient donc pas quand tout est accompli, bien au contraire, c'est lui qui l'accomplit. Comment cette œuvre grandiose – la rémission des péchés – pourrait-elle d'ailleurs s'accomplir, si ce n'est à travers Dieu lui-même ? Le péché est « annulé ». Il s'agit d'un acte créateur en direction inverse, pourrait-on dire : là quelque chose est tiré du néant, ici quelque chose est réduit au néant (et cette opération n'est pas moins divine que la première). Le péché de l'homme n'est pas seulement « couvert », et pour ainsi dire ignoré de Dieu, mais véritablement détruit et effacé. Il n'y a pas en nous, du moins dans le sanctuaire le plus intime de notre âme, à la fois le péché et la grâce, la mort et la vie ; il n'y coexiste pas deux maîtres, l'esprit du mal et l'Esprit Saint. Les hérétiques messaliens, écrit Diadoque de Photicé, « se sont imaginé que la grâce et le péché, c'est-à-dire l'esprit de vérité et l'esprit d'erreur, se cachent en même temps, chez les baptisés, au fond de l'intellect ». Mais il en est plutôt ainsi :

> « Avant le saint baptême, la grâce exhorte du dehors l'âme au bien, alors que Satan se tapit dans ses profondeurs [...] ; mais dès l'heure de notre régénération, c'est le démon qui passe au dehors et la grâce au-dedans. [...] Néanmoins,

---

11. BASILE LE GRAND, *Sur le Saint-Esprit*, XIX, 49 (PG 32, 157 A), SC 17bis, p. 421.
12. AUGUSTIN, *Traité sur l'Évangile de saint Jean*, 121, 4.

Satan continue d'agir sur l'âme comme auparavant, et même pis, le plus souvent ; non qu'il coexiste avec la grâce, […], mais par les humeurs du corps, on dirait qu'il vaporise dans l'esprit les douceurs de plaisirs irrationnels [13]. »

Lorsque Jésus, à la Pentecôte, donne l'Esprit Saint aux Apôtres réunis au Cénacle (cf. Jn 20, 22 s.), il ne confère pas à l'Église un simple « pouvoir » juridique, externe, ou une simple « autorisation » à remettre les péchés ; il leur confère un réel pouvoir, intrinsèque, qui est l'Esprit Saint lui-même. L'Église possède le pouvoir de remettre les péchés, mais seulement dans le sens où elle possède l'Esprit Saint qui a le pouvoir de remettre les péchés. Comme saint Ambroise le rappelait, l'Église, dans la rémission des péchés, n'exerce pas un pouvoir ; elle exerce simplement un ministère, même si celui-ci est incontournable : « L'Église ne peut rien remettre sans le Christ ; le Christ ne *veut* rien remettre sans l'Église. L'Église ne *peut* rien remettre sinon au pénitent, c'est-à-dire à celui que le Christ a touché ; le Christ ne *veut* assurer aucune rémission à celui qui méprise l'Église [14]. »

Tout cela nous donne une image bien différente de celle que le monde nous donne superficiellement de l'Église. En elle brûle l'Esprit qui détruit les péchés comme une sorte d'incinérateur toujours allumé, afin d'éliminer les impuretés de l'âme pour que se maintienne immaculée la cité de Dieu. Un feu est caché dans les entrailles de la maison Église, et bienheureux sont ceux qui le découvrent, y établissent la demeure de leur cœur et y retournent à chaque fois qu'ils se sentent « alourdis » par le péché et « désireux de ressusciter » !

3. Un itinéraire pénitentiel avec l'Esprit Saint

Il est temps de déduire de ces prémisses théologiques certaines orientations concrètes pour notre vie. Comment passer à travers ce feu qui purifie et qui recrée ? Le feu agit sur celui qui le touche, non pas sur celui qui parle de lui ou sur celui qui entend parler de lui. Il y eut une époque où la chirurgie consistait en bonne partie à cautériser la partie malade du corps avec un fer brûlant. L'Esprit Saint est un « cautère vraiment suave [15] ». La Bible nous donne un cas exemplaire de cette cure à base de feu, celle du prophète Isaïe : *« L'un des séraphins vola vers moi, tenant dans sa main une braise, qu'il avait prise avec des pinces sur l'autel. Il m'en toucha la bouche et dit : "Voici, ceci a touché tes lèvres, ta faute est effacée, ton péché est pardonné." »* (Is 6, 6 s.)

---

13. Cf. DIADOQUE DE PHOTICÉ, *Cent chapitres*, 76 (SC 5bis, p. 134).
14. ISAAC DE L'ÉTOILE, *Sermons*, 11, 14 (SC 130, p. 247).
15. JEAN DE LA CROIX, *La Vive Flamme*, B, 2, 1 s. *Œuvres complètes*, Cerf 1990, p. 1447.

Faisons nôtre, dans la mesure du possible, cette expérience d'Isaïe : permettons à Dieu de faire avec nous ce qu'il a réalisé avec son prophète. La suppression du péché par Dieu est extrêmement simple, elle s'accomplit en un instant, mais en nous, c'est un véritable processus, complexe, qui suppose différents passages que l'on pourrait résumer ainsi :
L'Esprit Saint :
- frappe à la porte de notre conscience par le remords,
- l'ouvre par la confession,
- entre par le repentir,
- la libère par l'absolution,
- la transforme par la justification,
- l'enflamme par sa ferveur.

Essayons de dire quelques mots au sujet de chacun de ces passages, pour nous permettre de refaire ce chemin aussi souvent que nous en sentirons la nécessité et, au besoin, y conduire d'autres à l'occasion de liturgies pénitentielles.

Le processus de détachement du péché se produit par le *remords*. Il agit comme une pensée brûlante, « *un ver qui ne meurt point* » (cf. Mc 9, 48). « *Poison frappant le cœur* », comme le nommait un grand maître spirituel orthodoxe [16], il ôte la fausse paix qui succède à la transgression. La Bible regorge de récits de grands remords : remords de Caïn, de David, de Pierre et de Judas. Mais ces exemples nous montrent à eux seuls combien le remords peut être ambigu et avoir deux issues opposées : le désespoir ou le salut.

C'est ce que nous observons dans certains chefs-d'œuvre de la littérature. *Macbeth* éprouve du remords d'avoir tué son roi et l'un de ses dignitaires : « Glamis a tué le sommeil, et c'est pourquoi Cawdor ne dormira plus, Macbeth ne dormira plus » ; le héros de *Crime et Châtiment*, lui aussi, éprouve du remords. Dans le premier cas, le remords porte au désespoir et à la catastrophe, dans le second, à la confession et à la rédemption. Manzoni a décrit, d'une manière plus incisive encore, le passage du remords au repentir, dans la figure de l'Innommé : la vision de sa vie et de ses méfaits sous une lumière subitement différente, terrible, les vains efforts pour étouffer les remords et revenir aux pensées habituelles, l'espoir passager d'une sortie de secours, jusqu'aux larmes de joie qui accompagnent le repentir et la résolution de commencer une vie nouvelle [17].

Le remords n'a plus aujourd'hui « bonne réputation ». On a longuement

---

16. Cf. Syméon le Nouveau Théologien, *Catéchèses*, XXIII (SC 113, p. 15).
17. Cf. A. Manzoni, *Les fiancés*, chap. XXI.

essayé, notamment dans la psychologie, de le disqualifier en le présentant comme « un fardeau inutile, une autosuggestion, une vaine tentative d'annuler le passé… ». Tout remords est expliqué comme un sentiment de culpabilité induit de l'extérieur, par la culture et par la société, et donc comme quelque chose de malsain. Le mérite de cette critique est d'avoir contribué à mieux distinguer le remords authentique, dû à la faute commise, de tous les faux remords et de tous les faux sentiments de culpabilité qui pèsent sur l'humanité. Mais cette critique n'est pas parvenue à modifier le sens commun qui continue à considérer le remords comme l'un des signes les plus forts de la nature morale de la conscience et, indirectement, de l'existence de Dieu. Voici ce que dit un auteur contemporain : « Sais-tu ce qui m'a conduit à Dieu ? Je te le dis en une phrase : ce qu'on appelle l'objection du mal. Elle me conduit comme un enfant par la main. » Et il explique ainsi sa pensée. Au long des milliers de siècles de son existence sur la terre, l'humanité s'est habituée à tout et a trouvé comment s'immuniser contre tout, même des bacilles de la peste. Mais contre le mal, non. Elle continue à le sentir comme mal et à en avoir du remords. Cela ne s'explique que parce qu'« il existe quelqu'un qui détermine le bien, Dieu existe ». Sans lui, nous aurions depuis longtemps perdu le sens du mal [18].

S'il est authentique, le remords est donc une première manifestation imparfaite de l'Esprit Saint. Comment peut-on en effet concevoir un tel sens du péché et du mal sans la présence de la sainteté de Dieu ? La conscience est en nous comme un répétiteur de la voix de l'Esprit. « Quiconque s'irrite contre soi-même et se prend à dégoût ne le fait que par un don de l'Esprit Saint [19]. »

L'Esprit Saint qui « accuse » et qui « convainc » du péché est déjà à l'œuvre dans le remords. Il est comme une inflammation spirituelle, une sorte de fièvre qui indique un état altéré de la conscience dû à la présence en elle d'un « corps étranger ». Combattre simplement la culpabilité et le remords sans tâcher d'en éliminer la cause est aussi insensé que de vouloir faire baisser la fièvre à tout prix sans essayer d'identifier la maladie dont la fièvre n'était qu'un providentiel symptôme. Le désir d'éliminer le remords peut apparaître comme une tentative systématique de la culture moderne d'« éteindre l'Esprit ».

Il me semblait nécessaire de prendre la défense du remords afin que l'homme préserve sa capacité à réagir contre le mal et ne s'y accoutume jamais, ce qui constitue l'un des aspects les plus nobles de la vie humaine. Mais ce que nous voulons surtout mettre en lumière, c'est combien le remords peut être

---

18. C. COCCIOLI, *Il cielo e la terra*, Vallecchi, Firenze 1950, p. 290. Cf. l'édition française *Le ciel et la terre*, Club des Éditeurs, 1958.
19. AUGUSTIN, *Commentaire des Psaumes*, 50, 16 (CC 38, p. 611s.).

notre allié dans la lutte quotidienne contre le mal et le péché. En effet, le remords n'agit pas seulement dans les grands crimes, mais aussi dans les petites choses. Grâce à lui, l'Esprit fait ce que font les parents qui éduquent leur enfant et l'aident à grandir en lui donnant tantôt des signes d'approbation, comme des sourires, tantôt des signes de désapprobation, comme des froncements de sourcils.

Devenons de plus en plus sensibles à ces rappels que l'Esprit nous envoie par la voie de la conscience et prenons au sérieux même les plus petits remords : ne pas avoir prié, avoir dit du mal de son frère, avoir traité sans amour un pauvre, avoir fait des compromis avec la vérité, s'être concédé une curiosité malsaine… Il faut surtout, sans tarder, transformer tout remords en repentir.

4. Du remords à la joie du pardon

Voici la manière dont un psaume décrit le passage du silence lourd de remords à la confession libératrice de la faute :

> « *Je me taisais et mes os se consumaient*
> *à rugir tout le jour,*
> *la nuit, le jour,*
> *ta main pesait sur moi ;*
> *mon cœur était changé en un chaume*
> *au plein feu de l'été.*
> *Ma faute, je te l'ai fait connaître,*
> *je n'ai point caché mon tort ;*
> *J'ai dit : "J'irai au Seigneur*
> *confesser mon péché."*
> *Et toi, tu as absous mon tort,*
> *pardonné ma faute.* » (Ps 32, 3-5)

Quand le remords est écouté, il conduit à la confession et à la joie du pardon. « *Heureux qui est absous de son péché, acquitté de sa faute* », dit le début de ce psaume. Par la confession, l'âme ouvre la porte à l'Esprit et s'unit à lui, comme si, après avoir été enfermée dans une ville assiégée, elle pouvait enfin sortir et rejoindre l'armée venue la libérer.

Certes, la confession doit être constamment renouvelée pour qu'elle ne devienne pas une pratique légaliste, mais reste ce qu'elle devrait être : une rencontre personnelle avec le Christ ressuscité qui attend seulement notre confession pour nous restituer la joie d'être sauvé. Pour cela, il importe de dépasser les stéréotypes imposés de l'extérieur ou appris à l'âge de l'enfance, en cherchant à identifier à chaque fois le vrai mal, ce qui a été mal « à ses yeux », et non aux nôtres ou à ceux du monde. Le critère pour distinguer le remords sain des mauvais sentiments de culpabilité est justement cela : le remords sain a pour cause quelque chose qui est mal « selon Dieu », tandis que le faux remords s'applique à quelque chose qui est mal selon la société et ses conventions.

Toutefois, même la confession la plus parfaite est stérile et n'« ouvre » pas la conscience à l'Esprit si elle ne comporte pas le *repentir* et la *componction*. Judas fit sa confession : « *J'ai péché, dit-il, en livrant un sang innocent.* » (Mt 27, 4) Mais sa confession n'était pas accompagnée d'un vrai repentir ni de l'espérance du pardon, c'est pourquoi elle n'eut aucune fécondité.

Le récit de la Pentecôte illustre de manière excellente comment l'Esprit Saint nous pousse à la componction et agit à travers elle. Il y a d'abord la terrible accusation : « *Ce Jésus, que vous, vous avez crucifié.* » Ces trois mille personnes « *d'entendre cela, eurent le cœur transpercé et dirent à Pierre et aux Apôtres : "Frères, que devons-nous faire ?"* » (cf. Ac 2, 23 s.) Que s'est-il passé au plus profond de leur cœur ? Le Paraclet les a « convaincus de péché » (cf. Jn 16, 8), il est en train de faire ce que Jésus avait annoncé. Sous l'action de l'Esprit Saint, ces hommes comprennent que si Jésus est mort pour les péchés du monde et qu'ils ont eux-mêmes commis un péché, ils ont alors crucifié Jésus de Nazareth, même s'ils n'étaient pas là pour lui planter les clous sur le Calvaire.

La vraie componction ne consiste pas seulement à regretter, à être désolé de quelque faute que l'on a commise, c'est infiniment plus que cela. C'est commencer à voir le péché sur le fond de l'amour infini de Dieu le Père et de la mort de Jésus Christ sur la croix. C'est faire sien le jugement de Dieu. Le sommet du *Miserere* est atteint quand le psalmiste, repenti, dit à Dieu : « *Pour que tu montres ta justice quand tu parles et que paraisse ta victoire quand tu juges.* » (Ps 51, 6) L'homme prend sur lui la responsabilité du mal, proclame Dieu innocent, rétablit la vérité des choses que le péché « *tenait captives dans l'injustice* » (cf. Rm 1, 18). Saint Syméon le Nouveau Théologien écrit :

> « [Même si quelqu'un avait] le cœur plus dur que le bronze, le fer ou le diamant, à peine la *componction* est-elle survenue qu'elle le rend plus mou que n'importe quelle cire. Car elle est un feu divin qui dissipe les montagnes et les roches et les rend toutes unies et les change en autant de paradis et transforme les âmes qui le reçoivent [...]. Voilà tout ce qu'avec les larmes, ou plutôt par les larmes, opère le feu divin de la componction [20]. »

---

20. Syméon le Nouveau Théologien, *Catéchèses*, IV (SC 96, p. 349-351).

À la question de la foule, Pierre répond : « *Repentez-vous !* » (Ac 2, 38.) Dans le repentir se réalise la rencontre mystérieuse entre la grâce et la liberté. La liberté prend le parti de la grâce ; cette œuvre délicate est accomplie par l'Esprit Saint.

> « Que votre péché vous déplaise, c'est là un don de l'Esprit Saint. Le mal plaît à l'esprit impur, il déplaît à l'esprit de sainteté : et quoique, d'une part, tu demandes encore pardon à Dieu, néanmoins comme, d'autre part, tu as en aversion le mal que tu as fait, tu es uni à Dieu, puisque tu hais ce qu'il hait. Ainsi, vous voilà deux contre la fièvre, le médecin et toi [21]. »

Le cœur humain a deux clés ; l'une est dans les mains de Dieu, l'autre dans les mains de l'homme. Aucun des deux ne peut ouvrir sans l'autre. Par sa toute-puissance, Dieu peut tout faire, sauf une chose : rendre de force un cœur contrit et humilié. Pour cela, il a mystérieusement besoin du repentir humain. Dieu ne peut « se repentir » à la place de l'homme. C'est pourquoi, à travers toute la Bible, « le cœur contrit et humilié » nous apparaît comme le lieu du repos, une sorte de paradis terrestre, la demeure préférée de Dieu (cf. Is 66, 1-2). L'homme ne peut offrir à Dieu de meilleur et de plus agréable sacrifice que son cœur contrit (cf. Ps 51, 19). Comment ne pas brûler du désir de laisser toujours prête cette « chambre » secrète qui fait le plaisir de Dieu toutes les fois qu'il vient nous visiter ?

Du repentir à l'absolution et à la justification. Le repentir clôt le rôle de l'homme et ouvre le rôle exclusif de Dieu. Dans le *Miserere*, la prière change brusquement de ton à un moment donné. Dans la première partie, le psaume parle de faute, de mal et de péché, puis, soudain, parle à nouveau de l'Esprit Saint, de la joie d'être sauvé. On passe alors du règne du péché au règne de la grâce. Il s'agit d'une nouvelle création dont l'Esprit Saint est le centre. Il en est à la fois le sujet et l'objet : « *Dieu, crée en moi un cœur pur* » n'est pas différent de « *Ne m'enlève pas ton esprit de sainteté* ».

L'Église exerce simplement un ministère, c'est l'Esprit qui transforme l'homme, faisant du pécheur un juste. Le rituel de la réconciliation qui précède l'absolution sacramentelle nous fait dire aujourd'hui avec raison : « Que Dieu notre Père vous montre sa miséricorde ; par la mort et la résurrection de son Fils, il a réconcilié le monde avec lui et a envoyé *l'Esprit Saint pour la rémission des péchés* : par le ministère de l'Église, qu'il vous donne le pardon et la paix. »

Dieu fait une créature nouvelle. « *L'être ancien a disparu, un être nouveau est là.* » (2 Co 5, 17) Dans la justification, les Pères disaient que l'Esprit Saint

---

21. AUGUSTIN, *Commentaire des Psaumes*, 50, 16.

reforme en nous l'image de Dieu [22]. De toutes les propriétés que l'Esprit a en commun avec le feu, celle-ci est certainement la plus grande de toutes. Il ramène l'homme aux origines et anticipe en même temps la situation finale, quand « toute chose sera bonne ». Citant cette célèbre expression de Julienne de Norwich, une mystique anglaise, et reliant cette audacieuse espérance au feu de la Pentecôte, le même poète mentionné plus haut écrit ceci :

> « Et tout sera bon,
> Et toute espèce de chose sera bonne,
> Lorsque les langues de feu seront réunies
> Formant un seul nœud en forme de couronne
> Et le feu et la rose seront un [23]. »

5. Ferveur de l'Esprit

À partir de là, l'Esprit continue à agir comme le feu, non plus comme le feu qui purifie et recrée, mais comme le feu qui réchauffe et enflamme. Ces deux effets sont presque toujours évoqués ensemble dans la Bible et dans la littérature spirituelle. Augustin dit que l'Écriture a voulu indiquer par le symbole de la colombe la *simplicité* et par le symbole du feu la *ferveur* [24]. La liturgie reprend cet enseignement quand elle nous fait dire dans la messe de la Pentecôte : « Viens, Esprit Saint ! Pénètre le cœur de tes fidèles ! Qu'ils soient brûlés au feu de ton amour [25] ! » et dans la Séquence : « Réchauffe ce qui est froid. »

Dans la langue syriaque, le texte de Genèse 1, 2 était traduit ainsi : « L'Esprit du Seigneur *réchauffait* les eaux en les *couvant*. » En référence à ce symbolisme, accueilli par de nombreux auteurs [26], saint Ephrem le Syrien a chanté avec profondeur et poésie cette caractéristique de l'Esprit de réchauffer, de féconder et de dissoudre le gel du péché qui glace l'âme :

> « Grâce à la chaleur, tout mûrit ; grâce à l'Esprit, tout est sanctifié : un symbole évident ! La chaleur dissout le gel des corps, comme l'Esprit Saint l'impureté des cœurs. Aux premières chaleurs, les jeunes veaux sautillent au printemps, comme

---

22. CYRILLE D'ALEXANDRIE, *Commentaire sur l'Évangile de saint Jean*, XI, 10 (PG 74, 541 D) ; cf. aussi JEAN DE DAMAS, *La foi orthodoxe*, 4, 9 (PG 94, 1121 A).
23. T. S. ELIOT, *Four Quartets...*, op. cit., p. 198 : « *And all shall be well and/all manner of things shall be well/when the tongues of flame are in-folded/into the crowned knot of fire/and the fire and the rose are one.* »
24. AUGUSTIN, *Traité sur l'Évangile de saint Jean*, 6, 3.
25. Alléluia de la Pentecôte : « *Veni, Sancte Spiritus, reple tuorum corda fidelium et tui amoris in eis ignem accende.* »
26. Cf. LUTHER, *Sur la Genèse* (WA 42, p. 8) ; cf. BASILE LE GRAND, *Homélies sur l'Hexaméron*, II, 1 (SC 26, p. 142) ; PASCHASE RADBERT, *Expositions sur Matthieu*, X (CM 56 B, p. 1144).

les disciples lorsque l'Esprit Saint vint sur eux. La chaleur rompt les fers de l'hiver qui retiennent prisonniers les fleurs et les fruits, comme l'Esprit Saint rompt le joug du malin qui empêche la grâce d'éclore. La chaleur réveille le sein de la terre endormie ; ainsi fait l'Esprit Saint avec l'Église [27]. »

Pour Jean de la Croix aussi, la *Vive Flamme d'amour* a deux effets : elle purifie l'âme et renforce son amour pour Dieu [28]. Il ne se contente pas de nous purifier du péché, mais prolonge son action jusqu'à nous donner « *la ferveur dans l'Esprit* » (Rm 12, 11). Il se comporte à notre égard comme le feu avec le bois humide : d'abord, il le purifie en faisant bruyamment sortir toutes les impuretés, puis il l'enflamme progressivement jusqu'à ce qu'il devienne incandescent et se transforme lui-même en feu.

Cela veut dire concrètement que l'Esprit Saint nous évite de tomber dans la tiédeur et que si nous y sommes déjà tombés, il nous en libère. On ne peut sortir de la tiédeur sans une nouvelle et décisive intervention de l'Esprit Saint, comme nous le montre la vie des apôtres. Avant la Pentecôte, ils sont tièdes : ils sont incapables de veiller une heure, discutent sans cesse de celui qui est le plus grand et prennent peur devant chaque menace. Mais les langues de feu les transforment. Ils deviennent alors l'image même du zèle, de la ferveur et du courage. Avec ferveur, ils exhortent ; avec ferveur, ils louent le Seigneur ; avec ferveur, ils fondent et organisent les Églises ; avec ferveur, ils donnent leur vie pour le Christ. Un auteur médiéval écrit ceci :

> « Le Paraclet, qui descendit sur les apôtres et les croyants en langues de feu, vient aussi sur nous comme un feu : pour brûler et détruire la faute, pour purifier la nature, pour consolider et parfaire la grâce, pour chasser la paresse de notre tiédeur et allumer en nous la ferveur de son amour [29]. »

Cela semble facile à dire : le remède à la tiédeur est la ferveur. C'est un peu comme si on disait à un malade que le remède à sa maladie est la santé. En fait, le remède à la tiédeur n'est pas la ferveur, mais l'Esprit Saint. La ferveur est l'*opposé* de la tiédeur, et non pas son *remède*.

Voici qui ravive notre espérance ! Si nous avons identifié les symptômes de ce « mal obscur » de la vie spirituelle qu'est la tiédeur, si nous nous découvrons éteints, froids, apathiques, insatisfaits de Dieu et de nous-mêmes, nous disposons d'un remède infaillible : une sainte et belle Pentecôte ! Avec l'aide de la grâce, il est possible de sortir de la tiédeur ; de grands saints ont avoué s'être transformés à la suite d'une longue période de tiédeur [30].

---

27. Ephrem de Syrie, *Hymnes sur la foi*, 74 (CSCO, Script. Syri 73, 1955, p. 195).
28. Jean de la Croix, *La Vive Flamme d'amour*, B, I, 3.
29. Hermann de Reun, *Sermons des fêtes*, 31 (CM 64, p. 132).
30. Cf. Thérèse d'Avila, *Vie*, 8, 2.

C'est ce que nous demandons à l'Esprit au terme de ce chapitre où nous l'avons contemplé dans des lueurs de feu. Nous l'invoquons par une hymne d'origine protestante méthodiste, entièrement centrée sur l'Esprit comme feu :

> *« Puisse ce divin Feu en moi*
> *s'allumer et briller,*
> *écraser l'écorce des pensées*
> *et faire fondre les monts !*
>
> *Puisse-t-il descendre du ciel*
> *Et consumer le mal !*
> *Viens, Esprit Saint, je crie vers toi,*
> *Esprit de ferveur !*
>
> *Descends dans mon cœur et éclaire mon âme,*
> *feu du fondeur !*
> *Explore ma vie,*
> *Sanctifie-la* [31] *! »*

---

31. J. and C. WESLEY, *Selected Writings and Hymns*, Paulist Press, New York 1981.

VIII

« AMOUR »

L'Esprit Saint nous fait expérimenter l'amour de Dieu

1. Du vin nouveau dans des outres neuves !

Si tous les titres de l'Esprit Saint dans le *Veni creator* sont comme des « rayons de miel » tout prêts à être récoltés par l'apiculteur, le titre de l'« amour » (*caritas*) l'est tout particulièrement. Dans ce chapitre, l'Esprit Saint vient à notre rencontre dans son opération et sa réalité la plus intime et la plus personnelle. Ici, les symboles naturels du vent, de l'eau et du feu ne suffisent plus et nous allons passer du monde de la nature et des choses au monde de l'homme. L'« amour » est aussi un symbole, une métaphore, comme tous les termes que nous employons pour parler de Dieu, mais il est d'un genre différent car il se réfère à l'homme, fait à l'image et à la ressemblance de Dieu (cf. Gn 1, 27).

Le Salut et la vie nouvelle de l'Esprit comportent toujours deux éléments indissociables, l'un négatif et l'autre positif. L'élément négatif consiste dans la rémission des péchés, c'est-à-dire dans le fait d'enlever quelque chose : « *De toutes vos souillures et de toutes vos ordures, je vous purifierai [...], j'ôterai de votre chair le cœur de pierre* » ; l'élément positif consiste dans le don d'une vie nouvelle, dans le fait de donner, de mettre quelque chose : « *Je vous donnerai un cœur nouveau, je mettrai en vous un esprit nouveau.* » (cf. Ez 36, 24-27) « *Voici l'agneau de Dieu qui enlève le péché du monde !* », dit Jean-Baptiste au sujet de Jésus ; mais il ajoute, en positif : « *C'est lui qui baptise dans l'Esprit Saint.* » (cf. Jn 1, 29. 33)

Imaginez-vous devant une outre qui doit être remplie de vin nouveau, alors qu'elle n'a jusqu'alors contenu que du vinaigre. Que ferez-vous ? Mettrez-vous le vin nouveau sur le vinaigre ? Non, car les deux seraient perdus. Il faut d'abord nettoyer le vase en le grattant bien soigneusement, pour pouvoir ensuite y verser le vin nouveau qui ne sera alors pas gâté. Il en est de même pour notre cœur. « Aussi, Dieu ne nous communique ses biens qu'en nous délivrant de nos maux [1]. »

On a parfois voulu séparer ces deux éléments, attribuant au Christ l'élément négatif, fruit de Pâques, et à l'Esprit Saint l'élément positif, fruit de la Pentecôte :

> « Le Fils a d'abord été envoyé pour nettoyer le récipient, pour qu'il n'y ait plus rien qui puisse offenser l'Esprit ; puis l'Esprit Saint a été envoyé pour remplir les réceptacles purifiés. Le Fils est donc venu pour extraire l'amertume, l'Esprit Saint pour répandre la douceur : le Fils pour ôter la vétusté, l'Esprit Saint pour conférer la nouveauté ; le Fils pour nous rendre libres, l'Esprit pour nous rendre bienheureux [2]. »

Il ne faudrait pas prêter à cette manière de s'exprimer plus d'importance qu'elle n'en a. Par sa mort et sa résurrection, Jésus est lui aussi l'auteur de la *nouveauté* et l'Esprit Saint, comme nous l'avons déjà vu, agit lui aussi pour nous libérer de la *vétusté*.

Nombreux sont les noms désignant la réalité positive reçue au baptême : vie nouvelle, grâce, filiation divine, don de l'Esprit, nouvelle création… Parmi eux se trouve le terme amour, *caritas*, qui exprime tous les autres. L'amour est la preuve que l'on est passé de la mort à la vie (cf. Jn 3, 14). Après nous avoir présenté l'Esprit comme « eau vive », auteur de la régénération et de la vie nouvelle, puis comme « feu », auteur de la rémission des péchés (qui sont l'élément négatif de notre vie), le *Veni creator* nous présente l'Esprit comme « amour ». Nous pouvons ainsi le contempler dans toute la splendeur de cette vie nouvelle, dans son élément positif. Notre cœur est désormais une outre nettoyée et rénovée, prête à recevoir le « vin nouveau » promis par le Christ.

Ce titre de *caritas* contient une grande richesse. Nous essaierons de découvrir les thèmes que l'auteur a voulu résumer par ce titre, puis nous nous mettrons en quête de l'héritage de la tradition spirituelle et théologique repris dans ce titre. Cela nous conduira d'une part à la Bible, ultime source de toute affirmation sur l'Esprit, d'autre part à de nouvelles découvertes sur l'action de l'Esprit dans l'Église et dans les âmes aujourd'hui.

---

1. Augustin, *Sermons*, 71, 12, 19 (PL 38, 454).
2. Gautier de Saint-Victor, *Sermons sur l'Esprit Saint*, 3 (CM 30, p. 28).

Nous savons désormais qu'il existe un bref traité sur l'Esprit Saint, attribué à l'auteur du *Veni creator*, reproduisant, avec quelques variantes, un texte analogue d'Isidore de Séville. Nous y trouvons réunis tous les titres disposés ensuite dans notre hymne. Voici ce que nous pouvons y lire au sujet de l'« amour » :

> « L'Esprit Saint est justement appelé charité, d'abord parce que par sa nature, il unit ceux desquels il procède et qu'il se révèle une seule chose avec eux ; ensuite parce qu'il nous fait demeurer en Dieu et Dieu en nous (cf. 1 Jn 4, 13). En effet, comme de tous les dons de Dieu, la charité est le plus grand, ainsi il n'y a pas de plus grand don que l'Esprit Saint... Et comme le terme de sagesse est attribué au Verbe, bien qu'il convienne aussi au sens général au Père et à l'Esprit Saint, ainsi le titre de charité est attribué à l'Esprit Saint par appropriation, bien que celui-ci convienne aussi au sens général au Père et au Fils [3]. »

L'auteur a repris cette explication chez Augustin. À travers le titre *caritas* (et celui de « don de Dieu »), c'est la vision augustinienne de l'Esprit Saint qui entre dans le *Veni creator* et, avec elle, toute la riche spiritualité latine qui s'en est nourrie. Augustin ne l'a pas inventée non plus, puisqu'il l'a reprise de l'Écriture. À travers ce terme, c'est Paul et Jean qui nous parlent de l'Esprit, ou plutôt, c'est l'Esprit lui-même qui nous parle de lui.

Pour comprendre ce qui se trouve derrière le titre « amour », nous devons considérer trois choses : d'abord, l'Esprit Saint est amour dans la *Trinité* car il unit le Père et le Fils ; ensuite, l'Esprit Saint est amour dans l'*Église* car il est le lien de son unité ; enfin, l'Esprit Saint est amour dans le *croyant* car il lui fait goûter une vivante expérience de l'amour de Dieu.

2. L'Esprit Saint, amour du Père et du Fils

Augustin a accompli tout un cheminement pour comprendre que cet Amour (avec un A majuscule) dont il est sans cesse question dans le Nouveau Testament est l'Esprit Saint. Nous allons parcourir une nouvelle fois son itinéraire, participant ainsi à une véritable découverte spirituelle.

Dans le Nouveau Testament, trois choses énoncées à propos de l'Esprit Saint touchent particulièrement Augustin : l'Esprit est *don, communion* et *joie*.

L'Esprit Saint est *don* ! Il suffit de prononcer ce mot pour que de multiples points lumineux s'allument l'un après l'autre dans la Bible, jusqu'à former un seul chemin de lumière [4]. Nous en avons déjà parlé dans le commentaire du titre « don de Dieu ».

---

3. RABAN MAUR, *De l'Univers*, I, 3 (PL 111, 25) ; cf. ISIDORE DE SÉVILLE, *Étymologies*, VII, 3, 18 (PL 82, 269).
4. Cf. AUGUSTIN, *La Trinité*, XV, 19, 32-36.

« AMOUR »

L'Esprit Saint est *communion* (cf. 2 Co 13, 13). C'est avant tout la communion du Père et du Fils, comme nous le verrons dans le commentaire du dernier verset du *Veni creator*. Seul l'Esprit Saint dans la Trinité porte un nom commun aux trois personnes divines (tout en Dieu est Esprit et tout est Saint !), alors que tout ne peut s'appeler Père ni Fils.

L'Esprit Saint est *joie*. L'Écriture nous l'atteste, car elle associe très souvent la joie et l'Esprit Saint [5].

Or, ces trois traits distinctifs de l'Esprit Saint – le don, la communion et la joie – rappellent une réalité unique qui les contient toutes : l'amour. Le don est signe de l'amour. « Le don [de la charité] est le plus grand des dons de Dieu. Lui seul sépare les fils du royaume éternel [...]. D'autres dons sont distribués par l'Esprit Saint, mais ils sont inutiles sans la charité [6]. »

La communion aussi est signe et reflet de l'amour. L'amour est, pourrait-on dire, le contenu de la communion. La communion n'est autre que la rencontre d'êtres spirituels et raisonnables dans l'amour. Enfin, d'où provient la joie, si ce n'est du fait d'aimer et d'être aimé ? Il existe en tout être une sorte de loi de gravité, qui le fait chercher son lieu de repos et d'équilibre. Ce principe, pour les êtres raisonnables, est l'amour : « Mon poids, c'est mon amour ; où que je tende, c'est lui qui m'emporte [7]. »

À cet instant se produit dans l'esprit d'Augustin un brusque éclair de lumière qui illumine tout le chemin parcouru jusqu'alors. L'Esprit Saint est donc ce Dieu dont parle l'Écriture lorsqu'elle dit : « *Dieu est amour* » (1 Jn 4, 8.16) ! Tout, en Dieu, est certainement amour ; mais l'Esprit Saint est amour au sens propre et personnel (non seulement naturel). L'amour « *est de Dieu* » (1 Jn 4, 7) nous dit saint Jean puis, tout de suite après, « *Dieu est amour* ». C'est justement l'Esprit Saint qui « est de Dieu » comme l'amour (le Père n'« est de » personne et le Fils ne *procède* pas du Père, il est *engendré*).

Les choses s'éclairent soudain dans l'esprit d'Augustin qui s'exclame avec enthousiasme :

> « L'Esprit Saint est donc le Dieu-charité. Et un peu plus bas, après avoir répété cela et avoir dit : *"Dieu est charité"*, [l'apôtre Jean] ajoute aussitôt : *"Qui demeure dans la charité demeure en Dieu et Dieu en lui"* (1 Jn 4, 16), ce qui lui avait fait dire plus haut : *"Nous connaissons que nous demeurons en lui et lui en nous, en cela qu'il nous a donné de son Esprit."* (1 Jn 4, 13) C'est donc l'Esprit Saint qui est désigné par ces mots : *"Dieu est charité."* Donc, quand l'Esprit Saint, qui procède de Dieu, est donné à l'homme, il allume en lui l'amour de Dieu et du prochain et il est lui-même cet amour. Car ce n'est que par Dieu que l'homme peut aimer

---

5. Ac 13, 52 ; Rm 14, 17.
6. AUGUSTIN, *La Trinité*, XV, 18, 32.
7. Id., *Confessions*, XIII, 9, 10.

Dieu. C'est pourquoi l'Apôtre dit peu après : *"Nous donc, aimons Dieu, parce qu'il nous a aimés le premier."* (1 Jn 4, 10) Et l'apôtre Paul dit à son tour : *"La charité de Dieu est répandue en nos cœurs par l'Esprit Saint qui nous a été donné."* (Rm 5, 5) [8] »

Cette vision qui découle de l'Écriture jette un halo lumineux sur la vie intime de la Trinité ; elle nous aide à comprendre quelque chose du mystère du Dieu un et trine. Dieu est amour : c'est pourquoi il est Trinité ! Tel semble être le raisonnement d'Augustin. « L'amour suppose [...] celui qui aime, celui qui est aimé et l'amour [9]. » Le Père est dans la Trinité celui qui aime, la source et le principe de tout ; le Fils est celui qui est aimé ; l'Esprit Saint est l'amour par lequel ils s'aiment. Ce n'est évidemment qu'une analogie humaine, mais elle nous permet de sonder les mystérieuses profondeurs de Dieu.

Quand l'auteur de l'hymne attribue « en propre » la sagesse au Fils et la charité à l'Esprit, il cite littéralement une pensée d'Augustin [10]. Ces « appropriations » devinrent classiques parmi les Latins. « Vérité est le Fils ; Charité l'Esprit ; Puissance le Père [11]. »

Ce principe des « appropriations » ne fut pas toujours utilisé avec souplesse. Il a fini par se « rigidifier » et par créer plus de difficultés qu'il n'en a résolues. Ce qui peut être approprié, c'est-à-dire attribué en propre ou d'une manière particulière à une personne, n'est pas tant tel attribut ou telle œuvre que la *manière* propre de les réaliser. La sagesse et l'amour appartiennent en propre aux trois personnes, chacune d'elles cependant la possède et l'exerce selon une modalité particulière qui découle de sa spécificité personnelle au sein de la Trinité. Il en est de même pour l'habitude d'attribuer au Père la création, au Fils la rédemption et à l'Esprit Saint la sanctification. Les trois personnes interviennent dans ces trois opérations *ad extra*, mais chacune à sa manière. L'Esprit Saint est lui aussi à sa manière *créateur* ! Cyrille d'Alexandrie dit justement ceci : « Même lorsqu'il semble qu'on attribue à une personne en particulier quelque chose qui nous concerne ou qui concerne les créatures, nous devons toutefois rester convaincus que tout est du Père, par son Fils, dans l'Esprit [12]. »

Aujourd'hui, nous savons que parler de l'Esprit Saint comme amour n'est pas la seule possibilité. La tradition latine a vu aussi la sagesse comme l'un des plus grands dons de l'Esprit Saint et a longtemps développé le thème de

---

8. Id., *La Trinité*, XV, 17, 31.
9. *Ibid.*, VIII, 10, 14.
10. *Ibid.*, XV, 17, 29.
11. Cf. THOMAS D'AQUIN, *Somme théologique*, I, q. 37, a. 1 ; cf. ISAAC DE L'ÉTOILE, *Sermons*, 44, 14 (SC 339, p. 92).
12. CYRILLE D'ALEXANDRIE, *Commentaire sur l'Évangile de saint Jean*, X, 2 (PG 74, 336 A).

l'Esprit comme lumière et comme vérité. C'est surtout le dialogue avec la tradition orientale, devenu aujourd'hui plus intense et plus serein, qui nous pousse à considérer la diversité des perspectives sur l'Esprit. Le thème de l'Esprit Saint comme amour est presque entièrement absent de la théologie des Églises orientales qui préfèrent parler de l'Esprit comme du souffle qui accompagne la « parole », plus encore, comme de l'« illumination ». Il faut attendre Grégoire Palamas pour lire dans le monde grec quelque chose de similaire à ce que dit Augustin sur l'Esprit Saint comme amour :

> « L'Esprit du Verbe très-haut est comme l'amour ineffable du Père pour son Verbe, engendré de manière ineffable ; le Verbe et Fils bien-aimé a pour son Père le même amour puisqu'il possède l'Esprit qui provient comme lui du Père et qui repose en lui, puisqu'il lui est co-naturel [13]. »

Que doit-on en conclure ? Qu'il faut abandonner la tradition latine initiée par Augustin ? Dans le dialogue œcuménique en cours au sujet de l'Esprit Saint, certains semblent parfois souhaiter cela. Ce serait inacceptable et contraire au principe même de l'œcuménisme, qui consiste à mettre en commun les richesses et non à faire prévaloir une tradition sur une autre. Il serait, du reste, simplement impossible de renoncer à la vision que nous avons rappelée sans, en même temps, effacer de la mémoire de l'Église universelle une part importante de son patrimoine liturgique, théologique, ascétique et mystique.

Je suis convaincu que le nouveau climat de dialogue œcuménique autour de l'Esprit Saint va nous permettre de réévaluer l'apport d'Augustin parce que si, d'un côté, il le relativise, de l'autre, il le rend plus précieux encore. Il nous permet de retrouver enfin, en dessous des rigidités scolastiques et des déformations postérieures, le vrai sens des intuitions d'Augustin. Celui-ci ne pensait pas avoir trouvé *la* manière d'expliquer la Trinité, en particulier le rôle de l'Esprit Saint en son sein. Voici comment il commence son Traité sur la Trinité : « Quiconque lira [...] ce traité doit avancer avec moi quand il se sentira ferme et assuré, chercher avec moi quand il hésitera, revenir vers moi quand il reconnaîtra son erreur, et me redresser moi-même si je me trompe. Nous marcherons ainsi d'un pas égal dans les sentiers de la charité. » Et voici comment il conclut : « Au terme des longues discussions auxquelles je me suis livré, j'ose confesser que je n'ai rien dit qui soit digne de cette souveraine et ineffable Trinité, mais que la science divine est merveilleusement élevée au-dessus de moi et que je n'y puis atteindre [14]. »

Si seulement tous avaient parlé de l'Esprit Saint et de la Trinité avec cette

---

13. Grégoire Palamas, *Capita physica*, 36 (PG 150, 1144 s.).
14. Augustin, *La Trinité*, I, 3, 5 ; XV, 27, 50.

humilité ! Aujourd'hui, loin de l'« exclusivisme » d'une école, nous sommes en mesure d'apprécier l'apport immense de l'humble Augustin et de l'intégrer à d'autres apports, comme lui-même le souhaitait. Ainsi, nous pourrons nous enrichir tous ensemble, Latins et Grecs, et nous réjouir de l'admirable « symphonie » des Pères, commencée le jour de la Pentecôte [15], sans nul secret désir de faire prévaloir une tradition au détriment d'une autre. La symphonie est l'ensemble de plusieurs voix, et non le résultat d'une seule. Dans la symphonie, chaque voix « gagne » en beauté et n'est pas diminuée par la présence des autres. Les frères orthodoxes pourraient lire avec un nouvel esprit Augustin et la tradition occidentale en la conjuguant à ce qui leur tient à cœur au sujet de l'Esprit Saint, enrichissant ainsi certainement notre propre compréhension de cet héritage, car ils pourraient mettre en évidence des implications jusqu'alors inconnues. Cela est valable aussi pour nous, les Latins, à leur égard. Il faut parfois un chef d'orchestre allemand pour mettre en lumière certaines potentialités de la musique italienne, ou un chef d'orchestre italien pour mettre en lumière certains aspects de la musique allemande.

« On ne parvient pas à un tel mystère par une seule voie », disaient les Anciens au sujet de Dieu et cela est encore plus vrai au sujet du Dieu des chrétiens. Jésus lui-même nous en a donné l'exemple dans l'Évangile en parlant du Royaume de Dieu par le biais de nombreuses paraboles. Parfois, une parabole semble en contredire une autre, ou du moins, signifier autre chose. Les paraboles sont des messagers discrets qui livrent leur partie de message et s'en vont, laissant à d'autres paraboles le soin de compléter le message entier. Il devrait en être ainsi de nos concepts et de nos manières de parler de Dieu et de l'Esprit.

3. L'Esprit-charité dans l'Église

Le Père et le Fils ont voulu que nous soyons unis, entre nous et avec eux, par ce lien qui les unit, c'est-à-dire l'amour qui est l'Esprit Saint [16]. C'est le principe qui nous permet de passer de la contemplation de l'Esprit-amour dans la Trinité à l'Esprit-amour dans l'Église. À partir du Ve siècle, cette fonction unificatrice de l'Esprit dans la Trinité et dans l'Église se résume en une brève formule qui a longtemps constitué la seule mention de l'Esprit dans le canon latin de la messe : « Dans l'unité du Saint-Esprit (*In unitate Spiritus Sancti*) ».

C'est le thème développé par Augustin dans tous ses discours sur la

---

15. Cf. IRÉNÉE, *Contre les Hérésies*, III, 17, 2, SC 211, p. 331.
16. AUGUSTIN, *Sermons*, 71, 12, 18 (PL 38, 454).

Pentecôte. Le schéma est toujours le même : il évoque à nouveau l'événement de la Pentecôte et le miracle des langues, puis se demande pourquoi les apôtres parlaient toutes les langues alors qu'aujourd'hui, malgré le don de l'Esprit Saint, les chrétiens ne parlent pas toutes les langues. Voici la réponse de l'évêque : mais bien sûr, aujourd'hui aussi, chaque chrétien parle toutes les langues ! Il appartient en effet à ce corps, l'Église, qui parle toutes les langues et annonce la vérité de Dieu dans toutes les langues. Tous les membres de notre corps ne voient pas, tous n'entendent pas, tous ne marchent pas, et pourtant, nous ne disons pas : mon œil voit ou mon pied marche, mais plutôt je vois et je marche, car chaque membre agit pour tous et tout le corps agit en chaque membre.

C'est ainsi qu'agit l'Esprit Saint dans le corps du Christ qui est l'Église. Il se comporte dans le corps du Christ comme l'âme de notre corps. C'est le principe moteur et inspirateur de tout. Quel est alors le signe certain que nous avons reçu l'Esprit Saint ? Parler en langues, faire des prodiges ? Non, c'est aimer l'unité et se tenir fermement unis à l'Église : « Si donc vous voulez la vie du Saint-Esprit, conservez la *charité*, aimez la vérité et tenez à *l'unité* pour parvenir à l'éternité. »

> « De même donc qu'autrefois, le don des langues parlées par tous les peuples révélait sa présence dans un homme ; ainsi la manifeste-t-il aujourd'hui par la charité qui nous unit à toutes les nations [...]. Ah ! comprenez donc que vous ne posséderez cet Esprit divin qu'en vous attachant de cœur et par une *charité* sincère à cette *unité* sainte [17]. »

Cela explique pourquoi la charité est la meilleure voie : elle multiplie les charismes et fait du charisme de l'un le charisme de tous.

Augustin lutte dans tous ses discours contre le grand problème de son temps qui est le schisme des Donatistes. C'est dans cette perspective qu'il développe sa vision de l'Église. L'Église n'est pas une réalité monolithique. Elle se réalise par degrés. Il existe deux niveaux d'unité dans l'Église : le niveau visible des signes, dit « communion des sacrements » et le niveau invisible, qu'il appelle « société des saints », qui se réalise quand on adhère par la charité à l'unité du corps et que l'on est animé par l'Esprit Saint. Cette Église intime et pleine, composée de ceux qui, par la charité, partagent le même Esprit Saint, est représentée par la colombe, symbole à la fois de l'Église (dans le Cantique des Cantiques) et de l'Esprit Saint (dans le baptême du Christ) [18]. N'est-il pas étonnant que le terme charité (*agape*) soit devenu, dans la tradition chrétienne,

---
17. AUGUSTIN, *Sermons*, 267, 4 (PL 38, 1231) ; 269, 2, 4 (PL 38, 1236 s.).
18. Cf. AUGUSTIN, *Sur le Baptême*, VI, 3, 5 (PL 43, 199).

une manière de désigner en même temps l'Esprit Saint et l'Église ? Ignace d'Antioche dit que la communauté de Rome « préside *l'agape* », c'est-à-dire l'ensemble de toute l'Église [19].

Voilà un aperçu de l'ensemble doctrinal que le titre « charité » évoque à l'époque où le *Veni creator* est composé. Aujourd'hui, que nous suggère-t-il ? Que professons-nous, que demandons-nous quand nous prononçons ce mot *caritas* dans le chant du *Veni creator* ? En Occident, nous vivons au terme d'une longue période caractérisée par un triste divorce entre l'Église et l'Esprit Saint. Suite à la réforme protestante, l'Église catholique a tellement insisté sur l'importance de l'aspect visible, institutionnel et hiérarchique de l'Église (« une société d'hommes aussi visible et palpable que la société du peuple romain, le royaume de France ou la République de Venise » selon Bellarmin) qu'elle a laissé dans l'ombre le rôle joué par l'Esprit Saint. Il réapparaît dans le discours sur l'Église avec l'Encyclique *Mystici corporis* de Pie XII, qui recommence à parler de l'Esprit Saint comme âme et lien d'unité de l'Église.

Cette redécouverte a reçu une impulsion décisive avec le concile Vatican II qui parle des charismes et de la dimension pneumatologique de l'Église, à côté de la dimension hiérarchique et institutionnelle. Après le Concile, on a parlé de l'Église, entre catholiques et protestants, comme du « mystère de l'Esprit Saint dans le Christ et dans les chrétiens ». Comme dans la Trinité, l'Esprit est une sorte de *nous* divin où se trouvent réunis le *je* du Père et le *tu* du Fils, de même, dans l'Église, il fait d'une multitude de personnes une seule « personne mystique [20] ». On est même allé jusqu'à définir l'Église comme « le sacrement de l'Esprit [21] ».

Le même divorce a été opéré dans le monde protestant, mais dans le sens inverse. Ici, on a tellement insisté sur l'Esprit Saint comme étant constitutif de la véritable Église, invisible, intérieure et cachée, que l'on a perdu de vue la dimension visible et concrète de l'Église. Schématiquement, nous avons obtenu : d'un côté, une Église sans Esprit Saint, de l'autre, un Esprit Saint sans Église. Comme dans le premier cas où cela a fini par dénaturer l'Église, privée de l'Esprit Saint, ici, on a fini par dénaturer l'Esprit Saint, privé de l'Église. À un certain moment, sous l'influence de la philosophie idéaliste, l'Esprit Saint s'est vu réduit à la conscience personnelle de l'homme ; il ne s'agit plus de l'Esprit de Dieu, mais de l'esprit de l'homme. Le divorce a commencé à être surmonté par Barth dans un mouvement à la fois égal et contraire à celui qui était en cours chez les catholiques : un intérêt renouvelé pour l'Église.

---

19. Ignace d'Antioche, *Lettre aux Romains*, Salutation, SC 10bis, p. 108.
20. Cf. H. Mühlen, *Una mystica persona,* Paderborn 1967.
21. Cf. W. Kasper – G. Sauter, *Kirche – Ort des Geistes,* Freiburg i. Br. 1967.

Aujourd'hui, les uns et les autres se retrouvent, avec des nuances, dans l'ancienne formule d'Irénée : « Là où est l'Église, là est aussi l'Esprit de Dieu, et là où est l'Esprit de Dieu, là est l'Église et toute grâce [22]. » On ne peut scinder en deux cette affirmation : ne prendre au sérieux que la première partie, comme tendaient à le faire les catholiques, ou que la seconde, comme tendaient à le faire les protestants.

Personne n'a exprimé avec davantage de passion que Paul VI cette nouvelle conscience que l'Église a besoin de l'Esprit Saint :

> « Nous nous sommes demandé souvent [...] quel est le besoin premier et dernier pour notre Église bénie et très chère [...]. Nous devons le dire, presque en trépidant et en priant parce que c'est son mystère et sa vie, vous le savez : l'Esprit, l'Esprit Saint, animateur et sanctificateur de l'Église, son souffle divin, le vent de ses voiles, son principe unificateur, sa source intérieure de lumière et de force, son soutien et son consolateur, sa source de charismes et de chants, sa paix et sa joie, son gage et son prélude de vie bienheureuse et éternelle (cf. *Lumen Gentium*, 5). L'Église a besoin de sa perpétuelle Pentecôte ; elle a besoin de feu dans le cœur, de parole sur les lèvres, de prophétie dans le regard [...]. L'Église a besoin d'acquérir de nouveau l'enthousiasme, le goût, la certitude de sa vérité (cf. Jn 16, 13) [...] ; et ensuite, l'Église a besoin de sentir couler par toutes ses facultés humaines la vague de l'amour, cet amour qui s'appelle charité et qui, justement, est répandu exactement dans nos cœurs *"par l'Esprit Saint qui nous est donné."* (Rm 5, 5) [23] »

La contemplation de l'Esprit comme charité et amour peut nous être utile dans le chemin d'unité entre tous les chrétiens. Beaucoup commencent à se poser cette question : puis-je, en tant que catholique, me sentir davantage en communion avec la multitude de ceux qui, baptisés dans la même Église, se désintéressent cependant du Christ et n'ont de chrétiens que le nom, que je ne le suis avec la foule de ceux qui, bien qu'appartenant à d'autres Églises, croient dans les mêmes vérités fondamentales que moi, aiment Jésus Christ jusqu'à donner leur vie pour lui et agissent dans la puissance du même Esprit Saint ?

On ne pourra plus éviter de se poser cette question. Continuer à donner la priorité à la communion institutionnelle et non spirituelle, alors que les deux malheureusement ne coïncident pas, signifierait renverser le principe traditionnel en mettant la communion des signes au-dessus de la communion réelle, qui est l'Esprit Saint.

---

22. IRÉNÉE, *Contre les Hérésies*, III, 24, 1, SC 34, p. 401.
23. PAUL VI, *Catéchèse de l'audience générale du mercredi 29 novembre 1972*, dans *Insegnamenti di Paolo VI*, vol. X, Tipografia Poliglotta Vaticana, p. 1210 s.

Si le signe de la présence de l'Esprit Saint est l'« amour de l'unité » comme le dit Augustin, nous devons dire qu'aujourd'hui, l'Esprit œuvre surtout là où la passion pour l'unité des chrétiens est vivante, là où l'on travaille et souffre pour elle.

Au début, Dieu donna l'Esprit aux païens dans la maison de Corneille avec les mêmes manifestations que lors de la Pentecôte, pour inciter Pierre et l'Église à accueillir les païens dans la communion de l'unique Église. Aujourd'hui, il donne l'Esprit Saint aux croyants des différentes Églises de la même manière et sous les mêmes formes parfois, en vue du même but : nous inciter à nous accueillir les uns et les autres dans l'amour de l'Esprit et nous acheminer vers la pleine unité comme le firent les Juifs et les païens, réunis autrefois dans la même Église. L'Esprit qui fut capable de réunir en un seul corps les Juifs et les païens, les esclaves et les hommes libres, peut bien aujourd'hui réunir en un seul corps les catholiques et les protestants, les latins et les orthodoxes ! C'est ce que nous devons demander à l'Esprit quand nous l'invoquons dans le *Veni creator* en tant que charité et amour.

4. Tous furent remplis de l'amour de Dieu !

Après avoir réfléchi sur l'Esprit Saint comme amour dans la Trinité et dans l'Église, réfléchissons sur l'Esprit Saint comme amour chez le croyant, c'est-à-dire en chacun de nous. Pour ce faire, nous devons nous référer à l'événement de la Pentecôte.

Si l'Esprit Saint est l'amour de Dieu, autrement dit la charité, alors ces paroles : « *Tous furent remplis d'Esprit Saint* » signifient : « Tous furent remplis de l'amour de Dieu ! » Dans cette lumière, l'Esprit Saint nous apparaît vraiment comme le « sceau » placé sur toute l'action créatrice et rédemptrice (cf. Ep 1, 13) et la Pentecôte comme le couronnement de toutes les œuvres de Dieu. Pourquoi Dieu a-t-il créé le monde ? Pourquoi a-t-il envoyé son Fils pour le sauver ? Pour que « toute créature soit comblée de [ses] bénédictions et que beaucoup se réjouissent de [sa] lumière [24] ». Pourquoi Dieu nous a-t-il donné l'Écriture si ce n'est pour nous préparer à recevoir son amour ?

La Pentecôte n'est pas seulement un événement objectif, un changement profond, imprévu et inconscient ; c'est aussi un événement subjectif, une expérience. Le passage du cœur craintif de l'esclave au cœur rempli d'amour filial ne s'opère pas sous anesthésie générale, comme s'il s'agissait d'une greffe de cœur ! Les Apôtres font au contraire une expérience bouleversante de l'amour

---

24. Missel romain, Prière eucharistique, IV, Desclée - Mame 2001, p. 435.

de Dieu : être aimés de Dieu et aimer Dieu. Ils sont littéralement « baptisés » dans l'amour, plongés en lui.

Cette expérience les tire « hors d'eux-mêmes », à tel point que la foule croit qu'ils sont pleins de vin doux (cf. Ac 2, 13). Le brusque changement des Apôtres ne s'explique que par l'irruption en eux du feu de l'amour divin. Seul l'amour peut susciter des choses comme celles qu'ils font en cette circonstance. En effet, selon les Pères, les Apôtres, comme les martyrs par la suite, sont « ivres », mais « ivres de la charité qui leur vient du doigt de Dieu qu'est l'Esprit Saint [25] ». Ivres parce qu'ils sont « désaltérés au torrent des délices divines ; ivres de cette sobre ivresse qui met les péchés à mort et qui vivifie le cœur [26] ».

Chaque « nouvelle Pentecôte » confirme que la venue de l'Esprit Saint est toujours vécue comme une expérience d'amour. Les personnes participant à la retraite qui a donné naissance au Renouveau charismatique dans l'Église catholique confessèrent leur peur « d'être incapables de supporter l'amour excessif de Dieu », dont elles se sentirent inondées par instants. Voici leur récit : « C'est comme si le Dieu du Sinaï était entré dans le lieu où nous nous trouvions, le remplissant entièrement et nous remplissant entièrement. » Je l'ai souvent constaté par la suite : toute expérience de l'Esprit, si elle est forte et vraie, laisse le souvenir d'une intense perception de l'amour du Père. Une femme témoigne : « Le jour suivant, le sentiment de ne pas être aimée qui m'avait accompagnée toute ma vie disparut. Je me sentis comme immergée dans un sentiment nouveau de l'amour de Dieu qui ne m'a plus quittée depuis. »

C'est le moment le plus beau dans la vie d'une créature : se sentir aimée personnellement de Dieu, se sentir comme transportée au sein de la Trinité, au milieu du tourbillon d'amour qui circule entre le Père et le Fils et se sentir même partie prenante de leur « passion d'amour » pour le monde. Tout cela en un instant, sans paroles et sans réflexions.

> « Merveilleuse condescendance du Créateur envers la créature, grâce insigne, bienveillance inconcevable, pieux motif pour la créature d'espérer en son Créateur, douce approche, délices de bonne conscience : l'homme se trouve inclus, d'une certaine façon, dans cette étreinte et ce baiser du Père et du Fils qu'est le Saint-Esprit ; il se voit uni à Dieu par cette charité même qui fait l'unité du Père et du Fils ; sanctifié en celui qui est l'unité de l'un et de l'autre. Jouir d'un tel bien, en faire la douce expérience – autant du moins qu'il est possible en cette vie malheureuse et fausse –, c'est là connaître la vraie vie [27]. »

Pourquoi une telle insistance sur le fait de *sentir* ? Est-ce vraiment néces-

---

25. AUGUSTIN, *Sermons*, 272 B, 7 (PLS 2, 527).
26. CYRILLE DE JÉRUSALEM, *Catéchèses*, XVII, 19 (PG 33, 989).
27. GUILLAUME DE ST-THIERRY, *Le miroir de la foi*, 111-112 (SC 301, p. 181).

saire de faire l'expérience de l'amour de Dieu ? Ne suffit-il pas et n'est-ce pas plus méritoire de croire seulement par la foi ? Quand il s'agit de l'amour de Dieu, le sentiment est aussi une grâce ; ce n'est pas la nature qui peut nous donner un tel désir [28]. Même si garder ce sentiment constant ne dépend pas de nous, il est bon de le rechercher et de le désirer. « *Et nous, nous avons reconnu l'amour que Dieu a pour nous et nous y avons cru* » (cf. 1 Jn 4, 16) : pas seulement cru, mais aussi reconnu, c'est-à-dire connu, expérimenté.

Si la Pentecôte consiste en cette expérience vivante et transformante de l'amour de Dieu, pourquoi une telle expérience est-elle encore inconnue de la plupart des croyants ? Vous désirez peut-être depuis longtemps faire cette expérience et cela ne s'est pas encore produit. Je vous suggère alors un moyen infaillible. Cet amour de Dieu, répandu dans nos cœurs par le Saint-Esprit de Dieu, a deux versants : il est à la fois l'amour dont Dieu nous aime et l'amour par lequel il nous rend capables de l'aimer et d'aimer notre prochain. Dans la Bible, c'est tantôt le premier sens qui est souligné, surtout chez Jean (cf. Jn 4, 10), tantôt le second, comme dans l'hymne à la charité de Paul (cf. 1 Co 13). Il en est de même dans la Tradition. Augustin donne la priorité au sens actif : la charité infuse est la capacité nouvelle qui nous est donnée d'aimer Dieu et le prochain ; Thomas d'Aquin garde, lui, les deux sens dans une certaine unité [29].

Mais il s'agit des deux versants du même amour, non pas de deux formes d'amour différentes. Dans la Trinité, l'amour du Père se porte vers le Fils et ne se termine pas en lui, mais se prolonge jusqu'à l'Esprit ; il en est de même en dehors de la Trinité. L'amour de Dieu vient en nous, mais ne s'arrête pas en nous ; il vient, il nous traverse, il nous implique dans son mouvement et nous pousse à aimer à notre tour avec le même amour par lequel il nous aime : « *Bien-aimés, si Dieu nous a ainsi aimés, nous devons nous aussi nous aimer les uns les autres.* » (1 Jn 4, 11)

L'amour de Dieu crée l'extase, la sortie de soi. S'arrêter au premier mouvement, n'être que les destinataires de l'amour de Dieu sans en être les « émetteurs », les canaux, ce serait comme vouloir arrêter le cours d'un fleuve : il deviendrait alors un marécage. De même que la pluie descend du ciel et n'y retourne pas sans avoir arrosé la terre, sans l'avoir fécondée et l'avoir fait germer (cf. Is 55, 10), ainsi l'amour de Dieu répandu dans nos cœurs ne doit pas retourner à lui sans avoir accompli ce pour quoi Dieu l'a répandu ni sans lui avoir fait porter du fruit.

---

28. Id., *Méditations*, XII, 29 (SC 324, p. 210).
29. Cf. AUGUSTIN, *L'Esprit et la lettre*, 32, 56 ; THOMAS D'AQUIN, *Commentaire de la Lettre aux Romains*, cap. V, lect. 1, n. 392.

J'insiste sur cet aspect, car il s'agit justement du « moyen infaillible » dont je parlais, qui permet de faire une expérience pentecostale de l'amour de Dieu pour nous. Dans le baptême, un cœur nouveau nous a été donné mais, par manque d'exercice, il est resté comme atrophié. Il devait être une source jaillissante, mais il est resté comme une fontaine scellée. Nous devons desceller cette fontaine, puis la mettre en mouvement. Quand le cœur cesse de battre, on essaie de le réanimer par un massage cardiaque, jusqu'à ce qu'il recommence à battre de lui-même d'un mouvement spontané et naturel. Nous avons besoin, nous aussi, d'une sorte de massage cardiaque ou de respiration artificielle. Cela se produit lorsque l'on se met à aimer, même par un effort de volonté et sans transport de sentiment. Aimer tous nos frères, les voisins, les lointains, ceux qui nous aiment et ceux qui ne nous aiment pas. Nul ne peut penser connaître l'amour de Dieu *« répandu dans nos cœurs par le Saint-Esprit »* si celui-ci ne lui a jamais servi, au moins une fois, pour pardonner une offense, aimer un ennemi ou se réconcilier avec un frère.

Au long de son cours, le fleuve Jourdain forme deux mers : la mer de Galilée et la mer Morte. La mer de Galilée reçoit les eaux du Jourdain, puis les laisse s'écouler : c'est une mer bouillonnante de vie, une des eaux les plus riches en poissons de la planète. La mer Morte reçoit les eaux du Jourdain et les garde pour elle, elle n'a pas d'issue : c'est justement une mer « morte », dans laquelle et autour de laquelle ne se trouve aucune trace de vie, rien que du sel. Ce symbole nous montre une chose importante. Pour recevoir l'amour qui nous a été donné en abondance et à plusieurs reprises dès le baptême, il est nécessaire de laisser passer l'amour qui est en nous en abattant la digue de notre égoïsme.

Nous devons imiter la veuve de Sarepta. Le prophète Élie arrive chez elle et lui demande de l'eau et du pain. Elle n'a qu'une poignée de farine et quelques gouttes d'huile qu'elle pensait cuire pour son fils et elle-même, avant de mourir. Mais le prophète insiste pour qu'elle confectionne d'abord une galette pour lui, puis, après seulement, pour elle et son fils. N'est-ce pas une demande excessive ? La veuve est dans un besoin extrême de quelque chose à manger et Dieu lui demande de donner même ce qu'elle a. Mais nous connaissons la suite : la farine se multiplie dans la jarre, ainsi que l'huile dans la cruche, sans jamais s'épuiser (cf. 1 R 17, 7-16). Avec nous, Dieu fait de même. Nous demandons à Dieu la charité d'un peu de son amour et il nous demande de donner d'abord tout le peu d'amour que nous avons pour lui et pour le prochain, de vider la cruche et la jarre : *« Donnez et l'on vous donnera ; c'est une bonne mesure tassée, secouée, débordante, qu'on versera dans votre sein, car de la mesure dont vous mesurez, on mesurera pour vous en retour. »* (Lc 6, 38)

Il ne s'agit ni de précéder Dieu pour qu'il nous donne le change ni de mériter l'amour de Dieu, mais de lui permettre de se répandre en nous. Chaque fois que nous aimons, il nous a aimés le premier, et le fait même que nous aimions une personne constitue le signe qu'il nous aime.

Prions avec les paroles d'une Séquence médiévale qui, à l'aide des images du fleuve, de la flamme et du vent, résume toute la théologie latine sur l'Esprit, charité et amour :

> « *Charité du Père et du Fils*
> *Source sacrée de tout bien,*
> *Esprit Paraclet !*
> *Des abîmes trinitaires,*
> *descends, fleuve de l'amour,*
> *envahis-nous dans l'intime de nos cœurs.*
> *Douce flamme, viens,*
> *touche notre cœur de pierre,*
> *ôte le triste gel.*
> *Comme un vent, tu arrives légèrement*
> *et nous rallumes par le souffle de ton amour divin.*
> *Par toi, nous sommes unis à toi*
> *et nous nous unissons les uns aux autres,*
> *par le lien de l'amour* [30]. »

---

30. Séquence sur l'Esprit Saint, AHMA 54, p. 247 : « *Amor patris et filii,/sacer fons totius boni,/Spiritus paraclite./De thesauris trinitatis/veni, torrens caritatis,/corda nostra visere./Huc emerge, dulcis flamma,/lambe corda indurata,/fuga frigus noxium./Suavis auster, illabere,/perfla nos adustione/amoris deifici. Per te tibi uniamur,/per te nobis connectamur/caritatis foedere.* »

IX

« ONCTION SPIRITUELLE »

L'Esprit Saint nous communique le parfum de la sainteté du Christ

Le thème de ce chapitre est le titre « onction spirituelle » (*spiritalis unctio*) qui conclut la deuxième strophe du *Veni creator*. Après le vent, l'eau et le feu, ce sont maintenant l'huile ou l'onguent, ainsi que le parfum qui en est l'émanation, qui vont nous parler de l'Esprit Saint.

Le titre « onction spirituelle » est attribué à l'Esprit Saint depuis le premier traité théologique qui a été écrit à son sujet : « L'Esprit est appelé et est onction et sceau [...]. Cette onction [...] est le souffle du Fils, de sorte que celui qui possède l'Esprit puisse dire : "Nous sommes le parfum du Christ", et le sceau représente le Christ, de sorte que celui qui est marqué du sceau puisse avoir la forme du Christ [1]. »

À ce titre d'« onction spirituelle » est ajouté aussi celui de « sceau » (cf. 2 Co 1, 21). En tant qu'onction, l'Esprit Saint nous transmet le parfum du Christ ; en tant que sceau, il nous transmet sa forme ou son image. En ce sens, le titre d'« onction spirituelle » sert à démontrer encore une fois la divinité de l'Esprit Saint. Le texte continue en effet ainsi : « Si l'Esprit est le parfum et la forme du Fils, il est clair que l'Esprit n'est pas non plus une créature puisque le Fils, qui existe dans la forme du Père, n'est pas non plus une créature [2]. »

Toutefois, l'usage du titre « onction spirituelle » ne se limite pas à ce cadre dogmatique ; il ne nous parle pas seulement de ce qu'est l'Esprit en soi, mais

---

1. Athanase, *Lettres à Sérapion*, III, 3 (PG 26, 628 s), SC 15, p. 166.
2. *Ibid.* (PG 26, 629 A), SC 15, p. 166-167.

aussi et surtout de ce qu'il est pour nous. En tant qu'onction, l'Esprit est celui qui nous communique la bonne odeur ou le parfum caché de la sainteté du Christ.

> « Il est comme l'odeur vivante et efficace de sa substance et il transmet à la créature ce qui provient de Dieu... En effet, si l'odeur des parfums transmet sa qualité aux vêtements et qu'elle transforme en soi, de quelque manière, tout ce qu'elle touche, comment l'Esprit Saint ne pourra-t-il pas, s'il est vrai qu'il est Dieu par nature, ne pas faire de ceux en qui il se trouve des *participants de la nature divine* (2 P 1, 4) [3] ? »

L'onction est une sorte d'effluve de la divinité que l'Esprit prend du Christ et communique à l'âme. « L'Esprit est en effet le parfum du Christ ; ainsi, comme ils sont temple de l'Esprit, les apôtres sont aussi la bonne odeur du Christ [4]. » Nous commençons à deviner la richesse et la beauté du titre que nous allons méditer dans ce chapitre.

1. L'onction : figure, événement et sacrement

L'onction, comme l'Eucharistie et la Pâque, est une réalité présente dans les trois phases de l'histoire du salut. Elle est présente en effet dans l'Ancien Testament comme *figure*, dans le Nouveau Testament comme *événement* et dans le temps de l'Église comme *sacrement*. La figure annonce, anticipe et *prépare* l'événement alors que le sacrement le célèbre, le rend présent, l'*actualise* et, en un sens, le prolonge.

Dans notre cas, la *figure* est formée par les différentes onctions (royale, prophétique et sacerdotale) pratiquées dans l'Ancien Testament ; l'*événement* est constitué par l'onction du Christ, le Messie ou l'Oint, vers qui toutes les figures tendaient comme vers leur accomplissement ; le *sacrement* est représenté par cet ensemble de signes sacramentaux prévoyant une onction comme rite principal ou complémentaire. Suivre le développement du titre « onction spirituelle » nous permet ainsi de tracer une pneumatologie complète. Une traînée de parfum traverse toute l'histoire du salut jusqu'à nous !

À cet ensemble de significations d'ordre rituel ou historique vient s'ajouter toute une série de sens où l'onction ne désigne pas un acte, mais plutôt un état, une manière d'être et d'agir et, pour ainsi dire, un style de vie. Quand nous disons d'une personne qu'elle est pleine d'onction spirituelle, qu'elle parle avec onction, qu'elle fait tout avec onction, nous nous référons à cette deuxième

---

3. Cyrille d'Alexandrie, *Commentaire sur l'Évangile de saint Jean*, XI, 2 (PG 74, 453).
4. Pseudo-Athanase, *La Trinité*, I, 7 (PG 28, 1128 B).

catégorie de significations. Elle correspond à ce qu'Augustin appelle l'« onction spirituelle » (*spiritalis unctio*, comme dans notre hymne !) qui est l'Esprit Saint ou la charité, par rapport au signe sacramentel qui est l'onction visible [5].

Par cette méditation, nous voulons justement parvenir à la compréhension, à l'amour et, si possible, à la possession de cette dernière onction, que j'ai appelée l'« onction comme état » ou l'« onction continue ». À cette fin, nous parlerons d'abord de l'onction comme événement et comme rite, puisque c'est d'elle que découle l'autre onction. En d'autres termes, nous devons établir le fondement biblique et théologique avant d'en tirer des conséquences pour notre vie spirituelle. Cela nous permettra notamment d'évoquer certaines questions qui ont contribué au renouvellement de la pneumatologie après le Concile.

Notons tout d'abord que l'auteur de notre hymne avait à l'esprit, sous forme embryonnaire, les deux domaines d'application définis – l'onction comme événement christologique et rite sacramentel – ainsi que l'onction comme don permanent dans le chrétien. Voici ce que nous pouvons lire dans l'œuvre dont il s'inspire pour le choix des titres :

> « L'Esprit Saint est appelé onction spirituelle à partir des paroles de saint Jean. Il est dit du Seigneur qu'il fut oint avec une huile d'allégresse (cf. Ps 45, 8), c'est-à-dire par l'Esprit Saint, et c'est justement l'apôtre Jean qui appelle l'Esprit Saint onction lorsqu'il dit : *"L'onction que vous avez reçue de lui demeure en vous, et vous n'avez pas besoin qu'on vous enseigne […] puisque son onction vous instruit de tout."* (1 Jn 2, 27) [6] »

2. L'onction du Christ : l'événement

Seuls deux éléments parmi tant d'autres nous intéressent dans l'*onction comme figure*, le rite de l'onction qui se trouve dans l'Ancien Testament : son lien avec l'attente messianique et le rapport entre l'onction et le don de l'Esprit Saint.

Trois types d'onction sont évoqués dans l'Ancien Testament : l'onction royale, sacerdotale et prophétique, c'est-à-dire l'onction des rois, des prêtres et des prophètes, bien que dans ce dernier cas, il s'agisse en général d'une onction métaphorique, c'est-à-dire sans huile matérielle. Dans chacune de ces trois onctions se profile une attente messianique : l'attente d'un roi, d'un prêtre ou d'un prophète qui sera l'Oint, le Messie.

---

5. AUGUSTIN, *Sur la première lettre de Jean*, 3, 5 (PL 35, 2000) ; cf. 3, 12 (PL 35, 2004).
6. Cf. RABAN MAUR, *De l'Univers*, I, 3 (PL 111, 25) ; cf. ISIDORE DE SÉVILLE, *Étymologies*, VII, 3, 28 s. (PL 82, 270 s.).

Outre l'investiture officielle et juridique qui fait du roi l'« oint du Seigneur », l'onction confère un vrai pouvoir intérieur selon la Bible : il s'agit d'une transformation, d'un pouvoir qui vient de Dieu, que l'on identifie de plus en plus à l'Esprit Saint. Lorsque Samuel oint Saül comme roi, il lui dit : « *N'est-ce pas le Seigneur qui t'a oint comme chef de ton peuple Israël ? C'est toi qui jugeras le peuple du Seigneur et le délivreras de la main de ses ennemis [...]. Alors l'Esprit du Seigneur fondra sur toi, tu entreras en délire avec eux et tu seras changé en un autre homme.* » (1 S 10, 1-6)

David lui aussi, oint par Samuel, reçoit l'Esprit (cf. 1 S 16, 13). « Ce que reçoit le roi lors de l'onction, c'est précisément la *ruah* du Seigneur qui le pénètre de sa puissance vitale [7]. » Le lien entre l'onction et l'Esprit est surtout mis en lumière dans le célèbre passage d'Isaïe : « *L'Esprit du Seigneur est sur moi parce qu'il m'a consacré par l'onction.* » (Is 61, 1)

Le Nouveau Testament n'hésite pas à présenter Jésus comme l'oint de Dieu, en qui toutes les onctions anciennes sont accomplies. Le titre de « Messie » ou de Christ, qui signifie justement « Oint de Dieu », en est la preuve la plus évidente. On en trouve également l'affirmation explicite : « *Dieu l'a oint de l'Esprit Saint et de puissance.* » (Ac 10, 38)

C'est le baptême de Jésus dans le Jourdain qui est ici évoqué. À quel type d'onction ancienne se réfère celle de Jésus : l'onction royale, prophétique ou sacerdotale ? Certains y voient une onction prophétique, d'autres une onction royale. En effet, l'onction de Jésus comme celle des prophètes est de nature purement spirituelle, non physique, sans l'usage d'aucun onguent. Cependant, il est peut-être plus juste d'y voir réunis les trois types d'onction, comme le fait la tradition théologique et liturgique de l'Église.

En tous les cas, le contenu de cette onction est l'Esprit Saint : « *Dieu l'a oint de l'Esprit Saint et de puissance.* » Jésus le dit lui-même : « *L'Esprit du Seigneur est sur moi parce qu'il m'a consacré par l'onction...* » (Lc 4, 18.)

Maintenant se pose la question théologique du rapport entre l'onction de Jésus et son incarnation. Jusqu'au IVe siècle, le fait évangélique est accepté sans difficulté. L'onction de Jésus est mise en rapport avec son baptême dans le Jourdain et elle est vue comme un événement trinitaire. Irénée écrit : « Dans le nom de "Christ" est sous-entendu Celui qui a oint, Celui qui a été oint et l'Onction même dont il a été oint : celui qui oint, c'est le Père, celui qui a été oint, c'est le Fils, et il l'a été dans l'Esprit qui est l'Onction [8]. »

---

7. H. CAZELLES, *L'apport de l'Ancien Testament à la connaissance de l'Esprit Saint*, CinSS I, p. 723.
8. IRÉNÉE, *Contre les Hérésies*, III, 18, 3, SC 211, p. 351 ; cf. BASILE LE GRAND, *Sur le Saint-Esprit*, XII, 28 (PG 32, 116 C), SC 17bis, p. 345 ; AMBROISE, *Du Saint-Esprit*, I, 44.

Il s'agit en outre d'une onction historique, liée à l'accomplissement concret du salut. Le nom que Jésus reçoit de cette onction, « Christ », désigne un événement, une action, et non la personne ou l'hypostase. Il indique l'investiture de Jésus comme Messie, qui inaugure de fait l'économie du salut. Dans l'incarnation, le Verbe fait chair devient « Jésus » ; par l'onction de l'Esprit, dans son baptême, Jésus, homme et Dieu parfait, devient effectivement « le Christ [9] ». Cela crée une nouveauté dans sa vie, qui n'est pas ontologique, mais fonctionnelle. Elle produit en lui des effets grandioses et immédiats : des miracles, une prédication faite avec autorité, la victoire sur les démons, l'instauration du Royaume. C'est une onction ecclésiale pour nous : « C'est donc bien l'Esprit de Dieu qui est descendu sur Lui [...], afin que recevant nous-mêmes de la surabondance de cette Onction, nous soyons sauvés [10]. »

Mais cette théologie ancienne qui reconnaît une telle importance au baptême de Jésus est ensuite remise en cause par deux facteurs. D'une part, nous voyons l'apparition d'hérésies qui tirent des conclusions fausses de cette théologie. Les gnostiques disent en effet qu'il y a Jésus et qu'il y a le Christ ; Jésus indiquant l'homme né de Marie, le Christ indiquant la divinité descendue sur lui lors de son baptême. Dans cette conception, le baptême se substitue à l'incarnation. Paul de Samosate et Nestorius, d'après ses adversaires, arrivent à une même conclusion. Les Ariens disent que si Jésus est sujet au changement et au progrès, cela signifie qu'il n'est pas Dieu au sens plein et parfait.

D'autre part, nous trouvons la nécessité d'adapter le contenu de la foi à la culture grecque, pour laquelle l'essentiel est l'*archè* des choses, autrement dit leur fondement, et non leur déroulement ou leur histoire. Tous ces motifs apparaissent dans un texte de Grégoire de Nazianze :

> « Si quelqu'un vient à dire que [le Christ] a mérité d'être adopté comme Fils quand il est devenu parfait par ses œuvres, soit après son baptême soit après sa résurrection d'entre les morts, [...] "qu'il soit anathème" [...]. Car ce qui a commencé ou progressé ou ce qui arrive à la perfection n'est pas Dieu [11]. »

Le mystère de l'onction de Jésus est alors séparé de son baptême et identifié à son incarnation. Le même auteur écrit ceci : « [Dans son incarnation, Jésus] fut oint par la divinité et l'onction de l'humanité n'était autre chose que la divinité elle-même [12]. » Jésus « fut oint de l'Esprit Saint lorsqu'il se fit homme [13] ». En Occident, Augustin dit la même chose :

---

9. IRÉNÉE, *Contre les Hérésies*, III, 9, 3, SC 211, p. 109.
10. *L. cit.*
11. GRÉGOIRE DE NAZIANZE, *Lettres théologiques*, CI (au prêtre Clédonios, I), 23-24 (SC 208, p. 47).
12. Id., *Discours*, XXX, 2 (PG 36, 105 B), SC 250, p. 229.
13. CYRILLE D'ALEXANDRIE, *Commentaire sur l'Évangile de saint Jean*, XI, 10 (PG 74, 552C).

« Le Christ n'a pas été oint par le Saint-Esprit au moment de son baptême, quand le Saint-Esprit descendit sur lui sous la forme d'une colombe (Mt 3, 16) – circonstance où il a daigné figurer d'avance son corps, c'est-à-dire l'Église dont les membres reçoivent le Saint-Esprit principalement dans le baptême – mais il faut entendre qu'il a reçu l'onction mystérieuse et invisible, quand le Verbe de Dieu a été fait chair [14]. »

Le titre de « Christ », qui était interprété en référence à un événement ou à une action, est maintenant lié à la personne [15].

Dans cette nouvelle perspective, la mention de l'Esprit Saint dans l'incarnation est parfois conservée, sous l'influence de Lc 1, 35, mais l'on parle plus souvent de « divinité » (*theotes*). Il arrive même que l'Esprit Saint soit tacitement exclu puisqu'il est remplacé en qualité d'onguent et de chrême par le *Logos* lui-même. Dans un texte de cette époque, il est écrit : « Moi-même, le Logos, je suis le chrême et l'homme est ce qui est oint par moi-même [16]. » Le mystère de l'onction est résolu dans le mystère christologique au sens étroit et ne revêt plus le caractère trinitaire que nous avons vu.

Jusqu'au début du XXe siècle, toute la théologie systématique se développe sur cette base, ce qui conduit à atténuer le rôle de l'Esprit Saint et à réduire la pneumatologie à la christologie. Cela contribue, plus encore que la querelle du *Filioque*, à réduire la dimension pneumatologique de la théologie.

Récemment, la réévaluation du baptême de Jésus opérée par la théologie biblique a permis de revoir en profondeur cette construction théologique. On est revenu à l'approche plus ancienne selon laquelle il faut distinguer d'un côté, le mystère de l'onction et de l'autre, celui de l'incarnation ; et d'un côté, la mission de l'Esprit et de l'autre, celle du Verbe. L'onction a un rôle spécifique dans la vie de Jésus : c'est le moment où Jésus reçoit la plénitude de l'Esprit comme chef de l'Église et comme Messie. Il est rempli de l'Esprit Saint dès l'incarnation, mais il s'agit d'une grâce personnelle liée à l'union hypostatique, et donc incommunicable. Il reçoit maintenant dans l'onction la plénitude de l'Esprit Saint qu'il pourra, en tant que chef, transmettre à son corps. L'Église vit de cette grâce capitale (*gratia capitis*) : elle est davantage le prolongement historique de l'onction que celui de l'incarnation. C'est l'Esprit qui fait de Jésus et de l'Église « une personne mystique », une personne résultant de plusieurs personnes. Dans la Trinité comme dans l'histoire du salut, le rôle de l'Esprit Saint n'est pas d'unir plusieurs natures en une seule personne, mais

---

14. AUGUSTIN, *La Trinité*, XV, 26, 46.
15. JEAN DE DAMAS, *La foi orthodoxe*, III, 3 (PG 94, 989) : « Nous disons que le nom de "Christ" est le nom de l'hypostase. »
16. Pseudo-ATHANASE, *Contre les Ariens*, IV, 36 (PG 26, 524 B).

d'unir plusieurs personnes en une seule personne [17].

Il en résulte une vision toute nouvelle de la christologie et de l'Église : la dimension pneumatologique ne s'y ajoute pas de l'extérieur (« comme du sucre glace sur un gâteau », disait Y. Congar), mais elle apparaît comme intrinsèque. C'est dans cette direction que s'est orienté le Concile Vatican II en recommençant à parler de l'onction, longtemps dénuée de tout intérêt théologique et exclue, pendant des siècles, de toutes les grandes Sommes. Voici ce que nous lisons dans l'un de ses textes : « Le Seigneur Jésus, *"que le Père a sanctifié et envoyé dans le monde"* (Jn 10, 36), fait participer tout son Corps mystique à l'onction de l'Esprit qu'il a reçue [18]. »

3. L'onction dans l'Église : le sacrement

Après être apparue comme une *figure* dans l'Ancien Testament, un *événement* dans le Nouveau Testament, l'onction apparaît dans l'Église comme un *sacrement*. Que représente le sacrement par rapport à l'événement ? Le sacrement prend le signe de la figure et le sens de l'événement ; des onctions de l'Ancien Testament, il prend l'élément (l'huile, le chrême ou l'onguent parfumé) et du Christ, l'efficacité salvifique. Le Christ n'a jamais été oint avec de l'huile (à l'exception de l'onction de Béthanie) et n'a jamais oint personne physiquement. En lui, le symbole est devenu réalité.

L'onction est présente dans l'Église comme un ensemble de rites sacramentels plus que comme un sacrement unique. Il existe, comme *sacrements* en tant que tels, la confirmation (qui remonte, au-delà de toutes les transformations, à l'ancien rite de l'onction) et l'onction des malades ; comme faisant partie d'autres sacrements, on trouve l'onction baptismale et l'onction dans le sacrement de l'ordre. Dans l'onction du saint-chrême qui suit le baptême, on se réfère explicitement à la triple onction du Christ : « Vous qui faites maintenant partie de son peuple, [Dieu] vous marque de l'huile sainte pour que vous demeuriez éternellement les membres de Jésus-Christ, prêtre, prophète et roi. »

Dans la consécration de l'évêque, c'est la fécondité spirituelle qui est mise en rapport avec l'onction : « Dieu vous a lui-même associé au Christ souverain prêtre : qu'il vous pénètre de sa grâce comme d'une onction spirituelle et rende fécond votre ministère, par la bénédiction de l'Esprit. »

---

17. Le sous-titre donné par H. MÜHLEN à son ouvrage sur le Saint-Esprit est significatif, *Una mystica persona* (Paderborn 1967) : « L'Église comme mystère de l'identité du Saint-Esprit dans le Christ et des chrétiens : une personne en plusieurs personnes. »

18. *Presbyterorum ordinis*, n. 2.

Rappelons enfin, parmi les sacramentaux, l'onction dans la consécration des autels, des églises, ainsi que lors de nombreuses circonstances.

Comment passe-t-on de l'événement au sacrement, c'est-à-dire de l'onction du Christ à celle des chrétiens ? En d'autres termes, comment naissent ces rites de l'onction dans l'Église, puis comment se développent-ils ? Deux textes du Nouveau Testament ont été déterminants à cet égard, l'un de Paul et l'autre de Jean, qui relient explicitement l'onction à l'Esprit Saint : « *Celui qui nous affermit avec vous dans le Christ et qui nous a donné l'onction, c'est Dieu.* » (2 Co 1, 21) Ce texte montre que le thème de l'onction est intimement lié à celui du « sceau » (cf. Ep 1, 13). À son tour, Jean écrit : « *Quant à vous, l'onction que vous avez reçue de lui demeure en vous et vous n'avez pas besoin qu'on vous enseigne. Mais puisque son onction vous instruit de tout, qu'elle est véridique, non mensongère, comme elle vous a instruits, demeurez en lui.* » (1 Jn 2, 27)

L'auteur de cette onction est l'Esprit Saint, comme on le déduit du fait que la fonction d'« enseigner tout » (cf. Jn 14, 26) est attribuée à l'« Esprit de vérité ». Jean connaît lui aussi le thème de l'Esprit Saint comme « sceau » qu'il applique cependant au Christ lui-même, quand il dit que « *c'est lui que le Père, Dieu, a marqué de son sceau* » (Jn 6, 27).

La question reste ouverte quant à savoir si ces textes reflètent en cela une pratique liturgique déjà instaurée dans l'Église dans le cadre des rites de l'initiation ou si ce sont eux qui ont déterminé par la suite une telle pratique. Il est certain, en tous les cas, qu'un rite de l'onction existe déjà au IIe siècle dans l'initiation chrétienne : il suit en général le baptême ou parfois le précède, comme en Syrie. Le nom de chrétiens (*christianoi*) dérive lui-même de ce rite de l'onction (*chrio*), de même que le nom de « Christ [19] ». Le thème de l'Esprit Saint comme « sceau royal » donné par le Christ à ses brebis lors du baptême revient sans cesse dans les sources anciennes [20] et aboutit à la doctrine du « caractère indélébile ».

Le rite de l'onction revêt une importance particulière dans la catéchèse mystagogique, où il commence à apparaître comme un rite en tant que tel dans le contexte de l'initiation, situé entre le baptême et l'Eucharistie. Dans une catéchèse mystagogique spéciale qui lui est dédiée, on enseigne aux néophytes :

« Désormais donc participants du Christ, vous êtes à juste titre appelés des "christs", […] ayant reçu l'empreinte de l'Esprit Saint […]. Comme pour [Jésus], quand il se fut baigné dans le fleuve du Jourdain et qu'il eut communiqué aux

---

19. Cf. Théophile d'Antioche, *À Autolcycus*, I, 12 (PG 1, 1041 C), SC 20, p. 85.
20. Cf. G.W.H. Lampe, *Sphragis*, in *Patristic Greek Lexicon*, p. 1355 s.

eaux le contact de sa divinité, il remonta de celles-ci et la venue substantielle de l'Esprit Saint sur lui se produisit [...]. Et pour vous semblablement, une fois remontés de la piscine des saintes eaux, ce fut la chrismation, l'image exacte de celle dont fut oint le Christ. Je veux dire l'Esprit Saint [21]. »

Plus tard, ce rite de l'onction prend la forme d'un sacrement à part entière, revêtant des formes et des contenus différents selon les Églises. À propos de ce sacrement, nous n'évoquerons pas son histoire ni son évolution, plutôt complexes, mais ce qui est enseigné à son sujet par la catéchèse actuelle de l'Église catholique.

> « La confirmation est pour tout fidèle ce qu'a été pour toute l'Église la Pentecôte, ce qu'a été pour Jésus la descente de l'Esprit à la sortie du Jourdain. Elle renforce l'incorporation baptismale au Christ et à l'Église et la consécration à la mission prophétique, royale et sacerdotale. Elle communique l'abondance des dons de l'Esprit, les "sept dons" qui permettent d'atteindre la perfection de la charité. Si donc le baptême est le sacrement de la naissance, la confirmation est le sacrement de la croissance. Pour cela, il est aussi le sacrement du témoignage parce que celui-ci est étroitement lié à la maturité de l'existence chrétienne [22]. »

Ce qui est nouveau et très beau, c'est l'accentuation du lien entre la confirmation et la Pentecôte, et entre la confirmation et le don des charismes. Si tout cela pouvait être appliqué concrètement, le « baptême dans l'Esprit » ne serait à la limite plus nécessaire puisque la confirmation remplirait déjà magnifiquement cette fonction. Elle serait l'occasion normale offerte à tout chrétien de ratifier et de rénover le baptême reçu dans l'enfance, en « déployant » toutes les énergies latentes contenues dans le sacrement du baptême. Le témoignage direct d'une jeune fille nous montre mieux que tout autre discours ce que pourrait être la confirmation dans le chemin de foi d'une personne :

> « Je me suis rapprochée de l'Église grâce à la confirmation qui fut un moment décisif dans ma vie. Le jour où j'ai reçu ce sacrement, quelque chose a changé en moi. Au moment où l'évêque m'a oint le front, j'ai senti un frisson dans mon cœur et une grande chaleur dans mon âme, comme si un feu éteint depuis longtemps s'était allumé. Mais ce qui m'a impressionnée, c'est le sentiment de joie qui m'a envahie comme jamais jusqu'alors. »

---

21. CYRILLE DE JÉRUSALEM, *Catéchèses mystagogiques*, III, 1 (PG 33, 1088), SC 126bis, p. 121-123.
22. *La verità vi farà liberi, Catechismo degli adulti,* Libreria editrice Vaticana 1995, p. 324.

4. L'onction spirituelle, un style de vie

Voyons comment cette onction spirituelle, entendue au sens de style de vie ou de qualité de l'action, s'insère sur ce fond biblique et sacramentel. Ces deux onctions ont un rapport étroit, mais elles ne s'identifient pas l'une à l'autre parce que l'une appartient à l'ordre objectif des mystères et l'autre à l'ordre subjectif de la vie ascétique et de la mystique.

Comment est née cette deuxième acception, subjective, de l'onction spirituelle ? Augustin interprète le passage de la première épître de Jean (1 Jn 2, 27) dans le sens d'une onction continuelle par laquelle l'Esprit Saint agit comme un maître intérieur, nous permettant de comprendre de l'intérieur ce que nous entendons à l'extérieur. Comme en beaucoup d'autres choses, saint Grégoire le Grand contribue, au cours du Moyen Âge, à populariser cette intuition augustinienne [23].

Le thème de l'onction se développe différemment à partir de saint Bernard et de saint Bonaventure. Ils affirment la nouvelle acception, spirituelle et moderne, de l'onction qui n'est pas tant liée au thème de la connaissance de la vérité qu'à celui de l'expérience de la réalité divine. Au début de son commentaire du Cantique des Cantiques, saint Bernard dit ceci : « Un tel cantique, seule "l'onction de l'Esprit nous l'apprend", seule l'expérience nous l'enseigne [24]. » Saint Bonaventure identifie l'onction à la dévotion, qu'il conçoit comme « un sentiment suave d'amour vers Dieu, suscité par le souvenir des bienfaits du Christ [25] ». Il définit aussi l'onction comme « le sentiment de consolation de l'Esprit Saint qui prend possession de l'âme en état de ferveur [26] ».

L'onction ne concerne pas seulement la dévotion, mais aussi et surtout la contemplation. Le docteur séraphique distingue deux types fondamentaux de contemplation : une contemplation intellectuelle finalisée à la connaissance de la vérité et appuyée sur le don de l'intelligence, et une contemplation sapientielle, finalisée à l'expérience et au goût des choses divines, appuyée sur le don de la sagesse, qu'il appelle justement « onction ». Selon lui, le premier type est surtout réalisé dans l'ordre dominicain et le second dans l'ordre franciscain : « Les uns tendent principalement à la spéculation et ensuite à l'onction, les autres tendent principalement à l'onction et ensuite à la spéculation [27]. »

---

23. Cf. AUGUSTIN, *Sur la première lettre de saint Jean*, 3, 13 (PL 35, 2004 s.) ; cf. GRÉGOIRE LE GRAND, *Homélies sur les Évangiles*, 30, 3 (PL 76, 1222).
24. BERNARD, *Sur le Cantique*, I, 6, 11, SC 414, p. 77.
25. BONAVENTURE, *Sermon III sur sainte Marie-Madeleine* (Quaracchi, IX, p. 561).
26. Id., *Sermon I sur le Samedi Saint*, 3 (Quaracchi, IX, p. 269).
27. Id., *Les Six Jours de la Création* (Homélies sur l'Hexaéméron), XXII, 21 (Quaracchi V, p. 440).

« ONCTION SPIRITUELLE »

Le sens que saint Bonaventure donne à l'onction apparaît de la manière la plus claire dans l'introduction de son *Itinéraire de l'âme vers Dieu* :

> « Je commence donc par inviter [le lecteur], au nom de Jésus crucifié dont le sang nous purifie des souillures de nos crimes, [...] aux gémissements de la prière, et je le conjure de ne pas croire qu'il suffise de la lecture sans l'onction, de la considération sans la dévotion, de la recherche sans l'admiration, de l'attention profonde sans la joie du cœur, de l'habileté sans la piété, de la science sans la charité, de l'intelligence sans l'humilité, de l'application sans la grâce [28]. »

Cette onction, dira-t-il à la fin, ne dépend pas de la nature, ni de la science, ni de paroles ou de livres, mais du « don de Dieu, [...] l'Esprit Saint [29] ». Cela deviendra alors l'acception habituelle de l'onction, surtout dans l'école franciscaine. Voici ce qu'écrit l'un de ses disciples : « L'onction est comme une liqueur embaumée qui se répand par toute l'âme, l'instruit, la fortifie, l'affermit et la dispose à recevoir et à contempler les émissions lumineuses de la vérité [30]. »

Ce sens nouveau se retrouve dans l'interprétation qui est donnée du titre d'« onction spirituelle » présent dans notre hymne (*spiritalis onctio*). « L'Esprit Saint, lit-on dans une paraphrase de notre hymne, est appelé onction spirituelle, parce qu'il transforme en douceur et en joie toutes les tribulations du monde, selon l'expression de la séquence qui le définit comme repos dans le labeur et fraîcheur dans la chaleur : *in labore requies, in aestu temperies* [31]. »

Pour mieux comprendre l'usage du terme « onction », en particulier dans le monde anglophone à la suite du développement du phénomène pentecôtiste et charismatique, nous devons prendre en considération le développement ultérieur de ce terme. Les termes « oint » et « onction » (*anointed, anointing*) sont utilisés aujourd'hui, en dehors de la tradition spirituelle catholique, pour décrire l'action d'une personne, la qualité d'un discours ou d'une prédication ; mais avec une différence d'accent. Dans le langage traditionnel, comme nous l'ont montré les textes cités, l'onction suggère surtout l'idée de *douceur* et de *suavité* au point de donner lieu, dans l'usage profane, à l'adjectif « onctueux, mielleux » qui désigne une personne ou un comportement désagréable par son hypocrisie servile ; dans l'usage pentecôtiste et charismatique, elle suggère plutôt l'idée de *pouvoir*, de *force de persuasion*. Une prédication pleine d'onction (*anointed*) nous fait percevoir comme le frémissement de

---

28. Id., *Itinéraire de l'âme vers Dieu*, Prologue, 4.
29. *Ibid.*, VII, 5.
30. Pseudo-BONAVENTURE, *Les Sept Degrés de la Contemplation*, in BONAVENTURA, *Opera omnia*, XII, Paris, 1868, p. 183.
31. Pseudo-BONAVENTURE, *Compendium theologicae veritatis*, 10, in BONAVENTURA, *Opera omnia...*, *op. cit.*, VIII, p. 68.

l'Esprit ; c'est une annonce qui nous secoue, qui nous convainc de notre péché, qui pénètre dans nos cœurs. C'est le sens profondément biblique de ce terme, que l'on retrouve par exemple dans le texte des Actes où il est dit que Jésus fut « *oint d'Esprit Saint et de puissance* » (cf. Ac 10, 38).

L'onction redevient plus un acte qu'un état. C'est une disposition que la personne ne possède pas de manière permanente, mais qui lui est donnée, qui l'« habite » sur le moment, dans l'exercice d'un certain ministère ou dans la prière. Sans rien savoir de cette onction, un homme (ouvrier de métier) en décrit parfaitement les effets sur lui-même :

> « Depuis quelque temps, j'invoque l'Esprit Saint lorsque je commence à prier. Je sens alors une force venir sur moi, une douceur (je ne sais pas comment l'appeler), quelque chose qui me traverse en entier de la tête aux pieds, dans l'âme et dans le corps, et une fois que c'est fini, je sens en moi une grande paix et j'ai le désir de prier encore. »

Cette manière charismatique de percevoir l'onction, qui se distingue du sacrement ou de la dévotion, n'est pas nouvelle dans l'histoire de l'Église. Nous assistons en fait à la réapparition d'une expérience connue dès l'Antiquité dans les mouvements de nature spirituelle et charismatique. Un auteur du IV-Ve siècle écrit ceci :

> « Aux temps des prophètes, l'huile d'onction [...] servait à oindre les rois et les prophètes. C'est ainsi qu'à présent, les hommes spirituels, oints de l'huile céleste, deviennent des christs selon la grâce, en sorte qu'ils sont des rois et des prophètes des mystères célestes [...]. Combien davantage ceux qui sont oints selon l'intellect et l'homme intérieur par l'huile sanctifiante et donneuse de joie [...] reçoivent-ils le sceau céleste et spirituel du Royaume incorruptible et de la puissance éternelle, l'Esprit Saint, le Paraclet [32]. »

5. Comment obtenir l'onction spirituelle

Nous disposons maintenant de tous les éléments qui nous permettent d'appliquer à notre vie ce très riche contenu biblique et théologique lié au thème de l'onction spirituelle. Saint Basile dit que l'Esprit Saint « fut avec la chair du Seigneur, puisqu'il s'en fit l'onction et qu'il en était inséparable », de telle sorte que « toute l'activité du Christ se déroula avec l'assistance de l'Esprit [33] ». Celui qui reçoit l'onction a l'Esprit Saint comme « compagnon

---

32. *Homélies spirituelles* attribuées à MACAIRE, 17, 1 (PG 34, 624 C-D) ; trad. fr. de P. Deseille, Abbaye de Bellefontaine 1984, p. 210.
33. BASILE LE GRAND, *Sur le Saint-Esprit*, XVI, 39 (PG 32, 140 C), SC 17bis, p. 387.

inséparable » de sa vie et fait tout « dans l'Esprit », en sa présence et avec son aide. Cela comporte une certaine passivité : le fait d'être « agis », mus par l'Esprit ou, comme dit Paul, de « *se laisser conduire par l'Esprit* » (cf. Ga 5, 18). L'onction est plus un don de l'Esprit qu'une action que nous accomplissons.

Cela se traduit à l'extérieur tantôt par de la suavité, du calme, de la paix, de la douceur, de la dévotion et de l'émotion, tantôt par de l'autorité, de la force et du pouvoir, selon les circonstances, le caractère de chacun et la tâche qui lui incombe. L'exemple vivant est Jésus mû par l'Esprit, qui se montre doux et humble de cœur mais qui, au besoin, est rempli d'une autorité surnaturelle.

Cette lumière intérieure rend tout plus facile et nous donne davantage de maîtrise dans nos activités. C'est comme l'aptitude physique pour l'athlète et l'inspiration pour le poète : un état qui permet de donner le meilleur de soi. On perçoit que telle personne est habitée par l'onction, même si on ne peut la décrire par des concepts clairs et distincts ; elle participe étroitement de la nature même de l'Esprit qui est d'être insaisissable. Prenons cette phrase extraite du remarquable *Dictionnaire de Spiritualité* : « La doctrine spirituelle de saint Bonaventure est tout imprégnée d'*onction* et de poésie [34] » : on devine le sens de ces paroles, mais il nous serait difficile de l'expliquer.

Si l'onction est donnée par la présence de l'Esprit, si elle est un don de l'Esprit, que pouvons-nous faire pour l'obtenir ? Nous pouvons partir d'une certitude : « *Nous avons reçu l'onction venant du Saint* », nous assure Jean. Grâce au baptême et à la confirmation, nous possédons déjà l'onction ; selon la doctrine traditionnelle appuyée sur 2 Co 1, 21-22, elle a imprimé un caractère indélébile en notre âme, comme une marque ou un sceau. Cette onction peut rester inerte ou inactive si on ne la « libère » pas, comme un onguent parfumé qui n'exhale aucun parfum tant qu'il est enfermé dans le vase. Il faut casser le vase d'albâtre ! Le vase d'albâtre brisé par la femme permit à la maison de s'emplir de la senteur du parfum (cf. Jn 12, 3). Il symbolisait l'humanité du Christ, vrai « vase d'albâtre » par sa pureté, qui dut être rompu par la Passion pour que le parfum de l'Esprit Saint qu'il contenait pût se répandre et remplir de la senteur du parfum l'Église et le monde entiers. « Le Seigneur a reçu une onction parfumée [*myron*] sur la tête afin d'exhaler pour son Église un parfum d'incorruptibilité [35]. »

L'onction ne dépend donc pas de nous mais ce qui dépend de nous, c'est d'ôter les obstacles qui l'empêchent de se diffuser. On comprend ce que

---

34. Cf. *Dict. Spir.*, I, col. 1842.
35. IGNACE D'ANTIOCHE, *Lettre aux Éphésiens*, 17, 1, SC 10bis, p. 73.

signifie le fait de briser le vase d'albâtre. Le vase est notre humanité, notre moi, parfois notre intellectualisme aride. Le briser signifie « se rendre » à Dieu, comme Jésus, dans une obéissance qui va jusqu'à la mort.

Tout ne relève pas de l'ascèse. Dans ce cas au contraire, cela relève plutôt de la foi, de la prière et de l'humble supplication. Jésus reçut cette onction quand « *il se trouvait en prière* » (Lc 3, 21). « *Combien plus le Père du ciel donnera-t-il l'Esprit Saint à ceux qui l'en prient !* » (cf. Lc 11, 13.) Nous devons demander l'onction avant d'entreprendre une action importante au service du Royaume. Quand nous nous préparons à la lecture de l'Écriture et à l'homélie, la liturgie nous fait demander au Seigneur de purifier notre cœur et nos lèvres pour pouvoir annoncer dignement l'Évangile. Pourquoi ne pourrions-nous pas dire parfois : « Oins mon cœur et mon esprit, ô Dieu tout-puissant, pour que je proclame ta parole dans la douceur et la puissance de l'Esprit » ?

Parfois, on expérimente presque physiquement la manifestation de l'onction. L'âme se remplit tout à coup d'émotion, de clarté et de certitude ; toute peur, toute timidité et toute nervosité disparaissent, et nous expérimentons alors quelque chose du calme et de l'autorité mêmes de Jésus.

Certains chants comme le *Veni creator* favorisent particulièrement cet abandon à l'onction qui vient d'en haut. Voici un chant très connu dans le mouvement pentecôtiste et charismatique : « Ô Esprit du Dieu vivant, viens toucher mon cœur. Prends-moi, guide-moi en ton Amour. Ô Esprit du Dieu vivant, viens toucher mon cœur. »

De nombreuses personnes ont senti cette onction de l'Esprit descendre sur elles au son de ce chant à la mélodie simple et émouvante ! Le chant en général, et plus particulièrement le chant choral d'une assemblée priante, s'avère très efficace en cela car il nous contraint à sortir du rythme humain de nos pensées et nous transporte dans un état qui nous permet de nous envoler au-delà de ce qui est humain.

6. Oints pour répandre la bonne odeur du Christ dans le monde

Les pasteurs de l'Église ont un grand besoin de l'onction spirituelle dans ce qu'elle comporte de douceur et de force. Ce serait une erreur de se fier seulement à l'onction sacramentelle que nous recevons une fois pour toutes dans l'ordination et qui nous habilite à accomplir certaines actions sacrées comme gouverner, prêcher ou instruire. Elle nous donne pour ainsi dire l'*autorisation* de faire certaines choses et non pas nécessairement l'*autorité* dans leur accomplissement ; elle assure la *succession* apostolique et non pas nécessairement le *succès* apostolique !

Voici les paroles d'un évêque anglican à propos de la nouvelle onction, charismatique, qu'il reçut un jour :

> « Je ne m'attendais à rien de particulier. Je ne savais pas du tout ce qui était en train de m'arriver. Je sentais un fourmillement merveilleux, et une certitude de l'amour de Dieu et de sa présence me remplissait totalement. Je me suis retrouvé prostré au sol, me soumettant simplement à lui avec joie. Je ne pus rien dire d'autre que "oui". Je me suis retrouvé plus tard dans une chapelle et de nouveau, le Seigneur m'a oint avec force et amour. Rempli d'une joie incroyable, je répétais sans cesse : "Je suis ton fils, je suis ton fils !" Dieu ne m'avait pas seulement accueilli comme une personne, mais m'avait recréé comme son fils. J'en perdis la parole. Le seul mot que je pus prononcer, c'est "Dieu". Je le dis longuement avec émotion. Quand les mots disparurent complètement, je me mis à émettre des sons étranges, que j'ignorais à l'époque. Cette expérience m'a donné une nouvelle obéissance au Seigneur, une nouvelle perception de ma filiation divine, la louange et les fruits de l'Esprit, reçus avant même de les avoir recherchés, ainsi qu'un merveilleux sentiment de victoire. Le Seigneur a banni de ma vie certains péchés contre lesquels je luttais vainement depuis des années [36]. »

Cet évêque continue en décrivant l'effet de son onction sur son diocèse. Auparavant, la seule solution qu'il suggérait à ses prêtres sujets à l'alcoolisme était d'entreprendre un traitement clinique ; à partir de ce moment, il se mit à les inviter à la maison et à prier avec eux. Certains furent même guéris par la puissance de la prière. Auparavant, dans les réunions pastorales, on parlait de tout, sauf de l'évangélisation et de la vraie mission spirituelle de l'Église ; à partir de ce moment-là, tous comprirent la nécessité de se laisser renouveler par l'Esprit. L'œcuménisme ne fut plus un problème doctrinal abstrait, mais devint une réalité vivante ; les Églises chrétiennes de son territoire nouèrent de nouveaux rapports. Cette onction ressemble dans ses effets à ce que nous avons dit du « baptême dans l'Esprit ».

L'onction de l'Esprit n'est limitée à aucun moment ni à aucune catégorie de fidèles dans l'Église. Par sa simple existence, l'onguent répand sans cesse son parfum. Et l'onction a été donnée à tous les croyants pour qu'ils deviennent « *la bonne odeur du Christ* » (cf. 2 Co 2, 15). Lorsque l'évêque consacre l'huile qui servira à l'onction baptismale et chrismale, au cours de la messe du Jeudi Saint, il dit ceci : « Que chaque baptisé imprégné de l'onction sanctifiante, libéré de la corruption première, désormais temple de l'Esprit, répande la bonne odeur d'une vie pure. »

---

36. R. Martin, *The Spirit and the Church*, New York 1976, p. 255 s., le témoignage est de B. Burnett.

Au IIe siècle, le païen Celse fait cette objection : comment un seul homme, ayant vécu dans une obscure contrée de la Judée, peut-il remplir la terre du parfum de la connaissance de Dieu, comme l'affirment les chrétiens ? Origène lui répond que cela est possible grâce au mystère de l'onction, duquel les chrétiens participent :

> « [Jésus] a reçu […] dans sa plénitude l'onction de l'huile d'allégresse, et ceux qui ont part avec lui, chacun à sa mesure, ont participé de même à son onction. Voilà pourquoi le Christ étant "tête de l'Église", au point que le Christ et l'Église ne sont qu'un seul corps, *"l'huile précieuse répandue sur la tête"* est descendue *"sur la barbe d'Aaron"* […] *"jusqu'à la bordure de sa robe"* (cf. Ps 132, 2) [37]. »

D'après cette saisissante lecture spirituelle de la Bible, l'Esprit Saint est l'huile précieuse répandue sur la tête du nouveau grand prêtre qu'est le Christ Jésus ; de la tête, il se répand « par tache d'huile » le long du corps de l'Église, jusqu'à la bordure de sa robe, jusqu'au point de contact avec le monde. Cette image est reprise par la liturgie dans une prière prononcée lors de la messe chrismale du Jeudi Saint :

> « *Dieu tout-puissant, toi qui as consacré ton Fils unique par l'Esprit Saint*
> *et qui l'as établi Christ et Seigneur, nous te prions :*
> *puisque tu nous as consacrés en lui,*
> *fais que nous soyons pour le monde les témoins d'un évangile de salut* [38]. »

---

37. ORIGÈNE, *Contre Celse*, VI, 79 (SC 147, p. 379).
38. Missel Romain, Prière de la messe chrismale du Jeudi Saint.

X

« MULTIFORME DANS TES DONS »

L'Esprit Saint orne l'Église d'une multitude de charismes

Voici la traduction littérale de la troisième strophe du *Veni creator* :

« Donateur des sept dons,
doigt de la droite de Dieu,
promesse solennelle du Père,
tu poses la parole sur nos lèvres. »

Du point de vue de la *forme*, c'est l'éloge du Paraclet qui se poursuit à travers une série de titres bibliques appliqués à l'Esprit Saint au vocatif : « Toi qu'on appelle Conseiller… toi le donateur aux sept dons… » En revanche, du point de vue du *contenu théologique*, un horizon tout nouveau s'ouvre devant nous. Après nous avoir fait contempler dans la deuxième strophe l'œuvre sanctifiante de l'Esprit – son action intérieure et transformatrice –, l'hymne nous fait maintenant contempler son action charismatique qui se manifeste dans la variété de ses dons et de ses charismes. Tous les titres et les thèmes réunis dans cette strophe se réfèrent plus ou moins directement à cette action particulière de l'Esprit : l'Esprit Saint donne les sept dons, il est le doigt de la main de Dieu qui chasse les démons et accomplit des signes et des prodiges, il est la promesse de la puissance d'en haut réalisée à la Pentecôte, il est celui qui se manifeste dans les dons liés à la parole : la prédication, la prophétie, le don des langues…

La distinction entre ces deux lignes d'action de l'Esprit Saint, sanctifiante et charismatique, formulée en ces termes, est le fruit de l'exégèse moderne. Elle n'était pourtant pas inconnue des Pères et de la Tradition qui l'exprimaient à travers la distinction entre l'*Esprit-Don* et *les dons de l'Esprit*. Saint

Augustin compare le psaume 68, 19 (« *Tu as reçu des hommes en dons* », d'après la Vulgate) et Éphésiens 4, 8 (« *Il a donné des dons aux hommes* ») et fait le commentaire suivant : « Le Prophète et l'Apôtre ont dit tous les deux "des dons" (au pluriel), parce que, par le don qui est le Saint-Esprit, bien commun de tous les membres du Christ, une multitude de dons propres sont distribués à chaque fidèle en particulier [1]. »

Cette idée a été reprise fidèlement par l'auteur de notre hymne. Après avoir nommé l'Esprit Saint « don suprême de Dieu » (au singulier), il commence cette troisième strophe en qualifiant cet Esprit de « septiforme dans ses dons (*septiformis munere*) ».

Une vérité fondamentale apparaît : l'Esprit Saint est le principe de l'unité de l'Église mais il est aussi, en même temps, le principe de sa diversité, de sa richesse, de sa beauté et de sa variété. C'est l'écho fidèle du grand enseignement de la lettre aux Éphésiens. Celle-ci présente d'abord ce qui, dans l'Église, est un et identique pour tous, à savoir les sacrements et les vertus théologales de foi, d'espérance et de charité : « *Un seul corps, un seul Esprit, une seule Espérance, un seul Seigneur, une seule foi, un seul baptême, un seul Dieu et père* » (cf. Ep 4, 4-6), puis il énumère ce qui est différent et propre à chacun : « *Cependant, chacun de nous a reçu sa part de la faveur divine selon que le Christ a mesuré ses dons. C'est pourquoi l'on dit : "Montant dans les hauteurs, il a emmené des captifs, il a fait des dons aux hommes."* » (cf. Ep 4, 7-8)

Cette réfraction de l'Esprit, qui est un, en une multitude d'effets et de dons particuliers, a été exprimée avec quelques images évocatrices, comme celle de la pluie qui descend du ciel et qui fait germer les espèces de fleurs les plus diverses et variées, de même que l'Esprit « tout en n'étant qu'un, donne à chacun la grâce selon ce qu'il veut [2] ». Il y a aussi l'image de la lumière qui « de chose en chose pleut rapide et suscite les diverses couleurs sur tout ce qu'elle touche [3] ». Le rapport entre la lumière et les couleurs est peut-être celui qui exprime le mieux le rapport entre la grâce et les charismes. Dans la longue série des œuvres de l'Esprit qui se déploie de la création à la parousie, nous sommes arrivés à ce que saint Basile appelle l'organisation de l'Église :

> « Et l'organisation de l'Église ? N'est-il pas évident, sans conteste, que c'est l'œuvre de l'Esprit ? C'est lui qui a donné à l'Église, au dire de saint Paul, *"premièrement des Apôtres, deuxièmement des Prophètes, troisièmement des Docteurs ; viennent ensuite les miracles, puis le don de guérir, celui d'assister, de gouverner, de*

---

1. Augustin, *La Trinité*, XV, 19, 34.
2. Cf. Cyrille de Jérusalem, *Catéchèses*, XVI, 12.
3. A. Manzoni, Hymne La Pentecôte, trad. par Jean Chuzeville, *Anthologie de la poésie italienne des origines à nos jours*, Plon.

parler diverses langues". Cet ordre-là est arrangé suivant la diversité des dons de l'Esprit [4]. »

1. Qu'est-ce qu'un charisme ?

Deux éléments définissent un charisme. D'abord, c'est un don gratuitement donné « *en vue du bien de tous* » (1 Co 12, 7). Il n'est pas destiné avant tout à la sanctification d'une personne, mais au « service » de la communauté (cf. 1 P 4, 10). Ensuite, c'est un don accordé à une personne, ou à plusieurs en particulier, non pas à tous de la même manière, ce qui le distingue de la grâce sanctifiante, des vertus théologales et des sacrements qui sont identiques et communs à tous.

Chez certains, c'est l'aspect « en vue du bien commun » qui domine, chez d'autres celui de « don particulier », mais aucun de ces deux éléments pris séparément n'explique toutes les mentions du terme « charisme » dans le Nouveau Testament. Si Paul nomme « charisme » le mariage et la virginité (cf. 1 Co 7, 7), ce n'est pas parce que ce sont des dons accordés principalement pour le service du bien de tous (ce sont plutôt des manières de vivre de la grâce, à travers des vocations différentes), mais parce que dans ce domaine, « chacun reçoit de Dieu son don particulier, celui-ci d'une manière, celui-là de l'autre ».

Cette double caractéristique du charisme explique pourquoi les Pères de l'Église ont énuméré parmi les charismes à la fois la sagesse, la prophétie, le pouvoir de chasser les démons, la clairvoyance dans l'interprétation des Écritures et la continence volontaire ; c'est-à-dire à la fois des dons destinés au bien commun et des dons de sanctification, dans la mesure où ils sont donnés en particulier à certains et non à tous de la même manière [5]. Cela explique aussi pourquoi l'Église désigne aujourd'hui les différentes formes de vie consacrée comme des charismes.

Que pouvons-nous dire en revanche des *talents* ? Faut-il étendre le concept du charisme de manière à y inclure aussi les talents naturels, selon la tendance de certains auteurs aujourd'hui [6] ? Toute la vie est une grâce si elle est vécue dans la foi et il n'y a pas en elle des zones religieuses et des zones profanes. Toutefois, le Nouveau Testament n'identifie jamais le charisme à une capacité humaine qui serait élevée et transformée. Le charisme est toujours

---

4. Basile le Grand, *Sur le Saint-Esprit*, XVI, 39 (PG 32, 141 A), SC 17bis, p. 387.
5. Cf. Cyrille de Jérusalem, *Catéchèses*, XVI, 12.
6. Cf. J. Moltmann, *L'Esprit qui donne la* vie, Cerf 1999, chap. IX.

« une manifestation de pouvoir surnaturel [7] ». Les deux choses ne sont pas données de la même manière : le talent vient par la naissance naturelle, le charisme par une action libre et souveraine de Dieu qui est liée au baptême. C'est pourquoi les talents sont souvent héréditaires, et les charismes ne le sont jamais.

Si l'on éliminait toute distinction entre les talents et les charismes, on éliminerait ainsi la distinction entre la nature et la grâce. Le charisme peut trouver son « support » dans un don et dans une attitude naturelle, mais ne s'y identifie pas. Saint Maxime le Confesseur écrit :

> « La grâce du très Saint-Esprit ne réalise pas la sagesse chez les saints s'il n'y a pas une intelligence capable de l'accueillir ; ni la connaissance, sans la puissance rationnelle capable de la recevoir ; ni la foi, sans la pleine certitude de l'intelligence et de la raison à l'égard des réalités futures ; ni les charismes et les guérisons, sans l'amour naturel pour l'homme ; comme aucun des autres charismes, sans la condition et la capacité à recevoir chacun d'entre eux. Et cependant, aucun homme ne peut posséder ces choses que nous venons de décrire par une quelconque puissance naturelle, sans que ce ne soit la puissance divine qui les lui ait concédées [8]. »

De même que l'humanité et la divinité du Christ, les charismes et les talents naturels ne doivent jamais être ni « séparés » ni « confondus ».

2. Les sept dons ou charismes ?

Tout ce que nous venons de dire au sujet de la première strophe semble démenti par le titre initial qui définit l'Esprit : « septiforme dans ses dons ». Cela évoque clairement les sept dons de l'Esprit Saint qui, selon l'interprétation commune, n'appartiennent pas à la sphère charismatique, mais à la sphère sanctifiante au sens étroit, et qui ne sont pas réservés à certaines personnes, mais offerts à tous sans distinction. Voici un résumé de l'opinion traditionnelle sur la nature du « don » : « Le don est sanctifiant et ordonné au perfectionnement du sujet, tandis que le charisme est une aptitude concédée pour l'avantage d'autrui – toute la différence entre la grâce *gratum faciens* et la grâce *gratis data* [9]. »

Ce thème met particulièrement en lumière le fait que la doctrine des charismes a été longtemps éclipsée. Voyons brièvement l'histoire des sept dons de l'Esprit Saint. L'origine de ce thème est le texte d'Isaïe 11, 1-3 qui énumère

---

7. J. D.G. DUNN, *Jesus and the Spirit*, Londres, 1975, p. 255.
8. MAXIME LE CONFESSEUR, *Chapitres variés*, IV, 13 (PG 90, 1308 s.).
9. X. DUCROS, « Charismes », *Dict. Spir.* 2, col. 506.

six dons, dont le dernier, la crainte, est répété deux fois : sagesse, intelligence, conseil, force, connaissance et crainte du Seigneur. La Septante et la Vulgate ajoutent à cette liste la piété, éliminant ainsi la double mention de la crainte et donnant naissance au nombre classique de sept.

À l'unanimité, l'exégèse voit dans ce texte la liste des charismes caractéristiques du souverain idéal et du futur Messie. La sagesse et l'intelligence indiquent l'adresse et la dextérité ; le conseil et la force indiquent la prudence dans le gouvernement et la valeur militaire ; la connaissance et la crainte du Seigneur indiquent la juste attitude religieuse faite de connaissance de Dieu et de vénération, que le souverain répandra autour de lui [10]. Ces dons permettent un gouvernement où triomphent le droit et la justice envers les pauvres (Is 11, 2-4). Ce sont les charismes messianiques.

Les dons énumérés font donc partie des charismes qui habilitent à des rôles spécifiques envers la communauté, comme la construction et l'embellissement du temple, la victoire dans les batailles, l'administration équitable de la justice, la prophétie. Ils ne sont pas destinés principalement à la personne qui les reçoit, mais au bien de toute la communauté, ils ne sont pas non plus donnés à tous indistinctement.

La Tradition perd rapidement la référence au thème du souverain idéal et du gouvernement juste, qui est développé surtout dans des œuvres qui traitent du gouvernement pastoral et de l'idéal du bon supérieur, comme la *Règle pastorale* de Grégoire le Grand, *Sur la considération* de saint Bernard, *Les six ailes des séraphins* de saint Bonaventure. Par contre, les sept dons sont appliqués à tous les croyants. Grégoire le Grand dit que nous nous élevons vers Dieu selon un certain ordre des sept dons, qui est l'inverse de l'ordre dans lequel l'Esprit nous les donne :

> « La crainte nous fait monter à la piété, la piété nous conduit à la science, la science puise son énergie dans la force, la force nous mène au conseil, le conseil nous fait progresser jusqu'à l'intelligence, l'intelligence nous fait arriver à la pondération de la sagesse. Nous montons par sept degrés jusqu'à la porte qui nous ouvre l'accès de la vie de l'esprit [et cet] accès de la vie éternelle nous est [ainsi] ouvert par la grâce [septiforme] du Saint-Esprit [11]. »

L'Orient suit la même direction. Saint Maxime le Confesseur écrit en effet :

> « La caractéristique de ces charismes spirituels est la suivante : de la crainte, le rejet du mal ; de la force, la capacité à faire le bien ; du conseil, le discernement

---

10. Cf. H. CAZELLES, *Saint-Esprit*, DB Suppl., fasc. 60, 1986, 141 s.
11. GRÉGOIRE LE GRAND, *Homélies sur Ézéchiel*, II, 7, 7 (CC 142, p. 322), SC 360, p. 341-343 ; 337.

de ce qui nous est contraire ; de la science, l'authentique connaissance de ce qu'il nous faut faire ; de la connaissance, la perception actuelle des raisons divines que sont les vertus ; de l'intelligence, le transport total de l'âme vers les choses connues ; de la sagesse, l'union incompréhensible avec Dieu, à travers laquelle, en ceux qui en sont dignes, le désir devient déjà possession [12]. »

Naissent alors les formules qui deviendront traditionnelles : la « vertu septuple du Saint-Esprit [13] », le « don à sept formes [14] » (*septiforme munus*) utilisé dans notre hymne et le « septénaire sacré » (*sacrum septenarium*) de la Séquence de Pentecôte. Les sept dons ont parfois été mis en rapport avec les sept esprits de l'Apocalypse (cf. Ap 1, 4) et avec les huit béatitudes [15].

De l'ère patristique jusqu'à la théologie scholastique, personne ne cherche à faire des sept dons de l'Esprit un « troisième genre », une entité à part, intermédiaire entre la grâce sanctifiante et les charismes. Ils sont une « branche » spécifique dans le vaste univers des charismes, celle dans laquelle l'aspect de don particulier prévaut sur l'aspect de don pour le bien commun. Maxime le Confesseur les définit, comme nous l'avons vu, en tant que « charismes spirituels » orientés à l'acquisition des vertus. Certains de ces dons, comme la sagesse et la science, sont compris dans la liste des charismes esquissée par saint Paul ; le conseil ne diffère guère du charisme de discernement des esprits (cf. 1 Co 12, 8 s.).

C'est à ce stade du développement que le thème des sept dons entre dans le *Veni creator*. Dans un autre texte déjà cité, l'auteur de l'hymne dit ceci : « L'Esprit Saint se nomme septiforme à cause des dons que, de sa plénitude indivise, chacun reçoit, selon qu'il en est digne [16]. »

Quelques siècles plus tard, le thème des sept dons de l'Esprit Saint entre dans une nouvelle phase d'analyse, qui lui fait perdre toute référence aux charismes et le constitue comme une catégorie à part. La question significative qui sous-tend ce développement est la suivante : les dons de l'Esprit sont-ils identiques aux vertus ou en sont-ils distincts ? D'après la solution adoptée par les grands maîtres de la théologie scholastique, les dons sont distincts et supérieurs aux vertus morales. Ce sont des dispositions permanentes de l'âme, conférées par Dieu pour rendre l'âme docile aux inspirations de l'Esprit Saint. Elles entrent dans la lignée des vertus théologales, même si elles leur sont inférieures et préparatoires.

---

12. MAXIME LE CONFESSEUR, *Chapitres variés*, III, 39 (PG 90, 1276).
13. ORIGÈNE, *Homélies sur le Lévitique*, 8, 11 (SC 287, p. 67) ; Id., *Sur les Nombres*, 6, 3 (SC 415, p. 151).
14. HILAIRE, *Sur Matthieu*, 15, 10 (PL 9, 1007), SC 258, p. 45.
15. AUGUSTIN, *Commentaire des Psaumes*, 150, 1 (CC 40, p. 2192).
16. ISIDORE DE SÉVILLE, *Étymologies*, VII, 3, 13 (PL 82, 269) ; RABAN MAUR, *De l'Univers*, I, 3 (PL 111, 24).

À partir de cette époque, presque tous les auteurs spirituels ont consacré un traité plus ou moins long sur les dons de l'Esprit. On peut même dire qu'en Occident, jusqu'au concile Vatican II, la réflexion sur l'Esprit Saint se montre vivante et créative uniquement dans le cadre des sept dons de l'Esprit. Par son caractère spéculatif, le thème des sept dons se prête à d'infinies variations en fonction de l'expérience spirituelle et de la théologie qui entrent en jeu. Dans l'école thomiste, par exemple, le primat est donné à l'intelligence, don le plus orienté à la connaissance ; dans l'école franciscaine, le primat est donné à la sagesse, don le plus orienté à l'expérience et à la jouissance de Dieu. D'aucuns ont même tenté de mettre en parallèle chacun des sept dons avec une strophe du *Veni creator* [17], mais on sait bien que l'hymne compte six strophes originales et que la septième, *Deo Patri sit gloria…*, est seulement une doxologie de répertoire ajoutée par la suite.

Je n'ai pas l'intention de poursuivre le développement immense du thème des dons de l'Esprit [18] ; nous pouvons simplement évoquer le résumé lucide fait par Léon XIII de la doctrine thomiste sur les dons. Nous lisons ainsi dans l'Encyclique sur l'Esprit Saint :

> « De plus, le juste qui vit déjà de la vie de la grâce, et chez lequel les vertus jouent le rôle des facultés dans l'âme, a absolument besoin des sept dons qu'on appelle plus particulièrement dons du Saint-Esprit. Par ces dons, l'esprit se fortifie et devient apte à obéir plus facilement et plus promptement aux paroles et aux impulsions du Saint-Esprit ; aussi, ces dons sont d'une telle efficacité qu'ils conduisent l'homme au plus haut degré de la sainteté […]. Grâce à eux, l'âme est amenée et excitée à acquérir les béatitudes évangéliques [19]. »

Ce qui me semble le plus important dans tout ce développement sur les dons de l'Esprit, c'est qu'ils sont passés du domaine des charismes au domaine de « l'action sanctifiante de l'Esprit [20] », où ils occupent le rang le plus élevé, celui de la contemplation et de la vie mystique. Ils sont considérés comme le couronnement de toute la vie spirituelle. Dans l'action de l'Esprit, de la grâce à ses fruits, c'est-à-dire aux vertus chrétiennes, on ne parle plus des *charismes* car leur place a été prise par le concept de *don*. Le discours prononcé en 1969 par Paul VI à la Pentecôte confirme cela, bien qu'il soit par ailleurs d'une grande finesse. Il fait la distinction entre deux terrains d'action de l'Esprit Saint : celui des « âmes particulières » et celui de « la communauté ou du corps visible de l'Église » :

---

17. Cf. H. LAUSBERG, *Der Hymnus "Veni creator Spiritus"*, JAWG 1969, p. 33.
18. Cf. CH. BERNARD, « Dons du Saint-Esprit », *Dict. Spir.* 3, col. 1579-1641.
19. LÉON XIII, *Divinum illud munus*, mai 1897 ; cf. THOMAS D'AQUIN, *Somme théologique*, I-IIae, q. 68, 3.
20. Cf. 2 Th 2, 13 ; 1 P 1, 2.

« Le premier terrain est l'intériorité de notre vie ; notre moi : dans cette cellule profonde de notre existence, mystérieuse à nous-même, pénètre le souffle de l'Esprit Saint ; il se répand dans l'âme à travers ce premier et suprême charisme, que nous appelons *grâce*, qui est comme une vie nouvelle, et l'habilite alors à des actes qui dépassent son efficacité naturelle, c'est-à-dire qu'il lui donne les *vertus surnaturelles* ; il s'étend dans le réseau de la psychologie humaine au travers d'impulsions d'action facile et forte que nous appelons *dons*, et la remplit d'effets spirituels merveilleux que nous appelons *fruits de l'Esprit.* »

Pour le terrain communautaire, il dit ceci :

« Il est certain que *"l'Esprit souffle où il veut"* (Jn 3, 8) ; mais, dans l'économie établie par le Christ, l'Esprit parcourt le canal du ministère apostolique. "Dieu a créé la hiérarchie – le sacerdoce ministériel – et ainsi, a pourvu plus qu'à suffisance aux besoins de l'Église jusqu'à la fin du monde [21]." »

Que pouvons-nous en conclure sur le thème des sept dons de l'Esprit ? L'abondante littérature spirituelle au sujet des dons de l'Esprit conserve une grande valeur en raison de la doctrine ascétique et mystique qui s'y est exprimée et des données autobiographiques qui s'y trouvent souvent. Cependant, elle a besoin d'un remaniement radical : d'une part, la compréhension nouvelle d'Isaïe 11 a mis en évidence l'absence d'une vraie base biblique dans la théologie des sept dons ; d'autre part, nous avons redécouvert l'authentique doctrine biblique des charismes. La doctrine des dons de l'Esprit s'est développée sur le vide laissé par la théologie des charismes.

3. La redécouverte des charismes par Vatican II

Un des documents les plus importants de Vatican II nous dit ceci :

« Le même Esprit Saint non seulement sanctifie le Peuple de Dieu, le conduit et l'orne de vertus au moyen des sacrements et des ministères mais, *"en distribuant à chacun ses dons comme il lui plaît"* (1 Co 12, 11), il dispense également, parmi les fidèles de tout ordre, des grâces spéciales qui les habilitent à assumer des activités et des services divers, utiles au renouvellement et à l'expansion de l'Église, suivant ces paroles : *"À chacun, la manifestation de l'Esprit est donnée en vue du bien commun."* (1 Co 12, 7) Ces charismes, qu'ils soient extraordinaires ou plus simples et plus répandus, sont ordonnés et adaptés d'abord aux besoins de l'Église : ils doivent donc être accueillis avec gratitude et joie spirituelle [22]. »

---

21. PAUL VI, *Discours de Pentecôte*, 25 mai 1969, dans *Insegnamenti di Paolo VI*, Tipografia Poliglotta Vaticana, vol. VII, p. 308-310. La dernière phrase est une citation littérale de J. A. MOEHLER qui ne la rapporte que pour la critiquer : cf. *Theologische Quartalschift* 1823, p. 497.
22. *Lumen gentium*, n. 12.

Pour évaluer comme il se doit la portée du renouveau apporté par ce texte, il faut savoir ce qu'il advient des charismes après leur apparition tumultueuse au début de l'Église. Les charismes ne disparaissent pas tant de la *vie* de l'Église que de sa *théologie*. En fait, on s'aperçoit en parcourant l'histoire de l'Église qu'aucun charisme, à l'exception peut-être du parler en langues et de l'interprétation des langues, n'a vraiment disparu. L'histoire de l'Église regorge d'évangélisateurs charismatiques, de dons de sagesse et de science (pensons simplement aux docteurs de l'Église), d'histoires de guérisons miraculeuses, d'hommes possédant le don de prophétie ou de discernement des esprits, sans parler des visions, des ravissements, des extases et des illuminations qui font aussi partie des charismes.

L'histoire est aussi ponctuée de « réveils » charismatiques en des époques caractérisées par des manifestations intenses de dons et d'opérations de l'Esprit : l'époque des martyrs, l'explosion du monachisme (phénomène charismatique avant d'être ascétique), la première évangélisation de l'Europe, la mission auprès des peuples slaves marquée par des dons et des charismes en abondance, le mouvement franciscain et l'incroyable floraison d'ordres religieux, se référant chacun au « charisme » du fondateur. Pie XII a raison d'affirmer que l'Église n'a jamais manqué et qu'elle ne manquera jamais d'« hommes doués de dons merveilleux [23] ». De même que nul ne peut empêcher le vent de souffler où il veut, nul peut empêcher l'Esprit de distribuer ses dons comme il veut.

Alors pourquoi parler d'un réveil des charismes au XXe siècle ? Que manque-t-il auparavant ? Les charismes sont progressivement confinés à la sphère privée et personnelle, disparaissant de la sphère communautaire. Ils ne font plus partie de la constitution de l'Église qui se sent peut-être « suffisamment protégée par l'existence de la hiérarchie sacrée ».

L'identité personnelle de Jésus dans les Évangiles résulte de deux rapports fondamentaux : son rapport de Fils au Père, qui est fait d'obéissance, et son rapport à l'Esprit, qui lui donne dans sa mission la liberté, l'autorité et la puissance [24]. L'Esprit charismatique lui donne l'onction messianique pour porter la bonne nouvelle aux pauvres, guérir les cœurs brisés et chasser les démons ; il le fait aussi tressaillir de joie dans la prière. Il n'est donc pas accessoire dans la mission de Jésus, mais bien constitutif.

Dans la vie de la première communauté chrétienne, les charismes ne sont pas des faits privés ou superflus, ni un luxe, mais un élément qui, avec l'auto-

---

23. Pie XII, *Mystici corporis*, AAS 35 (1943) 200.
24. J. D. G. Dunn, *Jesus...*, *op. cit.*, p. 90.

rité apostolique, dessine la physionomie de la communauté. Cette dernière vit des deux rapports fondamentaux qui constituent l'identité de Jésus : le rapport au Père, connu comme *Abba* et le rapport à l'Esprit, qui lui donne la liberté et la puissance. En effet, tout est vécu avec Jésus, considéré non pas seulement comme un modèle, mais comme la source de toutes choses. La communauté participe véritablement du rapport qui unit Jésus au Père et à l'Esprit.

Une thèse considère que cette première communauté est principalement charismatique, le rôle de l'apôtre se limitant à discipliner les charismes qui pourvoiraient, par leur seule interaction, à la vie et à l'expansion de la communauté. Cette thèse n'est pas possible à soutenir puisqu'elle commet une fondamentale erreur de méthode. À l'origine, elle pose et, ce faisant, « absolutise » la vision paulinienne d'une communauté essentiellement charismatique, puis considère que tout le développement successif de la communauté chrétienne est marqué par l'abandon progressif et l'affaiblissement de cette vision, ce qui donnerait lieu au triomphe du « proto-catholicisme » dans les lettres pastorales.

Cela étant dit, il faut néanmoins reconnaître que l'équilibre entre les deux instances, le ministère ordonné et le charisme, s'est rompu en faveur du premier. Le charisme est désormais donné dans l'ordination et vit avec cette deuxième instance qu'est l'autorité. L'apparition des premières fausses doctrines, surtout les doctrines gnostiques, est déterminante dans ce mouvement en faveur des détenteurs de la charge, à savoir les pasteurs. Un autre facteur important est la crise constituée par le mouvement prophétique répandu au IIe siècle par Montan en Asie Mineure. Cela contribue à discréditer un certain enthousiasme charismatique et collectif.

Les charismes sont alors relégués en marge de la vie de l'Église. En quelques endroits, certains d'entre eux persistent pendant une petite période. Irénée, par exemple, rapporte qu'à son époque, « nombre de frères dans l'Église [...] possèdent des charismes prophétiques, parlent toutes sortes de langues grâce à l'Esprit, manifestent les secrets des hommes pour leur profit et exposent les mystères de Dieu [25] ». Mais ce phénomène disparaît peu à peu. Ceux qui disparaissent en premier lieu sont les charismes exercés dans le culte et dans la vie de la communauté, comme la parole inspirée et prophétique ou la glossolalie. La prophétie est réduite au charisme du magistère qui consiste à interpréter, de manière authentique et infaillible, la révélation.

Une autre conséquence inévitable de ce phénomène est la cléricalisation

---

25. IRÉNÉE, *Contre les hérésies*, V, 6, 1, SC 153, p. 75.

des charismes. Ils sont liés à la sainteté personnelle et, comme tels, finissent par être presque toujours associés aux représentants habituels de la sainteté : les pasteurs, les moines et les religieux. Les charismes passent du domaine de l'*ecclésiologie* à celui de *l'hagiographie*.

4. La Pentecôte, c'est aujourd'hui !

Ces observations nous permettent de mieux comprendre la nouveauté apportée par le Concile, à travers le texte cité sur les charismes. Les charismes sont ramenés de la périphérie au cœur de l'Église. La constitution dogmatique sur l'Église en parle ! Ils appartiennent à la nature intime de l'Église qui est à la fois une institution et un mystère, hiérarchique et charismatique, et qui ne vit pas seulement des *sacrements*, mais aussi des *charismes*. Il s'agit en pratique de la remise en activité des deux poumons de l'Église, de la réaffirmation des deux directions où souffle l'Esprit ; *du haut*, à travers les sacrements institués par le Christ et confiés au ministère apostolique et *du bas*, à travers les cellules du corps que sont les membres de l'Église. L'Église complète, organisme vivant irrigué par l'Esprit, est faite de ces deux canaux, autrement dit résulte de ces deux directions de la grâce. Les sacrements sont les dons faits à tous pour le bien de chacun, le charisme est le don fait à chacun pour le bien de tous ; les sacrements sont donnés à l'Église pour sanctifier les individus, les charismes sont donnés aux individus pour sanctifier l'Église.

Le texte de Vatican II ne s'est pas contenté de représenter un beau document du magistère. Les charismes propres à la Pentecôte réapparaissent non seulement dans la théologie, mais aussi dans la vie de l'Église. Voici le compte-rendu de l'une des innombrables petites Pentecôte qui se déroulent localement dans l'Église, fait par un jeune Africain agissant en pleine communion avec ses pasteurs. Il adresse cette lettre à un ami :

> « Le mois dernier, nous avons organisé un séminaire de vie nouvelle dans l'Esprit, qui a été fréquenté par des étudiants universitaires et quelques-unes de nos sœurs [...]. À un moment, les participants furent remplis d'Esprit Saint, d'une manière que nous n'avions jamais connue auparavant. Certains demandaient presque au Seigneur de diminuer son Esprit car leur joie débordante les empêchait de dormir. Certains restèrent longuement étendus au sol, d'autres pleuraient comme des enfants, d'autres encore dansaient tels des anges au ciel. Les gens étaient comme ivres de l'amour de Dieu répandu dans leurs cœurs. Le jour de la Pentecôte, deux personnes de notre groupe furent invitées par le célébrant à dire quelques mots. L'une commença ainsi : "C'est aujourd'hui la fête de Pentecôte, mais nous ne voulons pas seulement commémorer la Pentecôte d'il y a deux mille ans, nous voulons que la Pentecôte soit aujourd'hui !" Quand elles étendi-

rent les mains sur l'assemblée (il y avait un millier de personnes) et commencèrent à prier en disant : "Viens, Esprit Saint !", l'Esprit répondit immédiatement à l'invocation et des centaines de personnes, des plus faibles aux plus robustes, tombèrent à terre et connurent le repos dans l'Esprit. D'autres furent libérés de liens occultes et démoniaques. Il y eut de nombreuses guérisons physiques. Beaucoup se convertirent au Seigneur en renonçant au péché. Nous n'avions jamais connu une telle abondance de l'Esprit de Dieu. »

D'après une théorie souvent répétée à partir de saint Jean Chrysostome, certains charismes auraient été réservés à l'Église à son commencement, mais auraient « cessé » par la suite, n'étant plus nécessaires à l'économie générale de l'Église [26]. Nous savons que le Concile a abandonné cette thèse. Il ne faudrait pas non plus tomber dans l'excès inverse et croire que tous les charismes devraient et pourraient se manifester uniformément et à tout moment dans l'Église. Cela contredirait une autre vérité tout aussi essentielle. Si l'Esprit souffle *où* il veut et distribue ses charismes *comme* il veut, il souffle aussi *quand* il veut. On ne peut refuser à l'Esprit la liberté de souffler davantage en certaines époques qu'en d'autres. À certaines périodes, la présence de l'Esprit s'intensifie et devient plus visible, comme à l'époque du prophétisme en Israël. Il est un temps pour créer et un temps pour ordonner ! Dans la longue symphonie écrite par l'Esprit dans l'histoire, se succèdent des « mouvements » différents – *mosso, forte, fortissimo, adagio, calmo* – ; chaque temps ou mouvement possède sa beauté propre et contribue à l'harmonie de l'ensemble.

De même qu'il s'adapte volontiers au caractère de la personne qui le reçoit, le charisme s'adapte au caractère de chaque époque et de chaque culture. Cela ne signifie pas que ce sont forcément toujours les mêmes charismes qui se manifestent dans une époque ou dans une culture, ni qu'ils continuent à se manifester de la même manière qu'au début. Ce serait ignorer l'infinie créativité et la liberté de l'Esprit, qui ne peut en aucun cas être standardisé. Autrefois, l'inconvénient était de ne concevoir que des charismes « spirituels » orientés vers la sanctification ; aujourd'hui, il consiste à ne concevoir que des charismes dits « pentecôtistes » orientés vers la mission, comme le parler en langues, les guérisons, la prophétie, etc.

---

26. Témoignages dans F. LAMBIASI, *Lo Spirito Santo : mistero e presenza*, Bologna 1987, p. 278 s. ; y ajouter G. B. MONTINI, *Discorso*, 17 mai 1959, dans « *Rivista della diocesi milanese* » (1959) 417.

5. L'exercice des charismes

Ces paroles de Jésus devraient alarmer les charismatiques : « *Beaucoup me diront en ce jour-là : "Seigneur, n'est-ce pas en ton nom que nous avons prophétisé ? En ton nom que nous avons chassé les démons ? En ton nom que nous avons fait bien des miracles ?" Alors je leur dirai en face : "Écartez-vous de moi, jamais je ne vous ai connus, vous qui commettez l'iniquité."* » (Mt 7, 21-23)

Ce texte semble bien mentionner trois charismes ! L'avertissement de Jésus pose la question de la juste utilisation des charismes. Cela nous amène à la partie pratique de ce chapitre, où nous passons de la théologie à la vie. Que devons-nous faire pour permettre au charisme que l'Esprit a mis en nous d'édifier l'Église et de servir au bien commun, comme le veut sa nature ? Que devons-nous faire pour qu'il ne devienne pas une menace pour l'unité du corps du Christ ni un danger pour notre âme elle-même ?

La réponse tient dans le rapport entre le charisme et la sainteté. Il est vrai que le charisme n'est pas donné en raison de la sainteté ni en vue de la sainteté d'une personne, mais il est tout aussi vrai qu'il ne reste pas sain s'il n'est pas sous-tendu par la sainteté personnelle.

> « De même qu'il est impossible de tenir une lampe allumée sans huile, il est impossible de tenir la lumière des charismes allumée sans l'attitude capable de nourrir le bien par des comportements adéquats, par des paroles, des manières, des habitudes, des concepts et des pensées convenables. En effet, tout charisme spirituel a besoin de l'attitude adéquate capable de l'alimenter sans cesse, comme de l'huile, de la matière spirituelle qui lui permette de demeurer au profit de celui qui l'a reçu en possession [27]. »

Évoquons certains comportements ou certaines vertus qui permettent au charisme de rester sain et de servir au bien commun.

La première vertu est l'*obéissance*. Le modèle ultime des charismes est Jésus Christ, qui nous montre la parfaite alliance entre l'obéissance au Père et la liberté dans l'Esprit. Deux choses soutiennent sa vie : le *mandat* reçu du Père une fois pour toutes au moment où il est envoyé dans le monde et l'*inspiration* de l'Esprit donnée sur le moment. Son autorité jaillit conjointement de ces deux sources. Quand vient le temps de l'obéissance au commandement du Père (obéissance qui va jusqu'à la mort !), Jésus ne recourt pas aux charismes, il n'invoque pas douze légions d'anges, il ne foudroie pas ses ennemis par ce « doigt de Dieu » qui lui a permis naguère de chasser les démons, mais il dit : « *Si le grain de blé tombé en terre ne meurt pas...* » (Jn 12, 24.)

---

27. Maxime le Confesseur, *Chapitres variés*, IV, 81 (PG 90, 1340).

Dans ce cas, nous parlons surtout de l'obéissance à l'institution, à ceux qui exercent le service de l'autorité. Les vrais prophètes et les vrais charismatiques dans l'histoire, même récente, de l'Église catholique, ont su attendre, dans l'obéissance et le silence, avant de voir leurs propositions et leurs critiques accueillies par l'institution et, parfois, posées à la base du renouvellement de l'Église.

Le charisme et l'institution sont comme les deux bras de la croix. Le charismatique est souvent la croix de l'institution, et inversement. Pourtant, aucun des deux ne peut se passer de l'autre. Les charismes sans l'institution sont voués au chaos, l'institution sans les charismes est vouée à l'immobilisme.

L'institution n'étouffe pas la vie charismatique, mais lui assure à la fois un avenir et, grâce à la tradition, un passé ; autrement dit, elle lui évite de s'éteindre comme un feu de paille en mettant à sa disposition toute l'expérience de l'Esprit faite par les générations précédentes. C'est une bénédiction de Dieu que l'Église catholique ait connu un réveil charismatique en communion avec la hiérarchie et que le magistère pontifical y ait reconnu « une chance » pour l'Église ainsi que « les premiers signes d'un grand printemps pour la chrétienté [28] ».

La deuxième vertu est l'*humilité*. Grégoire le Grand écrit : « Une âme qui est remplie de l'Esprit divin a très évidemment ses signes, les miracles (*virtutes*) et l'humilité. Si ces deux signes se rencontrent parfaitement dans une âme, il est clair qu'ils portent témoignage sur la présence du Saint-Esprit [29]. »

Je voudrais montrer, d'une part, comment l'humilité préserve les charismes et d'autre part, comment les charismes préservent l'humilité.

L'humilité préserve les charismes. Les charismes sont des opérations de l'Esprit Saint, des étincelles du feu de Dieu qui nous sont confiées pour l'Église. Comment faire pour ne pas brûler ce trésor et pour qu'il ne nous brûle pas les mains ? C'est le rôle de l'humilité. Elle permet à cette grâce divine de passer et de circuler dans l'Église et dans toute l'humanité sans se perdre ni se corrompre. Plus la tension et le courant électriques qui passent dans un fil sont élevés, plus l'isolant qui empêche les décharges et les courts-circuits doit être résistant. Dans la vie spirituelle, l'humilité est le grand isolant qui permet au courant divin de la grâce de passer à travers une personne en évitant qu'il ne se perde ou, pire encore, qu'il ne provoque des flambées d'orgueil et de rivalité.

---

28. Cf. PAUL VI, *Allocution* du 19 Mai 1975, dans *Insegnamenti di Paolo VI*, vol. XIII, p. 538 ; JEAN-PAUL II, in « L'Osservatore Romano », 14 novembre 1996, p. 8.
29. GRÉGOIRE LE GRAND, *Dialogues*, I, 1 (PL 77, 156), SC 260, p. 23.

On comprend aisément comment l'humilité préserve les charismes ; mais comment les charismes préservent-ils l'humilité ? Nous avons des « dons différents », ce qui veut dire que nous ne possédons pas, tous, la totalité des dons ; tous ne sont pas apôtres, tous ne sont pas prophètes, et ainsi de suite. La conséquence immédiate est que chacun de nous n'est pas le tout, mais, toujours et radicalement, seulement un fragment. Dieu seul est tout, l'Église seule possède la plénitude de l'Esprit (cf. Ep 1, 23). L'autosuffisance est donc atteinte à la racine. Saint Paul dit que le charisme est « *une manifestation de l'Esprit donnée à chacun en vue du bien commun* » (1 Co 12, 7), un peu comme le détail d'un immense tableau.

La troisième vertu (la première en importance) est la *charité*. Lorsqu'il commente la doctrine de Paul sur les charismes, Augustin fait une observation éclairante. En entendant énumérer tous ces merveilleux charismes (prophétie, sagesse, discernement, guérisons, langues), certains pourraient s'attrister ou se sentir exclus en pensant qu'ils ne possèdent rien de tout cela. Mais attention, poursuit le saint :

> « Si tu aimes l'Église, il est sûr que tu n'es pas absolument dépourvu [de dons] ; car si tu tiens de cœur à l'ensemble de l'Église, tu partages avec ceux qui les possèdent les dons de l'Esprit de Dieu. Ne sois point envieux : tout ce que je possède t'appartient : je ne veux moi-même nourrir aucun sentiment de jalousie, car ce que tu possèdes est à moi. L'envie produit la séparation ; l'union, tel est l'effet de la charité. Dans le corps humain, l'œil seul a le privilège de la vue ; mais est-ce pour lui seul qu'il en jouit ? Il le possède pour la main, pour le pied, pour tous les autres membres [...]. La main est le seul de tous les membres pour travailler ; mais travaille-t-elle pour elle seule ? Elle le fait aussi pour l'œil. Ainsi, qu'on vienne à vouloir frapper, non pas la main, mais le visage, celle-ci dit-elle : Je ne me remue point, puisque ce n'est pas moi qu'on veut blesser [30] ? »

C'est là le secret de la charité qui fait d'elle « *la voie qui les dépasse toutes* » (1 Co 12, 31) : elle me fait aimer l'Église et la communauté dans laquelle je vis, et par l'unité, je possède tous les charismes sans exception. Bien plus encore, si tu aimes l'unité plus que je ne l'aime, mon charisme est plus à toi qu'à moi. Supposons que j'aie le charisme d'annoncer l'Évangile : je peux m'en vanter (hypothèse pas du tout abstraite !) et je deviens alors une « *cymbale qui retentit* » (1 Co 13, 1) ; mon charisme « *ne me sert de rien* », m'avertit l'Apôtre, alors qu'il ne cesse de te servir, à toi qui m'écoutes, et cela malgré mon péché. Par la charité, tu possèdes sans risque ce qu'un autre possède dans le danger. La charité multiplie vraiment les charismes ; elle fait du charisme d'un seul le charisme de tous.

---

30. AUGUSTIN, *Traité sur l'Évangile de saint Jean*, 32, 8.

Terminons par cette belle prière à l'Esprit donateur de charismes, que l'on récite à l'office de Pentecôte dans les Églises de rite syriaque :

« *Esprit qui distribues à chacun des charismes,*
Esprit de sagesse [...] qui aimes les hommes,
emplis les Prophètes, parfais les Apôtres,
fortifie les martyrs, inspire l'enseignement des docteurs.
C'est à toi, Dieu Paraclet, que nous adressons ces supplications
avec cette fumée odorante,
demandant de [...] nous renouveler maintenant de tes saints dons,
de reposer sur nous comme sur les Apôtres au cénacle.
Répands sur nous tes charismes,
remplis-nous de la sagesse de ta doctrine,
fais de nous les temples de ta gloire,
enivre-nous du breuvage de ta grâce [31]. »

---

31. Pontificale Syrorum, dans E.-P. SIMAN, *L'expérience de l'Esprit, op. cit.* p. 309.

XI

« DOIGT DE LA DROITE DE DIEU »

L'Esprit Saint nous transmet la puissance de Dieu

Nous avons tous vu, du moins en reproduction, la fresque de Michel-Ange dans la chapelle Sixtine qui représente la création de l'homme : Dieu le Père étend son bras droit au point d'atteindre presque, par son doigt divin, le doigt d'Adam qui est étendu au sol et tourné vers lui. D'un côté, l'énergie et la vie, de l'autre, l'inertie, l'abandon et l'attente. Dans l'art, c'est une nouvelle manière de représenter le moment décrit par la Bible où Dieu « insuffle » sur Adam, qui n'était encore qu'une statue d'argile, une haleine de vie qui fait de lui un être vivant (cf. Gn 2, 7).

Cette image est la meilleure représentation visuelle que l'on puisse donner du titre « doigt de la droite de Dieu » que l'on attribue à l'Esprit Saint. Nous passons de l'image de l'Esprit comme *souffle* divin à l'image de l'Esprit comme *toucher* de Dieu. Nous verrons dans ce chapitre comment on en est arrivé à identifier ce doigt tendu de Dieu à la personne de l'Esprit Saint et surtout comment nous pouvons être, nous aussi, cet Adam faible et « à terre » qui tend son doigt dans l'attente de recevoir de Dieu l'énergie et la vie.

L'idée de l'Esprit comme toucher de la droite de Dieu contient une profonde intuition théologique. Cela signifie que l'Esprit Saint est le « lieu » où Dieu rencontre sa créature, où la Trinité sort d'elle-même (*ad extra*) pour se communiquer au monde. L'Esprit Saint rend possible un certain « contact spirituel » avec le divin.

La métaphore revêtira une dimension plus profonde et plus intérieure chez les mystiques qui utiliseront l'image tactile et affective du « bienheureux toucher de l'Esprit Saint » pour indiquer l'un des modes de communication les plus forts de Dieu avec l'âme. Cette image vient aussi de la définition biblique de l'Esprit Saint comme « doigt de Dieu ». Selon le mystique néerlandais Jean Ruusbroec, ce contact de Dieu dans l'Esprit Saint est à la fois « la source d'où proviennent toutes les grâces et tous les dons » et « le dernier intermédiaire entre Dieu et la créature ». « Dieu, par le Saint-Esprit, s'incline jusqu'à nous et de la sorte nous incite, par son attouchement, à l'amour [1]. »

Partons à la découverte du fondement biblique et patristique de cet aspect de la révélation sur l'Esprit Saint, contenue dans le titre de « doigt de la droite de Dieu ».

1. Si c'est par le doigt de Dieu que j'expulse les démons...

La désignation de l'Esprit Saint comme « doigt de Dieu » remonte aux paroles de Jésus : « *Mais si c'est par le doigt de Dieu que j'expulse les démons, c'est donc que le Royaume de Dieu est arrivé jusqu'à vous.* » (Lc 11, 20) Matthieu rapporte ces mêmes paroles avec une variante : « *Si c'est par l'Esprit de Dieu que j'expulse les démons...* » (Mt 12, 28.) On peut se demander laquelle de ces deux formulations a été authentiquement employée par Jésus. L'expression de Luc semble la plus probable car il est plus facile de penser qu'on ait ressenti le besoin de remplacer la métaphore du « doigt de Dieu » par une désignation explicite de l'« Esprit de Dieu », que de penser le contraire. Cette légère incertitude n'enlève rien à l'importance du texte. L'équation *Esprit de Dieu* et *doigt* (plus souvent, *main*) *de Dieu* qui revient souvent dans la Bible (cf. Ez 3, 14 ; 8, 3) n'en devient que plus explicite et canonique.

L'une et l'autre expressions indiquent l'action puissante ou le pouvoir d'action de Dieu dans le monde. Jésus affirme que ses exorcismes s'accomplissent dans la puissance de Dieu. L'expression « doigt de Dieu » est employée pour indiquer la puissance d'action de Dieu : les magiciens égyptiens s'exclament devant les prodiges accomplis par Moïse et Aaron : « *C'est le doigt de Dieu !* » (Ex 8, 15.)

La métaphore du doigt de Dieu revient dans un autre contexte biblique, lorsqu'il est écrit que les tables de la loi données à Moïse sont écrites « *du doigt de Dieu* » (Ex 31, 18). Dans ce cas, l'identification entre le doigt de Dieu et l'Esprit de Dieu se fait par degrés successifs. Jérémie dit que dans la Nouvelle Alliance, Dieu « écrit » sa loi dans les cœurs (cf. Jr 31, 33) ; selon Ézéchiel, cela signifie que Dieu met son Esprit dans le cœur de l'homme (cf. Ez 36, 26 s.) et Paul franchit le pas suivant lorsqu'il définit la communauté de la Nouvelle

---

[1]. JEAN RUUSBROEC, *Les noces spirituelles* (CM, 103, p. 455 et 465) ; cf. P. ADNES, « Toucher, Touches », *Dict. Spir.* 15, col. 1073-1098.

Alliance comme « *une lettre du Christ remise à nos soins, écrite non avec de l'encre, mais avec l'Esprit du Dieu vivant, non sur des tables de pierre, mais sur des tables de chair, sur les cœurs* » (cf. Ez 36, 26 s.). Un texte du IIᵉ siècle dit ceci : « Moïse reçut du Seigneur deux tables écrites dans l'Esprit, du doigt de la main du Seigneur » et un autre plus tardif : « Les commandements de Dieu sont écrits sur la toile de l'âme et sur la table du cœur, par le doigt de Dieu, c'est-à-dire l'Esprit Saint [2]. »

Chez les Pères, le thème du Paraclet « doigt de la main de Dieu » se développe dans deux contextes, celui des discussions trinitaires sur la nature divine de l'Esprit Saint et celui des discussions sur la loi et sur la grâce à l'époque d'Augustin. Nous aurons l'occasion d'illustrer ce deuxième thème dans le commentaire du verset : « Répands l'amour dans nos cœurs » ; nous évoquons donc seulement le premier thème qui explique la place occupée par le titre « doigt de la main de Dieu » dans notre hymne.

Nous ne considérons que les sources latines car ce sont elles (même si elles ont été influencées par des sources grecques antérieures) qui ont directement déterminé la tradition dont l'auteur du *Veni creator* a héritée. Voici ce qu'écrit Ambroise :

> « Le royaume de la divinité est comme un corps indivisible, puisque le Christ est à la droite de Dieu, et que l'Esprit semble offrir l'image d'un doigt, telle l'ossature d'un corps figurant l'unité dans la divinité […]. Quand l'Esprit est appelé doigt, cela désigne sa puissance agissante *(operatoria virtus)*, attendu que l'Esprit Saint est ouvrier des œuvres divines aussi bien que le Père et le Fils [3]. »

Le titre « doigt de la droite de Dieu » est employé pour démontrer l'unité de nature des trois personnes, plus que leur distinction. Augustin ajoute une autre explication : ce titre vient de ce que « les dons divins sont distribués [par lui] entre tous les saints », et, en outre, dans le contexte du corps humain, « les doigts, sans cesser d'appartenir à un seul organe, offrent des divisions multipliées [4] » (c'est-à-dire une diversité).

Voyons maintenant comment ces différents aspects de la Tradition se rejoignent dans le titre « doigt de la droite de Dieu » du *Veni creator*. Raban Maur écrit ceci :

> « Dans l'Évangile, l'Esprit Saint est clairement nommé doigt de Dieu... En outre, la loi aussi fut écrite avec le doigt de Dieu, cinquante jours après la mort

---

2. *Lettre de Barnabé*, 14, 2 ; Pseudo-Pionius, *Vie de Polycarpe*, IV, 2 (Funk, vol. 2, 1913, p. 294).
3. Ambroise, *Traité sur l'évangile de saint Luc*, VII, 92 s (CC 14, p. 245), SC 52, p. 40 ; cf. Id., *Sur l'Esprit Saint*, III, 3, 11-19 ; Didyme d'Alexandrie, *Sur l'Esprit Saint*, 20 (PG 39, 1051).
4. Augustin, *Traité du catéchisme*, XX, 35 (CC 46, p. 159).

de l'agneau et cinquante jours après la passion de notre Seigneur Jésus Christ, vint l'Esprit Saint. Il s'appelle ensuite doigt de Dieu pour signifier la puissance d'action *(operatoria virtus !)* qu'il a en commun avec le Père et le Fils. C'est pourquoi Paul dit : *"Mais tout cela, c'est l'unique et même Esprit qui l'opère, distribuant ses dons à chacun en particulier comme il l'entend* [5]*."* »

Le *Veni creator* est un merveilleux « réservoir » vers lequel confluent les ruisseaux et les fleuves jaillis de la Bible et passés à travers la Tradition. Ces eaux, une fois recueillies, sont ensuite transformées en prière. Certains pensent que par ce titre de « doigt de la droite de Dieu », notre auteur a voulu transmettre la doctrine du *Filioque*, c'est-à-dire de la procession du Saint-Esprit par le Père et par le Fils. Comme le doigt procède du bras et celui-ci du corps, ainsi le Paraclet procéderait du Père et du Fils [6].

On retrouve en effet cette explication plus tard, par exemple chez saint Bonaventure [7], mais rien ne permet de l'attribuer aussi à l'auteur du *Veni creator*. D'après le contexte où se trouve ce titre (la strophe sur les dons et sur les charismes) et d'après l'explication qu'il en donne par ailleurs en s'appuyant sur la signification biblique la plus attestée, nous pouvons en conclure que l'auteur emploie le titre « doigt de Dieu » pour indiquer la puissance d'action de l'Esprit Saint qui se manifeste dans certaines actions extraordinaires, comme le fait de chasser les démons et de faire des miracles. Un auteur médiéval interprète ainsi ce titre lorsqu'il paraphrase le *Veni creator* :

« L'Esprit est *Paraclet* quand il console les pusillanimes,
Source vive quand il désaltère les assoiffés,
Charité quand il réunit par la foi et les coutumes les peuples de différentes cultures
Feu quand il nous enflamme d'amour,
Onction spirituelle quand par le chrême céleste il réchauffe et oint les croyants,
Doigt de Dieu quand il distribue les dons qui ornent les croyants [8]. »

2. Le pouvoir d'opérer des miracles est donné à un autre…

Le titre « doigt de la droite de Dieu » nous fait entrevoir une manifestation charismatique très particulière de l'Esprit dans l'histoire du Salut et dans l'Église : « les signes et les prodiges ». Un autre élément important, qui accom-

---

5. Isidore de Séville, *Étymologies*, VII, 3, 21 (PL 82, 269 s.) ; Raban Maur, *De l'Univers*, I, 3 (PL 111, 25).
6. Cf. H. Lausberg, *De hymno "Veni creator Spiritus"*, dans « *Nachrichten der Akademie der Wissenschaften zu Göttingen* » I, Philol. hist. Klasse (1976) 391.
7. Bonaventure, *Sur l'Évangile de Luc*, XI, 46 (Quaracchi, VII, p. 292).
8. *Speculum virginum* (après 1140), 11 (CM 5, lin. 626 s.).

pagne la révélation divine du début à la fin, est ainsi attribué à l'action de l'Esprit de Dieu : le miracle. En effet, à côté des dons liés à la parole et au gouvernement, Paul mentionne un charisme particulier de l'Esprit qui est « *la puissance d'opérer des miracles* (littéralement, *dynameis*, œuvres de puissance) » (1 Co 12, 10) et dans la lettre aux Hébreux, il est écrit que le Seigneur confirme l'œuvre du Salut par « *des signes, des prodiges, des miracles de toutes sortes ainsi que par des communications de l'Esprit* » (He 2, 4).

Ce que l'Apôtre nomme le « don de la foi » se réfère probablement à cette manifestation charismatique de l'Esprit, comme l'explique bien Cyrille de Jérusalem :

> « Une seule est la foi, mais son genre est double. Il existe une foi concernant les dogmes, c'est la connaissance et l'adhésion intellectuelle aux vérités révélées. Cette foi est nécessaire au salut... Mais il existe un autre genre de foi qui est un don du Christ. Il est écrit en effet : *"À l'un, c'est un discours de sagesse qui est donné par l'Esprit ; à tel autre un discours de science, selon le même Esprit ; à un autre la foi, dans le même Esprit ; à tel autre les dons de guérisons, dans l'unique Esprit."* (1 Co 12, 8-9) Cette foi, donnée par l'Esprit comme un don, ne concerne pas seulement les dogmes, mais c'est aussi une *cause de prodiges* qui dépassent toutes les forces humaines. Celui qui possède cette foi pourra dire à cette montagne : *"Déplace-toi d'ici à là, et elle se déplacera."* (Mt 17, 20) [9] »

Cette prérogative de l'Esprit d'opérer des prodiges est celle qui est la plus attestée dans la vie de Jésus et dans la première communauté chrétienne. Dans l'opinion de ses contemporains, Jésus était, peut-être plus encore qu'un prophète, un faiseur de miracles ; car le terme qui revient le plus souvent à ce sujet est justement *dynameis*, « les œuvres de puissance ». Les Actes des Apôtres décrivent Jésus comme « *un homme accrédité* [par Dieu] [...] *par les miracles, prodiges et signes qu'il a opérés par lui* » (Ac 2, 22). Jésus lui-même présente cela comme une preuve de l'authenticité messianique de sa mission : « *Les aveugles voient et les boiteux marchent, les lépreux sont purifiés et les sourds entendent, les morts ressuscitent.* » (Mt 11, 5) Jésus attribue sa capacité de chasser les démons et de faire des miracles à la présence en lui de l'Esprit Saint (cf. Lc 4, 18), et c'est la conviction des apôtres par la suite (cf. Ac 10, 38 s.). Saint Basile affirme que l'Esprit était « avec lui [...] de façon inséparable, quand il accomplissait ses miracles [10] ».

La lecture des Actes des Apôtres nous montre l'importance que revêtent les « *guérisons, les miracles et les prodiges* » (Ac 4, 30) dans l'Église naissante. Et tous sont attribués à l'Esprit *de Jésus* ; ils sont accomplis par les Apôtres au

---

9. CYRILLE DE JÉRUSALEM, *Catéchèses*, V, 10-11.
10. BASILE LE GRAND, *Sur le Saint-Esprit*, XVI, 39 (PG 32, 140 C), SC 17bis, p. 387.

nom du Christ, et non pas en leur propre nom ni par leur propre autorité. Jésus n'est pas seulement le premier d'une série d'opérateurs de prodiges, ni seulement leur modèle, mais le médiateur de tout.

Paul emploie, comme nous l'avons vu, la même expression – « œuvres de puissance » (*dynameis*) – pour indiquer cet ensemble spécial de manifestations de l'Esprit qui portent l'empreinte de la puissance divine. Il évoque à plusieurs reprises leur rôle déterminant dans sa mission apostolique. Le Christ a agi en lui non seulement par les paroles, mais aussi *« par la vertu des signes et des prodiges, par la vertu de l'Esprit de Dieu »* (Rm 15, 19 ; cf. 1 Co 2, 4).

3. Pourquoi des miracles ?

Que devons-nous penser de ce phénomène qui accompagne toute l'histoire du salut et qui continue aujourd'hui dans la vie de l'Église ? C'est d'abord une manifestation de l'Esprit, que l'on ne peut donc pas décider à notre goût et que ne revient pas à la critique d'accepter ou de refuser. Cela suppose une attitude de foi. Il ne s'agit pas d'accepter tout ce que l'on veut qualifier de miraculeux, mais d'admettre au moins la possibilité du miracle. L'Écriture, en même temps que les récits de miracles, nous offre en même temps les critères pour juger de leur authenticité et de leur finalité dans l'économie du salut.

Un passage du livre du prophète Isaïe nous aide à saisir quel est le « but » du miracle dans le dessein de Dieu : *« Le Seigneur a dit : "Parce que ce peuple est près de moi en paroles et me glorifie de ses lèvres, mais que son cœur est loin de moi et que sa crainte n'est qu'un commandement humain, une leçon apprise, eh bien ! voici que je vais continuer à étonner ce peuple par des prodiges et des merveilles ; la sagesse des sages se perdra et l'intelligence des intelligents s'envolera." »* (Is 29, 13-14)

Le miracle sert ainsi à rompre la *routine* ; il empêche qu'on ne s'installe dans une religiosité ritualiste et répétitive qui réduirait tout à un « laboratoire de coutumes humaines » ; il produit des sursauts de conscience en gardant vive la stupeur qui est indispensable dans le rapport à Dieu. Le miracle *actuel* aide à saisir le miracle *habituel* de la vie et de l'être dans lequel nous sommes plongés, mais que nous avons tendance à ne plus voir et à banaliser. Il sert aussi à confondre « *la sagesse des sages* », autrement dit à mettre en crise la prétention de la raison à tout expliquer et à refuser ce qui échappe à son entendement. Le miracle rompt aussi bien le ritualisme mort que le rationalisme aride. Entendu au sens biblique, il sert à élever, non pas abaisser, la qualité de la religiosité.

Dans la Bible, le miracle n'est jamais une fin en soi et ne sert jamais à mettre en valeur celui qui l'accomplit ni ses pouvoirs extraordinaires. Il est à la fois une incitation à la foi et une récompense de la foi. Il est un *signe* (comme en effet l'appelle de préférence Jean), qui doit élever l'esprit vers une *signification*. C'est pourquoi Jésus s'attriste lorsqu'il s'aperçoit, après la multiplication des pains, qu'ils « *n'avaient pas compris le miracle des pains* [11] ».

La signification du miracle semble ambiguë dans l'Évangile lui-même. Il est vu tantôt de manière positive, quand il est accueilli avec gratitude et joie et qu'il suscite l'adhésion au Christ, tantôt de manière négative, quand il apparaît comme une preuve demandée avant de croire : « *Si vous ne voyez des signes et des prodiges, vous ne croirez pas !* » (Jn 4, 48), « *Les Juifs demandent des signes...* » (1 Co 1, 22.)

Cette ambiguïté existe toujours aujourd'hui. D'un côté, il y a ceux qui recherchent le miracle à tout prix : ils ne s'intéressent qu'aux faits extraordinaires et à leur utilité immédiate, comme la foule qui cherche Jésus parce qu'elle a mangé à sa faim et qu'elle souhaite manger à nouveau. De l'autre, il y a ceux qui ne laissent aucune place à ce charisme de l'Esprit dans la vie de l'Église ; ils l'observent même avec un certain malaise, sans voir qu'ils prétendent ainsi enseigner à Dieu la vraie religiosité. Aujourd'hui encore, le miracle a une fonction providentielle s'il est accueilli de la main de Dieu, avec gratitude, en signe de son amour pour nous et comme incitation à la foi ; il devient ambigu si on ne va pas plus loin.

Lessing a formulé une argumentation qui, si elle n'est pas parfaite en toutes ses prémisses, nous permet de comprendre le rôle permanent du miracle dans le christianisme. En référence à Leibniz, il dit qu'on ne pourra jamais donner une démonstration rationnelle et définitive du christianisme, car des vérités historiques *occasionnelles* ne pourront jamais prouver des *nécessaires* vérités de raison. En d'autres termes, on ne peut fonder l'universel sur un fait historique particulier comme l'événement et la personne de Jésus Christ. Un individu particulier et concret peut-il être en même temps l'universel et l'absolu ? La seule preuve manifeste et convaincante de la vérité de la foi est la manifestation de la puissance divine qui agit dans les miracles et dans les signes prodigieux. Toutefois, ces faits n'engagent que les témoins oculaires directs et perdent de leur poids dès qu'ils sont rapportés par d'autres, car ils deviennent à ce moment-là objets de foi, et non plus d'expérience. Au lieu de prouver quoi que ce soit, ils ont surtout besoin d'être eux-mêmes prouvés. Voilà pourquoi le christianisme aurait besoin, à chaque époque, de nouveaux signes et prodiges, c'est-à-dire de « démonstrations de l'Esprit et de sa puissance [12] ».

---

11. Cf. Mc 6, 52 ; Mt 16, 5 s.
12. Cf. G. E. LESSING, *Über den Beweis des Geistes und der Kraft* (Sur la preuve de l'Esprit et de la puissance) dans *Œuvres complètes*, vol. 13, Berlin 1968.

Ce qui échappe à Lessing, c'est que l'Esprit n'a jamais cessé d'apporter cette preuve à l'Église et que les miracles se produisaient en son temps comme aujourd'hui. Il faut savoir les reconnaître, ce qui nécessite une certaine disponibilité à croire. Voici un témoignage sur les signes et les prodiges que l'Esprit opère aujourd'hui, comme au lendemain de la première Pentecôte. C'est un missionnaire européen qui décrit ce qui se passe dans une jeune Église africaine :

> « Des centaines de personnes se réunissent chaque mercredi dans une paroisse ; dans une autre, deux mille personnes se retrouvent tous les jeudis. Chaque semaine, on assiste à des guérisons extraordinaires : la main desséchée d'un homme redevient normale ; une femme paralysée, amenée pendant des semaines aux rencontres de prière, se met tout à coup debout durant un temps de louange et d'adoration, et se trouve guérie ; pas plus tard que la semaine dernière, un garçon d'une quinzaine d'années, estropié de naissance, n'ayant jamais marché, se met debout et marche. Mais le miracle le plus grand, c'est que les prêtres et les évêques soutiennent cette action de l'Esprit. »

Les miracles sont convaincants s'ils sont vus, non pas s'ils sont racontés. Même les miracles que nous venons de citer ne produisent pas en nous qui les lisons ce qu'ils produisirent sur ceux qui les ont vus directement. En ceci, Lessing a raison.

4. Dans la puissance de l'Esprit

Après avoir éclairci l'arrière-plan biblique et patristique du titre « doigt de la droite de Dieu », il est temps de nous ouvrir à l'expérience de ce contact de l'Esprit dont je parlais au début.

Qu'attendons-nous de ce « toucher » divin ? Le don d'accomplir, nous aussi, des miracles, des signes et des prodiges ? Cela ne dépend pas de nous ; nous ne pouvons que le demander. Nous nous attendons plutôt à faire l'expérience de *« la puissance d'en haut »* (Lc 24, 49) promise par Jésus à ses disciples. Les signes et les prodiges n'épuisent pas « la puissance d'action » de l'Esprit Saint. Ils sont comme les notes aiguës d'un chant qui comporterait aussi des notes plus basses ; ce sont les éclairs imprévus d'une énergie qui agit de manière diffuse au quotidien.

L'Église a besoin du « toucher » du doigt de Dieu pour manifester dans son action ce « pouvoir » et cette « autorité » qui émanaient des paroles et des actions du Christ et qui faisaient s'exclamer ceux qui étaient présents : *« D'où lui viennent cette sagesse et ces miracles* [13] *? »* Quand Jésus parlait ou étendait la

---

13. Cf. Mc 1, 27 ; Mt 13, 54.

main, il se produisait toujours quelque chose : les personnes souffrantes se sentaient réconfortées, les prisonniers libérés, les démons étaient chassés. Il ne s'agissait pas de simples paroles, car la puissance de l'Esprit de Dieu était en elles.

C'est là ce dont nous avons le plus besoin dans notre service du Royaume : la « puissance » et l'efficacité surnaturelles. Ce qui a poussé bon nombre de prêtres et d'acteurs pastoraux à désirer la grâce d'une nouvelle Pentecôte, c'est le constat de leur impuissance due à l'absence de cette « puissance » promise par Jésus à ses disciples (cf. Ac 1, 8 : « *Vous allez recevoir une force, celle de l'Esprit Saint, qui descendra sur vous* ») et qui ne peut faire défaut à l'Église, sinon par notre faute.

L'Église a le même problème – sur un plan différent – que celui du monde : l'énergie. Comment garantir l'énergie nécessaire à notre vie ? Où puiser cette énergie ? D'en bas ou d'en haut ? En ce qui concerne l'énergie physique, on sait que le pétrole n'est pas inépuisable et que ce type d'énergie venant « d'en bas » entraîne toutes sortes de pollution. On cherche donc à le remplacer par l'énergie solaire, qui vient « d'en haut ». L'énergie qui arrive sur la terre sous forme de lumière est douze mille fois supérieure à celle qui est issue de la consommation mondiale de combustible ; les seuls rayons solaires qui tombent sur les routes d'Amérique contiennent le double de l'énergie produite par tout le charbon et le pétrole brûlés chaque année dans le monde. L'énergie « céleste » est immensément plus puissante que l'énergie « terrestre », au point qu'il n'y a aucune commune mesure entre elles.

Dans le domaine spirituel, nous sommes également devant un choix : chercher notre énergie en bas, c'est-à-dire en nous-mêmes, dans nos ressources intellectuelles ou dans notre esprit d'initiative, ou bien la chercher en haut, dans le soleil de justice qu'est le Christ ressuscité.

On observe dans le monde une course fébrile pour convertir ses énergies, pour passer du pétrole et de l'énergie atomique à l'énergie solaire, infiniment plus propre et gratuite. L'Église a sans cesse besoin de cette « conversion ». « *Ce n'est pas par la puissance, ni par la force, mais par mon Esprit – dit le Seigneur Sabaot. Qu'es-tu, grande montagne ? Devant Zorobabel, deviens une plaine !* » (Za 4, 6 s.)

Ni par la puissance ni par la force *humaine*, mais par celle de l'Esprit, nous pouvons « aplanir » les montagnes qui se trouvent devant nous. Ceux qui assurent un service – avertit l'Écriture – « *que ce soit comme par un mandat reçu de Dieu* » (1 P 4, 11), et non par leur propre force.

Que devons-nous faire pour expérimenter ce toucher du doigt de Dieu qui se tendit à l'origine vers Adam ? Ce doigt continue en fait à se tendre vers chaque membre du corps du Christ pour lui communiquer l'énergie qui émane du Ressuscité. Il ne communique plus seulement la force de la création, mais aussi la force de la rédemption. « *Porte ton doigt ici* […]. *Avance ta main et mets-la dans mon côté* » (Jn 20,27), dit Jésus ressuscité à Thomas. Il étend la main, met son doigt et reçoit du contact avec le Christ une « secousse » si puissante que tous ses doutes disparaissent. C'est ce « toucher » pascal que l'Esprit exerce aujourd'hui dans l'Église, puisque le Christ « vit dans l'Esprit » et que l'Esprit est la force même du Ressuscité.

Augustin parle d'un « contact spirituel » (*spiritalis contactus*) qui s'effectue par consentement, c'est-à-dire quand la volonté de l'homme est en accord avec celle de Dieu [14]. Comment peut-on toucher quelque chose qui est dans le ciel et que l'on ne voit pas ? « Croire au Christ, c'est le toucher [15]. » Est touché par l'Esprit et touche l'Esprit celui qui croit, en s'abandonnant à lui avec une absolue docilité.

Au « doigt de Dieu » qui se tend vers l'homme pour lui communiquer son énergie doit correspondre, comme dans la fresque grandiose de Michel-Ange, le doigt de l'homme qui se tend dans la foi pour recevoir cette énergie.

Nous terminons en répétant la prière que la première communauté chrétienne adressa à Dieu dans un moment d'épreuve, pour lui demander d'accomplir « des miracles et des prodiges », et qui se conclut par une nouvelle effusion de l'Esprit, semblable à celle de la Pentecôte :

> « *Maître, c'est toi qui as fait le ciel, la terre, la mer et tout ce qui s'y trouve ;*
> *c'est toi qui as dit par l'Esprit Saint et par la bouche de notre père David,*
> *ton serviteur : Pourquoi cette arrogance chez les nations, ces vains projets*
> *chez les peuples ? Les rois de la terre se sont mis en campagne et les magistrats*
> *se sont rassemblés de concert contre le Seigneur et contre son Oint.*
> *Oui vraiment, ils se sont rassemblés dans cette ville contre ton saint serviteur Jésus,*
> *que tu as oint, Hérode et Ponce-Pilate avec les nations païennes et les peuples*
> *d'Israël, pour accomplir tout ce que, dans ta puissance et ta sagesse,*
> *tu avais déterminé par avance. À présent donc, Seigneur, considère leurs menaces et,*
> *afin de permettre à tes serviteurs d'annoncer ta parole en toute assurance,*
> *étends la main pour opérer des guérisons, signes et prodiges*
> *par le nom de ton saint serviteur Jésus* [16]. »

---

14. AUGUSTIN, *Contre les Donatistes*, 20, 26 (CSEL 53, p. 125).
15. Cf. AUGUSTIN, *Sermons*, 243, 2 (PL 38, 1144).
16. Ac 4, 24-30.

XII

« PROMESSE SOLENNELLE DU PÈRE »

L'Esprit nourrit en nous l'Espérance

1. L'Esprit « déjà » et « encore »

Ce chapitre est consacré au verset du *Veni creator* qui s'adresse à l'Esprit Saint littéralement en ces termes : « Toi promesse solennelle du Père (*Tu rite promissum Patris* [1]) ».

Le thème de l'Esprit Saint comme « promesse » n'a presque pas été développé dans l'Antiquité, alors que la théologie biblique contemporaine lui accorde une place importante. La raison est simple : les Pères de l'Église, en accord avec la culture grecque dans laquelle ils vivaient, s'intéressaient aux titres qui touchaient l'être ou la nature de l'Esprit. Le terme « promesse » ne se réfère pas à la nature, mais à l'histoire ; pas à l'être, mais au devenir. Au contraire, la pensée moderne, plus intéressée par *l'histoire* que par la *nature* des choses (proche en cela de la pensée biblique), a découvert dans le terme « promesse » des profondeurs insoupçonnées ; elle le considère comme l'une des clés de compréhension du dynamisme présent dans toute l'histoire du salut. La tension *promesse-accomplissement* est au cœur du rapport entre

---

[1]. Le latin *promissum Patris* dérive littéralement du texte de la Vulgate de Lc 24, 49 : nul besoin de penser qu'il s'agit d'une erreur dans la transmission du texte de notre hymne. Le fait qu'un nom (*promissum*) soit précédé d'un adverbe (*rite*), et non d'un adjectif, comme le voudrait la grammaire, n'est pas étranger au latin ecclésiastique ; cela s'explique par le sens verbal contenu dans *promissum*. La phrase oscille entre le sens substantif de « promesse solennelle du Père » et le sens verbal de « solennellement promis par le Père » ; cf. H. Lausberg, JAWG, 1969, p. 28.

l'Ancien et le Nouveau Testament, entre la loi et la grâce. Ce terme se révèle riche en possibilités pour la compréhension de la place de l'Esprit Saint dans l'histoire du salut.

Une fois de plus, les paroles du *Veni creator* apparaissent comme des « structures ouvertes ». Issues de la Bible, elles partagent la caractéristique de la parole de Dieu qui est d'être toujours neuve et de s'enrichir, au lieu de s'appauvrir, au fil du temps. La même succession d'attentes et d'avènements, de prophéties et de réalisations, de promesses et d'accomplissements, qui éclaire d'une telle lumière la personne et l'œuvre du Christ, éclairera d'une lumière nouvelle la personne et l'œuvre du Paraclet.

Comme Jésus fut d'abord promis par les Écritures, manifesté dans la chair, puis attendu dans son retour final, de même l'Esprit a d'abord été « promis par le Père » (cf. Lc 24, 49), donné à la Pentecôte, puis attendu et invoqué « dans des gémissements et soupirs » par l'homme et par la création entière qui, après avoir goûté les premiers fruits, attendent maintenant la plénitude de ce don. Comme le Royaume de Dieu est *déjà* présent au milieu de nous, mais *pas encore* pleinement réalisé, de même l'Esprit est *déjà* répandu en notre cœur, mais *pas encore* à l'œuvre, si ce n'est sous forme d'arrhes (cf. 2 Co 1, 22).

Dans cet espace qui va de la Pentecôte à la parousie, l'Esprit est la force qui nous pousse en avant, qui fait de nous des pèlerins et nous empêche ainsi de nous « sédentariser ». Il est celui qui donne de l'élan et « met des ailes » à notre espérance ; il est le principe même et l'âme de notre espérance. Entre l'Esprit et *l'espérance*, nous découvrirons alors un lien non moins étroit qu'entre l'Esprit et la *charité*.

Maintenant, nous présentons de manière succincte les données bibliques et les réflexions théologiques sur l'Esprit « promesse du Père » qui nous permettront dans un second temps d'appliquer la vérité ainsi découverte à notre vie spirituelle.

2. L'Esprit de la promesse

Deux auteurs nous parlent de l'Esprit comme promesse dans le Nouveau Testament : Luc et Paul. Il est utile de rappeler ici les textes concernés :

> « *Et voici que moi, je vais envoyer sur vous ce que mon Père a promis.* » (Lc 24, 49)

> « *Alors, au cours d'un repas qu'il partageait avec eux, il leur enjoignit de ne pas s'éloigner de Jérusalem, mais d'y attendre ce que le Père avait promis, "ce que, dit-il, vous avez entendu de ma bouche : Jean, lui, a baptisé avec de l'eau, mais vous, c'est dans l'Esprit Saint que vous serez baptisés sous peu de jours."* » (Ac 1, 4-5)

> « *Et maintenant, exalté par la droite de Dieu, il a reçu du Père l'Esprit Saint, objet de la promesse, et l'a répandu. C'est là ce que vous voyez et entendez.* » (Ac 2, 33)
>
> « *... Vous recevrez alors le don du Saint-Esprit. Car c'est pour vous qu'est la promesse, ainsi que pour vos enfants et pour tous ceux qui sont au loin, en aussi grand nombre que le Seigneur notre Dieu les appellera.* » (Ac 2, 38-39)
>
> « *... Afin qu'aux païens passe dans le Christ Jésus la bénédiction d'Abraham et que par la foi, nous recevions l'Esprit de la promesse.* » (Ga 3, 14)
>
> « *C'est en lui que vous aussi, après avoir entendu la Parole de vérité, l'Évangile de votre salut, et y avoir cru, vous avez été marqués d'un sceau par l'Esprit de la promesse, cet Esprit Saint qui constitue les arrhes de notre héritage.* » (Ep 1, 13)

À quoi se réfère Luc quand il désigne l'Esprit Saint par « *ce que le Père a promis* » ? Où le Père a-t-il fait cette promesse ? On peut dire que tout l'Ancien Testament est une promesse de l'Esprit. L'œuvre du Messie doit culminer dans une effusion nouvelle et universelle de l'Esprit de Dieu sur la terre. Si l'on met ce texte en parallèle avec le discours de Pierre le jour de la Pentecôte, on comprend que Luc fait allusion surtout à la prophétie de Joël :

> « *Il se fera dans les derniers jours, dit le Seigneur, que je répandrai de mon Esprit sur toute chair* » (Ac 2, 17 ; cf. Jl 3, 1-5) ;

mais aussi à d'autres prophéties :

> « *Jusqu'à ce que se répande sur nous l'Esprit d'en haut* » (Is 32, 15) ;
>
> « *Je répandrai mon Esprit sur ta race* » (Is 44, 3) ;
>
> « *Je mettrai mon Esprit en vous* » (Ez 36, 27).

Quant au *contenu* de la promesse, Luc accentue, selon son habitude, *l'aspect charismatique* du don de l'Esprit, en particulier la prophétie. La promesse du Père est « *la puissance d'en haut* » qui rendra les disciples capables d'apporter le salut jusqu'aux limites de la terre. Cependant, il n'ignore pas les aspects plus profonds, sanctifiants et salvifiques de l'action de l'Esprit comme : la rémission des péchés ainsi que le don d'une loi nouvelle et d'une alliance nouvelle, comme l'atteste le rapprochement qu'il fait entre le Sinaï et la Pentecôte. La phrase de Pierre : « *C'est pour vous qu'est la promesse* » (Ac 2, 39) se réfère à la promesse non seulement de la prophétie et des autres charismes, mais aussi et surtout à la promesse du salut.

Ce que Paul dit de l'Esprit comme promesse nous fait entrer dans une perspective nouvelle, théologiquement bien plus profonde. Il énumère plusieurs objets de la promesse : la justification, la filiation divine, l'héritage ; mais ce qui résume tout, l'objet par excellence de la promesse, c'est justement l'Esprit Saint qu'il appelle tantôt « promesse de l'Esprit » et tantôt « Esprit de la promesse ».

Il introduit deux idées nouvelles dans le concept de la promesse. Voici la première : la promesse de Dieu ne dépend pas de l'observance de la loi, mais de la foi, donc de la grâce. Dieu ne promet pas l'Esprit à ceux qui observent la loi, mais à ceux qui croient dans le Christ : « *Je ne veux savoir de vous qu'une chose : est-ce pour avoir pratiqué la Loi que vous avez reçu l'Esprit, ou pour avoir cru à la prédication ?* […] *Car si on hérite en vertu de la Loi, ce n'est plus en vertu de la promesse.* » (Ga 3, 2.18)

C'est justement à travers le concept de la promesse que la théologie de l'Esprit chez Paul se rattache au reste de sa pensée ; elle en devient même la démonstration concrète. Les chrétiens savent bien que l'expérience nouvelle qu'ils ont faite de l'Esprit découle de la prédication de l'Évangile, et non d'une observance plus fidèle de la loi. L'Apôtre peut se référer à une donnée concrète.

La deuxième nouveauté est plutôt déconcertante. Paul semble jeter de l'eau sur le feu en disant : « Mais la promesse n'est pas encore accomplie… du moins pas entièrement ! » Deux concepts appliqués à l'Esprit Saint sont révélateurs à cet égard : les prémices (*aparché*) et les arrhes (*arrabôn*). Ici aussi, il est bon de citer les textes concernés :

« *Nous-mêmes qui possédons les prémices de l'Esprit, nous gémissons nous aussi intérieurement dans l'attente de la rédemption de notre corps.* » (Rm 8, 23)

« *Et Celui qui nous affermit avec vous dans le Christ et qui nous a donné l'onction, c'est Dieu, Lui qui nous a aussi marqués d'un sceau et a mis dans nos cœurs les arrhes de l'Esprit.* » (2 Co 1, 21-22)

« *Et Celui qui nous a faits pour cela même, c'est Dieu, qui nous a donné les arrhes de l'Esprit.* » (2 Co 5, 5)

Que veut dire l'Apôtre ? Il veut dire que l'accomplissement advenu dans le Christ n'a pas épuisé la promesse. Nous « possédons… dans l'attente », nous possédons et nous attendons. C'est justement parce que ce que nous possédons n'est pas encore la plénitude, mais seulement une primeur, une avance, que peut naître en nous l'espérance. Le désir, l'attente et la soif sont ainsi devenus plus intenses qu'avant, lorsque nous ne connaissions pas l'Esprit. La venue de l'Esprit à la Pentecôte a, en quelque sorte, ajouté du « combustible » sur les flammes du désir humain.

Pour l'Esprit, il en est de même que pour le Christ. Sa venue humaine a accompli toutes les promesses, mais n'a pas mis fin à l'attente. Celle-ci est au contraire ravivée, car nous attendons son retour glorieux. Le titre « promesse du Père » situe l'Esprit Saint au cœur même de l'eschatologie chrétienne. On ne peut donc pas accepter sans réserve la thèse selon laquelle, pour les juifs chrétiens, l'Esprit est avant tout la force du monde *futur* tandis que pour les chrétiens hellénistes, il est la force du monde *supérieur*. Paul démontre que ces deux conceptions ne sont pas nécessairement opposées, mais peuvent très bien coexister. Pour lui, l'Esprit est à la fois une réalité du monde supérieur divin et la force du monde à venir.

Dans le passage des prémices à la plénitude, les premières ne seront pas écartées pour céder la place à la seconde, mais elles deviendront elles-mêmes plénitude. Nous garderons ce que nous possédons déjà, en y ajoutant ce que nous ne possédons pas encore. C'est l'Esprit lui-même qui se dilatera en plénitude.

Le principe théologique : « La grâce est le début de la gloire [2] » appliqué à l'Esprit Saint signifie que les prémices sont le début de l'accomplissement, le début de la gloire, c'est-à-dire une part de la gloire. Ici, il ne faut pas traduire *arrabôn* par « gage » (*pignus*), mais seulement par « arrhes » (*arra*). Le gage n'est pas le début du paiement, mais quelque chose qui est donné dans l'attente du paiement. Une fois que le paiement a été effectué, le gage est restitué. En revanche, les arrhes ne sont pas restituées lors du paiement, mais complétées ; elles font déjà partie du paiement [3].

Ainsi, l'amour de Dieu que nous goûtons déjà ici-bas grâce aux arrhes de l'Esprit est de la même qualité que celui que nous goûterons dans la vie éternelle, mais non de la même intensité. Un jour, saint Syméon le Nouveau Théologien a une vision ; il est certain d'avoir contemplé Dieu en personne. Sûr qu'il ne peut rien y avoir de plus grand que ce qu'il a vu, il dit que cela lui suffira après la mort. Le Seigneur lui répond : « Tu es vraiment par trop mesquin, [...] de te contenter de tels biens qui par rapport aux biens futurs sont l'équivalent du ciel dessiné sur du papier en comparaison du ciel véritable [4]. » Nous pouvons dire la même chose au sujet de l'Esprit Saint.

La signification de la Pentecôte a connu une profonde transformation. À l'origine, la Pentecôte était la fête des prémices des récoltes [5], autrement dit le jour où l'on offrait à Dieu les premiers fruits des récoltes. Aujourd'hui, elle est encore la fête des prémices, mais des prémices que Dieu offre à l'humanité, dans son Esprit ! Les rôles du donateur et du bénéficiaire se sont intervertis, en parfait accord avec ce qui se produit dans tous les domaines, dans le passage de la loi à la grâce, du salut comme œuvre humaine au salut comme don gratuit de Dieu.

---

2. THOMAS D'AQUIN, *Somme théologique*, II-IIae, 24, 3, 2.
3. Cf. AUGUSTIN, *Sermons*, 23, 9 (CC 41, p. 314).
4. SYMÉON LE NOUVEAU THÉOLOGIEN, *Actions de grâces*, 2 (SC 113, p. 351).
5. Cf. Nb 28, 26 ; Lv 23, 10.

Cela explique pourquoi l'interprétation de la Pentecôte comme fête des prémices des récoltes n'a pratiquement aucun équivalent dans le monde chrétien. Saint Irénée tenta quelque chose en ce sens, en disant que le jour de la Pentecôte, « l'Esprit [...] offrait au Père les prémices de toutes les nations [6] », mais cela n'a guère eu de répercussion sur la pensée chrétienne.

3. L'Esprit, avenir de Dieu

Je disais précédemment que l'époque patristique n'a pas apporté de contribution importante au sujet de l'Esprit comme promesse, en raison du moindre intérêt accordé par les Pères à la perspective historique et eschatologique qu'à la perspective ontologique. Saint Basile écrit :

> « Même au temps où se produira du haut du ciel l'apparition attendue du Seigneur, l'Esprit Saint y sera associé [...]. Qui pourrait être assez ignorant des biens que Dieu prépare à ceux qui en sont dignes, pour ne point voir dans la couronne des justes la grâce de l'Esprit ? [...] Ainsi donc, ceux qui ont été marqués du sceau de l'Esprit Saint pour le jour du rachat, et qui ont su conserver intactes, sans les diminuer, les prémices de l'Esprit qu'ils ont reçues, ceux-là entendront dire : *"C'est bien, serviteur bon et fidèle, en de modiques affaires tu t'es montré fidèle, sur de considérables je t'établirai."* (Mt 25, 21) [7] »

Que nous dit ce texte ? Il nous indique seulement que l'Esprit Saint aura un rôle prépondérant dans l'acte final de l'histoire humaine, quand nous passerons du temps à l'éternité. Et que manque-t-il ? Il manque une réflexion sur ce que l'Esprit Saint fait aujourd'hui, dans le temps, pour pousser l'humanité vers l'accomplissement ; sur l'Esprit Saint comme élan, comme force de propulsion du peuple de Dieu en marche vers sa patrie.

L'Esprit pousse les croyants à être vigilants dans l'attente du retour du Christ en enseignant à l'Église cette prière : « *Viens, Seigneur Jésus.* » (Ap 22, 20) L'Esprit dit *Marana-tha* avec l'Église, comme il dit *Abba* dans le cœur du croyant : il *dit* au sens plutôt où il *fait dire*, où il devient lui-même la voix de l'Église. En effet, pour lui-même, le Paraclet ne pourrait pas crier « Viens, Seigneur » (*Marana-tha*), car le Christ n'est pas le Seigneur de l'Esprit, l'Esprit étant lui aussi « Seigneur », comme nous le professons dans le *Credo*. « *Il vous dévoilera les choses à venir* » (Jn 16, 13), nous dit Jésus à propos du Paraclet ; il dévoilera la connaissance du nouvel ordre des choses issu de Pâques.

---

6. IRÉNÉE, *Contre les hérésies*, III, 17, 2 SC 211, p. 331-333 ; cf. aussi EUSÈBE DE CÉSARÉE, *Sur la solennité pascale*, 4 (PG 24, 700 A).
7. BASILE LE GRAND, *Sur le Saint-Esprit*, XVI, 40 (PG 32, 141 A), SC 17bis, p. 387-389.

L'Esprit Saint est donc le ressort de l'eschatologie chrétienne, celui qui maintient l'Église tournée vers l'avant, vers le retour du Seigneur. C'est justement ce que la réflexion biblique et théologique, de nos jours, a voulu mettre en lumière. La nouvelle existence suscitée par l'Esprit est déjà elle-même eschatologique, avant même le moment final de la parousie, puisque c'est le début d'une vie qui ne se manifestera pleinement qu'au moment où le mode de vie selon l'Esprit sera établi, qu'au moment où nous serons libérés de l'esclavage de la chair. L'Esprit n'est pas seulement une promesse au sens statique, mais la force de la promesse. Il est celui qui fait percevoir la possibilité de la libération, qui rend les chaînes encore plus lourdes et plus insupportables, et qui pousse à les faire sauter [8].

On a essayé de mettre en rapport cette action de l'Esprit Saint dans l'histoire avec la place qu'il occupe dans la Trinité :

> « L'échange mutuel entre le Père et le Fils est toujours présence, et éternellement, comme non-espéré, de ce présent sort le Saint-Esprit comme futur. Il est ce qui s'ajoute à leur amour, ce qui advient, ce qui dépasse toujours ce qu'on pouvait espérer dans l'intimité réciproque ; ce qu'il y a toujours de plus neuf, de plus jeune, de plus fécond en Dieu. Et sans doute, lorsque l'on passe au temps des créatures, c'est un effet de l'Esprit que de rester ouverts au futur par-delà le présent [9]. »

L'idée est intéressante, même si elle est plus compréhensible dans la vision latine des relations trinitaires que dans celle des Grecs. Ce que nous pouvons dire en nous appuyant sur l'Écriture, c'est que *« toute la création jusqu'à ce jour gémit en travail d'enfantement. Et non pas elle seule : nous-mêmes qui possédons les prémices de l'Esprit, nous gémissons nous aussi intérieurement dans l'attente de la rédemption de notre corps »* (Rm 8, 22-23). Nous en déduisons que l'Esprit *« fait l'univers nouveau »* (Ap 21, 5) mystérieusement dès maintenant, et non pas seulement au moment final, quand le temps sera remplacé par l'éternité.

Cet aspect de la théologie de l'Esprit Saint comme force qui ouvre à l'avenir a eu, comme on pouvait le prévoir, un écho tout particulier dans la théologie de la libération :

> « L'Esprit Saint est à l'origine du cri des pauvres. L'Esprit est la force donnée à ceux qui n'ont pas de force. Il conduit la lutte pour l'émancipation et pour la pleine réalisation du peuple des opprimés. L'Esprit agit dans l'histoire et par l'histoire. Il ne se substitue pas à elle, mais il y pénètre par les hommes et les femmes qui le portent en eux-mêmes [10]. »

---

8. Cf. J. MOLTMANN, *L'Esprit qui donne la vie*, Cerf 1999, chap. III.
9. H. U. VON BALTHASAR, *Spiritus creator*, Brescia 1972, p. 126.
10. J. COMBLIN, *El Espíritu Santo y la liberación*, Paulinas, Madrid 1987.

4. L'Esprit Saint fait surabonder l'espérance

Le titre « promesse du Père » est inséré dans la strophe du *Veni creator* qui parle de l'Esprit donateur de dons et de charismes. Dans les Actes des Apôtres, Luc voit en effet la réalisation de la « promesse du Père » dans le don pentecostal de la prophétie. Nous avons vu par ailleurs que Paul a donné à ce titre un souffle plus ample en l'appliquant même à toute l'œuvre de l'Esprit, en premier lieu à son œuvre salvifique et sanctificatrice. Nous voudrions mettre en évidence le rapport entre l'Esprit Saint et la vertu théologale de l'espérance.

Paul fait dériver les trois vertus théologales de l'action de l'Esprit Saint : *« Car pour nous, c'est l'Esprit qui nous fait attendre de la foi les biens qu'espère la justice. En effet, dans le Christ Jésus, ni circoncision ni incirconcision ne comptent, mais seulement la foi opérant par la charité* [11]. *»*

Ce texte nous dit que l'Esprit Saint est la source et la force de notre vie théologale. C'est grâce à lui en particulier que « l'espérance peut surabonder » en nous : *« Que le Dieu de l'espérance vous donne en plénitude dans votre acte de foi la joie et la paix, afin que l'espérance surabonde en vous par la vertu de l'Esprit Saint. »* (Rm 15, 13)

L'espérance a parfois été considérée comme le « parent pauvre » des vertus théologales. Certes, il y a eu un grand moment de réflexion sur le thème de l'espérance au point de donner lieu à une véritable « théologie de l'espérance », mais il n'a pas été entrepris de réflexion sur le rapport entre l'espérance et l'Esprit Saint. C'est pourtant la spécificité et l'altérité de l'espérance chrétienne par rapport à toutes les autres notions d'espoir : son lien intime avec l'Esprit Saint. C'est lui qui fait la différence entre le « principe espérance » d'E. Bloch et la vertu théologale de l'espérance. Les vertus dites théologales le sont parce qu'elles ont Dieu non seulement comme fin, mais aussi comme principe ; Dieu n'est pas seulement leur objet, mais aussi leur cause. Elles sont véritablement suscitées par Dieu.

Nous avons besoin de l'espérance pour vivre et nous avons besoin de l'Esprit Saint pour espérer ! Croire est facile, nous dit Charles Péguy ; Dieu resplendit tellement dans l'univers ! Aimer est relativement facile aussi : nous sommes si malheureux qu'il ne devrait pas être difficile d'éprouver de la compassion les uns pour les autres. Mais il est difficile d'espérer car notre propension naturelle, c'est le désespoir. Voilà la grande tentation, le désespoir [12].

Qui va nous aider à « remonter la pente » ? L'Esprit Saint ! Par quel rai-

---

11. Ga 5, 5-6 ; cf. Rm 5, 5.
12. CH. PÉGUY, « Le porche du mystère de la deuxième vertu », dans *Œuvres poétiques complètes*, Gallimard, Paris 1975, p. 538.

sonnement ? Aucun ! Par sa simple présence, car il est en lui-même « promesse » ; c'est là que réside son efficacité. Quand il est avec nous, on ne peut rien faire d'autre qu'espérer, car en sa présence, « l'espérance surabonde », dit Paul.

De même que nous distinguons deux genres de foi : la foi que l'on croit et la foi par laquelle on croit (c'est-à-dire le contenu – ou objet – de l'acte de foi, et l'acte même de croire), il existe deux sortes d'espérance : l'espérance objective qui indique le bien espéré (l'héritage éternel) et l'espérance subjective qui est l'acte même d'espérer ce bien. Cette dernière est une force de propulsion, un élan intérieur, une extension de l'âme, une dilatation de l'instant vers l'avenir. « Une émigration amoureuse de l'esprit vers ce que l'on espère », disait un Père [13].

> « Car la foi ne voit que ce qui est,/Et l'espérance, elle voit ce qui sera.
> La charité n'aime que ce qui est,/Et l'espérance, elle voit ce qui sera [14]. »

Un des principaux dangers qui parsèment notre chemin de foi est le découragement face à la récurrence des mêmes péchés et à la succession apparemment inutile de bonnes résolutions et de rechutes. L'espérance alors nous sauve. Elle nous donne la force de toujours recommencer, de croire que cette fois sera le bon moment de la conversion. Et ce faisant, le cœur de Dieu s'émeut et vient à notre aide en nous accordant sa grâce.

Un autre obstacle important sur notre chemin est la tribulation. Seule l'espérance, fruit de l'Esprit Saint, permet d'en venir à bout.

> *« Nous nous glorifions encore des tribulations, sachant bien que la tribulation produit la constance, la constance une vertu éprouvée, la vertu éprouvée l'espérance. Et l'espérance ne déçoit point, parce que l'amour de Dieu a été répandu dans nos cœurs par le Saint-Esprit qui nous fut donné. »* (Rm 5, 3-5)

L'Esprit Saint atteste à notre esprit que nous sommes les enfants bien-aimés de Dieu, ce qui nous donne la force pour ne pas « baisser les bras », ni devant les contrariétés du quotidien ni devant les croix qui se présentent à nous. Un rapport étroit existe entre la tribulation et l'espérance, qui n'est cependant pas réciproque. Plus les tribulations se multiplient, plus l'espérance s'accroît, mais le contraire ne se vérifie pas nécessairement. Ce n'est pas l'espérance qui produit les tribulations, mais les tribulations qui produisent l'espérance.

Ne nous contentons pas d'éprouver cette espérance juste pour nous.

---

13. DIADOQUE DE PHOTICÉ, *Œuvres spirituelles : Cent Chapitres sur la perfection spirituelle.* (SC 5bis, p. 84).
14. CH. PÉGUY, *Ibid.*, p. 539.

L'Esprit Saint veut nous transformer en semeurs d'espérance. Il n'existe rien de plus beau que de répandre partout l'espérance : à la maison, dans la communauté, dans l'Église locale et universelle. Elle est comme ces produits modernes qui purifient l'air en y diffusant un agréable parfum.

Un passage d'Isaïe sur l'espérance semble doté d'un pouvoir presque sacramentel, comme s'il produisait ce qu'il signifie. Il dit que l'espérance donne des ailes à ceux qui espèrent : « *Les adolescents se fatiguent et s'épuisent, les jeunes ne font que chanceler, mais ceux qui espèrent en Dieu renouvellent leur force, ils déploient leurs ailes comme des aigles, ils courent sans s'épuiser, ils marchent sans se fatiguer.* » (Is 40, 30-31)

5. C'est pour vous qu'est la promesse !

La partie parénétique ou pratique de cette catéchèse sur l'Esprit Saint réside dans les mots que Pierre adresse à la foule présente à la Pentecôte : « *Car c'est pour vous qu'est la promesse, ainsi que pour vos enfants et pour tous ceux qui sont au loin.* » (Ac 2, 39) « *C'est pour vous qu'est la promesse* » : nous devons réaliser que ce « vous », c'est « nous ». Nous sommes ceux que le Seigneur a appelés à la suite des premiers croyants ; c'est donc pour nous qu'est cette promesse du Père !

Ce qui compte dans une promesse, ce n'est pas d'étudier le document qui la contient ni d'en analyser les termes ; mais d'en prendre possession. Et cela dépend de nous. Après la venue de Jésus Christ, quiconque peut, à tout moment, se présenter à lui en exigeant cette promesse. Nous n'y sommes pas seulement autorisés, mais véritablement attendus ; le Ciel s'étonne que nous soyons si peu nombreux à le faire !

Au siècle dernier, la chrétienté a expérimenté par vagues successives l'effusion de l'Esprit « *sur toute chair* » (Jl 3, 1), qui a donné lieu aux mouvements pentecôtistes et charismatiques. La prophétie de Joël est devenue, pour des millions de personnes, leur réalité et non plus seulement une belle citation du discours de Pierre à la Pentecôte. Ils sont prêts à témoigner que le Seigneur a vraiment « *répandu son Esprit sur toute chair, sur les fils et les filles, sur les jeunes gens et sur les anciens, sur les esclaves, hommes et femmes* [15] ». Le souffle de la Pentecôte circule à nouveau avec force dans l'Église, ce qui constitue notre plus grande espérance aujourd'hui face aux multiples difficultés à proclamer la foi. L'Esprit continue d'être « *la force d'en haut* » et le vieux désir de Moïse

---

15. Cf. Jl 3, 1 s. ; Ac 2, 17 s.

se réalise encore : « *Ah ! puisse tout le peuple de Dieu être prophète, Dieu leur donnant son Esprit !* » (Nb 11, 29.)

Si c'est à nous qu'appartient la promesse, comment l'obtenir ? Les paroles de Paul à ce sujet constituent pour nous un grand réconfort. L'« Esprit de la promesse » ne s'obtient pas à travers l'observance de la loi, mais par la foi. En d'autres termes, nous ne devons pas attendre d'avoir accompli « toute justice », d'avoir atteint une observance parfaite de tous les commandements pour espérer recevoir à notre tour cette nouvelle Pentecôte ; nous devons plutôt croire, nous ouvrir au don gratuit de l'Esprit en l'attendant non comme un dû, mais comme un don. Ce n'est pas grâce à leur ferveur que les apôtres ont reçu l'Esprit, mais grâce à l'Esprit qu'ils sont devenus fervents. C'est avec l'aide de l'Esprit que nous serons capables de « *faire mourir les œuvres du corps* » (cf. Rm 8, 13). Le plus important pour commencer est la prière : le Père donne l'Esprit Saint « *à ceux qui l'en prient* » (Lc 11, 13).

Dans cette prière, l'Esprit vient déjà « *au secours de notre faiblesse* », car « *l'Esprit lui-même intercède pour nous en des gémissements ineffables* » (Rm 8, 26). Nous demandons l'Esprit Saint par l'Esprit lui-même ; nous demandons la plénitude en nous appuyant sur les prémices.

La patristique grecque nous offre un éloge de l'Esprit Saint qui évoque de près le *Veni creator*, par son souffle lyrique et par la variété des thèmes et des titres évoqués, parmi lesquels nous trouvons notamment la « promesse » et les « arrhes » des biens futurs. Nous terminons ce chapitre par cette longue doxologie fort inspirée du Paraclet :

> « *Il est le Nom divin, omnipuissant et digne de tout honneur,*
> *qui avec le Père et le Fils est rappelé et glorifié.*
> *Il sanctifie, vivifie et fait participer à la lumière céleste,*
> *préserve en tous la persévérance dans la concorde ;*
> *il a inspiré les prophètes et les apôtres,*
> *il a donné aux martyrs la force de résister à la cruauté des tyrans ;*
> *il renouvelle et libère comme Seigneur*
> *et fait de nous des enfants de Dieu comme Esprit d'adoption ;*
> *il fait fuir les troupeaux de démons par la lumière du baptême,*
> *et couvre d'ignominie Satan l'adversaire ;*
> *il nous ouvre les portes du ciel et nous conduit au port du salut ;*
> *il nous fait participer à la conversation et au chant des anges ;*
> *il est pour nous le chemin qui conduit au Père et au Dieu des cieux,*
> *grâce à sa venue souverainement libre et généreuse.*

Il est féconde et infinie puissance de salut,
incomparable et sainte hypostase,
sans dimensions,
gloire très pure et non contaminée,
grâce divine qui supplée notre faiblesse,
ineffable et éternelle bonté,
source inépuisable des charismes,
artisan de toutes les bonnes pensées,
celui qui manifeste les choses futures et cachées,
sceau de salut, onction divine et gage des biens éternels.
Toute créature visible et invisible, rationnelle et irrationnelle reçoit de lui le soutien,
de lui la régénération d'en haut, la rémission des fautes et le pardon des péchés,
l'union avec Dieu, la couronne pour les justes, la possession des biens, la demeure céleste,
la vie sans fin et l'héritage éternel dans le royaume de Dieu [16]. »

---

16. Didyme d'Alexandrie, *Traité du Saint-Esprit*, II, 1 (PG 39, 452 s.), SC 386.

XIII

« TU METS LA PAROLE SUR NOS LÈVRES »

L'Esprit Saint anime notre annonce

1. L'Esprit et la parole

La strophe du *Veni creator* sur l'action charismatique de l'Esprit se termine par un verset qui met l'accent sur les charismes liés à la parole : « Tu mets la parole sur nos lèvres » (*sermone ditans guttura*).

L'Esprit et la parole, la *ruah* et le *dabar*, sont les deux grandes forces qui créent et font bouger le monde.

> « Par la parole du Seigneur les cieux ont été faits, par le souffle de sa bouche, toute leur armée. » (Ps 33, 6)

> « Il frappera le pays de la férule de sa bouche, et du souffle de ses lèvres fera mourir le méchant. » (Is 11, 4)

Les prophètes eux-mêmes sont vus tantôt comme les hommes de la parole, tantôt comme les hommes de l'Esprit. C'est tantôt la parole qui « vient » sur eux et les rend prophètes, tantôt « *l'Esprit du Seigneur* » (Is 61, 1).

> « *Mon Esprit qui est sur toi et mes paroles que j'ai mises dans ta bouche ne s'éloigneront pas de ta bouche.* » (Is 59, 21)

Ces deux forces créatrices sont mises en rapport dans notre hymne comme deux phares s'illuminant mutuellement et illuminant toute la révélation. Ces paroles nous dévoilent un nouvel horizon. L'Esprit est celui qui donne la parole et qui est donné dans la parole. La réciprocité parfaite qui existe entre les deux réalités puise ses racines lointaines, comme nous le verrons, dans la Trinité elle-même. L'Esprit procède « par » le Fils et le Fils est engendré « dans » l'Esprit. Dans la *révélation*, l'Esprit nous donne la parole ; en effet, « *c'est poussés par l'Esprit Saint que des hommes ont parlé de la part de Dieu* » (2 P 1, 21) ; mais cette même parole, l'Écriture, lue dans la foi, nous donne aussi l'Esprit Saint ; *inspirée* par l'Esprit, elle se met à *expirer* l'Esprit.

On observe cette même circularité dans la *rédemption* : lors de l'incarnation, l'Esprit Saint nous donne la parole vivante de Dieu qui est Jésus, « conçu du Saint-Esprit » ; dans le mystère pascal, sur la croix, la Parole faite chair répand l'Esprit Saint sur l'Église. Cette réciprocité explique pourquoi la christologie ne peut se passer de la pneumatologie et inversement : « Sans la Parole, l'Esprit est aveugle, sans l'Esprit, la parole est morte. »

Pour l'auteur du *Veni creator*, le moment où l'Esprit Saint met la parole sur les lèvres est la Pentecôte. C'est là que s'accomplit la « promesse solennelle du Père » dont parle le verset précédent et dont le don de la parole est le signe visible. Mais à quoi cela se réfère-t-il précisément ? À la glossolalie ou parler en langues des apôtres qui viennent de recevoir l'Esprit ? Certainement, mais pas seulement, car la perspective en est bien plus vaste. Le jour de la Pentecôte, il y a plusieurs manifestations de l'Esprit liées à la sphère du langage et de la parole humaine. Les apôtres « *commencèrent à parler en d'autres langues selon que l'Esprit leur donnait de s'exprimer* » (Ac 2, 4) ; peu après, la *prophétie* est vue comme l'accomplissement de la promesse : « *Il se fera dans les derniers jours, dit le Seigneur, que je répandrai de mon Esprit [...]. Alors ils prophétiseront* » (Ac 2, 18) ; le don de la Parole est ensuite visible dans *l'annonce* du Christ que Pierre adresse à la foule (cf. Ac 2, 22 s.).

Il se peut que l'auteur du *Veni creator* s'inspire en cela d'une hymne sur la Pentecôte de Bède le Vénérable qui dit notamment ceci :

> « En des langues qu'on aurait dites de feu,
> Celui qui de la langue est créateur
> Descendit sur les croyants réunis
> Et conféra le don de la parole [1]. »

La suite de cette hymne montre que Bède ne pense pas seulement au « parler en langues », mais aussi au don de *l'enseignement* (« ceux qui ont reçu la langue de flamme éclairent l'esprit de leur prochain, faisant résonner le Christ au milieu d'eux ») ; il pense au don de *prédication* et à la *louange*.

Dans l'Écriture, l'image de Dieu qui met la parole sur les lèvres d'une personne est toujours liée à la prophétie : « *Je mettrai mes paroles dans sa*

---

1. Bède le Vénérable, *Hymne de Pentecôte*, VII, 8 (CC 122, p. 424 s.) : « *verbique donum contulit* ».

bouche » (Dt 18, 18), dit Dieu au sujet du prophète qui succédera à Moïse ; à Isaïe et à Jérémie, il déclare : « *J'ai mis mes paroles en ta bouche* [2]. » L'expression « Tu mets la parole sur nos lèvres » fait peut-être écho aux paroles de Jésus sur l'Esprit Saint (respectivement, lui-même) qui, le moment venu, devra donner aux disciples « *un langage et une sagesse* » auxquels leurs adversaires ne pourront résister [3].

2. Glossolalie et chant en langues

Les manifestations de l'Esprit liées au langage sont décrites, dans le récit de la Pentecôte, dans un style narratif et sous leur forme naissante. Paul les prend en considération et les insère dans sa doctrine sur les charismes qu'il met en rapport entre eux et avec la charité. Dans son énumération des charismes, plusieurs appartiennent à cette catégorie relative à la parole. Nous les passerons brièvement en revue en nous arrêtant sur ceux qui présentent le plus grand intérêt, compte tenu de l'expérience actuelle de l'Église.

Liée à la parole et à l'organe de la bouche, la *glossolalie* est appelée par Paul « diversité des langues », « don des langues » ou « parler en langues ». C'est le don sur lequel il revient le plus souvent, non pas en raison de son importance (il vient, au contraire, à la dernière place parmi tous les charismes selon lui), mais de la nécessité de le discipliner plus que tout autre (cf. 1 Co 12-14). Il reste aujourd'hui à la fois le don le plus élémentaire et celui qui fait le plus couler d'encre [4].

En quoi consistait ce don et comment se manifestait-il concrètement ? Si nous nous basons sur les manifestations de ce don parmi les chrétiens d'aujourd'hui, on peut dire qu'il se présente sous deux formes : des messages prononcés dans l'assemblée ou une prière personnelle prolongée dans l'intimité. Il s'agit de sons et de paroles qui n'appartiennent à aucune langue existante, mais sont créés sur le moment. Celui qui parle en langues ne sait pas ce qu'il dit, mais sait qu'il parle ; il n'y est pas poussé malgré lui, mais peut commencer et s'arrêter comme il veut.

Quand cela se produit dans une assemblée, le message en langues doit toujours être suivi de l'*interprétation des langues*, de même que la prophétie doit être suivie du discernement [5]. L'interprète ne traduit pas ce que la personne a

---

2. Is 51, 16 ; Jr 1, 9.
3. Cf. Lc 12, 12 ; 21, 15.
4. Cf. J. SHERILL, *They speak with other tongues*, New York, McGraw Hill, 1964.
5. Cf. 1 Co 12, 10 ; 14, 27-28.

dit, mais se sent simplement poussé à dire quelque chose (une parole de l'Écriture ou une exhortation) que lui-même et les autres personnes présentes perçoivent comme étant lié au message en langues et dont il exprime le sens global.

Ceux qui exercent le don de la glossolalie, surtout dans le cadre de la prière personnelle, reconnaissent de manière unanime qu'il favorise une prière plus profonde et un contact avec Dieu plus immédiat, qui leur procurent de grands bienfaits. Il sert à exprimer tantôt l'adoration et la louange, tantôt l'intercession fervente. La personne expérimente alors une nouvelle unité : son être entier – l'esprit, l'âme et le corps – dans ses plus intimes profondeurs entre dans la prière et s'ouvre à la présence de Dieu. Voici un témoignage direct qui nous fera comprendre, mieux que toute autre description, en quoi consiste ce don. Il s'agit d'un professeur d'Écriture Sainte :

> « À genoux, j'écoutais les voix des personnes qui priaient sur moi et je commençai à percevoir en moi une sorte de "gargouillement". Il était là et je ne savais qu'en faire. Le premier de l'an, alors que je rendais visite à ma famille, je me sentis poussé à me laisser aller tout simplement, en laissant s'exprimer ce gargouillement, quoi qu'il fût. Cela donna une mélodie sans paroles. Trois jours après, arrivèrent les mots correspondant à la mélodie : "L'Esprit du Seigneur a touché mon âme." Et ce gargouillement, loin de disparaître, était toujours là. Il semblait aller au-delà de tout ce que je pouvais exprimer aussi bien par la mélodie que par la parole. Je suis monté dans ma chambre, j'ai fermé la porte, je me suis agenouillé et j'ai laissé le champ libre... C'était donc ça, le fameux don des langues ! Louer Dieu, en laissant l'Esprit agir en moi, par moi et avec moi ! Depuis, ma vie a tellement changé, elle est tellement plus riche et pleine d'événements inexplicables. J'ai pu connaître une nouvelle force et une nouvelle vitalité, une plus grande audace dans la foi, une plus grande résistance au stress et aux imprévus de toutes sortes [6]. »

Ce qui peut nous rendre perplexes, c'est le fait que ce phénomène existe aussi hors du christianisme, par exemple dans la *mantique* du paganisme, puis dans d'autres cultes non chrétiens. Cela ne signifie pas qu'il s'agit d'une suggestion, d'une *transe* induite artificiellement, mais que le charisme repose sur une potentialité religieuse intrinsèque à l'homme, que l'Esprit Saint emploie à sa manière, et non à la manière des hommes.

Nous ressentons tous parfois le besoin d'aller au-delà du schématisme des mots et des concepts, qui restreint notre élan expressif en l'obligeant à passer par des cases. Cela peut ralentir ou « figer » les « mouvements » de notre cœur. Il y a deux manières d'échapper à cette limite : le silence et le dépassement de

---

6. G. T. MONTAGUE, dans *The Spirit and the Church*, sous la direction de R. Martin, New York, p. 172 s.

la parole qui se produit dans la glossolalie. Certains artistes aujourd'hui tentent de répondre à ce besoin. Il existe une poésie moderne faite de sons et de paroles qui n'ont pas de lien logique, mais seulement harmonique ; c'est une poésie qui veut seulement suggérer et non décrire un état d'âme. Le poète Tagore rêve d'un voyage en haute mer, où il serait seul avec Dieu. Ses chants jailliraient comme « des mélodies libres comme les vagues, libres de l'esclavage des mots [7] ».

Certains peintres modernes ont senti le besoin d'aller au-delà des images et de laisser l'inspiration au pur jeu des couleurs. Pourquoi cela ne pourrait-il pas se produire dans la sphère religieuse, où ce n'est pas la simple « inspiration » qui est à l'œuvre, mais l'Esprit Saint en personne ?

Ceci étant dit, il est nécessaire aujourd'hui encore de compléter le « oui » par un « mais » comme le fait Paul, c'est-à-dire de mettre en garde contre le danger d'une surévaluation et d'un usage sans discernement de ce don. Dans certains milieux pentecôtistes, le parler en langues est considéré comme « l'évidence initiale » (*initial evidence*), c'est-à-dire le signe nécessaire et suffisant que l'on a reçu l'Esprit. Nous respectons cette conviction basée sur une expérience de l'Esprit qui s'est révélée par ailleurs authentique et puissante. Cependant, nous ne pouvons pas ignorer que cela cause de gros problèmes quand on la met en lien avec des textes du Nouveau Testament. Paul dit ceci : « *À un autre* [est donnée] *la diversité des langues* [...]. *Tous parlent-ils en langues ?* » (1 Co 12, 10.30.)

De même que tous ne sont pas apôtres et que tous n'opèrent pas de miracles, tous ne parlent pas en langues. Faire de ce seul charisme un charisme obligatoire pour tous équivaut à lui conférer un statut spécial et à l'extraire de ce fait du noyau des charismes qui sont, par définition, des dons accordés par Dieu « à qui il veut et quand il le veut », pour le bien de tous. N'attribue-t-on pas ainsi au parler en langues la prérogative que Paul attribue à la charité : le fait d'être la donnée commune, qui ne peut manquer à personne ? Le parler en langues, comme beaucoup d'autres phénomènes surnaturels, peut être falsifié par Satan ; mais quant à l'amour, non.

Je crois que l'on doit vraiment encourager les gens à s'ouvrir à ce don et à l'utiliser, surtout sous la forme de la prière personnelle, « *pour s'édifier soi-même* » (1 Co 14, 4). Mais si, après plusieurs tentatives, une personne s'aperçoit qu'elle n'y est pas du tout encline et qu'elle devrait le faire sans aucune conviction, il ne faut pas insister ni lui faire sentir qu'il lui manque quelque chose, en mettant en doute qu'elle ait reçu l'Esprit. À celui qui vous demande :

---

7. R. TAGORE, *L'offrande lyrique* (Gitanjali), 42.

« Tu as reçu l'Esprit, pourquoi ne parles-tu pas en langues ? », vous pouvez tranquillement répondre avec Augustin : « Comme alors chaque fidèle parlait toutes les langues, ainsi l'unité formée par tous les fidèles les parle toutes aujourd'hui. D'où il suit que, membres du corps immense où on les parle toutes, nous les avons toutes encore maintenant [8]. »

Il y a aussi *le chant en langues* : « *Je prierai avec l'esprit, mais je prierai aussi avec l'intelligence. Je dirai un hymne avec l'esprit, mais je le dirai aussi avec l'intelligence.* » (1 Co 14, 15)

Le contexte nous indique que « chanter avec l'esprit » est une sorte de parler en langues dans un cadre musical. C'est une manière de chanter inspirée, sans paroles ni notes établies, qui consiste à moduler une séquence de sons selon l'élan intérieur de l'Esprit. Paul évoque souvent ce chant inspiré et charismatique : « *Cherchez dans l'Esprit votre plénitude. Récitez entre vous des psaumes, des hymnes et des cantiques inspirés ; chantez et célébrez le Seigneur de tout votre cœur.* » (Ep 5, 18-19)

D'après l'expérience qui en est faite dans les assemblées pentecôtistes et charismatiques, le chant en langues semble être un don simple et très beau. Il permet non seulement de transcender le schématisme des paroles et des mélodies déjà connues, mais de « mêler » toute une assemblée, en faisant d'elle un seul cœur et une seule âme. Il permet d'exprimer à Dieu l'adoration, la louange, la jubilation et l'action de grâce, d'une manière calme et majestueuse. Sur la dernière note d'un chant comme au milieu d'un profond silence, s'élève peu à peu un bruissement de voix, qui tantôt s'affirme en force et en puissance, tantôt demeure dans la légèreté et l'adoration, comme s'il était gouverné par une trame secrète ; puis il s'éteint spontanément comme s'il répondait à un signe invisible. Bien souvent, c'est le phénomène spirituel qui impressionne le plus les personnes étrangères à un rassemblement charismatique, comme les journalistes et autres médias qui peuvent s'y trouver pour des motifs professionnels.

Il ne faut pas penser qu'il s'agit d'un miracle. On sait qu'une atmosphère d'unité et de saturation spirituelle peut produire de tels effets, même si c'est sans nul doute une manière de l'Esprit d'édifier la communauté et de manifester sa présence (autrement dit un charisme). La meilleure explication de la dynamique qui conduit au chant en langues est celle dont parle saint Augustin :

« *"Chantez par vos transports."* (Ps 33, 3) Mais qu'est-ce que chanter avec transport ? C'est comprendre que des paroles sont impuissantes à rendre le chant du

---

8. Cf. AUGUSTIN, *Sermons*, 269, 2 s. (PL 38, 1236 s.).

cœur. Voyez ces travailleurs qui chantent soit dans les moissons, soit dans les vendanges, soit dans tout autre labeur pénible : ils témoignent d'abord de leur joie par des paroles qu'ils chantent ; puis, comme sous le poids d'une grande joie que des paroles ne sauraient exprimer, ils négligent toute parole articulée et prennent la marche plus libre de sons confus. Cette jubilation est donc pour le cœur un son qui signifie qu'il ne peut dire ce qu'il conçoit et enfante. Or, à qui convient cette jubilation, sinon à Dieu qui est ineffable ? Car on appelle ineffable ce qui est au-dessus de toute expression. Mais si, ne pouvant l'exprimer, vous devez néanmoins parler de lui, quelle ressource avez-vous, autre que la jubilation, autre que cette joie inexprimable du cœur, cette joie sans mesure, qui franchit les bornes de toutes les syllabes [9] ? »

Les volutes de pure mélodie qui suivent souvent la dernière syllabe d'un chant grégorien n'étaient-elles pas dans cette mouvance du chant en langues, du moins lorsqu'elles jaillirent pour la première fois du cœur du compositeur ? À propos de saint François d'Assise, son premier biographe dit que « quand il était rempli du feu de l'Esprit Saint, c'était toujours en français qu'il laissait exploser ses paroles enflammées [10] ». C'était sa manière de parler et de chanter en langues !

Aussi beau soit-il, le chant en langues ou dans l'Esprit n'est pas la seule forme de chant inspiré. Le chant ordinaire sous toutes ses formes, « le chant avec l'intelligence » comme l'appelle Paul, est aussi un canal privilégié de l'Esprit. Chez Paul, l'expression « cantiques inspirés » ne désigne pas seulement le chant en langues, mais toute forme de chant exécuté dans l'assemblée chrétienne avec la foi et l'ardeur de chacun.

Par son « inspiration », sa liberté, sa légèreté, son rythme et son harmonie, le chant est peut-être le mode d'expression qui est le plus naturel à l'Esprit Saint ; en tous les cas, le moins inapproprié pour parler de Dieu ou à Dieu. Cela explique pourquoi le verbe « chanter » et tous ses dérivés (chant, cantique, chantre) font partie des termes qui reviennent le plus souvent dans la Bible (environ trois cent neuf fois dans l'Ancien Testament et trente-six dans le Nouveau).

Le chant mêle dans une seule louange et une seule adoration des voix diverses. Saint Basile nous décrit avec un plaisir apparent l'impression que lui procurait sa communauté quand elle chantait :

« Si la mer est belle et mérite les louanges divines, combien n'est pas plus belle la réunion de cette assemblée, où le bruit mêlé des voix, tel celui du flot qui

---

9. AUGUSTIN, *Commentaire des Psaumes*, 32, II, 8 (CC 38, p. 254).
10. THOMAS DE CELANO, *Vita secunda*, 8, 13 (Documents, p. 332) ; cf. aussi *Vita prima*, 7, 16 (Document, p. 202).

déferle sur le rivage : [voix] d'hommes, de femmes et d'enfants, s'élève au milieu des prières que nous adressons à Dieu ! Un calme profond la conserve dans la paix [11]. »

Le chant attendrit les cœurs et les prédispose à accueillir la vérité et la volonté de Dieu. Augustin se remémore l'effet que produisit sur lui, lors de sa conversion, le chant sacré qui se pratiquait à Milan à l'initiative d'Ambroise : « À ces hymnes, à ces cantiques célestes, quel torrent de pleurs faisaient jaillir de mon âme violemment remuée les suaves accents de votre Église ! Ils coulaient dans mon oreille, et versaient votre vérité dans mon cœur ; ils soulevaient en moi les plus vifs élans d'amour [12]. »

L'Église, aussi bien grecque que latine, a bien vite reconnu cette fonction irremplaçable de la musique sacrée et lui a réservé un rôle de premier ordre dans sa liturgie : on peut lire dans le décret conciliaire sur la liturgie : « La [finalité] de la musique sacrée est la gloire de Dieu et la sanctification des fidèles [13]. »

3. Autres charismes liés à la parole

Pour Paul, comme pour l'auteur des Actes des Apôtres, la place d'honneur, parmi les charismes liés à la parole, est occupée par la *prophétie*, qu'il place bien devant le parler en langues :

« Aspirez aussi aux dons spirituels, surtout à celui de prophétie [...]. Celui qui prophétise, au contraire, parle aux hommes ; il édifie, exhorte, réconforte. Celui qui parle en langue s'édifie lui-même, celui qui prophétise édifie l'assemblée. [...] Mais si tous prophétisent et qu'il entre un infidèle ou un non-initié, le voilà repris par tous, jugé par tous ; les secrets de son cœur sont dévoilés, et ainsi, tombant sur la face, il adorera Dieu, en déclarant que Dieu est réellement parmi vous. » (1 Co 14, 1-25)

D'après l'expérience que l'Église fait aujourd'hui de ce don, nous pouvons dire qu'il consistait en des paroles inspirées qu'un membre de la communauté se sentait poussé à prononcer dans une assemblée. Quand Paul rappelle à Timothée les prophéties faites à son égard (cf. Tm 1, 18), il se réfère probablement à ces messages inspirés prononcés alors qu'on priait pour Timothée lors de son baptême ou de son élection, et qui révélaient le dessein de Dieu sur lui.

Le prophète sentait si fortement que Dieu lui-même parlait à travers lui qu'il n'hésitait pas à employer des formules comme « Le Seigneur dit… » ou

---

11. BASILE LE GRAND, *Homélies sur l'Hexaéméron*, IV, 7 (SC 26, p. 274 s.).
12. AUGUSTIN, *Confessions*, IX, 6, 14.
13. *Sacrosanctum concilium*, n. 112.

encore plus courageusement : « Je vous dis : "Je vous ai aimés…" » où le *je* ne correspond pas à celui qui parle, mais à Dieu lui-même. Quand la prophétie est authentique, l'assemblée perçoit sans équivoque la présence de Dieu ; une lumière de vérité est alors projetée sur une situation particulière et sur le « secret des cœurs ». Elle pousse le croyant à s'exclamer : « Dieu est ici ! » ou le non-croyant à dire : « Dieu est parmi vous ! » (cf. 1 Co 14, 25). La prédilection de l'Apôtre pour ce charisme est due au fait qu'il sert, plus que tout autre, à l'« édification » de la communauté, en réalisant la définition même du charisme.

Le charisme de la prophétie doit être accompagné, dans son exercice, du charisme de *discernement des esprits* : « *À tel autre la prophétie ; à tel autre le discernement des esprits.* » (1 Co 12, 10) Le discernement a revêtu dans l'histoire de la spiritualité une multiplicité de sens et d'applications. Mais le sens original entendu par Paul semble très précis et circonscrit. Il concerne l'accueil de la prophétie elle-même, son évaluation de la part d'un ou de plusieurs membres de l'assemblée, eux-mêmes dotés d'esprit prophétique. Cela ne se fait pas sur la base d'une analyse rationnelle, mais d'une inspiration de l'Esprit Saint. Le sens du terme discerner (*diakrinein*) oscille donc entre distinguer et interpréter : *distinguer* si celui qui a parlé est l'Esprit de Dieu ou un autre esprit, humain ou diabolique ; *interpréter* ce que l'Esprit a voulu dire dans telle situation concrète. C'est à ce don du discernement que se réfère la célèbre recommandation : « *N'éteignez pas l'Esprit, ne dépréciez pas les dons de prophétie ; mais vérifiez tout : ce qui est bon, retenez-le ; gardez-vous de toute espèce de mal.* » (1 Th 5, 19-22)

D'après l'expérience faite actuellement dans les assemblées charismatiques, on peut dire que ce charisme consiste dans la capacité de l'assemblée, ou de certaines personnes seulement, à réagir activement à la prophétie en exprimant soit l'approbation de la parole prophétique, par les mots (« Je confirme ! ») ou par des signes discrets de la tête et de la voix ; soit la désapprobation par le silence et en passant tout de suite à autre chose. De cette manière, la vraie ou la fausse prophétie est jugée « aux fruits » qu'elle produit ou qu'elle ne produit pas, comme le recommandait Jésus (cf. Mt 7, 16).

Un autre charisme lié à la parole est l'*enseignement* (Rm 12, 7). Celui qui le possède reçoit le nom de *maître* (cf. 1 Co 12, 29 ; Ep 4, 11). À la différence de la prophétie qui indique une parole nouvelle de Dieu, l'enseignement indique en revanche la capacité à saisir de nouvelles implications dans la parole de Dieu déjà connue, de l'Ancien comme du Nouveau Testament. C'est le charisme qui brille dans les meilleures exégèses des Pères. La différence entre le *langage de la science* et le *langage de la sagesse* (1 Co 12, 8), qui semblent se rapporter tous deux à l'enseignement, consiste en cela : le premier s'occupe des vérités élémentaires du christianisme et le second des vérités plus élevées, réservées à ceux qui sont parfaits [14]. (Dans l'usage pentecôtiste et charismatique d'aujourd'hui, la « parole de science » indique plutôt la révélation faite à quelqu'un, en général à celui qui exerce le ministère de guérison, puis communiquée à l'assemblée, que le Seigneur est en train d'agir dans telle situation.)

J'ai cherché à illustrer les charismes qui sont le plus directement liés à la parole parce que c'est à eux que notre hymne se réfère quand elle parle de l'Esprit qui « met la parole sur les lèvres ». Cependant, le rapport entre l'Esprit et la parole ne se limite pas au domaine charismatique, mais s'étend à tous les aspects de la vie de l'Église. On peut dire que l'Esprit Saint :

Met sur les lèvres de l'écrivain sacré la parole révélée, et nous avons l'Écriture.

Met sur les lèvres de l'Église la parole de louange, et nous avons la liturgie.

Met sur les lèvres des Pères la parole de définition, et nous avons le dogme.

Met sur les lèvres des pasteurs la parole d'enseignement, et nous avons le magistère.

Met sur les lèvres du prédicateur la parole : « Jésus est le Seigneur ! », et nous avons l'évangélisation.

Met sur les lèvres du prêtre les paroles de la consécration, et nous avons l'Eucharistie.

Met sur les lèvres des enfants le cri : « Abba, Père ! », et nous avons la prière chrétienne.

Met sur les lèvres de l'homme inspiré une parole de feu, et nous avons la prophétie.

Met sur les lèvres de ceux qui ont goûté le « vin nouveau » des paroles de jubilation, et nous avons le chant en langues.

4. Ils virent apparaître des langues qu'on eût dites de feu

Tous les charismes que nous avons évoqués ont un élément en commun : l'Esprit Saint s'insère mystérieusement dans le langage humain, lui donnant ainsi une qualité toute nouvelle. C'est le prolongement, sous une forme non canonique et normative, de ce qui est à l'origine de la révélation divine : « *C'est poussés par l'Esprit Saint que des hommes ont parlé de la part de Dieu.* » (2 P 1, 21) Cela se produit surtout lorsque nous proclamons le *kérygme* de Jésus Christ, mort et ressuscité, « dans l'Esprit et la puissance ». Que se passe-t-il ? Alors que le « messager » est en train de parler, il sent à un moment tout à fait

---

14. Cf. 1 Co 2, 6-16 ; He 6, 1.

imprévu une interférence, comme si une onde d'une fréquence différente venait s'insérer dans sa voix. Il s'en aperçoit car il se sent rempli d'une émotion, d'une force et d'une conviction qui lui semblent tout à fait étrangères à lui-même. Sa parole s'affermit et se fait plus incisive. Il expérimente un reflet de cette « autorité » qui émanait de Jésus lorsqu'il s'adressait à la foule et à ses disciples. S'il parle du péché par exemple, il s'enflamme de zèle pour le Seigneur et d'indignation, comme si Dieu lui-même l'avait nommé son avocat devant les hommes. Il a l'impression qu'il pourrait résister au monde entier, « affoler les coupables et faire frémir les innocents [15] ». S'il parle de l'amour de Dieu ou de la passion du Christ, sa voix transmet quelque chose du *pathos* de Dieu.

L'apôtre Paul décrit très bien cela : « *Ma parole et mon message n'avaient rien des discours persuasifs de la sagesse ; c'était une démonstration d'Esprit et de puissance, pour que votre foi reposât, non sur la sagesse des hommes, mais sur la puissance de Dieu.* » (1 Co 2, 4-5) « *Car notre Évangile ne s'est pas présenté à vous en paroles seulement, mais en puissance, dans l'action de l'Esprit Saint, en surabondance. De fait, vous savez comment nous nous sommes comportés.* » (1 Th 1, 5) Il parle d'une expérience connue de lui et de ses auditeurs. De fait, quand l'Esprit Saint met une parole sur les lèvres, les effets, quoique de nature spirituelle, sont bien perceptibles : l'auditeur est rejoint dans une zone de son être où aucune autre voix ne parvient ; il se sent « touché » et parfois même traversé de frissons.

À ce moment-là, l'homme et sa voix disparaissent, cédant la place à une autre voix : « Véritablement, le prophète, même lorsqu'il paraît parler, se trouve en silence [16]. » Il se tait car ce n'est plus lui qui parle, mais un autre. En lui s'est installé un mystérieux silence comme s'il se mettait respectueusement de côté lors du passage du roi. Il se sent lui-même entraîné par la parole qu'il prononce ; et si des considérations humaines tentent de le dissuader d'exprimer telle ou telle parole, il sent en ses os « *comme un feu dévorant* » impossible à contenir (cf. Jr 20, 9) et prononce cette phrase sur un ton même plus élevé. Et Dieu dit alors à son « messager », pauvre créature pécheresse, qui se sent alors tout confus et craintif : « *Tu seras comme ma bouche.* » (Jr 15, 19)

Cela ne se produit pas toujours aussi intensément durant la même prédication, ce sont des moments ; une phrase, une parole suffisent à Dieu. En ces instants, tous sentent comme des gouttes de feu se mêler aux paroles du prédicateur qui deviennent alors incandescentes. Le feu est l'image la moins imparfaite pour exprimer la nature de cette action de l'Esprit, qui se manifesta

---

15. W. SHAKESPEARE, *Hamlet*, II, scène 2.
16. PHILON D'ALEXANDRIE, *Quis rerum*, 266, dans *Les Œuvres de Philon d'Alexandrie*, vol. 15, Paris 1966, p. 300.

à la Pentecôte sous la forme de « *langues qu'on eût dites de feu ; elles se partageaient et il s'en posa une sur chacun d'eux* » (Ac 2, 3). Il est écrit au sujet d'Élie qu'il était « *comme un feu et que sa parole brûlait comme une torche* » (Si 48, 1) et dans le livre du prophète Jérémie, Dieu lui-même déclare : « *Ma parole n'est-elle pas comme un feu ? oracle du Seigneur. N'est-elle pas comme un marteau qui fracasse le roc ?* » (Jr 23, 29.)

5. De Babel à la Pentecôte

Ces réflexions nous font comprendre une chose importante : nous devons laisser le feu de l'Esprit Saint enflammer toutes les paroles qui sortent de notre bouche. Autrement, nos paroles sont peut-être chargées de sens, mais « vides » de puissance ; elles peuvent éclairer telle ou telle chose, mais ne font rien bouger : ce sont des paroles « sans fondement ». Jésus a dit à ce propos : « *De toute parole sans fondement que les hommes auront proférée, ils rendront compte au Jour du Jugement.* » (Mt 12, 36)

Il y a eu beaucoup de discussions autour de l'expression « sans fondement ». Mais ce texte s'éclaire s'il est mis en rapport avec la parole sur les faux prophètes (cf. Mt 7, 15-20). Le terme original *argòn* n'a pas le sens passif d'une parole *infondée*, calomnieuse ; mais le sens actif d'une parole inefficace, qui *ne fonde rien*, qui ne produit rien ; l'exact contraire de la parole de Dieu qui est définie comme active et efficace (*energes*) [17].

La parole « sans fondement », dont les hommes devront rendre compte, ne désigne donc pas n'importe quelle parole inutile : c'est la parole vide, purement humaine, prononcée par celui qui devrait en revanche faire résonner les paroles « actives » de Dieu, des paroles inspirées. C'est la parole du faux prophète qui fait croire qu'il parle au nom de Dieu alors qu'il parle en son propre nom ; il ne puise pas la parole du cœur de Dieu, mais de son propre cœur.

Nous avons besoin de l'Esprit Saint pour prononcer des paroles efficaces. Dans le commentaire d'un verset de psaume (« *Les fleuves déchaînent leur voix.* » Ps 93, 3), l'évêque saint Ambroise écrit à un confrère :

> « Il est un fleuve qui descend sur ses saints tel un torrent… Quiconque reçoit de la plénitude de ce fleuve lève alors la voix. Et comme les apôtres firent résonner d'une voix vive la prédication évangélique jusqu'aux confins de la terre, lui aussi commence à répandre la bonne nouvelle du Seigneur Jésus. Reçois donc ce fleuve du Christ pour que ton annonce résonne elle aussi avec force [18]. »

---

17. Cf. He 4, 12 ; 1 Th 2, 13.
18. AMBROISE, *Lettres*, VII, 36 (CSEL 8, 2, p. 4).

Nous sommes tous convaincus que sans l'Esprit Saint, il n'y a pas de proclamation et de mission authentiques : nos paroles, nos exhortations, nos prières, nos enseignements et nos prédications sont stériles. Venons-en donc à la question pratique : comment faire pour consentir à ce que l'Esprit Saint mette « la parole sur nos lèvres » ?

Nous trouvons une indication importante à cet égard dans le récit de la Pentecôte. On sait que Luc a voulu créer un parallèle entre la Pentecôte et Babel ; d'où son insistance sur les langues. À Babel, tous parlent une langue commune mais à un certain moment, ils deviennent incapables de se comprendre ; à la Pentecôte, tous parlent une langue différente (Parthes, Mèdes, Élamites…), et pourtant, tous se comprennent. Pourquoi ? Les hommes de Babel s'efforcent de construire une tour en se disant l'un à l'autre : « *Allons ! Bâtissons-nous une ville et une tour dont le sommet pénètre les cieux ! Faisons-nous un nom et ne soyons pas dispersés sur toute la terre !* » (Gn 11, 4.) Ils veulent « se faire un nom », ils sont animés par une volonté de puissance et d'auto-affirmation. À la Pentecôte, toutes les personnes présentes comprennent les apôtres parce qu'ils publient dans leur langue « *les merveilles de Dieu !* » (Ac 2, 11.)

Tous comprennent les apôtres car ils ne parlent pas d'eux-mêmes, mais de Dieu. Ils ne pensent pas à se faire un nom, mais à « faire un nom » à Dieu. Voilà qu'ils ont appris le « chant nouveau » ! Autrefois, ils discutaient entre eux pour savoir qui était le plus grand ; maintenant, ils n'en sont plus là car ils ont vécu une grande conversion : ils sont passés du *je* à Dieu. Ils sont morts à leur propre gloire, c'est pour cela que l'Esprit peut mettre la parole sur leurs lèvres. Il ne peut devenir complice de notre propre vanité ni mettre sa puissance au service de notre ambition.

La louange enthousiaste de Dieu, l'admiration et la stupeur devant ses œuvres font partie des signes les plus clairs que l'Esprit de Dieu a visité l'âme d'une personne. Marie, après avoir reçu l'Esprit Saint et la puissance du Très Haut, entonne le Magnificat ; l'Église, après avoir reçu la puissance d'en haut à la Pentecôte, fait de même. Les « merveilles de Dieu » que les apôtres proclament rappellent de près les « grandes choses » chantées par Marie (cf. Lc 1, 49). « L'homme est une créature faite pour la louange [19]. » L'Esprit Saint nous aide à devenir des « génies de la louange » car il nous donne non seulement le devoir, mais aussi le goût et la passion de la louange. Les Pères ont émis des réflexions profondes sur Babel, mais ils se sont trompés sur un point. Ils pensaient que les constructeurs de Babel étaient des hommes athées, des titans qui voulaient défier Dieu. Or, il s'agissait d'hommes pieux et religieux. La

---

19. AUGUSTIN, *Sermons*, 29, 1 (CC 41, p. 373) : « *creatura laudatrix homo* ».

tour qu'ils voulaient construire n'était rien d'autre que l'un de ces fameux temples à terrasses superposées, appelés *ziggourats*, dont il reste encore des ruines en Mésopotamie. En quoi était-ce un péché ? Ils voulaient construire un temple *à* Dieu, et non *pour* Dieu : pour leur gloire et non pour celle de Dieu. Ils pensaient qu'en construisant un temple plus haut que tous les autres, ils pourraient traiter avec Dieu en position de force et lui arracher ainsi des faveurs et des victoires.

Babel et la Pentecôte sont deux chantiers toujours en cours dans l'histoire. Augustin a fondé son œuvre *La cité de Dieu* sur ce sujet. Dans le monde, deux villes sont en construction : la cité de Babylone, fondée sur l'amour de soi allant jusqu'au mépris de Dieu, et la cité de Dieu, la Jérusalem nouvelle, fondée sur l'amour de Dieu allant jusqu'au mépris de soi. Chacun est appelé à choisir dans lequel de ces deux chantiers il veut agir. Toute initiative pastorale, toute mission, toute entreprise religieuse, même la plus sainte, peut être ou Babel, ou la Pentecôte : Babel si on cherche à s'y affirmer et à s'y faire un nom ; la Pentecôte si on y cherche la gloire de Dieu et l'avènement de son Règne.

Voilà, pour notre vie, une indication précieuse. Si nous voulons que l'Esprit mette la parole sur nos lèvres, nous devons vivre dans cette attitude constante de mort à notre propre gloire et de recherche de la gloire de Dieu.

Nous terminons en méditant cette belle prière de Grégoire de Narek, le mystique arménien qui a vécu au début du second millénaire et qui a exercé jusqu'à nos jours une influence majeure sur la vie spirituelle et la poésie de son peuple.

> « *Je supplie ta Seigneurie immuable, très puissante, ô Esprit puissant,*
> *envoie la rosée de ta suavité.* […]
> *C'est Toi qui consacres les Apôtres, inspires les Prophètes, instruis les Docteurs,*
> *fais parler les muets et ouvres les oreilles fermées des sourds.* […]
> *Donne-moi la grâce à moi aussi, pécheur, de parler avec assurance*
> *du mystère vivifiant de la Bonne Nouvelle de ton Évangile* […].
> *Et à l'heure où j'entreprends d'expliquer ta parole en public,*
> *que ta miséricorde me devance*
> *pour me dire intérieurement en temps opportun*
> *ce qui est digne, utile et agréable à Toi,*
> *pour la gloire et la louange de ta Divinité,*
> *et pour la plénitude de l'édification de l'Église catholique* [20]. »

---

20. Grégoire de Narek, *Le livre de prières*, 34 (SC 78, p. 210 s.).

XIV

« METS TA LUMIÈRE EN NOS ESPRITS »

L'Esprit Saint nous guide à la vérité tout entière

1. L'œuvre de l'Esprit dans le croyant

Traduite littéralement, la quatrième strophe du *Veni creator* dit ceci :

« Allume ta lumière en notre esprit
Répands dans nos cœurs l'amour
Ce qui est infirme en notre corps
Guéris-le par ta puissance éternelle. »

On passe de la *contemplation* de l'Esprit, qui a occupé la deuxième et la troisième strophes, à l'*invocation* de l'Esprit qui continuera tout au long de l'hymne ; de l'*éloge* (« toi qui es... »), on retourne à *l'épiclèse*.

Voilà pour la forme. Quant au contenu, un horizon nouveau s'ouvre devant nous. Dans la première strophe, l'action de l'Esprit Saint est contemplée dans le cadre infini du cosmos et de l'histoire. Par rapport au *temps*, l'Esprit se manifeste dans la sortie des créatures de Dieu et dans leur mouvement de retour vers Dieu ; par rapport à *l'espace*, il se manifeste dans toute la création et *a fortiori* dans l'Église. La seconde et la troisième strophes que nous venons de commenter se concentrent sur l'Esprit qui agit dans l'Église comme l'« Esprit de la grâce ». De cet Esprit, nous avons d'abord contemplé son *action sanctificatrice*, puis son *action charismatique* par laquelle il préside à « l'organisation de l'Église ».

Cette quatrième strophe déplace notre attention de l'extérieur (le cosmos, l'histoire, l'Église) à l'intérieur (la personne) en mettant en lumière de manière merveilleuse l'œuvre de l'Esprit en chaque croyant, sa relation personnelle avec chacun de nous. L'action de l'Esprit s'intériorise et s'humanise.

L'auteur de l'hymne « filme » l'action du Paraclet comme le ferait un bon « cameraman » : il fait d'abord un plan d'ensemble sur le personnage principal inséré dans son lieu d'action ; puis il passe à un premier plan sur la personne ; enfin, il fait un gros plan sur son visage. Dans la première strophe, l'auteur nous offre un plan d'ensemble sur l'Esprit, dans son action tout au long de l'histoire et dans le monde ; dans la deuxième et la troisième strophes, il nous montre son œuvre dans le cadre plus limité de l'Église ; dans la quatrième et la cinquième strophes, il nous montre son action dans le croyant ; et dans la dernière strophe, il revient au plan d'ensemble où l'ensemble n'est plus l'histoire et le monde, mais la Trinité.

Cette présentation de l'œuvre du Paraclet dans le croyant dessine en filigrane une vision de l'homme, une anthropologie. L'homme est vu d'abord dans sa dimension rationnelle et intellectuelle [1]. Ensuite, l'homme est vu comme *corps*. Celui-ci n'apparaît pas comme un élément étranger, comme dans le platonisme et dans d'autres formes de pensée dualiste ; il est non seulement l'œuvre de l'Esprit créateur mais aussi, par la grâce, son temple. « Frère corps », comme l'appelait François d'Assise, entre pleinement dans le champ d'action de l'Esprit, qui est vraiment l'ami du corps !

Notons certaines caractéristiques de cette vision de l'homme. Elle distingue trois aspects dans l'homme qui ne coïncident pas toutefois avec la tripartition de la philosophie grecque : corps, âme et *nous* ou intelligence. Selon la vision chrétienne traditionnelle, l'homme se distingue en deux composantes fondamentales : le corps et l'âme ; l'intelligence et la volonté n'étant que deux facultés de la même âme.

Certains Pères considèrent que l'Esprit Saint, en tant qu'élément divin, complète l'homme sur le plan surnaturel en adhérant seulement à sa partie la plus noble, l'intelligence ; et qu'il n'agit sur le reste de l'être qu'à travers celle-ci. Notre hymne laisse entrevoir une perspective différente et plus biblique : l'Esprit Saint agit directement sur l'homme dans son ensemble : l'esprit, le cœur et le corps. Pour chacune de ces sphères, on demande à l'Esprit le don le plus approprié : pour l'esprit, la lumière ; pour le cœur, l'amour ; et pour le corps, la santé. Le principe christologique : « Ce qui n'a pas été assumé n'est

---

1. Le terme *sensus* (*accende lumen sensibus*), dans ce cas, n'indique pas les sens externes – la vue, l'ouïe, etc. – mais, selon l'usage du latin ecclésiastique, l'intelligence (cf. 1 Co 2, 16 : « *Qui en effet a connu la pensée* (sensum) *du Seigneur ?* ») ; le pluriel *sensibus* est dû à des exigences de métrique, comme *cordibus* dans le verset suivant.

pas sauvé » s'applique aussi de manière analogue à l'Esprit Saint : « Ce qui n'est pas touché par l'Esprit Saint n'est pas sanctifié. » L'œuvre spécifique de l'Esprit dans chacune de ces trois dimensions de notre être sera traitée en trois chapitres différents, en commençant ici par la dimension de l'intelligence et de la raison.

2. L'Esprit Saint comme lumière dans la Bible et chez les Pères

À la différence des autres symboles naturels comme le vent, l'eau, le feu et l'huile, la lumière n'est jamais utilisée dans l'Écriture pour décrire directement l'Esprit Saint. Nous verrons pourtant que ce symbole de la lumière a joué un rôle très important dans la pneumatologie des Pères. Sur quoi se sont-ils appuyés ? Peut-être nous trouvons-nous face à un thème privé de fondement biblique ?

On sait bien que le terme « lumière » est largement employé dans l'Écriture pour parler de Dieu : « *Dieu est lumière* », nous dit Jean solennellement (1 Jn 1, 5). Parvenus à la certitude que l'Esprit Saint est Dieu au même titre que le Père et le Fils, les Pères lui ont appliqué, comme ils l'avaient fait précédemment pour le Fils, tout ce qui appartient par nature à Dieu et en particulier cet attribut de la lumière. La démonstration de la divinité de l'Esprit est développée à travers ce raisonnement : tous les titres et toutes les prérogatives qui sont réservés à Dieu dans l'Écriture conviennent aussi à l'Esprit Saint. C'est dans ce contexte que le titre de « lumière » est discuté et défendu dans les premiers traités sur l'Esprit Saint [2].

Si l'Écriture n'attribue pas à l'Esprit le *symbole* naturel de la lumière, elle lui attribue néanmoins la *réalité* spirituelle évoquée par le symbole : le fait d'être un principe de connaissance, une source de vérité. Jean insiste sur cela : il nomme le Paraclet « *Esprit de vérité* », qui « *conduit à la vérité tout entière* » (Jn 16, 13), qui enseigne, suggère et rappelle tout ce que le Christ a dit à ses disciples.

Paul parle, lui aussi, de la fonction révélatrice de l'Esprit Saint qui nous fait connaître « *ce que l'œil n'a pas vu, ce que l'oreille n'a pas entendu, ce qui n'est pas monté au cœur de l'homme* ». Et il poursuit triomphalement :

> « *Car c'est à nous que Dieu l'a révélé par l'Esprit ; l'Esprit en effet sonde tout, jusqu'aux profondeurs de Dieu. Qui donc entre les hommes sait ce qui concerne l'homme,*

---

2. Cf. AMBROISE, *Du Saint-Esprit*, I, 16, 140-151.

sinon l'esprit de l'homme qui est en lui ? De même, nul ne connaît ce qui concerne Dieu, sinon l'Esprit de Dieu. Or, nous n'avons pas reçu, nous, l'esprit du monde, mais l'Esprit qui vient de Dieu, pour connaître les dons gracieux que Dieu nous a faits. Et nous en parlons non pas avec des discours enseignés par l'humaine sagesse, mais avec ceux qu'enseigne l'Esprit, exprimant en termes spirituels des réalités spirituelles. » (1 Co 2, 10-13)

Voilà pour le *fondement biblique* de ce titre « lumière ». L'autre grand facteur qui enrichit notre connaissance de l'Esprit Saint est, comme toujours, *l'expérience de l'Église*. L'Église a fait l'expérience de la « puissance illuminatrice » du Paraclet, de même qu'elle a fait l'expérience de sa « puissance sanctificatrice ». Athanase définit justement l'Esprit Saint comme « vivante efficience sanctificatrice et illuminatrice [3] ». Saint Basile développe ce thème avec des images évocatrices :

> « Source de sanctification, lumière intelligible, à toute puissance rationnelle, pour la découverte de la vérité, il fournit par lui-même comme une sorte de clarté [...]. À l'image d'un rayon solaire dont la grâce, présente à celui qui en jouit comme s'il était seul à en jouir, brille sur terre et sur mer et s'est mêlé à l'air. Ainsi l'Esprit présent à chacun des sujets capables de le recevoir, comme s'il était seul, émet suffisamment, pour tous, la grâce en plénitude [...]. Brillant en ceux qui se sont purifiés de toute souillure, il les rend spirituels par communion avec lui. Comme les corps limpides et transparents, lorsqu'un rayon les frappe, deviennent eux aussi étincelants et d'eux-mêmes reflètent un autre éclat, ainsi les âmes qui portent l'Esprit, illuminées par l'Esprit, deviennent-elles spirituelles aussi et renvoient sur les autres la grâce [4]. »

Dans ce traité sur l'Esprit Saint de Basile le Grand, qui a exercé une influence déterminante sur tout le développement de la pneumatologie orientale, la lumière est l'image la plus récurrente. Si cette lumière de l'Esprit s'éteint dans notre âme à cause du péché, tout retombe dans l'obscurité : « Si, la nuit, tu enlevais de chez toi la lumière, tes yeux resteraient aveugles, les puissances inertes, les valeurs indistinctes, et l'or, comme le fer, serait foulé dans l'ignorance. De même, dans l'ordre intellectuel, il est impossible, sans l'Esprit, de mener jusqu'au bout une vie conforme à la loi [5]. »

On retrouve chez Cyrille de Jérusalem la même expérience, qui lui permet de définir l'Esprit Saint comme « le grand docteur de l'Église » :

> « Son arrivée est annoncée par des rayons de lumière et de science. Il vient avec la tendresse d'un défenseur véritable, car il vient pour sauver, guérir, enseigner,

---

3. ATHANASE, *Lettres à Sérapion*, I, 20 (PG 26, 580 A), SC 15, p. 119-120.
4. BASILE LE GRAND, *Sur le Saint-Esprit*, IX, 22-23 (PG 32, 108 s.), SC 17bis, p. 325-329.
5. *Ibid.*, XVI, 38 (PG 32, 137 C), SC 17bis, p. 383-385.

conseiller, fortifier, réconforter, éclairer l'esprit : chez celui qui le reçoit, tout d'abord ; et ensuite, par celui-ci, chez les autres. Un homme qui se trouvait d'abord dans l'obscurité, en voyant soudain le soleil, a le regard éclairé et voit clairement ce qu'il ne voyait pas auparavant : ainsi, celui qui a l'avantage de recevoir le Saint-Esprit a l'âme illuminée, et il voit de façon surhumaine ce qu'il ne connaissait pas [6]. »

Dans la théologie orientale de l'Esprit Saint, le thème de la lumière revêt un rôle semblable à celui de l'amour dans la théologie latine. À l'origine, le symbole de la lumière était utilisé pour affirmer la *nature* divine de l'Esprit Saint, mais, bien vite, il devint utile à la compréhension de son hypostase, sa *personne*. Comme dans le symbole de l'eau où trois choses étaient distinctes : la source, le fleuve et le ruisseau, on distingue, dans le symbole de la lumière, le soleil, son rayonnement et son rayon [7]. La source et le soleil, c'est le Père ; le fleuve et le rayonnement, c'est le Fils ; le ruisseau et le rayon, c'est l'Esprit Saint. Saint Grégoire de Nysse emploie encore ce symbolisme trinitaire en s'efforçant toutefois de le libérer du danger d'admettre une infériorité du Fils par rapport au Père et de l'Esprit par rapport à l'un et à l'autre. Après avoir comparé le Père au soleil et le Fils au rayon qui émane de lui « comme un autre soleil », il étend l'image à l'Esprit Saint :

> « Et il est une autre lumière semblable qui, de la même manière, n'est séparée par aucun intervalle de temps de la lumière engendrée, mais qui se diffuse grâce à elle, alors que la cause de son hypostase réside dans la lumière première. Cette lumière, comme celle dont nous avons parlé avant, brille, illumine et réalise tout ce qui est dans la lumière [8]. »

L'Esprit Saint est lumière comme le Père et le Fils, même si elle se diffuse à travers le Fils (lumière engendrée) et qu'elle tire son origine ultime du Père (lumière première). La lumière sert ainsi à affirmer à la fois l'unité et la distinction qui existent en Dieu.

La lumière, avec les phénomènes qui l'accompagnent habituellement (transfiguration de la personne et immersion intérieure et extérieure complète de la personne dans la clarté), est l'élément le plus constant chez les Orientaux, dans la *mystique de l'Esprit Saint*. On en trouve le plus bel exemple dans la vie de Séraphim de Sarov. Il instruit un disciple sur la venue de l'Esprit Saint. C'est l'hiver, ils sont dehors, en train de couper du bois sous les flocons de neige. À un moment, le saint demande au disciple de le regarder dans les yeux.

---

6. CYRILLE DE JÉRUSALEM, *Catéchèses*, XVI, 16.
7. TERTULLIEN, *Contre Praxeas*, VIII, 6 ; XXII, (CC 2, p. 1168.1190).
8. GRÉGOIRE DE NYSSE, *Contre Eunome*, I (PG 45, 416) ; cf. aussi GRÉGOIRE DE NAZIANZE, *Discours*, XXXI, 31-32 (PG 36, 169), SC 250, p. 339-341.

Que voit alors ce disciple dans les yeux de son maître ? Rien d'autre qu'une lumière foudroyante qui se répand tout autour de lui sur plusieurs mètres, illuminant la neige qui recouvre le pré et qui continue à tomber. Le petit moine Seraphim ressemble à un homme qui parle, alors que son visage est comme au milieu du soleil de midi [9].

Dans la tradition orthodoxe, la nuée lumineuse qui enveloppe les disciples sur le mont Thabor n'est autre que l'Esprit Saint. La fameuse « lumière thaborique » qui joue un si grand rôle dans l'iconographie orientale est intimement liée à l'Esprit Saint [10]. Un texte de l'office orthodoxe dit que le jour de la Pentecôte, « grâce à l'Esprit Saint, le monde entier reçut un baptême de lumière [11] ».

Chez les Latins aussi, nous trouvons de splendides allusions à l'Esprit Saint « lumière ». Saint Hilaire désigne le Paraclet avec une expression très proche de celle de notre hymne : « Lumière des esprits, clarté des âmes », et il écrit aussi : « Si l'âme humaine n'a pas puisé, grâce à la foi, le don de l'Esprit, elle aura bien, à la vérité, une nature faite pour percevoir Dieu, mais elle n'aura pas la lumière de la science [12]. » Une oraison antérieure à la composition du *Veni creator* et toujours récitée dans la liturgie dit : « Que le Paraclet qui procède de toi, Seigneur, illumine nos esprits et nous conduise, comme l'a promis ton Fils, à la vérité tout entière [13]. » L'ancienne oraison de Pentecôte elle-même, souvent utilisée pour invoquer l'Esprit avant une action, dit ceci : « Ô Dieu qui avez enseigné les cœurs de vos fidèles en les illuminant des clartés du Saint-Esprit, donnez-nous de goûter par ce même Esprit ce qui est bien (*recta sapere*) et de jouir toujours du soutien de sa présence [14]. »

La Séquence de Pentecôte, dans laquelle on retrouve plusieurs thèmes de notre hymne, invoque l'Esprit Saint comme « lumière des cœurs » ; demande qu'il envoie du ciel « un rayon de sa lumière » et comme « lumière bienheureuse » ; « qu'il remplisse jusqu'à l'intime le cœur de ses fidèles ».

Mais le thème de l'Esprit Saint « lumière » n'a pas revêtu chez les Latins le même rôle qu'en Orient. En Occident, à la suite d'Augustin, le titre de « lumière » et la fonction correspondante – la doctrine, l'intelligence, la connaissance – ont plutôt été réservés au Verbe divin, alors que la catégorie

---

9. *Entretien avec Motovilov*, dans I. GORAÏNOFF, *Seraphim de Sarov*, Desclée de Brouwer, 1996.
10. GRÉGOIRE PALAMAS, *Homélie sur la Transfiguration* (PG 151, 433 B-C).
11. Synaxaire de Pentecôte, dans *Pentecostaire*, Diaconie apostolique, Parma 1994, p. 407.
12. HILAIRE, *La Trinité*, II, 1, 35 (CC 62, p. 71), SC 443, p. 333-335.
13. *Sacramentarium Gellonense* (sec. VIII) (CC 159, p. 139, n. 1044) : « *Mentes nostras, quesumus Domine, Paraclitus qui a te procedit inluminet, et inducat in omnem, sicut tuus promisit Filius, veritatem.* »
14. Oraison ancienne de la messe de Pentecôte : « *Deus qui corda fidelium Sancti Spiritus illustratione docuisti, da nobis in eodem Spiritu recta sapere et de eius semper consolatione gaudere.* »

principale employée pour comprendre l'Esprit est l'amour. La *sagesse* est attribuée au Fils, comme la *puissance* au Père et la *bonté* à l'Esprit Saint qui procède comme amour [15]. La mystique de la lumière, bien qu'elle soit très développée dans le monde latin, est restée presque exclusivement liée au Verbe ou à l'essence divine, comme chez les mystiques rhénans par exemple.

3. Quelle lumière l'Esprit allume-t-il ?

La réflexion chrétienne distingue plusieurs types de lumière et d'illumination : la lumière naturelle, la lumière de la foi et de la grâce, ainsi que la lumière de la gloire dans la vie éternelle. La *lumière naturelle* est la raison humaine ; la *lumière de la foi* est ce qui nous permet de connaître les choses qui sont au-delà de la raison, comme un œil nouveau nous dévoilant le monde de l'invisible et de Dieu. La *lumière de la grâce,* proche de la précédente mais peut-être plus vaste en son objet, est une lumière infuse d'ordre surnaturel, à laquelle l'homme ne peut accéder, sinon par « un secours gratuit de Dieu qui meuve l'âme intérieurement [16] ». L'âme illuminée par la grâce est comme le ciel éclairé par les rayons du soleil. Enfin, dans la vie éternelle, les lumières de la foi et de la grâce seront remplacées par la *lumière de la gloire* où nous verrons Dieu « face à face » et où nous serons « transformés de gloire en gloire [17] ».

À quelle catégorie appartient la lumière que l'Esprit saint « allume » dans notre esprit ? Celle-ci ne s'identifie pas seulement au don de la foi par lequel nous croyons aux vérités révélées, mais elle nous donne une capacité nouvelle à pénétrer plus loin dans les mystères ; à mieux les saisir dans leurs rapports réciproques et dans notre vie spirituelle ; et à en percevoir la cohérence interne. Elle nous permet, en somme, de saisir « la splendeur de la vérité » et d'en goûter la douceur intime. Elle est lumière de foi et de grâce. Tout ce que la théologie des dons a mis en lumière à propos du *don de l'intelligence et de la sagesse* trouve ici sa place.

L'Esprit Saint nous a été donné « *pour connaître les dons gracieux que Dieu nous a faits* » (cf. 1 Co 2, 12). Or, *connaître* désigne ici plus qu'un simple savoir, cela signifie admirer avec gratitude, voir avec clarté, goûter et posséder. L'Esprit nous communique la joie qui vient de la certitude. Nous vivons dans une culture qui substitue, à la *vérité* comme idéal humain suprême, la *véracité* ; à la *certitude*, la simple *sincérité*. On juge même présomptueux les croyants qui

---

15. Cf. Thomas d'Aquin, *De veritate*, q. 7, a. 3.
16. Id., *Somme théologique*, I-IIae, q. 79, a. 3 ; q. 109, a. 6.
17. Id., *De veritate*, q. 8, a. 3, ad 10.

pensent posséder des certitudes objectives. Pour notre époque, l'Esprit Saint enseigne donc le juste comportement qui consiste à être humbles dans la certitude et certains dans l'humilité. Luther a écrit ceci : « L'Esprit Saint n'est pas un sceptique ; il n'écrit pas dans notre cœur des doutes ni des opinions, mais des vérités plus certaines et plus sûres que la vie elle-même et que toute donnée de l'expérience [18]. » Et pourtant, écrit un autre théologien de son école, « la saine raison humaine n'a pas d'ami plus intime que l'Esprit Saint [19] ».

Mais en fait, quelle lumière l'Esprit Saint allume-t-il ? Paul dit qu'il nous fait connaître « *les profondeurs de Dieu* », « *ce qui concerne Dieu* », « *les dons gracieux que Dieu nous a faits* » (cf. 1 Co 2, 10-12). Les profondeurs de Dieu, à la lumière du Nouveau Testament, sont avant tout les personnes mêmes de la Trinité, la vie intime de Dieu qui se déroule entre le Père, le Fils et l'Esprit. C'est le thème de la dernière strophe de notre hymne : « Par toi, nous connaissons le Père ainsi que le Fils. »

L'objet (pour ainsi dire) privilégié de la révélation du Paraclet est néanmoins *la personne et l'œuvre de Jésus*, comme nous le verrons dans le commentaire de la dernière strophe. L'Esprit Saint allume dans l'esprit la lumière du Christ et rend présent celui qui a dit : « *Je suis la lumière du monde.* » (Jn 8, 12) « Si nous avons reçu la pensée, c'est pour connaître le Christ ; et si nous avons reçu le désir, c'est pour courir vers lui ; et si nous avons la mémoire, c'est pour le porter en nous [20]. »

L'Esprit Saint éclaire aussi *notre destin*. Dans la Lettre aux Éphésiens, on demande à Dieu le Père d'illuminer les yeux de notre esprit par un *esprit de révélation*, pour comprendre « *quelle espérance vous ouvre son appel, quels trésors de gloire renferme son héritage parmi les saints* » (cf. Ep 1, 17-18).

Mais l'expérience la plus fréquente de l'Esprit qui « allume » sa lumière dans notre esprit se fait dans la lecture des Écritures. Il poursuit dans l'Église l'action du Ressuscité qui, après Pâques, « *ouvrit l'esprit à l'intelligence des Écritures* » (cf. Lc 24, 45). « Toute la loi est "spirituelle" (Rm 7, 14), cependant, ce que signifie spirituellement la loi n'est pas connu de tous, mais de ceux-là qui ont reçu la grâce du Saint-Esprit [21]. »

La très riche tradition sur la « lecture spirituelle » de la parole de Dieu s'appuie sur cette conviction. L'Écriture, nous dit *Dei Verbum*, « doit être lue et interprétée à la lumière du même Saint-Esprit qui la fit rédiger [22] ». Lire la

---

18. LUTHER, *Du serf Arbitre (De servo arbitrio)* (WA, 18, p. 605).
19. K. BARTH, *Kirchliche Dogmatik*, IV/4, Zurich 1967, p. 31 ; trad. fr. *Dogmatique*, Genève, Labor & Fides, 1953-1980.
20. N. CABASILAS, *Vie en Christ*, VI, 10 (PG 150, 680).
21. ORIGÈNE, *Traité des Principes*, Praef. 8 (SC 252, p. 86).
22. *Dei Verbum*, n. 12.

Bible sans l'Esprit Saint équivaut à ouvrir un livre dans l'obscurité.

Il se peut qu'on ait lu, voire commenté, de nombreuses fois un passage de l'Écriture sans éprouver d'émotion particulière. Puis voilà qu'un jour, on se met à le lire dans un climat de foi et de prière : ce texte s'éclaire soudain, nous parle, projette une lumière sur une situation que l'on vit et éclaire la volonté de Dieu. Plus tard, toutes les fois qu'on le relit, on y puise une nouvelle force et une nouvelle lumière. D'où vient ce changement, sinon d'une illumination de l'Esprit Saint ? Sous l'action de l'Esprit, les paroles de l'Écriture deviennent comme fluorescentes : elles émettent de la lumière.

C'est l'une des expériences les plus communes et les plus fortes qui accompagnent la venue de l'Esprit Saint dans une âme. Tout à coup, l'Écriture s'anime, semble écrite pour moi personnellement, au point de me laisser parfois sans voix comme si Dieu était là en personne, en train de me parler avec une infinie autorité et une douceur immense. Les paroles des psaumes semblent soudain toutes nouvelles et toutes fraîches, ouvrent dans l'âme des horizons à perte de vue et suscitent dans l'âme des résonances profondes. On saisit alors combien la parole de Dieu est « *vivante et efficace* » (cf. He 4, 12).

Cette expérience est accessible à tous, notamment aux plus simples ; souvent, des personnes n'ayant pas particulièrement étudié la Bible vont droit au cœur du texte, parfois bien davantage que des savants qui l'ont étudiée pendant de longues années avec tous les instruments philologiques requis. C'est encore une fois l'Esprit qui révèle les secrets de Dieu aux « tout-petits » (cf. Mt 11, 25).

Le rapport entre la parole de Dieu et l'illumination est l'un des points sur lesquels les Réformateurs protestants ont le plus insisté. Il fut parfois radicalisé jusqu'à exclure toute médiation de l'Église, en vertu de la doctrine du libre examen. Tout chrétien, fort du « témoignage interne » de l'Esprit, est en mesure de comprendre l'Écriture sans aucun guide extérieur. Voici ce qu'écrit Calvin :

> « L'Esprit de Dieu est tellement conjoint et lié à sa vérité, laquelle il a exprimée dans les Écritures, que lors finalement il déclare sa vertu quand la Parole est reçue en telle révérence qu'il appartient [...]. C'est que la Parole ne nous est guère certaine sinon qu'elle soit approuvée par le témoignage de l'Esprit. Car le Seigneur a assemblé, comme par un lien mutuel, la certitude de son Esprit et de sa Parole afin que notre entendement reçoive icelle Parole en obéissance, en y voyant reluire l'Esprit, qui lui est comme une clarté pour lui faire là contempler la face de Dieu ; afin aussi que, sans crainte de tromperie ou erreur, nous recevions l'Esprit de Dieu, le reconnaissant en son image, c'est-à-dire en sa Parole[23]. »

---

23. CALVIN, *Institution de la religion chrétienne*, I, 9, 3.

La discussion plus sereine aujourd'hui nous conduit à reconnaître qu'il ne peut y avoir d'opposition entre le témoignage interne et personnel, et le témoignage externe et apostolique de l'Église, dans la mesure où tous deux proviennent vraiment de l'Esprit et qu'aucun d'eux ne se suffit à lui-même. Reconnaissons cependant que ce fort rappel de la Réforme était nécessaire à l'époque, et qu'il a été, à différents égards, bénéfique à toute l'Église.

4. Se purifier pour être illuminés

Le moment est venu de passer des principes à la vie : nous allons voir combien ce verset du *Veni creator* nous interpelle et nous pousse à l'action.

D'après Paul, nous avons reçu l'Esprit de Dieu pour connaître les dons que Dieu nous a faits, mais l'Esprit trouve un obstacle décisif sur son chemin : *« L'homme psychique n'accueille pas ce qui est de l'Esprit de Dieu : c'est folie pour lui et il ne peut le connaître, car c'est spirituellement qu'on en juge. »* (1 Co 2, 14)

L'homme *psychique* (à la lettre, *animal*) est celui qui se laisse conduire par ses instincts, ses pensées et ses désirs. Si l'on ne supprime pas cet obstacle et ne dépasse pas le stade de l'« animalité », on reste dans l'ignorance. Ces mondes que l'Esprit révèle à notre esprit nous restent alors inconnus pour toujours. Dieu devra continuer à répéter tristement : *« Mes pensées ne sont pas vos pensées… »* (Is 55, 8.) Alors, comment faire pour dépasser cet obstacle ? Les Pères ont résumé la réponse en une parole : se purifier !

> « Se purifier […] de la laideur pétrie par le vice, revenir à la beauté de la nature et, pour ainsi dire, à l'image royale, par la pureté, restituer sa forme primitive, c'est la seule manière de s'approcher du Paraclet. […] L'homme charnel qui n'a pas exercé à la contemplation la partie haute de son âme, laquelle se trouve plutôt enfouie tout entière, comme en un bourbier, dans les pensées de la chair, n'arrive pas à lever les yeux vers la lumière spirituelle de la vérité. C'est pourquoi le monde, c'est-à-dire la vie esclave de passions charnelles, ne reçoit pas plus la grâce de l'Esprit qu'un œil malade la lumière d'un rayon solaire [24]. »

Cette idée est constante chez les Pères lorsqu'ils parlent de l'illumination de l'Esprit. Par le terme « pureté », ils entendent surtout la pureté des passions de la chair. Ils interprètent en cela la meilleure pensée grecque, qui a toujours vu, dans le rapport entre l'âme et le corps corruptible et enclin à la matière, l'obstacle majeur à la contemplation de la vérité. L'intellect est en soi proche de Dieu et tend naturellement vers la vérité ; c'est le corps qui assujettit l'es-

---

24. BASILE LE GRAND, *Sur le Saint-Esprit*, IX, 23 ; XXII, 53 (PG 32, 109.168), SC 17bis, p. 327-329 ; 441-443.

prit à la terre ; c'est pourquoi la première chose à faire est de dépasser « les désirs de la chair » en se purifiant. L'esprit pourra alors accueillir la lumière divine :

> « L'intelligence humaine, après avoir délaissé cette vie trouble et sale, après que, purifiée par la puissance et le souffle de l'Esprit, elle est devenue lumineuse et qu'elle s'est mêlée à la pureté véritable et sublime, l'intelligence humaine elle-même resplendit en celle-ci comme par transparence, se charge de rayons et devient lumière [25]. »

Ils voient un lien très étroit entre la pureté et la connaissance de Dieu au point d'affirmer : « La connaissance est donnée à tout homme selon son degré de pureté [26]. » Doit-on voir en cela le fruit d'une pensée dualiste étrangère au christianisme ? Non. Certes, l'opposition chair/esprit qui revient si souvent dans le Nouveau Testament ne peut être réduite à l'opposition grecque esprit/matière, mais il serait grave d'oublier qu'elle comprend aussi cette conception-là. Le terme « chair » ne se réfère pas seulement à la sphère sexuelle, mais celle-ci y tient évidemment une place importante. Avant les Pères, c'est la Bible qui le souligne : « *Un corps corruptible, en effet, appesantit l'âme, et cette tente d'argile alourdit l'esprit aux multiples soucis.* » (Sg 9, 15)

Le cri de Paul sur le « corps mortel » est certainement plus qu'une simple dénonciation de la blessure qui marque la sexualité humaine, mais il inclut aussi celle-ci. Ce corps, créé par Dieu bon comme toute la création, une fois l'équilibre intérieur rompu par le péché, est devenu « *un corps charnel* » (Col 2, 11), un « *corps de péché* » (Rm 6, 6). Mais le coupable, ce n'est pas « frère corps ». Ce qui est dit de la Création en général est aussi valable pour lui : ce n'est pas par sa faute qu'il est assujetti à la vanité, mais par la faute de l'âme et surtout de la volonté qui, en se détachant de Dieu, l'y a soumis (cf. Rm 8, 19-20). Maintenant, l'esprit et la volonté de l'homme doivent subir le chantage de l'esclave à qui ils ont eux-mêmes enseigné la rébellion. L'expérience nous enseigne que les désordres dans la sphère de la chair et de la sexualité offusquent irrémédiablement la raison, obscurcissent l'esprit et le rendent réfractaire à Dieu qui est esprit.

Quelle est donc la conséquence pratique de tout cela ? Si nous voulons participer à ces merveilleuses illuminations de l'Esprit dont nous avons parlé plus haut (sur Dieu, le Christ, l'Écriture et notre destin), nous devons prendre au sérieux la lutte pour la pureté. « *Heureux les cœurs purs, car ils verront*

---

25. GRÉGOIRE DE NYSSE, *Traité de la Virginité*, XI, 4 (SC 119, p. 390).
26. ARETAS DE CÉSARÉE, *Sur l'Apocalypse*, 39 (PG 106, 684 C) ; cf. aussi ORIGÈNE, *Contre Celse*, V, 42 (SC 147,) ; *Ibid.*, VII, 30 (SC 150, p. 82).

Dieu ! » (Mt 5, 8.) Presque à chaque fois qu'il parle de pureté, l'Apôtre la met en relation à l'Esprit Saint. Celui qui fornique, dit-il, pèche contre son propre corps, autrement dit contre l'Esprit Saint, dont son corps est le temple [27]. La pureté est l'un des secrets pour acquérir l'Esprit Saint.

Mais on sait combien la lutte pour la pureté est délicate et difficile. Comment faire pour ne pas succomber ni « se rendre » ? À côté de tous les moyens négatifs (ne pas faire, ne pas regarder, ne pas toucher), l'Écriture et les Pères nous ont indiqué un puissant moyen positif qui est souvent délaissé : tomber amoureux de la vraie beauté, choisir le « corps » auquel nous unir. C'est ce moyen que l'Esprit Saint nous pousse à utiliser dans la situation actuelle, où les moyens négatifs ne suffisent plus. La « chair » a désormais partout ses vitrines et nous assiège à l'intérieur et à l'extérieur de la maison. Les petites défenses ne suffisent plus, il faut de grands moyens décisifs. L'un d'eux est indiqué par Paul : « *Ou bien ne savez-vous pas que celui qui s'unit à la prostituée n'est avec elle qu'un seul corps ?* [...] *Celui qui s'unit au Seigneur, au contraire, n'est avec lui qu'un seul esprit.* » (1 Co 6, 16-17)

Cette phrase contient une force secrète. Celui qui la répète inlassablement dans les moments de difficulté fera l'expérience de son efficacité. Dieu a imaginé un remède digne de sa sagesse pour notre attirance vers la matière et vers les corps : le corps ressuscité du Seigneur. Il est le lieu du dépassement définitif de la tension entre la chair et l'esprit, où le corps est déjà parvenu à la libération de l'esclavage de la corruption à laquelle toute la création aspire. Il est comme l'ancre du salut, jetée au-delà du champ de bataille. C'est un vrai corps, même s'il est « spirituel » ; nous pouvons nous unir à lui intentionnellement par la foi et réellement dans l'Eucharistie. Il nous communique sa pureté. Lorsqu'ils étaient mordus par les serpents dans le désert, les Juifs guérissaient en regardant le serpent de bronze ; nous guérissons des morsures de la sensualité en courant regarder celui qui a été élevé de terre justement à cette fin (cf. Jn 3, 14-15).

Sur ce chemin, nul besoin de mépriser la beauté des corps ni d'avilir la sexualité humaine, parce que l'on va « de la beauté à la Beauté ». Un Père disait ceci : « L'homme chaste est celui sur lequel l'agréable variété des corps, leur beauté, leur tendresse et le sexe ne font aucune impression fâcheuse [28]. » Après avoir médité sur l'œuvre de l'Esprit dans notre esprit, nous pourrions prendre une bonne résolution concrète : consacrer notre raison au Paraclet. Consacrer signifie confier, céder, réserver ; décider de n'utiliser notre intelligence que

---

27. Cf. 1 Co 6, 18-19 ; 1 Th 4, 8.
28. Jean Climaque, *L'échelle sainte*, VII, 18 (PG 88, 825 A).

pour la connaissance du vrai et pour la gloire de Dieu. Malgré tout, l'esprit reste ce que nous avons de meilleur et de plus noble, le reflet le plus proche de l'intelligence divine, la chose à laquelle Dieu tient le plus au monde. Nous devrions répéter cette consécration chaque matin.

Un Père disait que notre esprit est comme un moulin : le premier grain qui y est jeté le matin est celui qui sera moulu toute la journée. Dès le lever, il faut se hâter d'y mettre le bon grain de Dieu – de bonnes pensées, des paroles de Dieu –, sinon le démon y sèmera la zizanie [29].

Terminons en priant l'Esprit avec les paroles d'une hymne légèrement postérieure au *Veni creator* et qui semble être un commentaire de notre verset :

> « *Esprit de vie, qui illumines les hommes*
> *éloigne de notre âme l'horrible obscurité.*
> *Toi, le Saint, qui aimes toute pensée pure*
> *répands dans notre esprit ton onction sainte.*
> *Toi qui purifies toujours les fautes,*
> *lave l'œil de notre homme intérieur,*
> *afin que nous puissions voir le Père*
> *que seuls les yeux de ceux qui ont le cœur pur*
> *peuvent contempler* [30]. »

---

29. Jean Cassien, *Conférences*, I, 18 (CSEL 13, p. 27), SC 42, p.99.
30. Notker le Bègue, *Pour le jour de Pentecôte* (PL 131, 1012 s.).

XV

« RÉPANDS L'AMOUR DANS NOS CŒURS »

L'Esprit Saint nous fait passer de l'amour de nous-mêmes à l'amour de Dieu

1. Lumière et amour

La méditation prolongée de cette quatrième strophe du *Veni creator* nous permet de découvrir l'extraordinaire profondeur qui se cache derrière son extrême simplicité. Elle nous offre à la fois une vision globale de l'homme dans ses trois sphères – rationalité (*sensus*), affectivité (*cor*) et corporéité (*corpus*) – et une puissante synthèse sur l'action de l'Esprit Saint dans notre âme, en le présentant comme le principe de la connaissance de l'amour.

L'auteur reprend ici un aspect majeur de la révélation et de la tradition au sujet de l'Esprit, présent chez les meilleurs auteurs spirituels du Moyen-Âge. Pour Guillaume de Saint-Thierry, l'Esprit Saint est celui qui « illumine l'esprit et fait naître l'amour [1] ». Selon un autre auteur :

> « La vertu consiste tout entière dans la vérité de la charité et la charité de la vérité. Autant, de par la vérité, elle illumine en vue de la connaissance, autant, de par la charité, elle enflamme en vue de l'amour. Car sans la charité, "la science enfle", et sans la vérité, la charité dévie [...]. L'Esprit leur a donc été donné du ciel avec l'éclat et l'ardeur du feu, les introduisant de par sa clarté "en toute vérité", les embrasant de par son ardeur en toute la charité [2]. »

---

1. Guillaume de St-Thierry, *L'Énigme de la foi*, 100 (PL 180, 440 C).
2. Isaac de l'Étoile, *Sermons*, I, 14 (SC 339, p. 72).

L'Esprit Saint, dit un autre auteur, agit « dans l'esprit par le don de l'intelligence ; dans le cœur, par le don de l'amour ; l'intelligence contre l'ignorance, l'amour contre la concupiscence ; l'intelligence illumine l'homme aveugle, l'amour soutient l'homme infirme [3] ».

Cette vision se trouve déjà dans l'Écriture, qui nous offre deux affirmations sur Dieu : « *Dieu est lumière* » (1 Jn 1, 5) et « *Dieu est amour* » (1 Jn 4, 8.16). Cette intuition existe aussi, sous une forme moins spirituelle, hors du contexte biblique. Certains ont distingué dans la Grèce classique deux types de religiosité : l'une faite d'ordre et de mesure, appelée « apollinienne » (d'Apollon, dieu du soleil) et l'autre faite d'élan, d'excès et de passion, dite « dionysiaque » (de Dionysos, dieu des bacchantes) : l'une privilégie en Dieu l'aspect rationnel et l'autre, l'élément irrationnel ou supra-rationnel.

J'ai déjà évoqué la symphonie de Mahler sur le texte du *Veni creator*. Il y met en rapport les deux versets de notre hymne : « Allume ta lumière en notre esprit, répands dans nos cœurs l'amour » avec les deux grands motifs inspirateurs du *Faust* de Goethe : le désir de la connaissance et le salut à travers l'amour. La première partie basée sur le texte du *Veni creator* est suivie (par un rapprochement significatif, bien que discutable) d'une seconde partie basée sur la dernière scène du chef-d'œuvre de Goethe, comme pour indiquer une sorte de réalisation et de réponse au cri lancé dans le *Veni creator*.

Ces deux caractéristiques de l'Esprit Saint ne sont pas présentes de la même manière ni dans la même mesure chez tous les auteurs et dans tous les contextes. Dans le Nouveau Testament, Jean insiste sur « l'Esprit de vérité » alors que Paul insiste sur « l'Esprit de charité [4] ».

Cette différence d'accent se perpétue dans la Tradition. La pneumatologie orthodoxe a donné une plus grande importance à l'Esprit « lumière », tandis que la pneumatologie latine a davantage insisté sur l'Esprit « amour ». Cette différence apparaît nettement dans les deux œuvres qui ont le plus influencé le développement des théologies respectives de l'Esprit Saint. Dans le traité sur le Saint-Esprit de saint Basile, le thème de l'Esprit « amour » ne joue aucun rôle, alors que le thème de l'Esprit « lumière » a un rôle central ; dans le traité sur la Trinité de saint Augustin, le thème de l'Esprit « lumière » ne joue aucun rôle, alors que celui de l'Esprit « amour » a un rôle déterminant.

Nous ne voulons pas « absolutiser » cet aspect. Le thème de l'Esprit « lumière » est fréquent chez les Latins, surtout dans la liturgie et la spiritualité (la strophe du *Veni creator* que nous commentons en est la meilleure

---

3. GAUTIER DE SAINT-VICTOR, *Discours*, III, 1 (CM 30, p. 27).
4. Cf. E. COTHENET, *Saint-Esprit*, DB Suppl., fasc. 60, 1986, 377.

preuve), mais dans une moindre mesure. Il s'agit d'une différence de prédilection et d'accent.

Cette diversité d'accent se retrouve dans chacune des deux traditions. Dans le monde latin, le *courant thomiste* est caractérisé par la recherche de la vérité et par le primat du « don de l'intelligence », et il identifie la béatitude finale de l'homme dans la vision de Dieu ; le *courant franciscain* (et plus généralement *augustinien*) est caractérisé par le primat de l'amour et par le « don de la sagesse », et il voit la béatitude finale de l'homme dans l'amour et dans la jouissance de Dieu. De la première découle la *mystique de la lumière* (chez les mystiques rhénans, par exemple) ; de la seconde découle la *mystique de feu* et de « folie » de la croix (chez les franciscains). Bonaventure caractérise les deux écoles en disant que « les uns tendent principalement à la spéculation [...], et ensuite à l'onction, les autres tendent principalement à l'onction et ensuite à la spéculation [5] ». Dante fait remonter ces deux approches différentes aux fondateurs respectifs, François d'Assise et Dominique de Guzman, disant que des deux : « L'un fut séraphique par son ardeur ; l'autre, par sa sagesse, fut sur terre un rayon de la lumière des chérubins [6]. »

D'un côté, l'ardeur et le symbole biblique des séraphins, de l'autre, la splendeur et le symbole des chérubins. Par le passé, ces deux visions ont souvent été opposées pour déterminer celle qui était la plus juste. Qu'il est beau de découvrir, à la lumière du *Veni creator*, qu'il s'agit en fait de deux manifestations complémentaires et inséparables du même Esprit ! En effet, nous saisissons mieux la profondeur d'un objet grâce à nos deux yeux qui regardent ce même objet sous un angle différent.

Ces deux approches de la réalité de l'Esprit Saint nous apparaîtront dans toute leur richesse et leur originalité après avoir commenté ce verset du *Veni creator* : « Répands l'amour dans nos cœurs. »

2. L'amour, loi nouvelle du chrétien

Le verset du *Veni creator* : « Répands l'amour dans nos cœurs » s'inspire clairement de l'affirmation de Paul : « *L'amour de Dieu a été répandu dans nos cœurs par le Saint-Esprit qui nous fut donné.* » (Rm 5, 5) Dans la tradition latine, ce verset est étroitement lié au thème de l'Esprit Saint comme loi nouvelle du chrétien. Il nous faut à nouveau remonter à la Pentecôte pour en com-

---

5. BONAVENTURE, « Les Six Jours de la Création », *Homélies sur l'Hexaéméron*, XXII, 21 (Quaracchi, V, p. 440).
6. DANTE ALIGHIERI, *Paradis*, XI, 37-39.

prendre le motif. Il y a un rapprochement intentionnel entre le récit de la descente de l'Esprit Saint sur les Apôtres et la théophanie du Sinaï. À l'époque où Luc rédige les Actes des Apôtres, la fête juive de la Pentecôte commémore justement l'alliance et le don de la loi sur le Sinaï. Ce n'est plus tant une fête liée au cycle de la nature (l'offrande des prémices des récoltes) qu'une fête liée à l'histoire du salut. Cela suffirait à démontrer que l'Esprit Saint n'est pas vu seulement comme « force de la prophétie ou aide en vue de la mission », mais qu'il a déjà une claire dimension sotériologique, même si elle est moins évidente que chez Paul ou Jean. Il ne sert pas seulement à apporter le salut jusqu'aux limites du monde, mais il est lui-même le salut, le principe qui rend vivante et agissante la Nouvelle Alliance.

Ce rapprochement entre le Sinaï et la Pentecôte a des racines très anciennes dans la Bible. Quand Dieu dit dans le livre du prophète Jérémie : *« Je mettrai ma Loi au fond de leur être et je l'écrirai sur leur cœur »* (Jr 31, 33), il met déjà clairement en lumière la nouveauté de la loi de la Nouvelle Alliance par rapport à celle du Sinaï qui était *« écrite sur des tables de pierre »* (Ex 31, 18). Ézéchiel fait le pas successif en identifiant la nouvelle loi à l'Esprit même de Dieu : *« Je mettrai en vous mon Esprit. »* (Ez 36, 27) Paul complète et explicite la comparaison. Il définit la communauté de la Nouvelle Alliance comme *« une lettre du Christ [...] écrite non avec de l'encre, mais avec l'Esprit du Dieu vivant, non sur des tables de pierre, mais sur des tables de chair, sur les cœurs »* (2 Co 3, 3) ; et dit que *« la loi de l'Esprit qui donne la vie dans le Christ Jésus t'a affranchi de la loi du péché et de la mort »* (Rm 8, 2).

Augustin tire les conclusions de ces prémisses sur le rapport entre le Sinaï et la Pentecôte. Il remarque avant tout une coïncidence : cinquante jours après l'immolation de l'ancienne Pâque et la sortie de l'Égypte (le chiffre résulte de calculs internes à la Bible), les Juifs reçoivent sur le Sinaï la loi écrite par le doigt de Dieu sur une table de pierre et sur la base de cette loi, ils concluent une alliance avec Dieu ; de même, cinquante jours après la célébration de la nouvelle Pâque et l'immolation du Christ vient l'Esprit Saint. Qu'est-ce que la Parole de Dieu a ainsi voulu nous dire ? La réponse est claire : l'Esprit Saint est la loi nouvelle, vraiment écrite par le doigt enflammé de Dieu, cette fois non pas sur des tables de pierre, mais sur les tables de chair que sont les cœurs des hommes, purifiés par le sang du Christ ; l'Esprit Saint est le principe qui donne vie à l'Alliance Nouvelle [7].

On comprend ainsi l'affirmation de saint Irénée selon lequel « l'Esprit [...] est descendu sur les disciples, le jour de la Pentecôte, avec pouvoir sur

---

7. Cf. AUGUSTIN, *Sermons*, 272 B, 2 s. (PL 2, 523 s.) ; Id., *L'Esprit et la lettre*, 16, 28 s.

toutes les nations pour les introduire dans la vie et leur ouvrir le Nouveau Testament [8] ». L'Esprit Saint « ouvre » le Nouveau Testament au sens où il rend vivante et agissante l'« alliance nouvelle et éternelle » réalisée dans la Pâque du Christ.

Cette interprétation profonde de l'événement de la Pentecôte devient le patrimoine commun de l'Église et pénètre dans la liturgie qui la maintient en vie, même lorsqu'elle disparaît de la réflexion théologique. La liturgie latine nous fait lire, parmi les lectures de la veillée de Pentecôte, le chapitre 19 de l'Exode qui raconte justement la théophanie du Sinaï. Dans certaines Séquences médiévales, le thème Sinaï-Pentecôte occupe une place centrale, comme dans celle d'Adam de Saint-Victor [9].

Les liturgies orientales, byzantine et syriaque, mettent en lumière le rapport entre la théophanie du Sinaï et la Pentecôte, en soulignant davantage leurs affinités que leurs différences : « La chambre haute dans le Cénacle correspond à la montagne, les langues de feu correspondent aux flammes, le vent impétueux correspond au tonnerre et à la nuée [10]. » La Pentecôte est le jour où « la loi vient de Sion [11] ».

L'auteur du *Veni creator* connaît cette très riche tradition sous sa forme occidentale constituée par l'interprétation d'Augustin. Il commente ainsi le titre de « doigt de Dieu » : « La loi fut écrite avec le doigt de Dieu cinquante jours après l'immolation de l'agneau, et l'Esprit Saint vint cinquante jours après la passion du Christ [12]. »

Augustin nous explique le sens de tout cela à propos de l'amour que l'Esprit répand dans notre cœur :

> « Que sont donc ces lois de Dieu, écrites par Dieu lui-même dans les cœurs, si ce n'est la présence même du Saint-Esprit qui est le doigt de Dieu ? Par le fait même de sa présence en nous, il répand la charité dans nos cœurs, et cette *charité* (Rm 5, 5) n'est autre chose que la plénitude de la loi et la fin du précepte [13]. »

La loi nouvelle qu'est l'Esprit Saint agit donc à travers la charité, qui n'est pas seulement un résumé de toute la loi et des prophètes, mais, bien davantage, elle en est l'accomplissement. Seul celui qui aime met en pratique la loi car il est le seul à pouvoir le faire. Ézéchiel attribue au don du cœur nouveau et de

---

8. IRÉNÉE, *Contre les hérésies*, III, 17, 2 (SC 211, p. 331).
9. ADAM DE ST-VICTOR, *Sur la Pentecôte*, AHMA 54, 1915, p. 243.
10. Cf. *Pentecostaire, op. cit.*, p. 422 (lundi de Pentecôte).
11. Cf. *Ibid.*, p. 404 (matin de Pentecôte) ; pour la liturgie syriaque, cf. E.-P. SIMAN, *L'expérience de l'Esprit*, Paris 1971, p. 55.
12. RABAN MAUR, *De l'univers*, I, 3 (PL 111, 25).
13. AUGUSTIN, *L'esprit et la lettre*, 21, 36 ; cf. 17, 26.

l'Esprit la capacité à mettre en pratique toutes les lois de Dieu (cf. Ez 36, 27).

La charité est elle-même une « loi » : un principe directeur qui pousse à lutter contre la chair et à faire ou à ne pas faire certaines choses : non plus à travers *l'obligation*, avec la menace de sanctions, comme cela se produisait dans la loi ancienne et comme cela se produit avec toutes les lois extérieures et écrites, mais à travers *l'attirance*. L'amour filial se substitue à la crainte servile et devient le ressort du comportement chrétien.

> « Et si nous accomplissons ce précepte uniquement à cause du châtiment et nullement par amour de la justice, notre obéissance est purement servile et dès lors moralement nulle […]. Supposez au contraire la présence de cette foi qui opère par la charité, nous commençons à nous *réjouir* dans la loi de Dieu selon l'homme intérieur [14]. »

Un changement radical s'opère au plus profond du cœur humain. Si, auparavant, l'homme regardait Dieu avec le regard suspicieux et hostile que l'esclave porte vers son maître, il le regarde maintenant comme un allié, un ami ou, mieux encore, comme le Père auquel il adresse ce cri de reconnaissance : « *Abba, Père !* » (Rm 8, 15.) C'est tout l'agir du chrétien qui est transformé ; mû par l'Esprit Saint, il est ainsi « déifié ». « *Tous ceux qu'anime l'Esprit de Dieu sont fils de Dieu.* » (Rm 8, 14) Ainsi, le chrétien qui vit dans l'Esprit Saint (ce devrait être la vie de tout chrétien) vit comme un « amoureux », selon le principe de la spontanéité et de la liberté.

3. L'Esprit Saint nous libère de l'amour-propre

La considération de l'Esprit Saint « lumière » conduit à toute une vision cohérente de la vie chrétienne. Il faut commencer par se purifier des passions (surtout des passions impures qui sont celles qui lient le plus à la matière et à la chair) parce qu'elles obscurcissent l'esprit et l'empêchent de recevoir l'illumination du Paraclet. Une fois que l'œil intérieur est purifié, non seulement il nous est possible de contempler Dieu, mais nous devenons nous-mêmes transparents à sa lumière, comme des corps lumineux renvoient les rayons du soleil qu'ils reçoivent. L'ascèse devient féconde, le travail sur soi devient bénéfique aussi pour les autres.

Nous devons voir comment la considération de l'Esprit Saint « amour » conduit pareillement à une vision très profonde de la vie chrétienne et à un projet concret de transformation intérieure ; il en découle, en somme, toute

---

14. *Ibid.*, 14, 26.

une spiritualité. En tant que lumière, l'Esprit Saint lui-même nous fait passer de l'ignorance à la vérité et en tant qu'amour, il nous fait passer de l'égoïsme à la charité.

En quoi consiste ou bien où commence le péché de l'homme selon Augustin ? Il consiste dans le fait d'abandonner Dieu, mais pas tant pour se tourner vers les *créatures* que pour se tourner vers *soi-même*. Le péché a consisté dans la fameuse *curvitas* originelle, par laquelle l'homme est passé de la position droite, c'est-à-dire tournée vers le haut, vers Dieu, à la position courbe, tournée vers le bas. En se repliant sur lui-même, l'homme est devenu « pervers », ou « per-verti [15] ».

On remarque ici une profonde harmonie avec la pensée de saint Paul. Pour l'Apôtre, les passions de la chair (qu'il décrit dans le contexte avec beaucoup de réalisme) ne sont pas la cause de la « perversion » humaine, mais en constituent plutôt la conséquence. Les hommes ont tourné le dos à Dieu, ne lui rendant plus ni gloire ni grâce ; ils se sont mis eux-mêmes à la place de Dieu en prétendant, par le biais de l'idolâtrie, décider de Dieu, et non l'inverse. C'est pourquoi Dieu les a abandonnés à leurs passions de nature impure (cf. Rm 1, 18 s.).

La tendance pessimiste de la morale d'Augustin a parfois été expliquée par son expérience personnelle négative de la chair. On démontre ici plutôt le contraire. Il est allé au-delà de cette sphère : il a saisi le péché dans sa racine ultime qui est au-delà de la sphère sexuelle, dans une corruption de l'amour, c'est-à-dire dans la volonté.

Dans l'œuvre *La cité de Dieu*, Augustin a fait de cette intuition le principe d'interprétation de toute l'histoire humaine : « Deux amours ont donc bâti deux cités : l'amour de soi-même jusqu'au mépris de Dieu, celle de la terre, et l'amour de Dieu jusqu'au mépris de soi-même, celle du ciel [16]. »

Il existe aussi un amour de soi bon et sain, mais ce n'est pas de lui qu'il s'agit ici. L'amour de soi devient mauvais quand il passe du domaine social au domaine *privé*, c'est-à-dire de l'amour de communion à l'amour égoïste, qui s'aime lui-même en excluant les autres : « Deux amours, l'un concourt à l'utilité commune, [...] l'autre fait plier l'intérêt général sous sa puissance particulière [...] ; de là deux cités fondées parmi les hommes, [...] celle des justes et celle des méchants [17]. »

Mais Augustin ne s'arrête pas là. Dans une autre œuvre, non moins importante, *L'Esprit et la lettre*, il explique comment se produit le passage d'une

---

15. Cf. AUGUSTIN, *La Cité de Dieu*, XIV, 13,1 (CC 47, p. 434) : « *inclinatus ad seipsum* ».
16. AUGUSTIN, *La Cité de Dieu*, XIV, 28 (CC 48, p. 451).
17. Id., *La Genèse au sens littéral*, XI, 15, 20 (CSEL 28, 1, p. 348).

forme d'amour à l'autre. C'est l'Esprit Saint qui nous fait passer de l'amour-propre à l'amour de Dieu et du prochain, qui nous libère de l'égoïsme ! L'Esprit Saint est celui qui réalise la transformation ou la « rectification » essentielle dans l'homme sauvé. Nous avons un peu expliqué comment cela se produit en parlant de l'Esprit Saint « loi nouvelle » du chrétien. En répandant l'amour dans les cœurs, c'est-à-dire une capacité nouvelle d'aimer Dieu et les frères, il libère l'amour de la prison de l'égoïsme ; il n'impose pas seulement le *devoir* de faire la volonté de Dieu, mais suscite aussi la *joie* de l'accomplir ; ainsi, l'homme commence à faire volontiers ce que Dieu commande, puisqu'il se sent lui-même aimé de Dieu. Ce moment décisif est le passage de l'esclavage du péché à la liberté de la grâce.

Pour ce faire, le libre arbitre de l'homme ne suffit pas, ni l'effort ascétique de se purifier de ses passions, ni même la connaissance de la vérité, le fait de savoir ce qu'il faut faire. Il importe de changer la volonté même, de renverser l'orientation fondamentale du cœur humain ; seul l'Esprit Saint peut le faire, en suscitant dans l'âme l'amour de Dieu et le désir de lui obéir en tout [18].

Dans une approche ascétique, un Père de l'Orient écrivait ces paroles :

> « Tant que l'homme extérieur n'est pas mort au monde…, tant que l'homme intérieur n'a pas perdu le souvenir des mauvaises choses ; tant que l'instinct naturel n'est pas humilié et le corps accablé de fatigue, de sorte que la douceur du péché ne fasse plus vibrer son cœur, l'Esprit de Dieu ne peut répandre sa douceur en l'homme [19]. »

Dans l'approche de la grâce, Augustin a été capable de découvrir l'autre partie de la vérité, la plus importante : « Or, cet Esprit de Dieu, dont la présence en nous nous justifie, nous inspire la haine du péché et nous donne la liberté spirituelle ; car, hors de lui, nous subissons l'amour du péché et une véritable servitude [20]. » Tant que l'homme n'a pas éteint en lui la douceur du péché, dit l'ascète, l'Esprit Saint ne peut répandre en lui la douceur de Dieu ; tant que l'Esprit Saint n'a pas répandu en l'homme la douceur de l'amour de Dieu, précise le théologien, l'homme ne peut éteindre en lui la douceur de son amour-propre. La grâce précède l'effort et l'accompagne.

L'approfondissement de la doctrine de la grâce a fait accomplir un progrès décisif à la pneumatologie, qu'il ne faudrait ignorer au risque de se priver d'une donnée fondamentale à la compréhension de l'Esprit Saint et de son mode

---

18. Id., *L'Esprit et la lettre*, 3, 5 ; repris par Luther, *Cours sur l'Épître aux Romains*, 8, 3 (WA 56, p. 356).
19. Isaac de Ninive, *Traités ascétiques*, IV.
20. Augustin, *L'Esprit et la lettre*, 16, 28.

d'action dans les âmes. Le rapport entre les deux pneumatologies, grecque et latine, a souvent été figé sur la question du mode de procession de l'Esprit Saint : soit du Père uniquement, soit du Père et du Fils. Cela a souvent empêché d'en identifier et d'en valoriser pleinement les différences et les intégrations réciproques présentes dans d'autres dimensions. Nous avons consacré plus de temps à spéculer sur la manière dont l'Esprit Saint procède de Dieu, chose inaccessible pour nous et dont l'Écriture ne dit presque rien, que sur sa manière de nous faire renaître en Dieu, chose vitale pour nous et sur laquelle l'Écriture insiste beaucoup.

Veillons à ne pas tomber à nouveau dans la tentation d'opposer les deux visions : celle qui insiste sur la purification des passions pour parvenir à la contemplation de Dieu et celle qui insiste sur le renoncement à l'amour de soi pour aimer Dieu et le prochain. L'une et l'autre, nous l'avons vu, ont de solides fondements bibliques et il y a une complémentarité certaine entre les deux : si le choix faussé de soi déchaîne les passions de la chair, il est vrai aussi que suivre les passions de la chair fait grandir en nous l'égoïsme et l'insensibilité envers Dieu et le prochain. Aucune des deux traditions ne peut se passer de l'autre. La lumière et l'amour indiquent deux opérations d'égale importance à travers lesquelles l'Esprit crée l'homme nouveau. Dans l'homme, les deux racines du mal que sont l'ignorance et l'égoïsme se touchent ; si l'on s'attaque à l'une des deux, on s'attaque aussi nécessairement à l'autre.

4. Afin que nous ne vivions plus pour nous-mêmes

Quel est notre rôle dans ce processus qui porte de l'amour de soi à l'amour de Dieu ? Il consiste à accompagner l'Esprit, à collaborer avec la grâce à travers notre liberté. Nous devons *nous déraciner* de nous-mêmes et *nous enraciner* en Dieu. De nombreux arbres ont une « racine pivotante », une racine principale qui descend perpendiculairement dans le sol, sous le tronc. Tant que l'on ne donne pas un coup de hache à cette racine-là, toutes les autres racines latérales peuvent être coupées sans que l'arbre ne bouge et personne ne peut l'abattre. L'arbre de notre vie a aussi une racine pivotante : c'est notre amour-propre. Tant que rien de plus fort que lui ne vient le « supplanter », on ne passe pas du vieil homme à l'homme nouveau, de la vie selon la chair à la vie selon l'Esprit. C'est l'action de l'Esprit Saint en nous ; l'action purificatrice de l'Esprit ne peut être remplacée par notre effort, mais nous pouvons l'accompagner.

Paul décrit ce programme comme un passage de la vie « pour soi-même » à la vie « pour le Seigneur ». « *Et il est mort pour tous, afin que les vivants ne vivent plus pour eux-mêmes, mais pour celui qui est mort et ressuscité pour eux. »* (2 Co 5, 15) « *En effet, nul d'entre nous ne vit pour soi-même, comme nul ne meurt pour soi-même ; si nous vivons, nous vivons pour le Seigneur, et si nous mourons, nous mourons pour le Seigneur. Donc, dans la vie comme dans la mort, nous appartenons au Seigneur. »* (Rm 14, 7-8)

Il s'agit d'une sorte de révolution copernicienne : ce n'est plus le soleil – Dieu – qui tourne autour de la terre – le *je* – comme un satellite qui serait à son service, mais le contraire. L'Esprit Saint nous est donné pour que nous ne vivions plus pour nous-mêmes, mais pour le Seigneur. L'œuvre du Paraclet couronne toutes les autres. Dans l'une des nouvelles prières eucharistiques, nous disons au moment de l'épiclèse : « Afin que notre vie ne soit plus à nous-mêmes, mais à lui qui est mort et ressuscité pour nous, il a envoyé d'auprès de toi, comme premier don fait aux croyants, l'Esprit qui poursuit son œuvre dans le monde et achève toute sanctification [21]. »

Pour accompagner cette action de l'Esprit en nous, il est nécessaire de savoir distinguer et reconnaître les désirs ou les impulsions issus de l'amour-propre, la « chair », de ceux qui sont issus de l'amour de Dieu, l'« Esprit » :

> « La nature travaille pour son intérêt propre […]. La grâce considère […] ce qui peut être utile à plusieurs […]. La nature aime l'oisiveté et le repos du corps. La grâce ne peut être oisive et se fait une joie du travail. La nature recherche les choses curieuses et belles […]. La grâce se complaît dans les choses simples et humbles […]. La nature est prompte à se plaindre de ce qui lui manque et de ce qui la blesse. La grâce supporte avec constance la pauvreté. La nature rapporte tout à elle-même, combat, discute pour ses intérêts. La grâce ramène tout à Dieu [22]. »

Si l'on décide de ne plus vivre pour soi-même, c'est-à-dire pour sa propre gloire, son propre intérêt et son affirmation personnelle, la grâce de l'Esprit vient à notre rencontre de mille manières. Elle nous aide à reconnaître toutes les occasions de vaincre l'amour-propre, dès qu'elles se présentent à nous ; elle nous donne un indescriptible élan ou une attirance pour le faire, une joie quand nous l'avons fait, de la tristesse et de la déception quand nous avons refusé de le faire ou que nous avons cherché mille excuses pour ne pas le faire.

Elle nous aide aussi à ne pas réagir, à ne pas nous excuser dès que l'on reçoit un reproche, une critique ou une parole dure, qui sont les moyens les plus efficaces pour vaincre notre amour-propre. En effet, prétendre terrasser l'amour-propre tout seul, sans aucune intervention extérieure, serait comme

---

21. Missel Romain, Prière eucharistique IV.
22. *L'imitation de Jésus-Christ*, III, 54.

prétendre enlever soi-même une tumeur. L'Esprit Saint nous pousse à changer l'ordre de la liste de nos amis : à considérer comme nos vrais amis et bienfaiteurs ceux que l'on relègue habituellement à la dernière place de notre univers personnel.

Nous exprimons aussi notre collaboration par la prière, en disant par exemple à l'Esprit Saint, avec les paroles de la Séquence de Pentecôte : « Assouplis ce qui est raide » ou avec une autre prière de la liturgie : « Si nos volontés se rebellent, ramène-les vers toi [23]. » La grâce agit par ces moyens simples, et non pas à travers je ne sais quels mécanismes automatiques ou par des circonstances extraordinaires.

5. Une pneumatologie pour l'ère de l'ordinateur

Je voudrais conclure cette réflexion sur l'Esprit « amour » par une observation qui nous montre la grande actualité de ce thème. Notre civilisation dominée par la technique a besoin d'un cœur pour que l'homme puisse y survivre sans se déshumaniser complètement. Les hommes religieux, mais aussi les agnostiques et les non-croyants, sont convaincus que nous devons laisser plus de place aux « raisons du cœur », si nous voulons éviter à l'humanité de retomber dans une ère glaciale.

Dans ce domaine particulier, la technique est de faible utilité. On travaille depuis longtemps à la création d'un ordinateur capable de « penser » et beaucoup sont convaincus que l'on y parviendra. Ne parle-t-on pas d'« intelligence artificielle » ? Mais (heureusement !) personne n'a encore envisagé la possibilité d'un ordinateur qui « aime », qui s'émeuve, qui vienne à la rencontre de l'homme sur le plan affectif en l'aidant à aimer, comme il l'aide à calculer les distances entre les étoiles ou le mouvement des atomes et à garder des données en mémoire... L'homme projette aujourd'hui de construire des horloges atomiques dont la marge d'erreur serait d'une seconde chaque deux millions d'année ; il connaît avec précision combien de centaines de milliers d'années il lui faudrait pour rejoindre un certain point de l'univers, en voyageant à la vitesse de la lumière ; il oublie qu'il n'a lui-même que quelques dizaines d'années à vivre. Excès de la technique sur la vie !

L'accroissement de l'intelligence et des possibilités de connaissance de l'homme n'est pas accompagné d'un accroissement de sa capacité à aimer. Au contraire, celle-ci semble de faible importance, alors que nous savons bien que le bonheur ou le malheur sur la terre ne dépend pas tant de la connaissance

---

23. Missel Romain, Prière sur les offrandes, samedi de la IVe semaine de Carême.

ou de l'ignorance que de l'amour reçu et donné, du fait d'être aimé et d'aimer. Il n'est pas difficile de comprendre pourquoi nous nous efforçons tant d'accroître nos connaissances et si peu d'augmenter notre capacité à aimer : la connaissance se traduit automatiquement en puissance, l'amour… en service.

Une des idolâtries modernes est celle du Q.I., le quotient intellectuel. De nombreuses méthodes de mesure ont été élaborées même si, jusqu'à présent, aucune n'a été jugée vraiment digne de foi. Dans la sélection des embryons humains, c'est quasiment le seul aspect que l'on évalue chez les candidats au don de sperme. Qui s'intéresse au « quotient du cœur » ? Pourtant, l'affirmation de Paul est toujours juste : « *La science enfle, c'est la charité qui édifie.* » (1 Co 8, 2) La culture du monde n'est plus en mesure de puiser cette vérité à sa source religieuse, chez Paul, mais elle est prête à y souscrire quand elle se présente sous forme littéraire. Que veut dire la thèse finale du *Faust* de Goethe que « seul l'amour sauve alors que la science, la soif de connaissance, à elle seule peut condamner » ?

Qui pourra sauver notre civilisation de ce déclin ? D'après Augustin, le libre arbitre ne suffit pas, ni la connaissance de la question et de ce qu'il « faut » faire. Il nous faut un secours « externe », disons même, en langage d'aujourd'hui, « extraterrestre » : l'Esprit Saint qui « répand l'amour dans les cœurs ». Ce qu'il nous faut, c'est une nouvelle ouverture et un nouveau recours à l'Esprit Saint. Lui seul pourra donner à l'humanité, qui sait désormais explorer, en haut, les espaces du cosmos et, en bas, les particules subatomiques, ce supplément d'âme et de cœur qui lui permettra de ne pas « s'assécher » du fait de ses connaissances, mais, au contraire, de les mettre au service de l'humanisation de la planète et de l'amélioration de la vie d'autrui.

Celui qui fit revivre dans la chrétienté occidentale le grand thème augustinien de l'Esprit Saint qui fait passer l'homme de l'amour-propre à l'amour de Dieu et du prochain, ce fut Luther. Outre sa traduction du *Veni creator* (qui fut par la suite mise en musique par Bach [24]), il rédigea deux autres hymnes à l'Esprit Saint, toujours au centre du culte protestant. Dans l'une des deux, il reprend l'ancienne antienne de Pentecôte : « Viens, Esprit Saint, remplis le cœur de tes fidèles et allume en eux le feu de ton amour [25] » et la développe dans un choral dont il a dit un jour qu'il « avait été composé, paroles et musique, par l'Esprit Saint lui-même ». S'inspirant justement de cette strophe du *Veni creator*, il réunit les deux thèmes de l'Esprit « lumière » et « amour ». Prions-le, nous aussi, en union avec tous nos frères luthériens :

---

24. Cf. J. S. Bach, *Komm, Gott Schöpfer, heiliger Geist* (BWV 631).
25. Cf. *Corpus antiphonalium officii*, sous la direction de R. J. Hesbert, III, Rome 1963, p. 528.

« *Viens, Esprit Saint, Dieu, Seigneur,*
par ta grâce, remplis
l'âme et l'esprit de tes fidèles.
Embrase-les du feu de ton amour.
Par la splendeur de la lumière éternelle,
tu réunis en une seule foi
un peuple de toutes les nations :
nous chantons tes louanges, Esprit Saint.

Toi, sainte lumière, toi le port sûr :
illumine la Parole pour les croyants.
Donne-nous la juste connaissance de Dieu
et la vraie joie de l'appeler Père.
Ô Saint, préserve-nous de toute erreur,
car de maître nous n'avons que le Christ,
croyant en lui d'une foi orthodoxe
et nous fiant à lui de tout notre cœur [26]. »

---

[26]. LUTHER, *Komm, Heiliger Geist, Herre Gott* (WA 35, p. 165 s. ; 448-449).

XVI

« FORTIFIE PAR TA PUISSANCE ÉTERNELLE L'INFIRMITÉ DE NOTRE CORPS »

L'Esprit Saint prépare la rédemption de notre corps

1. Frère corps et sœur âme

Reprenant le thème de l'Esprit Saint dans ses discours aux catéchumènes, Cyrille de Jérusalem dit, en référence à sa catéchèse donnée la semaine précédente : « Afin de ne pas lasser les auditeurs, en cette circonstance, nous avons mis un frein à notre enthousiasme, mais on ne parle jamais assez de l'Esprit Saint [1]. »

Autrefois, nous avions l'habitude de citer cette maxime au sujet de la Vierge Marie : *de Maria nunquam satis*, « on ne parle jamais assez de Marie ». À plus forte raison, nous devons faire la même affirmation à propos de l'Esprit Saint. Je vais néanmoins tenter d'imiter ce vieux Père en mettant un frein à mon enthousiasme, pour ne pas trop allonger chacune de ces petites catéchèses modernes sur l'Esprit Saint.

Après nous avoir présenté l'Esprit en relation à l'esprit et au cœur de l'homme, la quatrième strophe du *Veni creator* nous le présente en relation au corps humain. « Frère corps », comme l'appelait François d'Assise, n'est pas exclu du grand banquet de l'Esprit. Au contraire, il y participe à part entière. Le corps n'est pas pour la Bible un appendice négligeable de l'être humain ;

---

[1]. Cyrille de Jérusalem, *Catéchèses*, XVII, 1.

l'homme n'*a* pas un corps, il *est* un corps. Le corps a été directement *créé* par Dieu, modelé par ses propres « mains », il a été *revêtu* par le Verbe dans l'incarnation et *sanctifié* par l'Esprit dans le baptême. Il est même le « *temple* » de l'Esprit Saint (cf. 1 Co 3, 16 ; 6, 19).

Un examen superficiel du Nouveau Testament, des écrits de saint Paul en particulier, pourrait nous induire en erreur au sujet du rapport chair/Esprit. Ce rapport n'est pas seulement négatif, sous la forme d'un conflit irréductible, mais il est aussi positif, sous la forme d'une collaboration. La chair sert l'Esprit et l'Esprit soutient la chair. C'est justement à travers le corps, l'élément qui lie le plus intimement le croyant à ce monde, que l'Esprit se manifeste en lui. Le croyant est appelé à glorifier Dieu par son propre corps et par sa chair mortelle [2]. L'œuvre de l'Esprit est donc de sanctifier la chair, non pas seulement de la combattre ; de la promouvoir et non de la neutraliser.

Le premier à reconnaître la nécessité de mettre en lumière cet aspect délicat de la révélation est saint Irénée, bien que ses écrits dénotent encore une certaine oscillation entre l'*esprit*, élément spirituel de l'ensemble humain, et l'*Esprit Saint* véritable. En opposition aux gnostiques qui attribuent l'existence même du corps à un Dieu différent et inférieur à celui prêché par Jésus Christ, il écrit ceci :

> « Trois choses [...] constituent l'homme parfait : la chair, l'âme et l'Esprit. L'une d'elle sauve et forme, à savoir l'Esprit ; une autre est sauvée et formée, à savoir la chair ; une autre enfin se trouve entre celles-ci, à savoir l'âme, qui tantôt suit l'Esprit et prend son envol grâce à lui, tantôt se laisse persuader par la chair et tombe dans les convoitises terrestres [3]. »

Irénée illustre le rapport entre le corps et l'Esprit par l'image de la greffe : l'Esprit a été greffé à la chair fragile, et grâce à ce principe nouveau, celle-ci pourra elle-même porter des fruits « spirituels [4] ».

Ceux qui ne peuvent hériter du Royaume de Dieu (cf. 1 Co 15, 20), ce ne sont pas la chair et le sang, mais seulement ceux qui suivent les *mauvaises tendances* de la chair et du sang. Le mal ne consiste pas à vivre dans la chair, mais à vivre *selon la chair*. Il dit même que « le fruit visible de l'Esprit invisible [est de] rendre la chair mûre et capable de recevoir l'incorruptibilité [5] ».

À l'origine, l'âme et le corps, l'esprit et la matière, connaissaient ce rapport positif, du moins dans le dessein de Dieu ; s'il est maintenant caché sous un conflit apparent, c'est lui qui, à la fin, triomphera de tout antagonisme, dans

---

2. Cf. 1 Co 6, 20 ; Ph 1, 20.
3. Irénée, *Contre les hérésies*, V, 9, 1 (SC 153, p. 107-109).
4. *Ibid.*, V, 9, 2 ; 10, 1 (SC 153, p. 111.125).
5. Cf. *ibid.*, V, 12, 4, SC 153, p. 155.

une réconciliation pleine et définitive. L'hostilité entre la chair et l'esprit de l'homme est destinée à cesser alors que leur union persistera pour toujours, dans le bien et le mal.

> « Ainsi le corps et l'âme sont comme deux mains jointes.
> Et l'un et l'autre ensemble ils entreront dans la vie éternelle...
> Ou tous les deux ensemble ils retomberont comme deux poignets liés
> Pour une captivité éternelle [6]. »

C'est grâce à l'incarnation du Verbe que l'amitié originelle entre le corps humain et l'Esprit de Dieu a été rétablie après le péché et qu'elle a l'espoir de triompher pour toujours. La communion avec le corps eucharistique du Christ en est le signe et la garantie :

> « Il nous a donné [un corps] pour qu'en nous mêlant à lui, nous nous mêlions à l'Esprit Saint. En effet, toute la raison pour laquelle le Verbe de Dieu s'est donné dans un corps et *"s'est fait chair"*, selon le mot de l'Évangile (Jn 1, 14), c'est afin que, dans notre incapacité de participer à lui comme Verbe, nous participions à lui comme chair [...]. Et par ce mélange à l'Esprit du Christ, les corps deviennent choses à traiter *"avec sainteté"* (1 Th 4, 4), en les traitant précisément comme des membres du Christ [7]. »

2. Le charisme de guérison

Que demandons-nous à l'Esprit Saint pour le corps ? La phrase : « Fortifie par ta puissance éternelle l'infirmité de notre corps » rappelle clairement celle de Jésus à Gethsémani : « *L'esprit est ardent mais la chair est faible.* » (Mt 26, 41) Il y a peut-être aussi une allusion à l'Esprit qui « *vient au secours de notre faiblesse* (infirmitas) » (cf. Rm 8, 26). Mais l'auteur ne fait qu'appliquer ici à l'Esprit Saint deux versets qu'Ambroise avait adressés au Christ dans son hymne [8].

L'allusion à la puissance (*virtus*) de l'Esprit complète l'une des synthèses subtiles présentes dans cette strophe de l'hymne. Saint Bonaventure explique que l'Esprit Saint possède trois propriétés : il est à la fois *vérité infaillible*, *charité généreuse* et *puissance indépassable*. En tant que *vérité suprême*, c'est de lui que procède la splendeur d'une intelligence animée par la foi, qui éclaire

---

6. CH. PÉGUY, « Le porche du mystère de la deuxième vertu » (*Œuvres poétiques complètes*, Gallimard, Paris 1975, p. 580 s.).
7. Pseudo-CHRYSOSTOME, *Homélies Pascales* (SC 36, p. 90-92).
8. AMBROISE, Hymne *Veni, redemptor gentium* (*Opera omnia*, 22, Milan 1994, p. 50) : « *infirma nostri corporis/virtute firmans perpeti* ».

la faculté cognitive de l'homme ; en tant que *charité suprême*, c'est de lui que procède l'amour d'une sainte bienveillance, qui rectifie la volonté ; en tant que *puissance suprême*, c'est de lui que procède la vigueur d'une fermeté robuste, qui fortifie l'agir [9]. Cette triade biblique, l'auteur du *Veni creator* l'a évoquée avant saint Bonaventure en parlant de l'Esprit Saint *lumière* pour l'esprit, *amour* pour le cœur et *puissance* pour le corps.

Pour le corps, nous demandons deux choses à l'Esprit Saint, en accord avec le double sens du terme « infirmité » (*infirmitas*) en latin : la force et la guérison. L'Esprit Saint ne se contente pas de soutenir notre faiblesse, de soigner nos blessures et de combler les défaillances de notre physique. Il fait infiniment plus pour « Frère corps » : il le sauve de sa précarité et prépare sa pleine et définitive rédemption (cf. Rm 8, 23). Le discours s'ouvre ici sur l'eschatologie, notre destinée finale :

> « Oui, nous qui sommes dans cette tente, nous gémissons, accablés ; nous ne voudrions pas en effet nous dévêtir, mais nous revêtir par-dessus, afin que ce qui est mortel soit englouti par la vie. Et Celui qui nous a faits pour cela même, c'est Dieu, qui nous a donné les arrhes de l'Esprit. » (2 Co 5, 4-5)

Par les paroles du *Veni creator*, nous demandons à l'Esprit Saint de transfigurer notre corps misérable pour le conformer au corps glorieux du Christ (cf. Ph 3, 21) ; nous demandons qu'un jour, il donne aussi la vie à nos corps mortels (cf. Rm 8, 11).

Cependant, l'expérience que nous faisons de notre corps en ce monde est bien différente : c'est celle de la faiblesse et de la maladie auxquelles se réfère le *Veni creator* quand il parle d'*infirmité*.

Un vaste horizon s'ouvre à nouveau devant nous, celui du rapport entre l'Esprit Saint et les guérisons physiques. Irénée mentionnait déjà les guérisons et les résurrections opérées par Jésus comme preuve que le corps est lui aussi capable d'accueillir l'action de l'Esprit de Dieu :

> « L'Artisan de toutes choses, le Verbe de Dieu, celui-là même qui a modelé l'homme au commencement, ayant trouvé son ouvrage abîmé par le mal, l'a guéri de toutes les manières possibles, tantôt en restaurant tel ou tel membre particulier de la manière qu'il avait été modelé au commencement, tantôt en rendant d'un seul coup à l'homme une parfaite santé et intégrité afin de se le préparer en vue de la résurrection. Et de vrai, quel motif aurait-il eu de guérir les membres de chair et de les rétablir dans leur forme première, si ce qu'il guérissait ne devait pas être sauvé [10] ? »

---

9. BONAVENTURE, *Sermon I sur la Pentecôte* (Quaracchi, IX, p. 331).
10. IRÉNÉE, *Contre les hérésies*, V, 12, 6 (SC 153, p. 161).

Par ces paroles, Irénée révèle la profonde dimension théologique qui se cache derrière les guérisons miraculeuses, que certains regardent aujourd'hui avec un sentiment de gêne, voire de rejet, comme si elles étaient, comme tout autre miracle, l'expression d'une religiosité encore fruste et peu spiritualisée. Regardons alors cet aspect du ministère du Christ pour comprendre ce qu'il nous dit aujourd'hui.

Presque un tiers de l'Évangile nous montre Jésus qui guérit des malades et ressuscite des morts. Il ne guérit pas pour démontrer quoi que ce soit, mais parce qu'il est venu pour « *sauver ce qui était perdu* » (Lc 19, 10) : il a compassion de la foule, il aime et désire la vie, la liberté et la joie de ses créatures. Le soin des infirmes est très souvent associé à l'annonce de l'Évangile dans les discours d'envoi en mission : « *Et il les envoya proclamer le Royaume de Dieu et faire des guérisons.* » (Lc 9, 2)

Nous trouvons un rite spécial dans l'Église apostolique, qui constituera par la suite l'un des sept sacrements : il s'agit du soin des malades dans la certitude que « *la prière de la foi sauvera le patient et le Seigneur le relèvera* » (Jc 5, 15). Un facteur très important dans la mission et la propagation du christianisme vient de ce qu'il s'est préoccupé de la *santé* du corps, et non pas uniquement du *salut* de l'âme. Jésus était vu comme « un seul médecin fait de chair et d'esprit [11] », capable donc de soigner les âmes aussi bien que les corps.

Dans la vie de Jésus, déjà, ces guérisons apparaissent comme accomplies dans la puissance de l'Esprit Saint. Et il affirme lui-même que l'Esprit du Seigneur est venu sur lui non seulement pour annoncer la Bonne Nouvelle aux pauvres, mais aussi pour « *annoncer aux captifs la délivrance et aux aveugles le retour à la vue, renvoyer en liberté les opprimés* » (cf. Lc 4, 18). « *Une force sortait de lui et les guérissait tous* » (Lc 6, 19) ; un peu avant, l'évangéliste nous dit que « cette force » n'est pas un fluide magnétique, un courant hypnotique, une force de suggestion ni une vague « force spirituelle », mais « *la puissance de l'Esprit Saint* » venue sur lui au baptême (cf. Lc 4, 14).

Paul témoigne de ce rapport étroit entre la force de l'Esprit et les guérisons ; il parle d'un charisme spécifique destiné à cela : « *À tel autre* [sont donnés] *les dons de guérisons, dans l'unique Esprit.* » (1 Co 12, 9)

Au fil de l'histoire de l'Église, nous constatons une évolution dans ce ministère évangélique. Le don de guérison sera considéré de plus en plus comme un charisme extraordinaire lié à la sainteté de la personne qui l'exerce et faisant d'elle un thaumaturge, un faiseur de miracles. Les guérisons miraculeuses deviennent l'apanage de *personnes* particulières, les saints, ou de *lieux* particuliers, les sanctuaires.

---

11. IGNACE D'ANTIOCHE, *Lettre aux Éphésiens*, 7, 1 (SC 10 bis, p.65).

Il n'y a certes rien d'étrange ni d'aberrant en cela puisque Dieu accorde ses dons gratuitement à « qui il veut », mais ces dons ne sont pas sans rapport avec la sainteté et l'on croit qu'ils se manifestent avec davantage de force là où il y a davantage de charité. Cela a fini néanmoins par créer une fausse conviction, éloignée de l'idée originelle et fonctionnelle du charisme. Le lien entre les guérisons et la sainteté, bien qu'il soit fort, n'est jamais exclusif, surtout s'il se réfère à un certain type de sainteté, aux caractéristiques extraordinaires.

Cependant, le motif principal de cette évolution tient sans doute à la disparition du contexte naturel de manifestation des charismes, c'est-à-dire ces assemblées ouvertes de l'Église naissante, marquées par un fort sentiment de la présence agissante de l'Esprit et où chaque croyant pouvait exercer son propre charisme (cf. 1 Co 14, 26). Comme certaines espèces vivantes, de nombreux charismes se sont éteints en raison de la disparition de leur *habitat* naturel.

L'Église a-t-elle délaissé ce commandement du Christ : « *Guérissez les malades* » ? Non, de tout temps, les chrétiens ont créé toutes sortes d'institutions bénéfiques au soulagement des souffrances des malades : hôpitaux, léproseries, dispensaires, etc. C'est un aspect grandiose de l'activité de l'Église au fil des siècles. Mais, de cette façon, le charisme de guérison s'est « institutionnalisé », il est devenu une *institution*. Dans ce processus, aussi bénéfique soit-il, quelque chose s'est perdu. L'homme a deux moyens pour affronter ses problèmes, en particulier la maladie : la nature et la grâce. La *nature* indique ici la science, la technique et la médecine, en somme, toutes les ressources que l'homme a reçues de Dieu dans la création et qu'il a développées par son intelligence ; la *grâce* indique la foi et la prière avec lesquelles on obtient parfois, selon la volonté de Dieu, la guérison au-delà des moyens humains. Tout autre moyen n'appartenant pas à ces deux catégories est exclu, à savoir la magie et d'autres formes ambiguës pratiquées par de soi-disant « guérisseurs » de métier.

Devant la maladie, le chrétien ne peut pas se contenter d'utiliser seulement la « nature », c'est-à-dire de fonder des hôpitaux en collaboration avec l'État dans le domaine de la santé publique. Le Christ lui a donné un pouvoir tout particulier : « *Jésus leur donna pouvoir sur les esprits impurs, de façon à les expulser et à guérir toute maladie et toute langueur.* » (Mt 10, 1) Il ne doit pas commettre de péché par omission, en oubliant de recourir à ce pouvoir qui redonnerait de l'espoir à ceux pour qui la science ne nourrit plus aucun espoir.

Nous assistons aujourd'hui à une nouvelle prise de conscience de la part de l'Église. Le Concile a donné lieu à un renouveau dans la pratique du sacrement de l'onction et de la prière pour les malades. Il n'est plus seulement administré au seuil de la mort, mais au cours de la maladie, et l'on n'attend plus seulement de lui le pardon des péchés, mais aussi, comme le promet l'Écriture, la guérison des maladies (cf. Jc 5, 15). Une prière de l'ancien rituel mentionne explicitement l'Esprit Saint à cet égard : « Guérissez, ô notre Rédempteur, nous vous en supplions, par la grâce du Saint-Esprit, les infirmités de ce malade. »

Le fait le plus impressionnant, toutefois, est la réapparition dans de nombreuses Églises chrétiennes du charisme de guérison, au sens entendu par Paul. C'est un don gratuit fait à certains croyants sans rapport nécessaire avec leur sainteté particulière, mais que Dieu donne en vue du bien commun pour montrer sa fidélité dans la réalisation des promesses du Christ. Il s'agit d'un domaine délicat, sujet à des manipulations et à des abus de tout genre, pour lequel on n'apprécie jamais assez la prudence et la vigilance de l'Église qui tendent à discipliner, et non à étouffer, ce charisme. Une garantie d'authenticité est le maintien de l'équilibre, que nous voyons en Jésus, entre l'annonce de l'Évangile et le soin des malades. La prière pour la guérison ne doit jamais devenir une fin en soi, distincte du temps de l'annonce, mais plutôt une occasion d'annonce. C'est souvent le cas, grâce à Dieu.

3. De quoi l'Esprit Saint nous guérit-il ?

Mais ce qui nous intéresse, ce n'est pas seulement de connaître l'histoire ou la doctrine des guérisons, mais aussi d'obtenir la guérison. Nous la demandons à l'Esprit Saint par ces paroles : « Fortifie par ta puissance éternelle l'infirmité de notre corps » : dans *notre* corps, pas seulement dans le corps des autres. Nous voulons évoquer ici différentes formes d'« infirmité » du corps, pour identifier éventuellement celle qui nous concerne et demander à l'Esprit de nous guérir.

Il existe un certain nombre de maladies dont nous ne sommes pas responsables : les handicaps physiques congénitaux ou accidentels, les dysfonctionnements organiques parfois héréditaires, les traumatismes subis dans les premières années de la vie, voire dans le sein maternel ; ou toutes les maladies liées aux circonstances de la vie et à notre condition humaine.

D'autres sont des conséquences, en partie, d'une faute de notre part, comme toutes les dépendances : l'alcool, la drogue, la cigarette, les troubles du comportement alimentaire ou les abus dans le domaine de la sexualité.

Certaines maladies s'enracinent dans l'inconscient et dans la mémoire et appartiennent davantage aux maladies de l'âme qu'à celles du corps, mais influent profondément sur notre vie physique : la peur de la mort, les problèmes liés à un père autoritaire ou à une mère possessive ; les complexes, l'agressivité, l'insécurité. On trouve dans ce domaine la non-acceptation de soi ou des autres ; la dépression, le découragement et la tristesse chronique ; les rancœurs, les ressentiments viscéraux.

Une chose contre laquelle les psychologues nous mettent justement en garde, c'est l'attachement à sa propre maladie. Il est possible, en effet, que l'on finisse par se réfugier dans sa maladie ou sa névrose comme dans un abri, ne parvenant plus à concevoir sa propre vie dans une autre situation ni à renoncer à la commisération dont on a fait l'objet jusqu'alors. Au paralytique de la piscine de Bethesda, Jésus pose une question qui semble étrange de prime abord, mais qui recèle en fait un grand sens : *« Veux-tu guérir ? »* (Jn 5, 6.)

Quand il s'agit de profondes maladies psychologiques où la liberté du malade est en quelque sorte impliquée, il est nécessaire que le malade collabore à l'action de l'Esprit en éliminant certains obstacles. Il est très important de fréquenter, dans la foi, les *sacrements*. Grâce à eux, nous pouvons toucher « le manteau » de Jésus pour être guéris (cf. Mt 9, 21) ; cette *« force qui sortait de lui et les guérissait tous »* (cf. Lc 6, 19) continue à sortir du corps eucharistique de Jésus.

La parole de Dieu peut être aussi un puissant instrument de guérison. L'Écriture dit à propos du peuple de Dieu au désert : *« Et de fait, ce n'est ni herbe ni émollient qui leur rendit la santé, mais ta parole, Seigneur, elle qui guérit tout ! »* (Sg 16, 12.)

Un homme se trouvait à un stade avancé d'alcoolisme, ce qui rendait la vie impossible à sa femme et à ses enfants. Un soir, il fut invité à une réunion où l'on lisait la Bible. En entendant une parole de l'Écriture, il éprouva comme une chaleur qui traversa son corps et se sentit guéri. Il raconta ensuite son expérience en citant cette parole, la gorge serrée d'émotion ; il s'agissait d'un verset du Cantique des Cantiques : *« Nous célébrerons tes amours plus que le vin. »* (Ct 1, 4)

4. Et ceux qui ne sont pas guéris ?

Nous ne pouvons pas nous arrêter là dans notre réflexion sur la guérison ; ce serait manquer de réalisme. En effet, qu'en est-il de tous ceux et celles qui, malgré une intense prière et des « célébrations pour la guérison », ne sont pas guéris ? À qui la faute ? Certains répondent : « Ils manquent de foi ou bien ceux qui ont prié pour eux n'avaient pas assez la foi. Dieu veut toujours guérir, tout le monde ; la maladie est la conséquence du péché ; elle est contraire à la volonté de Dieu… »

Mais s'il en était ainsi, nous devrions en conclure que les saints avaient bien peu de foi, étant donné qu'ils ont souvent dû supporter toutes sortes de maladie. Selon la « saine doctrine » de l'Église, la puissance de l'Esprit ne se manifeste pas à nous d'une manière unique, en éliminant le mal et en accordant la guérison, mais aussi en donnant la capacité et parfois même la joie de porter avec le Christ notre propre infirmité, complétant ainsi « *en [notre] chair ce qui manque aux épreuves du Christ pour son Corps, qui est l'Église* » (cf. Col 1, 24). Le Christ a racheté la souffrance et la mort ; la souffrance n'est plus un signe de péché ni une participation à la faute d'Adam, elle est devenue un instrument de rédemption et de participation à la vie du Nouvel Adam.

Il n'y a rien qui ne puisse entrer dans cette sphère de valeurs : ni les maladies physiques ni les maladies psychiques. Le Christ s'est chargé de la peur de la mort et de l'angoisse. Même les névroses peuvent devenir des occasions de sanctification, si elles font partie d'un bagage naturel qui ne peut être éliminé. Certains saints ont souffert de névroses, mais elles ne les ont pas empêchés de devenir saints ! Dans de telles maladies, la foi et l'action de l'Esprit Saint se manifestent différemment : en permettant à la personne de vivre sa maladie d'une manière nouvelle, avec plus de liberté, et de cohabiter avec elle, sans en être écrasée.

Dans toute son œuvre, Dieu a décidé de vaincre le mal, non pas en l'anéantissant par sa toute-puissance, mais en le prenant sur lui dans le Christ et en le transformant de l'intérieur : « *Il a pris nos infirmités et s'est chargé de nos maladies.* » (Mt 8, 17)

L'apôtre Paul nous en donne un exemple lumineux. Il a souvent supplié le Seigneur de lui ôter une certaine « épine dans la chair », mais Dieu lui a répondu : « *Ma grâce te suffit : car la puissance se déploie dans la faiblesse.* » (2 Co 12, 9) Et l'Apôtre de répondre : « *C'est donc de grand cœur que je me glorifierai surtout de mes faiblesses, afin que repose sur moi la puissance du Christ [...] ; lorsque je suis faible, c'est alors que je suis fort.* » (cf. 2 Co 12, 9-10) La puissance de l'Esprit Saint à l'égard de nos infirmités se déploie davantage en nous donnant la force de porter notre mal avec le Christ qu'en nous guérissant miraculeusement. Saint Maxime le Confesseur dit que « la faiblesse de la chair face à la souffrance est le fondement de la suréminente puissance de l'Esprit [12] ».

En somme, nous *pouvons* toujours demander à l'Esprit Saint de nous guérir, mais s'il ne le fait pas, nous ne devons pas en conclure nécessairement que nous n'avons pas la foi, que Dieu ne nous aime pas, qu'il nous châtie. Il

---

12. Maxime le Confesseur, *Chapitres variés*, IV, 93 (PG 90, 1345).

veut nous faire un don plus précieux encore, même s'il est plus difficile à accueillir. La santé retrouvée se perdra à nouveau, mais le mérite d'avoir supporté la situation avec patience subsistera pour toujours.

Notre réflexion sur la guérison n'est pas encore complète ; nous devons y ajouter une dernière observation. La chose la plus importante dans l'esprit de l'Évangile n'est pas de penser à ses propres infirmités, mais à celles du prochain. Les saints acceptaient de mal se porter, mais ne supportaient pas que les autres se portent mal. Ils hésitaient à prier pour leur propre guérison, mais se montraient très audacieux quand il s'agissait de la guérison des autres.

L'Évangile parle de « quatre personnes » qui font tout pour conduire leur ami malade à Jésus : elles découvrent la toiture au-dessus du lieu où se trouve Jésus, y creusent un trou et y font descendre le grabat. Jésus, voyant leur foi, dit alors au paralytique : « *Lève-toi, prends ton grabat et va-t'en chez toi.* » (cf. Mc 2, 1-12) Imitons leur zèle !

5. Une thérapie spirituelle

Élargissons notre regard au terme de nos réflexions. La puissance guérissante de l'Esprit Saint ne s'exerce pas seulement sur le corps de l'homme, mais sur tout son être, comme nous l'avons vu dans cette strophe : l'esprit, le cœur et le corps. L'Esprit Saint est venu sauver, guérir, enseigner, exhorter, fortifier, consoler et illuminer, d'abord celui qui le reçoit puis, à travers lui, tous les autres [13]. Son approche est véritablement « holistique », comme on aime à dire aujourd'hui, c'est-à-dire qu'elle tient compte de toutes les dimensions de la personne et de tous ses besoins. Ainsi, il s'abstient de soigner l'infection d'un doigt si la personne souffre de graves problèmes de cœur ou d'estomac et que ledit traitement pour l'infection risquerait justement d'aggraver ces troubles. Il nous libère de tout mal.

Irénée dit que l'Esprit Saint est l'« aubergiste » à qui le Christ, bon Samaritain, confie l'humanité entière pour qu'il en prenne soin [14]. Écoutons saint Bonaventure à ce propos :

> « L'Esprit Saint vient à nous avant tout comme un médecin plein d'expérience, apportant la vie spirituelle et corporelle. Ah, quel expert ce médecin ! Il donne la vie à ceux qui sont morts spirituellement et physiquement et soigne toute infirmité, sans fer, sans feu, sans paroles magiques, par simple décision de sa volonté [15]. »

---

13. Cf. Cyrille de Jérusalem, *Catéchèses*, XVI, 16.
14. Irénée, *Contre les hérésies*, III, 17, 3 (SC 211, p. 337).
15. Bonaventure, *Sermon pour le IVe Dimanche après Pâques*, 1 (Quaracchi, IX, p. 309).

Si nous voulons appliquer cet enseignement à notre vie, il nous faut faire une belle thérapie à base d'Esprit Saint. Par analogie avec l'héliothérapie, nous pouvons l'appeler pneuma-thérapie ou cure d'Esprit Saint. L'héliothérapie consiste à exposer son corps à la lumière du soleil, riche en rayons ultra-violets ; la pneuma-thérapie consiste à exposer tout son être, l'esprit, la volonté et le corps, à la lumière invisible mais puissante du Paraclet.

Ici, il s'agit davantage de faire que d'expliquer ou de comprendre. Exposer l'*esprit* à l'action de l'Esprit Saint signifie le lui présenter dans la prière, lui demander de nous guérir de toutes nos « maladies mentales » : l'incrédulité ou son contraire, la superstition, l'intellectualisme aride, l'orgueil, la présomption. Cela signifie lui consacrer notre intelligence pour qu'elle soit toujours au service de la vérité, et jamais du mensonge et de l'erreur. Cela signifie maintenir notre esprit sous la lumière de la Parole de Dieu.

Exposer notre *volonté* à l'action de l'Esprit Saint signifie lui demander de guérir nos nombreuses « maladies de cœur » : la froideur, l'insensibilité, la rébellion, l'amour-propre et la terrible volonté de puissance qui a fait tant de mal dans le monde. Origène disait : « Le Verbe (*Logos*) et sa puissance de guérir sont plus forts que tous les maux de l'âme [16] ; » on peut dire la même chose de l'Esprit Saint.

Désormais, nous savons ce que veut dire exposer « frère corps » à l'action de l'Esprit, puisque nous avons déjà énuméré les différentes maladies qui se cachent dans notre *corps*.

Il existe un chant *spiritual* afro-américain où sont répétées inlassablement ces paroles : « Un baume de Galaad guérit les âmes blessées. » Galaad est une localité souvent mentionnée dans l'Ancien Testament, connue pour ses parfums et ses onguents (cf. Jr 8, 22). Ce chant pourrait même évoquer un marchand ambulant qui passe dans les rues en criant le nom et en vantant les mérites de sa marchandise.

Au terme de cette catéchèse sur la puissance guérissante de l'Esprit Saint, je voudrais, moi aussi, faire le marchand ambulant. Le baume, dont celui de Galaad n'était qu'une image, est l'Esprit Saint. Ce chant continue ainsi : « Je me sens parfois découragé, je crois que mon travail est vain, mais l'Esprit Saint redonne vie à mon âme [17]. »

Moi aussi, j'ai le courage de crier : « Il existe dans l'Église un baume qui guérit les cœurs brisés, les âmes malades du péché, qui fait fondre les cœurs de pierre. Venez, achetez sans payer le vin et le lait. Prenez cette huile qui vient

---

16. ORIGÈNE, *Contre Celse*, VIII, 72 (SC 150, p. 341).
17. « There is a balm in Gilead/to make the wounded whole./Some times I feel discouraged/and think my work's in vain/but then the Holy Spirit/revives my soul again. »

à vous dans la Parole, les sacrements et la prière. Prenez ce baume à hautes doses ! » Notre monde en a grand besoin…

Faisons nôtre la belle prière à l'Esprit Saint qu'un auteur médiéval a composée en commentant les premières paroles de notre hymne :

« Viens, Esprit Saint, remplis les cœurs de tes fidèles.
Toi qui es déjà venu nous donner la foi,
donne-nous maintenant la béatitude.
Toi qui es venu pour que nous puissions, par ton aide,
nous glorifier dans l'espérance de la gloire des enfants de Dieu (Rm 5, 2),
viens à nouveau pour nous glorifier dans la possession de celle-ci.
Il t'appartient de confirmer, consolider, perfectionner et accomplir.
Le Père nous a créés, le Fils nous a sauvés :
fais donc ce qu'il t'appartient de faire.
Viens nous introduire dans la vérité tout entière,
dans la jouissance du Bien suprême, dans la vision du Père,
dans l'abondance de tous les délices,
dans la joie des joies. Amen [18]. »

---

18. Gautier de Saint-Victor, *Discours*, VIII, 9 (CM 30, p. 70).

XVII

« REPOUSSE L'ADVERSAIRE AU LOIN ! »

L'Esprit Saint nous assure la victoire sur le malin

1. L'Esprit Saint et le combat spirituel

Nous entrons dans la cinquième strophe du *Veni creator* :

« Repousse l'adversaire au loin
Sans tarder donne-nous la paix
Avec toi notre guide
Nous éviterons tout mal. »

Par sa majestueuse simplicité, le *Veni creator* ressemble à une belle architecture romane. La beauté d'un édifice roman ne tient pas tant à la hardiesse des différents éléments qui le composent qu'à l'harmonie et à la proportion de l'ensemble. De ce fait, il faut garder à l'esprit le dessein de fond qui se déploie à travers l'ensemble de l'hymne. Celle-ci constitue une grandiose synthèse théologique et spirituelle sur l'Esprit Saint, qui reste sans doute toujours inégalée.

Quel est le sens de cette strophe et quelle est sa place dans l'économie de l'hymne ? Elle nous fait contempler encore l'action *personnelle* du Paraclet, qu'il exerce davantage sur la *personne* que sur le monde, l'histoire ou l'Église en général. Cependant, à la différence de la strophe précédente, il ne s'agit pas ici des différents éléments constitutifs de la personne humaine (l'esprit, le cœur et le corps), mais de nos actions et des situations concrètes de la vie ; il ne s'agit pas de l'essence, mais de l'existence. De la *structure* de la personne, on passe à la *dialectique* de la vie.

L'hymne nous offre ainsi l'occasion d'esquisser une analyse existentielle de l'œuvre de l'Esprit et de traduire la foi en l'Esprit Saint dans le langage d'aujourd'hui. Elle nous permet alors d'esquisser une pneumatologie pour l'homme du vingt et unième siècle.

Deux situations existentielles sont évoquées, qui résument toute l'expérience humaine. La première est la *lutte*, la seconde est le *choix*. Les deux premiers versets illustrent le rôle de l'Esprit Saint dans le combat contre le mal ; les deux derniers, son rôle dans le discernement, dans les décisions et dans le progrès spirituel. Commençons par le verset initial de cette strophe : *Hostem repellas longius*, « repousse au loin l'adversaire ». Parmi les hymnes à l'Esprit Saint d'une certaine importance, le *Veni creator* est la seule à mettre en lumière son œuvre dans ce domaine de l'expérience chrétienne : la lutte contre l'esprit du mal.

Dans les *Quatre saisons* de Vivaldi et dans la Sixième symphonie de Beethoven dite la *Pastorale*, le rythme de la musique subit à un certain moment une rupture : on entend comme un sifflement ou un coup de tonnerre ; l'atmosphère d'une tempête s'annonce. Ici, le terme « adversaire » (*hostem*), placé en position d'ouverture de la strophe, joue le même rôle : le climat de l'hymne change complètement, nous entrons dans la tempête de la vie. L'Esprit, qui pousse Jésus au désert où l'attend le Tentateur, nous pousse à notre tour. Mais de même qu'il accompagne Jésus au désert et qu'il le fait triompher du Mal, il nous accompagne nous aussi. Ici également, une seule parole suffit à évoquer tout un monde ; des pages et des pages de la Bible s'ouvrent devant cette parole, non seulement par une simple association d'idées, mais par la mystérieuse loi interne de la Parole de Dieu qui, touchée dans n'importe quelle partie, vibre entièrement. Les sources bibliques de cette expression ne sont pas difficiles à découvrir. C'est avant tout l'avertissement de Pierre : « *Votre adversaire, le Diable, comme un lion rugissant, rôde, cherchant qui dévorer.* » (1 P 5, 8)

On y retrouve aussi l'écho de la parole de Jésus : « *C'est quelque ennemi qui a fait cela.* » (Mt 13, 28) Le terme « ennemi » ne se réfère pas seulement aux difficultés normales de la vie, mais à quelque chose de bien plus ténébreux, comme nous le rappelle l'Écriture : « *Car ce n'est pas contre des adversaires de sang et de chair que nous avons à lutter, mais contre les Principautés, contre les Puissances, contre les Régisseurs de ce monde de ténèbres, contre les esprits du mal qui habitent les espaces célestes.* » (Ep 6, 12)

Il serait tout aussi faux de réduire cette évocation à l'ennemi personnifié, le diable. C'est le front du mal dans son ensemble qui est évoqué ici. Paul applique le nom d'« adversaire » aussi à l'antéchrist, c'est-à-dire au mystère de l'iniquité, l'impie qui agit dans la puissance de Satan : il dit que « *le Seigneur le fera disparaître par le souffle de sa bouche* » (cf. 2 Th 2, 4-8).

L'Apôtre envisage aussi le combat spirituel comme une lutte entre la chair et l'esprit [1] ; il lui arrive d'opposer directement l'« *Esprit de Dieu* » et « *l'esprit du monde* » (cf. 1 Co 2, 12). La triple alliance de mort est évoquée : la chair, le monde, le démon ; l'ennemi en nous, autour de nous, au-dessus de nous. Dans l'économie du *Veni creator*, le verset « Repousse l'adversaire au loin » occupe la même place que le cri final « Délivre-nous du mal ! » dans le *Notre Père*. Ici aussi, le terme « adversaire » indique à la fois le mal et le malin.

2. C'est par l'Esprit de Dieu que j'expulse les démons

Nous voulons rappeler brièvement ce que disent l'Écriture et la Tradition sur ce thème spécifique : l'Esprit Saint et le combat contre l'esprit du mal.

Regardons à ce sujet la vie de Jésus dans l'Écriture. Il fut « *emmené au désert par l'Esprit pour être tenté par le diable* » (Mt 4, 1). L'initiative n'est pas de Satan, mais de Dieu lui-même ; Jésus ne tombe pas dans un piège tendu par le diable, mais obéit à une inspiration de l'Esprit, qui se trouve aussi bien au début qu'à la fin de l'épisode des tentations. Une fois qu'il a passé l'épreuve, « *Jésus retourna en Galilée avec la puissance de l'Esprit* » (Lc 4, 14). Non seulement la tentation n'a pas interrompu la présence de l'Esprit telle qu'elle s'est manifestée à son baptême, mais elle l'a consolidée et accrue.

Après s'être libéré *lui-même* de Satan dans le désert, Jésus peut maintenant *nous* libérer de Satan. C'est ce que nous montrent les évangélistes lorsqu'ils racontent les épisodes de délivrance des possédés, comme celui de la synagogue de Capharnaüm (cf. Mc 1, 21 s.). À l'une de ces occasions, les adversaires de Jésus l'accusent de chasser les démons par l'esprit de Belzébul. Voici la déclaration solennelle de Jésus : « *Mais si c'est par l'Esprit de Dieu que j'expulse les démons, c'est donc que le Royaume de Dieu est arrivé jusqu'à vous.* » (Mt 12, 28)

Luc cite cette phrase différemment : « *Si c'est par le doigt de Dieu que j'expulse les démons.* » (cf. Lc 11, 20) Comme nous l'avons vu précédemment, il n'est pas facile de déterminer laquelle des deux citations est l'originale, mais ce n'est pas indispensable puisque l'on sait maintenant que les deux expressions sont équivalentes dans la Bible. Notons en revanche une chose essentielle : Jésus est convaincu non seulement que son pouvoir sur le démon tient à la présence et à l'action de l'Esprit Saint en lui ; mais encore que sa victoire sur

---

[1]. Cf. Rm 8, 5-13 ; Ga 5, 16-23.

Satan est le signe que le royaume de Dieu est arrivé sur la terre : « Le diable a perdu son pouvoir en présence de l'Esprit [2]. »

Jésus le confirme dans l'Évangile de Jean lorsqu'il parle du Paraclet : « *Et lui, une fois venu, il établira la culpabilité du monde en fait de péché, en fait de justice et en fait de jugement [...], de jugement, parce que le Prince de ce monde est jugé.* » (Jn 16, 8.11)

Après la mort et la résurrection de Jésus, l'Esprit Saint manifeste au monde la défaite de Satan. Il ne s'agit pas seulement d'une révélation, de l'ordre de la simple connaissance, mais d'une intime conviction des disciples : le Paraclet leur donnera à la fois la certitude que le démon a été vaincu et la confiance dans la lutte.

Que nous dit la Tradition sur ce thème ? Sans prétendre être exhaustifs, nous verrons comment cet élément biblique s'est concrétisé dans l'expérience de l'Église avant de voir comment il peut se concrétiser aujourd'hui.

Le fait évangélique selon lequel le démon est chassé « par l'Esprit de Dieu » s'est exprimé avant tout dans le baptême, à travers des rites variables selon les lieux. Dans certains rituels, comme dans le rituel romain en vigueur jusqu'au concile Vatican II, on ordonnait, lors de l'exorcisme pré-baptismal : « Sors de cet enfant, esprit impur, et fais place à l'Esprit Saint. » La succession des deux onctions, d'abord avec l'« huile de l'exorcisme » puis avec l'« huile parfumée », voulait signifier la substitution d'esprits qui se produisait dans l'âme à travers le baptême, l'Esprit Saint se substituant à l'esprit immonde. « Tout homme est habité par un esprit : certains par l'Esprit Saint, d'autres par un esprit malin... Aucun pouvoir ne peut chasser l'esprit malin, sinon celui de l'Esprit pur et saint de Dieu [3]. »

Cet aspect devient fondamental dans la Tradition : là où pénètre l'Esprit Saint, sort l'esprit malin : les deux ne peuvent cohabiter. L'apparition d'une théorie contraire à cette approche, prônée par les Messaliens, provoque une vive réaction :

> « D'aucuns se sont imaginés que la grâce et le péché, c'est-à-dire l'esprit de vérité et l'esprit d'erreur, se cachent en même temps, chez les baptisés, au fond de l'intellect [...]. Pour moi, les saintes Écritures et mon propre sens intellectuel m'ont fait comprendre qu'avant le saint baptême, la grâce exhorte du dehors l'âme au bien, alors que Satan se tapit dans ses profondeurs [...] ; mais dès l'heure de notre régénération, c'est le démon qui passe au dehors et la grâce au-dedans. [...] Néanmoins, Satan continue d'agir sur l'âme comme auparavant, et même pis, le plus souvent ; non qu'il coexiste avec la grâce, loin de moi cette pensée, mais, par les humeurs du corps, on dirait qu'il vaporise dans l'esprit les douceurs

---

2. Basile le Grand, *Sur le Saint-Esprit*, XIX, 49 (PG 32, 157 A), SC 17bis, p. 421.
3. *Didascalie Syriaque*, XXVI, éd. R. H. Connolly, Oxford 1969, p. 246.

de plaisirs irrationnels ; et cela arrive par la permission de Dieu, afin qu'en passant par la tempête et le feu de l'épreuve, l'homme parvienne, s'il veut, à la jouissance du bien [4]. »

Les Actes des Apôtres attestent déjà que l'Église a repris le commandement du Christ : « *Expulsez les démons* » (Mt 10, 8) dans la pratique de l'exorcisme. Voici ce qu'écrit un Père du IVe siècle au sujet de cette pratique dans l'Église de son temps : « Il est arrivé qu'un démon, que plusieurs personnes ne parvenaient à tenir enchaîné, fut vaincu par un homme avec les mots de la prière, en vertu de l'Esprit Saint qui habitait en lui. Le simple souffle de l'exorciste devient comme un feu pour un esprit malin, même s'il est invisible [5]. »

À l'époque des persécutions, le rôle de l'Esprit Saint dans le combat spirituel se caractérise par son soutien dans le martyre. C'est grâce à lui que les martyrs sont en mesure de résister au supplice [6]. Avec la terminologie sportive propre à son époque, Tertullien dit que l'Esprit Saint est l'« entraîneur » des martyrs et que Jésus est le « président » des jeux, qui « oint les siens d'Esprit Saint » avant de les envoyer dans l'arène [7]. Après ce temps des persécutions, l'Esprit Saint joue toujours un rôle d'« entraîneur », mais, cette fois, dans le combat ascétique en vue de la perfection chrétienne. Augustin conclut un discours sur le combat spirituel en s'exclamant : « Le Saint-Esprit : c'est lui qui exerce nos mains au combat et nos doigts à la guerre [8]. »

À l'exception de quelques suggestions intéressantes, l'impression dominante dans ce domaine du combat spirituel est celle d'un piètre intérêt de la Tradition à l'égard de l'Esprit Saint. La psychologie a parfois pris le dessus sur la pneumatologie : en d'autres termes, on s'est davantage intéressé aux causes et aux dynamiques des tentations qu'à celui qui se manifeste comme notre allié et notre remède dans les tentations, l'Esprit Saint. Les *Homélies spirituelles* attribuées à Macaire l'Égyptien font figure d'exception en ce domaine : l'Esprit Saint est inlassablement désigné comme le facteur décisif dans la guerre que les saints doivent mener autour d'eux et en eux. Selon l'auteur, il est possible de vaincre les puissances adverses « grâce à la synergie de l'Esprit et à son propre zèle dans la pratique des vertus » ; « armée de la sorte par l'Esprit du Seigneur, l'âme lutte contre les esprits de malice [9]. »

---

4. Diadoque de Photicé, *Cent chapitres*, 76 (SC 5bis, p. 134) ; cf. Augustin, *Sur la 1e lettre de Jean*, 4,1 (PL 35, 2005).
5. Cyrille de Jérusalem, *Catéchèses*, XVI, 19.
6. Cf. Irénée, *Contre les hérésies*, V, 9, 2 (SC 153, p. 111-113) ; Cyrille de Jérusalem, *Catéchèses*, XVI, 20.
7. Cf. Tertullien, *Aux martyrs*, 3, 3-4 (CC 1, p. 5).
8. Augustin, *Commentaire des Psaumes*, 143, 7 (CC 40, p. 2078).
9. *Homélies spirituelles*, 21, 5 (PG 34, 660 A) ; 23, 2 (PG 34, 661 B).

3. L'« Adversaire » existe-t-il encore ?

Nous allons nous poser la question devenue habituelle en fin de chapitre : cet aspect de la doctrine de l'Esprit Saint, que nous dit-il concrètement ? Que devons-nous penser lorsque nous nous mettons à chanter « Repousse l'adversaire au loin » ? Plus radicalement, « l'adversaire » existe-t-il encore ?

Avant de répondre à de telles questions, nous devons donner quelques précisions sur la croyance actuelle dans le démon. Nous devons nettement distinguer deux niveaux à cet égard : les croyances populaires et le monde intellectuel représenté par la littérature, la philosophie et la théologie.

Au *niveau populaire*, notre situation actuelle n'est pas si différente de celle du Moyen-Âge ni de la période allant du XIVe au XVIe siècle, tristement connue pour l'importance accordée aux phénomènes diaboliques. Certes, les procès de l'Inquisition, les bûchers pour brûler les possédés, la chasse aux sorcières et autres pratiques du même genre n'existent plus ; mais les pratiques tournant autour du diable, qu'il soit adoré ou exorcisé, sont bien plus répandues qu'alors, et pas seulement dans les couches populaires, à tel point qu'elles sont devenues un véritable phénomène social et commercial, dont les proportions sont immenses. Plus on cherche à chasser le démon par la porte, plus il cherche à entrer par la fenêtre ; plus on l'expulse de la foi, plus il s'insinue dans la superstition.

Il en va tout autrement au *niveau intellectuel et culturel*. Le processus qui a conduit à la situation actuelle peut être découpé en trois phases. La *première phase* dans le détachement de la vision traditionnelle se produit dans le domaine de l'esthétique. Dans les arts figuratifs et dans la poésie (avec Dante par exemple), le démon a toujours été représenté de manière ou grotesque, ou monstrueuse ; puis, à partir d'un certain moment, il devient beau, ou du moins mélancolique et poétique. Certains peintres représentent le démon comme un très beau jeune homme. Dans un tableau de Lorenzo Lotto conservé au musée de Loreto, le démon est ainsi évoqué, plus semblable à « Lucifer » (astre lumineux) qu'à l'« ange des ténèbres » ; et l'on voit saint Michel qui, d'une main, le chasse du Paradis et, de l'autre, semble vouloir le protéger. En poésie aussi, à partir de Milton, le démon revêt un caractère de beauté déchue.

Dans cette phase, l'ennemi devient « sympathique ». Dans la *phase successive*, qui culmine au cours du XIXe siècle, les rôles sont même totalement inversés : l'Esprit Saint (le dieu des prêtres) est plutôt « l'adversaire » ; Satan, l'allié et l'ami, est du côté de l'homme. Le démon est assimilé à Prométhée, celui qui, par amour de l'homme, fut châtié par Dieu puis précipité sur la terre. Satan « a pleuré et aimé avec l'homme et écrit ses victoires dans le sang ». On compose alors des hymnes et des poèmes pour célébrer le salut de Satan.

Il faut dire que tout n'était pas du satanisme pur et dur. Des raisons culturelles et religieuses ont favorisé cette involution. Un examen approfondi de l'athéisme nous indique que tout ne relève pas du véritable athéisme, de même pour le satanisme où tout n'est pas proprement satanique. Une bonne partie de l'athéisme ne consistait pas à nier le Dieu vivant de la Bible, mais plutôt l'idole qui avait pris sa place dans de multiples domaines de la pensée et de la vie. De la même manière, une bonne partie du satanisme ne consistait pas dans le culte du mal en tant que tel, mais dans ce que, selon les auteurs respectifs (et pas toujours sans fondement à vrai dire), l'Église condamnait comme tel et qualifiait de « diabolique » : la science, l'amour de la liberté, la démocratie ou l'esprit « moderne ». Les versets connus et ingénus de Carducci en témoignent : « Salut, ô Satan,/ô rébellion/ô force vengeresse de la raison [10]. »

Nous voici arrivés à la *troisième phase*, qui correspond à notre époque. Elle se caractérise par le silence sur le démon. Il ne s'agit pas d'une louable discrétion, mais d'une véritable négation. L'adversaire n'existe plus, ou mieux, il existe mais se réduit à ce que saint Paul appelle « la chair et le sang », autrement dit le mal que l'homme porte en lui. Le démon est le symbole de l'inconscient collectif ou de l'aliénation collective, une sorte de métaphore. L'auteur de la démythisation écrit ceci : « On ne peut utiliser la lumière électrique et la radio, on ne peut avoir recours, en cas de maladie, à des moyens médicaux et cliniques et, en même temps, croire au monde des esprits [11]. »

Nous ne sommes pas ici pour débattre de ces positions, mais quelques observations sont nécessaires à la poursuite de notre réflexion sur le verset : « Repousse l'adversaire au loin. » Pourquoi de nombreux intellectuels, de nos jours, notamment des théologiens, considèrent qu'il est impossible de croire à l'existence du démon en tant qu'entité non symbolique, mais réelle et personnelle ? Je crois que l'une des raisons principales est la suivante : on cherche le démon dans les livres alors que le démon ne s'intéresse pas aux livres, mais aux âmes ; on ne le rencontre pas en fréquentant des instituts universitaires ni des bibliothèques ni des académies, mais en fréquentant des âmes, certaines âmes en particulier.

La meilleure preuve de l'existence de Satan ne se trouve pas chez les pécheurs ou chez les possédés, mais chez les saints. Le démon est certaine-

---

10. G. CARDUCCI, *Hymne à Satan*.
11. R. BULTMANN, *Neues Testament und Mythologie*, Hambourg 1948.

ment présent et à l'œuvre sous certaines formes extrêmes et « inhumaines » de mal et de méchanceté, mais il s'y sent chez lui et peut se cacher derrière d'innombrables sosies et doublures. Il en va de lui comme de certains insectes, dont la tactique est de se métamorphoser en se posant sur un fond de leur propre couleur. C'est pourquoi il est quasiment impossible, dans des cas individuels, de parvenir à la certitude qu'il s'agit bien de lui, étant donné que l'on ignore jusqu'où les possibilités du mal en l'homme peuvent aller.

Dans la vie des saints, au contraire, il est obligé de se déclarer, de se mettre « à contre-jour » ; son œuvre apparaît comme noir sur blanc. Dans l'Évangile lui-même, la preuve la plus convaincante de l'existence des démons ne se trouve pas dans les nombreuses libérations de possédés (où il est parfois bien malaisé de distinguer la composante des croyances de l'époque sur l'origine de certaines maladies), mais dans l'épisode des tentations de Jésus. Tous les saints et les grands croyants (parmi lesquels des intellectuels de premier ordre) témoignent de leur lutte contre cette réalité obscure ; on ne peut honnêtement supposer qu'ils vivaient tous dans l'illusion ou qu'ils étaient de simples victimes des idées préconçues de leur époque. François d'Assise rompit avec presque toutes les croyances de son temps, sauf avec celle-ci. Il confia un jour à l'un de ses compagnons intimes : « Si les frères savaient combien de tourments et d'épreuves, et lesquelles, me font subir les Démons, il n'en est aucun qui ne se serait dressé de compassion et de pitié envers moi [12]. »

Ceux qui passent en revue les phénomènes traditionnellement considérés comme diaboliques (la possession, les pactes avec le diable, la chasse aux sorcières...), pour conclure triomphalement que tout cela n'est que superstition et que le démon n'existe pas, ressemblent à cet astronaute soviétique qui conclut que Dieu n'existait pas parce qu'il ne l'avait jamais rencontré dans ses multiples explorations du ciel. Les uns et les autres ont cherché du mauvais côté.

Il faut mentionner une autre équivoque à ce propos. Les théologiens, les philosophes et les intellectuels athées discutent de l'existence de Satan comme s'ils avaient une base de dialogue commune. On ne prend pas en considération le fait qu'une culture « laïque », qui se déclare non croyante, ne peut croire à l'existence du démon. Il est d'ailleurs bon qu'elle n'y croie pas. Ce serait même tragique que de croire à l'existence du démon alors qu'on ne croit pas en Dieu ! Que peuvent connaître de Satan ceux qui n'ont toujours eu à faire qu'à une idée de lui, qu'aux représentations et aux traditions ethnologiques s'y rapportant, mais jamais à sa réalité ? Pourtant, ils traitent ce sujet avec beau-

---

12. *Miroir de perfection*, 99 (Documents, p. 1030).

coup de certitude et de supériorité et s'en défont par le terme d'« obscurantisme médiéval ». Mais cette certitude est sans fondement, semblable à la fierté d'un homme qui prétend ne pas avoir peur des lions alors qu'il ne les a vus qu'en dessin ou en photographie.

D'aucuns interprètent la discrétion actuelle du magistère de l'Église en ce domaine comme une preuve que l'Église aussi a renoncé à la croyance au démon ou que, du moins, elle ne sait plus trop quoi faire de cet élément traditionnel de sa doctrine. Cela est faux. Paul VI a réaffirmé avec force la doctrine biblique et traditionnelle autour de cet « agent obscur et ennemi qu'est le démon ». Il écrit entre autres : « Le mal n'est plus seulement une déficience mais une efficience, un être vivant, spirituel, perverti et pervertisseur. Réalité terrible, mystérieuse et effrayante [13]. »

Il est vrai que, par le passé, on a souvent exagéré au sujet du démon. En le voyant où il n'était pas, beaucoup de torts et d'injustices ont été commis sous le prétexte de le combattre ; dans ce domaine, en effet, il faut faire preuve de beaucoup de discrétion et de prudence pour ne pas tomber précisément dans le jeu de l'ennemi. Voir le démon partout n'est pas une meilleure voie que de ne le voir nulle part. Augustin disait ceci : « Notre ennemi lui-même, le diable, est content lorsqu'on l'accuse ; il veut résolument que tu le charges et il est disposé à subir tous les reproches qu'il te plaira, pourvu que tu n'avoues point tes fautes [14]. »

Malgré tout, l'élément biblique demeure, qui parle du démon comme d'un pouvoir « personnel » doté d'intelligence et de volonté, contre lequel le Christ a lutté, qu'il a définitivement vaincu sur la croix, à qui il est encore permis de « faire la guerre aux saints » en vue de leur purification et qui tente de toutes les manières de « séduire » les hommes et les femmes.

Certains affirment que la croyance dans le démon est un aspect tardif et secondaire dans la Bible, issu du contact avec d'autres univers religieux. C'est oublier que l'idée d'un ennemi et d'une lutte sans merci entre lui et l'humanité menant à sa défaite finale est présente dès la première page de la Bible, dans le récit de la chute (cf. Gn 3, 15).

Mais dans ce domaine aussi, la démythisation n'a pas été vaine : elle a su produire des fruits positifs. Le « mythe » du démon dépassé, nous sommes dans une situation peut-être plus avantageuse aujourd'hui pour découvrir le vrai fondement biblique de cette croyance et son profond impact existentiel.

---

13. Cf. PAUL VI, *Catéchèse de l'audience générale du mercredi 15 novembre 1972*, cd Clerus de la Congrégation pour le Clergé, Vatican.
14. AUGUSTIN, *Sermons*, 20, 2 (CC 41, p. 264).

Délivré du folklore, le démon apparaît comme un élément d'explication important du mystère de l'existence humaine. Selon l'aveu de beaucoup d'intellectuels, l'oubli du démon n'a pas rendu notre vie plus sereine ni plus rationnelle, mais nous a rendus, au contraire, plus « obtus » et nous a accoutumés aux horreurs du mal.

4. Le démon et l'angoisse

Le démon s'est « retiré », il a été banni du monde intellectuel ; toutefois, il y avait déjà déposé son « œuf de serpent », la larve qui allait le reproduire sous une autre forme : l'angoisse. Il est significatif que le premier traité philosophique sur « le concept d'angoisse » soit aussi le premier traité philosophique sur le « démoniaque ».

L'angoisse a été définie au XXᵉ siècle comme « le mal du siècle ». Le cri du *Veni creator* : « Repousse l'adversaire au loin » peut être entendu ainsi : « Repousse l'angoisse au loin ! » Un lien certain existe entre le démon et l'angoisse, comme on le voit déjà dans l'Écriture. La lettre aux Hébreux dit que, toute notre vie, le diable nous tient en esclavage par la crainte de la mort (cf. He 2, 15) qui constitue le substrat de toute forme d'angoisse et qui en est sa plus grande expression.

De nombreuses expériences de saints et de mystiques témoignent de ce lien souterrain entre le démon et l'angoisse. La bienheureuse Angèle de Foligno eut un jour la vision d'un saint. Avant même de découvrir qu'il s'agissait d'une imitation diabolique, elle nota une étrange inquiétude qui occupa son esprit pendant dix jours : « Mon âme se remplit de tristesse et se troubla, je ne parvins plus à prier ni à me recueillir [15]. » L'angoisse est l'« élément » du démon, comme la paix est celui de l'Esprit Saint. C'est pourquoi l'invocation « Repousse l'adversaire au loin » est immédiatement suivie de cette prière : « Donne-nous la paix. »

Comme je le disais plus haut, à l'époque moderne, le lien entre l'angoisse et ce qui relève du démon est devenu un objet de réflexion philosophique. Nous allons évoquer certaines des conclusions obtenues en ce domaine afin de donner un contenu actuel à notre verset. Le concept d'angoisse est défini par Kierkegaard en partant du récit biblique de la chute d'Adam. « L'angoisse est la réalité de la liberté comme possibilité [...]. La défense (reçue de Dieu) inquiète Adam parce qu'elle éveille en lui la possibilité de la liberté [16]. »

---

15. *Il libro della beata Angela da Foligno*, Quaracchi, Grottaferrata 1985, p. 260.
16. KIERKEGAARD, *Le concept d'angoisse*, I, 5.

Dans l'innocence, Adam ignore sa capacité à faire le bien et le mal, il ignore sa liberté ; l'apparition de l'interdit divin suscite l'apparition de l'angoisse. Il sait maintenant qu'il pourrait, s'il le voulait, commettre le mal. L'angoisse est cet état qui fait que l'on craint ce qui nous attire et que l'on est attiré par ce que l'on craint. Elle précède le péché, mais n'est pas encore un péché ; entre l'angoisse et le péché, il y a le saut mystérieux de la décision et de la faute.

Dans l'analyse philosophique, la catégorie « démoniaque » apparaît plus comme un effet que comme une cause du péché. Après être tombé dans la fausse liberté du péché, l'objet de l'angoisse se transforme : ce n'est plus le mal, mais le bien. Cela pourrait être le sens de ce qui est démoniaque : être angoissé par la possibilité du bien. L'Évangile montre d'ailleurs que les démons se manifestent surtout en présence du Christ, car il représente la possibilité du bien et du salut.

Il manque une chose dans cette analyse, aussi fine soit-elle. Le serpent et la tentation n'y jouent aucun rôle. Cet élément du récit est évoqué, mais il est considéré comme insignifiant du moment que « *Dieu en effet n'éprouve pas le mal, il n'éprouve non plus personne. Mais chacun est éprouvé par sa propre convoitise qui l'attire et le leurre* » (Jc 1, 13 s.). Ce texte de l'Écriture exclut la possibilité que l'homme soit tenté *par Dieu*, mais non que l'homme soit tenté *par le diable*. Jacques dit encore : « *Résistez au diable et il fuira loin de vous.* » (Jc 4, 7) Comment peut-on résister, si ce n'est parce que l'on a été attaqué ?

On ne peut voir dans le récit biblique le fondement de la définition de l'angoisse tout en ignorant l'élément central de ce récit, à savoir la tentation. « *C'est par l'envie du diable que la mort est entrée dans le monde* » (Sg 2, 24), commentera l'Écriture par la suite. Ce qui angoisse Adam et éveille en lui la possibilité de la transgression, ce n'est pas l'interdit divin, selon la Bible, mais l'interprétation que le tentateur insinue ; ce n'est pas seulement la prohibition, mais aussi l'instigation.

Chez les saints, la vision lointaine du démon suscite la plus terrible des angoisses, pour cette raison-là justement : elle rend présente et concrétise la possibilité (s'ils le voulaient) qu'ils se rebellent eux aussi, comme le diable l'a fait. Pour les saints, perdre Dieu équivaut à tout perdre ; ce serait donc retomber dans quelque chose de plus effrayant que le néant. C'est pourquoi leur réaction se manifeste sous forme d'angoisse. Satan réveille en eux « la possibilité de perdre Dieu ». Il ouvre devant eux l'abîme du néant et crée le vertige de la liberté par sa seule présence. Comme un navire qui sombre emporte tout dans sa chute, Satan est toujours en train de « sombrer dans l'abîme ».

Tous ceux qui se sont intéressés au concept de l'angoisse en termes existentiels ont perçu son lien très étroit avec le sens du vide et du néant. Il serait très utile de tenir compte de l'expérience d'angoisse décrite par les mystiques qui sont passés à travers « l'horrible et épouvantable » nuit obscure de l'esprit [17]. Non seulement elle confirme ce lien mystérieux entre l'angoisse et le néant, mais elle aide aussi à comprendre pourquoi la perspective du néant angoisse l'homme. Le motif est le suivant : le néant n'est pas du tout – comme le voudrait une certaine philosophie existentialiste – « le fondement même » de l'être, là d'où proviendrait l'homme et là où il retournerait comme à son destin naturel ; c'est en revanche le résultat de la perte du Tout, « l'échec » de la créature. Seuls les saints, et parmi eux particulièrement les mystiques, savent vraiment ce qu'est l'angoisse. C'est le sentiment de celui qui croit avoir perdu Dieu, l'avoir perdu de manière irrémédiable et par sa faute.

Admettre l'existence d'un tentateur et de la tentation ne veut pas dire éliminer la liberté humaine, car il est vrai que « *chacun est éprouvé par sa propre convoitise* », c'est-à-dire par soi-même. Adam, et non le diable, est le principal responsable de sa faute ; autrement, la condamnation prononcée par Dieu à l'encontre d'Adam et Ève, et pas seulement du serpent, ne serait pas justifiée. Aucune tentation ne peut, à elle seule, nous entraîner à commettre le mal sans le concours de notre liberté. À la question : « Comment les démons peuvent-ils quelque chose contre nous ? », un Père du désert répond par cet apophtegme :

> « Les cèdres du Liban dirent un jour : "Nous qui sommes si hauts et si forts, un petit bout de fer peut nous abattre ! Mais si nous ne lui donnons rien de nous-mêmes, il ne pourra plus rien, puisque c'est par le bois que les hommes fabriquent les haches avec lesquelles ils abattent les arbres". Les arbres sont les âmes ; le fer de la hache, c'est le démon et le manche est notre volonté. C'est elle qui nous fait tomber [18]. »

Après la venue du Christ :

> « Le démon est lié comme un chien à une laisse ; il ne peut mordre personne, si ce n'est celui qui s'approche de lui en défiant le danger... Il peut aboyer, il peut nous solliciter, mais il ne peut mordre, sauf celui qui le cherche. En effet, sa nuisance ne s'exerce pas par la contrainte, mais par la persuasion ; il n'extorque pas notre accord, mais il le sollicite [19]. »

---

17. Jean de la Croix, *La Nuit obscure*, I, 8, 2.
18. *Vies des Pères*, VII, 25, 4 (PL 73, 1049).
19. Césaire d'Arles, *Discours*, 121, 6 (CC 103, p. 507).

5. L'Esprit Saint nous délivre de l'angoisse

Nous arrivons enfin à la bonne nouvelle de ce chapitre au sujet pourtant si sombre : l'Esprit Saint nous délivre de l'angoisse ! C'est l'espoir de notre « époque angoissée ». Aujourd'hui encore, Jésus continue à chasser les démons *« avec le doigt de Dieu »*, c'est-à-dire l'Esprit Saint.

Un des documents les plus significatifs du Concile Vatican II commence en évoquant « les joies et les espoirs, les tristesses et les angoisses » des hommes d'aujourd'hui ; « une inquiétude les saisit et ils s'interrogent avec un mélange d'espoir et d'angoisse [20] ». Grâce à la présence de l'Esprit, nous savons lequel de ces deux fronts opposés, celui de l'espoir et celui de l'angoisse, sera le plus fort et, à la fin, triomphera.

L'Esprit Saint est le grand « libérateur ». La libération de l'angoisse par l'Esprit Saint est l'objet d'une déclaration presque officielle de Paul : *« Aussi bien n'avez-vous pas reçu un esprit d'esclaves pour retomber dans la crainte ; vous avez reçu un esprit de fils adoptifs qui nous fait nous écrier : Abba ! Père ! »* (Rm 8, 15.)

L'Esprit réalise cette transformation intérieure, se joignant à notre esprit pour attester que nous sommes enfants de Dieu (cf. Rm 8, 16). Il nous persuade intimement que Dieu est notre père et notre allié, et non pas un ennemi de notre joie et de notre réalisation humaine, comme le tentateur cherche à l'insinuer depuis toujours. Autrefois, le « péché » (et à travers lui Satan) prenait le prétexte du commandement (« tu dois ! ») ou de l'interdit (« tu ne dois pas ! ») pour déclencher en l'homme la concupiscence et, de ce fait, l'angoisse (cf. Rm 7, 7 s.). Maintenant, depuis que nous avons reçu la grâce du Christ, le prétexte a disparu car Dieu ne se contente pas de dire à l'homme de faire ou de ne pas faire telle chose, mais il la fait avec lui.

Voilà pourquoi *« où est l'Esprit du Seigneur, là est la liberté »* (2 Co 3, 17). Il ne s'agit plus de la liberté « innocente », faite d'« ignorance » du bien et du mal, comme avant le péché (et justement exposée à l'angoisse) ; elle est d'une autre qualité : c'est une liberté sauvée. Voici peut-être la plus profonde action du Paraclet en nous (comme nous avons déjà eu l'occasion de le mettre en lumière à propos de l'Esprit qui répand l'amour dans nos cœurs) : nous faire passer de l'état où prédomine l'attirance du mal à l'état où prédomine l'attirance du bien. En d'autres termes, il nous fait passer de l'esclavage du péché à la liberté de la grâce. Selon les termes de Kierkegaard, il nous fait passer de la démoniaque « angoisse du bien » à l'angoisse « qui sauve à travers la foi [21] ».

---

20. *Gaudium et spes*, n. 1. 4.
21. Cf. S. KIERKEGAARD, *Le concept d'angoisse*, V.

De cette foi en la grâce naît la « certitude » chrétienne de la victoire sur l'« ennemi » qui ne serait jamais sûre si elle reposait sur nous, même en accablant notre corps de fatigue. Un Père du IVe siècle exprimait ainsi cette certitude qui découle de l'Esprit Saint : « Nous avons de la part de Dieu un grand allié et protecteur, le grand docteur de l'Église, notre grand défenseur. Nous ne craignons pas les démons, ni le diable, parce que celui qui combat avec nous est bien plus grand [22]. »

La vie chrétienne est un combat spirituel. L'expérience charismatique de l'Esprit n'élève pas le croyant au-dessus ni en dehors de ce combat ; elle le rend plus intense encore car le croyant doit vivre entre deux mondes, également réels mais en tension : il lui faut vivre « selon l'Esprit » alors qu'il est « dans la chair ».

Le Paraclet nous donne une telle confiance dans cette lutte que rien ne peut l'atteindre, pas même la défaite. On trouve le récit suivant dans les histoires des Pères du désert : la nuit, un moine succombait souvent au péché de la chair, et pourtant, après chaque chute, il ne cessait jamais de prier et de supplier. Une fois, après avoir commis la faute, il se leva immédiatement pour réciter l'office et le démon « stupéfait par sa confiance » lui apparut en lui demandant s'il n'avait pas honte de paraître en cet état devant Dieu. Le moine répondit : « Je jure que je ne me lasserai pas de prier Dieu contre toi, jusqu'à ce que tu cesses de me faire la guerre et nous verrons qui triomphera : toi ou Dieu. » Le démon cessa instantanément de le tenter pour ne pas accroître ainsi sa couronne [23].

L'expérience nous enseigne que le combat contre l'esprit du mal se gagne comme Jésus au désert : à coups de parole de Dieu. La Parole de Dieu est véritablement « *le glaive de l'Esprit* » (Ep 6, 17). Celui qui est tenté par l'esprit d'orgueil, qu'il essaie de répéter : « *Je ne cherche pas ma gloire* » (Jn 8, 50) ou « *Qu'as-tu que tu n'aies reçu ?* » (1 Co 4, 7) ; celui qui est tenté par l'esprit d'impureté, qu'il fasse résonner en lui la parole du Christ : « *Heureux les cœurs purs* » (Mt 5, 8) ou bien « *C'est l'esprit qui vivifie, la chair ne sert de rien* » (Jn 6, 63) ou toute autre parole dont il a expérimenté l'efficacité sur lui, à condition que ce soit toujours la même. Il constatera que c'est une arme véritablement infaillible.

Nous terminons avec l'invocation vibrante de foi, composée par un grand chantre de l'Esprit Saint dans l'Orient chrétien, Siméon le Nouveau

---

22. Cyrille de Jérusalem, *Catéchèses*, XVI, 19.
23. *Apophtegmes* du manuscrit Coislin 126, n. 582, dans L. Cremaschi, *Detti inediti dei Padri del deserto*, Comunità di Bose 1986, p. 226 s.

Théologien. Comme notre hymne, il met en lumière la puissante action du Paraclet contre l'ennemi :

> « *Viens, lumière véritable.*
> *Viens, vie éternelle.*
> *Viens, mystère caché.*
> *Viens, trésor sans nom.*
> *Viens, réalité ineffable.*
> *Viens, personne inconcevable.*
> *Viens, félicité sans fin.*
> *Viens, lumière sans couchant.*
> *Viens, attente infaillible de tous ceux qui doivent être sauvés.*
> *Viens, réveil de ceux qui se sont endormis.*
> *Viens, résurrection des morts.* [...]
> *Viens, toi le Seul, au seul, puisque, tu le vois, je suis seul.* [...]
> *Viens, mon souffle et ma vie.*
> *Viens, consolation de ma pauvre âme.*
> *Viens, ma joie, ma gloire, mes délices sans fin.* [...]
> *Vêtement éblouissant qui consumes les démons,*
> *purification qui me baignes de ces impérissables et saintes larmes.* [...]
> *Demeure, ô Maître, et ne me laisse pas seul,*
> *afin que mes ennemis survenant,*
> *eux qui toujours cherchent à dévorer mon âme,*
> *te trouvent demeurant en moi et qu'ils prennent la fuite,*
> *en déroute, impuissants contre moi, en te voyant,*
> *toi plus puissant que tout, installé à l'intérieur,*
> *dans la maison de ma pauvre âme* [24]. »

---

24. Syméon le Nouveau Théologien, *Hymnes de l'amour divin* (SC 156, p. 151-153).

XVIII

« SANS TARDER DONNE-NOUS LA PAIX »

L'Esprit Saint nous donne la grande paix de Dieu

1. La colombe de la paix

Nous allons méditer ce verset relatif à la paix que nous prodigue l'Esprit : « Sans tarder, donne-nous la paix » (*pacemque dones protinus*).

La paix est l'un des mots de la Bible et du christianisme les plus récurrents et les plus significatifs. Toute la messe est rythmée par ce mot : « Paix sur la terre aux hommes de bonne volonté » ; « La paix soit avec vous » ; « Donnenous la paix » ; « Allez dans la paix du Christ ». Toute vie chrétienne commence au baptême par le salut de la paix et s'achève par le souhait : « Qu'il/elle repose en paix » (*Requiescat in pace*). C'est aussi le terme le plus fréquent que l'on peut lire sur les sarcophages chrétiens et sur les tombes anciennes : « En paix » ou bien « Dans la paix du Christ ».

La paix est l'un des désirs les plus universels et les plus profonds de l'être humain. De même que « la tempête cherche sa fin dans la paix, même si elle lutte avec fureur contre la paix [1] », l'histoire humaine, avec ses bouleversements et ses guerres, cherche elle aussi la paix. Un penseur chrétien antique affirme déjà que tout, sans exception, se dirige vers la paix. Certains lui rétorquent que beaucoup de personnes sont opposées à la paix et qu'elles se complaisent dans les querelles, les fureurs, les changements et les séditions. Mais il considère

---

1. R. Tagore, *L'Offrande lyrique*, 38.

que même ces personnes ont la vague image d'un désir de paix, bien qu'elles se trompent dans leur manière de la chercher [2].

La paix occupe dans la vision chrétienne une place analogue à celle du *nirvana* dans la religion bouddhiste, qui indique la ligne d'arrivée de toutes choses, la réussite suprême de l'aventure terrestre. Tout en respectant naturellement leur univers religieux respectif, il serait instructif d'approfondir le rapprochement entre ces deux termes. Le *nirvana* est interprété comme la fin et la négation de toute souffrance, comme la fin de la passion ; la paix indique non pas l'extinction, mais la réalisation de tous les désirs : c'est une affirmation et non une négation. Toutefois, les deux idéaux ne sont pas nécessairement incompatibles ; ils peuvent même être rapprochés de manière fructueuse. Le *nirvana* représente l'aspect négatif de la paix et la paix chrétienne représente l'aspect positif du *nirvana*.

Dans ce simple verset, le *Veni creator* affirme qu'il existe un lien entre la paix et l'Esprit Saint ; il nous invite comme toujours à l'explorer à travers la Bible et la Tradition. Un autre domaine important de la foi, mais aussi de la vie humaine, est ainsi ramené sous l'action universelle du Paraclet et éclairé par sa lumière. D'ailleurs, l'Esprit Saint et la paix partagent de façon significative le même symbole : la colombe. Tertullien écrit ceci :

« Après que les eaux du déluge eurent purifié l'antique souillure, après le baptême du monde si j'ose dire, c'est la colombe lâchée de l'arche et revenant avec un rameau d'olivier – symbole de paix même pour les païens – qui vint en messagère annoncer à la terre l'apaisement de la colère du ciel. Ainsi selon une disposition semblable, mais dont l'effet est tout spirituel, la colombe qui est l'Esprit Saint vole vers la terre, c'est-à-dire notre chair, cette chair sortant du bain, lavée de ses anciens péchés [3]. »

« *Qui me donnera des ailes comme à la colombe, que je m'envole et me pose ?* » (Ps 55, 7.) Comment ne pas associer cette colombe à l'Esprit Saint qui conduit l'âme à la paix ? Un auteur spirituel de l'Antiquité écrit ceci : « Supplions Dieu de nous donner "les ailes de la colombe" du Saint-Esprit, afin que nous volions vers lui et que nous reposions. » « Quand Dieu créa Adam, il ne le pourvut pas d'ailes corporelles comme les oiseaux, mais il tint en réserve pour lui les ailes du Saint-Esprit [...] pour qu'elles le soulèvent et l'emportent là où le veut l'Esprit [4]. »

Dans la phase la plus ancienne de la révélation, comme le montre le Livre

---

2. Cf. Pseudo-Denys L'Aréopagite, *Les Noms divins*, XI, 5 (PG 3, 953 A).
3. Tertullien, *Sur le baptême*, 8, 4 (CC 1, p. 283), SC 35, p. 77-78.
4. *Homélies spirituelles*, attribuées à Macaire, 2, 3 ; 5, 11 (PG 34, 465 A ; 516 C) : trad. fr. P. Deseille, Abbaye de Bellefontaine 1984, p. 99 et 134 ; cf. aussi 30, 6 ; 47, 2 (PG 34, 725 B ; 797 B).

des Juges, l'Esprit Saint est parfois mis en rapport avec des actions guerrières et des actes de violence. L'Esprit de Dieu vient sur quelqu'un qui se met en guerre et qui triomphe de ses ennemis [5]. Cependant, ces textes « évoquent non seulement des conflits guerriers qui sont clairement défensifs, mais qui sont aussi explicitement non désirés, rendus inévitables par des situations d'extrême besoin [6] ». Même dans cette phase archaïque, l'Esprit Saint ne peut aucunement être considéré comme « un esprit belliqueux », mais plutôt comme un esprit qui vient *aussi* à notre secours dans des situations de conflit.

À part le rappel voilé à la colombe de la paix, il n'est pas difficile de reconstruire le fond biblique immédiat auquel se réfère l'auteur du *Veni creator* en demandant la paix à l'Esprit. C'est le même qu'au verset précédent. Selon l'évangéliste Marc, Jésus, après avoir repoussé les assauts du diable, « *était avec les bêtes sauvages, et les anges le servaient* » (Mc 1, 13) : il veut indiquer que l'idéal messianique du retour à la paix paradisiaque (cf. Is 11, 6-9) est accompli dans le Christ. Ainsi, lorsque nous disons : « Repousse l'adversaire au loin, sans tarder donne-nous la paix ! », nous demandons à l'Esprit Saint de faire dans notre vie ce qu'il fit dans celle du Christ : nous aider à dépasser la lutte, la tentation et nous faire connaître dès cette vie un avant-goût de la paix éternelle qui nous attend au ciel.

La paix que nous demandons à l'Esprit n'est évidemment pas celle d'une vie tranquille, cette fausse paix que Jésus dit être venu enlever et non apporter sur la terre (cf. Mt 10, 34). C'est plutôt la paix dans l'épreuve et après l'épreuve, « dans le labeur, le repos » (*in labore requies*) comme le dit la Séquence de Pentecôte. Ce n'est pas non plus une paix purement individuelle, mais ecclésiale : « Par ce rameau, par cette arche étaient figurées la paix et l'Église et [...] au milieu même des cataclysmes du monde, l'Esprit Saint apporte à son Église le fruit de la paix [7]. »

2. Les fruits de l'Esprit

Ce verset ne se réfère pas uniquement à la colombe de la paix et aux tentations de Jésus au désert. Tous les titres et les paroles du *Veni creator* ont une ouverture maximale : ils englobent tout ce que dit la Bible sur un même thème. L'auteur garde à l'esprit tous les passages bibliques mettant en rapport la paix et l'Esprit Saint : « *Le désir de la chair, c'est la mort, tandis que le désir*

---

5. Cf. Jg 3, 10 ; 6, 34 ; 11, 29.
6. M. WELKER, *Gottes Geist*, op. cit., chap. 2.
7. AMBROISE, *Commentaire de l'Évangile de Luc*, II, 92 (CC 14, p. 74), SC 45, p. 116.

de l'esprit, c'est la vie et la paix. » (Rm 8, 6) « *Car le règne de Dieu [...] est justice, paix et joie dans l'Esprit Saint.* » (Rm 14, 17) « *Mais le fruit de l'Esprit est charité, joie, paix, longanimité, serviabilité, bonté, confiance dans les autres, douceur, maîtrise de soi.* » (Ga 5, 22)

La paix est présentée dans tous ces textes comme un « fruit de l'Esprit », ce qui nous offre l'occasion d'évoquer ce thème si important pour la vie chrétienne et la connaissance de l'œuvre de l'Esprit. Nous découvrons ce que sont « les fruits de l'Esprit » en analysant justement le contexte dans lequel ils sont présentés. Dans la Lettre aux Galates et la Lettre aux Romains, le contexte est semblable : c'est le combat entre la chair et l'esprit ; il y a d'un côté le principe qui commande la vie du vieil homme, plein de concupiscence et de désirs terrestres et, de l'autre, celui qui commande la vie de l'homme nouveau, qui se laisse conduire par l'Esprit du Christ.

Paul énumère les manifestations propres à chacune des deux vies : les « œuvres de la chair » et les « fruits de l'Esprit ». Le texte parle en réalité *du* fruit de l'Esprit, au singulier. Selon certains, ce choix du singulier est intentionnel, comme pour affirmer que la vie selon l'Esprit indique un comportement unitaire et cohérent issu d'une seule source, qui est la charité, alors que la vie selon la chair est caractérisée par une multiplicité chaotique de vices [8]. Nous n'insistons pas sur ce détail, étant donné que l'Apôtre utilise par ailleurs des expressions au pluriel pour désigner la même réalité : « *les désirs de l'Esprit* » ou « *les armes de lumière* » (cf. Rm 13, 12).

La liste des fruits de l'Esprit a valeur d'exemple et ne prétend nullement être exhaustive. Ailleurs, dans des contextes analogues, d'autres vertus sont mentionnées, telle que la pureté par exemple [9]. L'expression « fruits de l'Esprit » est l'une des nombreuses images employées pour désigner une même réalité : l'opposition entre les œuvres de la chair et les fruits de l'Esprit est exprimée ailleurs par les termes « œuvres de ténèbres » et « armes de lumière ».

Il est inutile de vouloir à tout prix chercher une justification théorique de cette image, basée sur le fait qu'« on appelle fruit ce que produit une plante parvenue à son point de perfection et ce qui a en soi une certaine douceur [10] ». Il est plus utile de rapprocher cette expression des paroles de Jésus concernant le bon arbre qui produit de bons fruits et l'arbre gâté qui produit de mauvais fruits (cf. Mt 7, 16 s.). La chair serait en ce cas l'arbre gâté qui ne peut produire que de mauvais fruits et l'Esprit, le bon arbre qui ne peut produire que de bons fruits.

---

8. Cf. J.-P. LEMONON, *Saint-Esprit*, dans DB Suppl., fasc. 60, 1986, 252 s.
9. Cf. 2 Co 6, 6 ; Jc 3, 17.
10. Cf. THOMAS D'AQUIN, *Somme théologique*, I-IIae, q. 70, a. 1, ad 2.

La question théologique majeure qui se pose concernant les fruits de l'Esprit est celle-ci : s'identifient-ils aux vertus ? Selon Thomas d'Aquin, ce sont des *actes* et non des *habitus*, ils sont donc distincts des vertus. Ils procèdent en effet non pas de la raison droite, comme les vertus, mais d'un principe plus élevé qui est l'Esprit Saint lui-même. Ce sont donc des opérations de l'Esprit. Une meilleure compréhension du texte biblique nous contraint aujourd'hui à revoir cette thèse. Dans l'expression « les fruits de l'Esprit », « Esprit » n'indique pas tant l'Esprit en lui-même que le principe de la nouvelle existence, ou l'homme qui se laisse conduire par l'Esprit (Il serait également correct d'écrire « esprit » avec le « e » minuscule). C'est comme si l'Apôtre disait : voici les œuvres de celui qui vit selon la chair et voilà les œuvres de celui qui vit selon l'Esprit.

Le sujet est certainement l'Esprit Saint, mais pas lui seul. À la différence des *charismes* qui sont l'œuvre exclusive de l'Esprit, qu'il donne à qui il veut et quand il veut, les *fruits* sont le résultat d'une collaboration entre la grâce et la liberté. Ils sont les fruits que la terre de notre liberté produit quand elle accueille la rosée de l'Esprit. Ils correspondent donc justement à ce que l'on entend aujourd'hui par vertu, si l'on donne à ce mot le sens biblique d'un agir habituel « selon le Christ » ou « selon l'Esprit », au lieu du sens philosophique aristotélicien d'un agir habituel « selon la raison droite ». Paul veut justement exhorter les chrétiens, auxquels il adresse ses lettres, aux vertus : la charité, l'humilité, la pureté et l'obéissance (cf. Rm 12-14).

Ils diffèrent des dons de l'Esprit pour une autre raison encore. Les dons de l'Esprit sont différents selon les personnes, les fruits de l'Esprit sont identiques pour tous. Tous dans l'Église ne peuvent être apôtres, prophètes ou évangélistes, mais tous sans distinction peuvent et doivent être charitables, patients, humbles et pacifiques.

Les fruits de l'Esprit sont dits « christologiques », c'est-à-dire en relation étroite avec le Christ. Jésus a dit : « *Celui qui demeure en moi, et moi en lui, celui-là porte beaucoup de fruit* » (Jn 15, 5) et encore « *La gloire de mon Père, c'est que vous portiez beaucoup de fruit* » (Jn 15, 8). D'après Paul, montrer les fruits de l'Esprit, avoir « *les mêmes sentiments qui sont dans le Christ Jésus* » (Ph 2, 5) et se revêtir du Christ (cf. Rm 13, 14) indiquent une seule réalité fondamentale. Jésus est la *vigne*, l'Esprit est la *lymphe* grâce à laquelle les disciples, qui sont les *sarments*, portent beaucoup de fruit. Un auteur spirituel ancien dit que le Christ cultive l'âme pour qu'elle produise « les bons fruits de l'Esprit ». Par l'instrument de la croix, il dissocia l'âme aride et inculte et y planta le bon jardin de l'Esprit qui produit toutes sortes de fruits bons et agréables à Dieu [11].

---

11. Cf. *Homélies spirituelles*, attribuées à MACAIRE, 28, 2 (PG 34, 712 B).

3. La paix est Dieu !

Après ces considérations initiales concernant les fruits de l'Esprit en général, nous pouvons réfléchir plus directement au thème de la paix.

Qu'est-ce que la paix ? La définition classique est celle de saint Augustin : « La paix est la tranquillité de l'ordre [12]. » Saint Thomas d'Aquin se base sur cette définition pour commenter la parole du Christ : *« Je vous laisse la paix ; c'est ma paix que je vous donne ; je ne vous la donne pas comme le monde la donne »* (Jn 14, 27) :

> « Dans l'homme, il y a trois types de mouvements : de l'homme vers lui-même, de l'homme envers Dieu, et de l'homme envers le prochain ; et ainsi il y a dans l'homme une triple paix. Une certaine paix intrinsèque selon laquelle il est pacifié en lui-même sans troubles de ses puissances […]. Une autre par laquelle l'homme est en paix avec Dieu, totalement soumis à son ordre […]. La troisième paix est à l'égard du prochain – *"Recherchez la paix avec tous"* [13]. »

La paix de Jésus se distingue de celle du monde pour plusieurs raisons : l'*intention*, puisque la paix du monde est ordonnée à la tranquille jouissance des biens temporels alors que la paix des saints est ordonnée aux biens éternels ; la *réalité*, puisque la paix du monde n'est qu'extérieure et trompeuse alors que la paix du Christ est vraie et qu'elle garantit la paix aussi bien extérieure qu'intérieure [14].

Cette vision de la paix transmise par la Tradition est particulièrement riche, mais elle doit être actualisée par les éléments nouveaux issus de l'exégèse. Le terme « paix » (*shalom*) dans la Bible exprime plus que la simple tranquillité de l'ordre. Certes, il exprime l'état de l'homme qui vit en harmonie avec Dieu, avec les choses et avec lui-même, mais aussi le bien-être, le repos, la sécurité, le succès et la gloire. Il peut même désigner parfois l'ensemble des biens messianiques et est synonyme de salut et de bien : *« Qu'ils sont beaux, sur les montagnes, les pieds du messager qui annonce la paix, du messager de bonnes nouvelles qui annonce le salut. »* (Is 52, 7)

La Nouvelle Alliance est appelée *« alliance de paix »* (Ez 37, 26), la Bonne Nouvelle, *« l'Évangile de la paix »* (Ep 6, 15), comme si le mot *paix* résumait tout le contenu de l'alliance et de l'Évangile.

Dans l'Ancien Testament, la *paix* est souvent rapprochée de la *justice* ; dans le Nouveau, de la *grâce*. « Grâce et paix » sont presque inséparables des

---

12. AUGUSTIN, *La cité de Dieu*, XIX, 13 (CC 48, p. 679).
13. Cf. THOMAS D'AQUIN, *Commentaire sur l'Évangile de saint Jean*, XIV, Lect. 7, n. 1962, Cerf, 2006, tome 2, p. 201.
14. *Ibid.*, n. 1964, p. 202.

salutations initiales des lettres apostoliques, pour indiquer la même réalité fondamentale : les biens issus de la rédemption opérée par le Christ. Quand Paul écrit : « *Ayant donc reçu notre justification de la foi, nous sommes en paix avec Dieu* » (Rm 5, 1), il est clair que la paix avec Dieu équivaut à la grâce de Dieu.

L'Écriture nous invite à découvrir un sens plus élevé de ce terme, quand elle nous parle de *« la paix de Dieu »* (Ph 4, 7) et du *« Dieu de la paix »* (Rm 15, 32). La paix n'indique pas seulement ce que *donne* Dieu, mais aussi ce qu'*est* Dieu. La paix est vraiment ce qui règne en Dieu. Dans une hymne, l'Église nomme la Trinité « océan de paix », ce qui n'est pas une simple figure poétique. Presque toutes les religions nées autour de la Bible ont en leur sein des mondes divins qui sont en guerre. Les mythes cosmogoniques babyloniens et grecs parlent de divinités qui se font la guerre et se dévorent. Dans certaines mythologies, les éléments du monde seraient justement le résultat de ces combats, le lieu d'exil des divinités vaincues et chassées du ciel, voire des membres de divinités tuées, répandus dans l'univers. Dans la gnose hérétique chrétienne, il n'y a ni unité ni paix entre les éons célestes, l'existence du monde matériel serait justement le fruit d'un accident et d'une dysharmonie survenus dans le monde supérieur.

Dans ce contexte religieux, on perçoit mieux la nouveauté et l'altérité absolue de la doctrine de la Trinité, parfaite unité d'amour dans la pluralité des personnes. Le meilleur chantre de cette paix divine au-delà de l'histoire est Pseudo-Denys l'Aréopagite. Pour lui, la paix est un des « noms de Dieu » :

> « Louons, par nos hymnes de paix, la Paix divine, principe d'union. En effet, elle rassemble toutes choses, engendre et réalise l'harmonie et l'accord de toutes choses. Ainsi tout aspire à cette Paix qui convertit en pleine unité la multitude divisible et qui unit en une coexistence uniforme la guerre intestine de tout l'univers... Dieu est l'auteur de la paix [15]. »

Cette paix divine n'habite pas seulement le repos, mais aussi le mouvement : tout ce qui se meut, la vie elle-même, naît de son désir. La paix donnée par le Christ sur la croix est vue aussi comme la récapitulation de la paix divine qui règne dans l'univers [16].

Bien qu'elle appartienne à toute la Trinité, la paix appartient en particulier à l'Esprit Saint. La paix est la « tranquillité de l'ordre » dans le rapport entre plusieurs personnes et l'Esprit Saint est justement celui qui fait un seul cœur de plusieurs et une seule âme de plusieurs. Il est la *con-corde* personnifiée. Il fait une seule « personne mystique » de la multitude des membres de

---

15. Pseudo-Denys l'Aréopagite, *Les Noms divins*, XI, 1 s (PG 3, 948 s.).
16. *Ibid.*, XI, 5 (PG 3, 953).

l'Église ; dans la Trinité, il est le « lien de la paix » entre le Père et le Fils. « Ce n'est pas par une intervention extérieure, mais par leur propre essence, ni par un don de l'extérieur, mais par leur propre don que le Père et le Fils conservent l'unité de l'Esprit à travers le lien de la paix (Ep 4, 3) [17]. »

4. Notre paix est dans sa volonté

La paix que nous avons décrite jusqu'à présent est une paix *objective*, puisqu'elle existe en dehors de l'homme et qu'elle lui est communiquée. Cette paix qui précède tout mérite humain est chantée par les anges lors de la naissance du Christ : « *Paix sur la terre aux hommes qu'il aime.* » (Lc 2, 14) La « bonne volonté » (*eudokia*) dont cette paix dépend n'est pas, comme on le sait, la bonne volonté des hommes, mais celle de Dieu, le bon plaisir divin.

Comme la grâce et tous les « fruits de l'Esprit », lorsque cette paix de Dieu ou paix du Christ est reçue par le croyant, elle se conjugue à sa liberté puis agit avec elle. C'est ainsi que naît la *paix subjective*, la « vertu » ou la qualité stable qui distingue l'homme doux et paisible. C'est la paix qui dépend de nous, que l'on nomme paix du cœur, paix de l'âme, paix intérieure. L'Écriture la mentionne déjà lorsqu'elle exhorte ainsi les femmes : « *Que votre parure soit [...] à l'intérieur de votre cœur dans l'incorruptibilité d'une âme douce et calme.* » (1 P 3, 4)

Ce thème accompagne ensuite toute l'histoire de la spiritualité chrétienne, aussi bien occidentale qu'orientale. En effet, la grande tradition orthodoxe de l'hésychasme (de *hesychia*, le calme, la tranquillité), certes sous différentes formes et par différents moyens, poursuit le même idéal : la recherche de la paix intérieure à travers la vigilance sur les pensées, le silence et la sobriété. La « douce *hesychia* » est définie comme « l'état heureux de l'âme sans fantaisies », qui s'obtient en recherchant de toutes ses forces « la vertu de l'attention, gardienne de l'intelligence et perfection du cœur en veille [18] ». Ici aussi, à côté de l'effort, est mise en lumière l'action indispensable de l'Esprit : « De même que la mer, quand on verse de l'huile lors d'une tempête, a pour nature de céder sous l'action de l'huile qui triomphe de ses bouillonnements ; de même aussi, quand notre âme reçoit l'onction de la bonté du Saint-Esprit, elle a plaisir à céder [19]. »

Cet état d'*hesychia* ou de paix du cœur peut être expérimenté, mais ne

---

17. GUILLAUME DE ST-THIERRY, *L'Énigme de la foi*, 98 (PL 180, 139 C).
18. HÉSYCHIUS Prêtre, *À Théodule*, II, 13 (PG 93, 1116 B).
19. DIADOQUE DE PHOTICÉ, *Cent chapitres*, 35 (SC 5bis, p. 104).

peut être décrit, selon les experts. Il ne dépend pas de l'absence totale de conflit, de tentation ou de lutte, mais se situe à un niveau plus profond. Jésus annonce la paix en même temps que les tribulations : « *Je vous ai dit ces choses, pour que vous ayez la paix en moi. Dans le monde vous aurez à souffrir. Mais gardez courage ! J'ai vaincu le monde.* » (Jn 16, 33)

La vraie nature de la *paix* de l'Esprit peut être mal entendue, comme celle de la *liberté* de l'Esprit. Le chrétien habité par l'Esprit n'est à l'abri ni des luttes, ni des tentations, ni des mauvais désirs, ni encore des sentiments de rébellion, car il n'a reçu que les « *prémices de l'Esprit* » (Rm 8, 23). Cependant, à la différence de l'homme « charnel » qui ne se préoccupe pas du tout de ces sentiments qu'il éprouve, le croyant « sent qu'il ne les éprouve pas volontiers ». « Le monde considère que la paix est le fait que le mal soit arraché et séparé de la personne… Mais le Christ ne donne pas cette paix-là ; il arrache la personne au mal, et non le mal de la personne [20]. »

La paix de l'Esprit est aussi bien souvent « le calme après la tempête » : comme pour Jésus au désert, on l'expérimente surtout après avoir dépassé une difficulté, une tentation ou une attaque. La joie et la tristesse peuvent alterner, aller et venir, même chez celui qui est juste et saint, mais non la paix profonde du cœur. Elle est semblable à un courant sous-marin se déplaçant lentement, en profondeur, à l'abri des vagues qui agitent la surface. Les justes peuvent se sentir « *pressés de toute part, mais non pas écrasés ; ne sachant qu'espérer, mais non désespérés* » (2 Co 4, 8).

L'ennemi de Dieu parvient à falsifier presque tous les mouvements et les états de l'âme, les visions du Christ et des anges ainsi que les extases. La seule chose qu'il ne sait contrefaire, c'est la paix du cœur, au point que le meilleur critère de discernement est celui de la paix, signe le plus sûr de la présence de Dieu.

Le plus important est de découvrir comment obtenir et faire grandir cette paix du cœur. Les auteurs spirituels ont prodigué d'infinis conseils à ce sujet [21]. On peut distinguer deux grands moyens : l'adhésion à la volonté de Dieu et l'imitation du Christ. L'Esprit Saint nous conduit au lieu de notre repos, qui est la volonté de Dieu. Il est lui-même ce lieu de notre repos : « Repos des âmes, lieu des esprits ! C'est là où nous élève l'amour. […] Notre paix est dans notre bonne volonté (cf. Lc 2, 14). Le corps tend à son lieu par son poids, […] au lieu qui lui est propre. […] Mon poids, c'est mon amour ; où que je tende, c'est lui qui m'emporte [22]. »

---

20. LUTHER, *Sermon de Pentecôte* (WA 12, p. 586).
21. Cf. *Imitation de Jésus-Christ*, II, 3 ; III, 25.28.
22. AUGUSTIN, *Confessions*, XIII, 9, 10.

Le secret de la paix est de trouver le lieu de notre repos. Pour l'âme humaine, ce lieu de repos, c'est Dieu. Il nous a faits « pour lui », avec une force de gravité qui nous attire à lui, c'est pourquoi nous sommes sans repos tant que nous ne demeurons pas en Dieu et que nous ne trouvons pas notre paix en Dieu [22]; de même qu'un caillou qui ne s'arrête pas dans son mouvement tant qu'il n'a pas atteint le point le plus proche du centre de la terre ou l'eau tant qu'elle n'a pas rejoint le niveau de la mer.

Dante Alighieri a résumé cela dans le verset que certains considèrent comme le plus beau de toute la *Divine Comédie* : « Dans sa volonté est notre paix [23]. »

Cela nous indique que la paix intérieure ou subjective existe dans la mesure où, dès cette vie, nous adhérons à la volonté de Dieu dans l'abandon et la foi. Lorsque, dans le *Veni creator*, nous demandons à l'Esprit Saint de nous donner la paix, nous lui demandons implicitement de nous aider à adhérer, à chaque instant et en toutes choses, à la volonté du Père, comme le faisait Jésus. Chaque *fiat* à la volonté divine se traduit par un accroissement de la paix.

La paix est fille de la confiance en Dieu. Le Psaume 131 chante la paix de l'âme paisible qui repose en silence dans la sainte volonté de Dieu, « *comme un enfant contre sa mère* ».

Cette grande « voie de paix » qu'est l'adhésion à la volonté de Dieu nous est devenue concrète et accessible à partir de la vie de Jésus. Faire la volonté de Dieu signifie désormais imiter Jésus Christ : « *Mettez-vous à mon école, car je suis doux et humble de cœur, et vous trouverez soulagement pour vos âmes.* » (Mt 11, 29) Le résultat est toujours le même : le repos, la paix. Sur une stèle retrouvée en Asie Mineure, l'empereur Auguste célébra la paix qu'il avait établie, en la qualifiant de « fruit de victoires » (*parta victoriis pax*). Jésus aussi nous enseigne que la paix est le fruit de victoires ; non pas de victoires sur des ennemis, mais sur nous-mêmes. Elle s'obtient en se reniant soi-même, en remportant des victoires sur son propre orgueil, sur sa propre colère et sur sa propre violence. Sur la croix, il nous a enseigné de manière définitive comment faire la paix : « *C'est lui qui est notre paix [...] en sa personne il a tué la Haine* » (Ep 2, 15 s.). Il a tué « l'inimitié » et non les ennemis ; « en sa personne » et non dans les autres !

---

22. *Ibid.*, I, 1, 1.
23. Dante Alighieri, Paradis, III, 85 : « *E'n la sua volontade è nostra pace.* »

5. Heureux les artisans de paix

Mais ne court-on pas le risque de réduire ainsi la paix à une question privée, intime, à la seule paix du cœur ? Une autre contribution à ce thème traditionnel de la paix est justement la dimension sociale de la paix biblique. Elle concerne toute l'humanité puisqu'elle est « paix sur la terre », c'est-à-dire paix pour toute la terre, pour tout le monde créé ; la paix se conjugue ici à l'écologie.

Le magistère de l'Église a montré son attention à la question de la paix dans des encycliques connues, dans des messages pour les Journées mondiales de la paix en début d'année et en beaucoup d'autres occasions. Ces documents insistent justement sur le lien entre la paix sociale et la justice, selon la parole d'Isaïe qui définit la paix comme le « *fruit de la justice* » (cf. Is 32, 17), ce qui est sans nul doute l'horizon de la paix biblique. L'Esprit Saint est à l'œuvre sur ce vaste horizon : la paix sociale est aussi un « fruit de l'Esprit » au sens où elle résulte de la liberté de tous, stimulée par l'action de l'Esprit. Là où l'on trouve la paix, là où l'on met un terme à *l'apartheid*, l'Esprit Saint est à l'œuvre d'une certaine manière. Mais nous devons partir de notre propre cœur pour que cette paix se répande à large échelle. La paix « fruit de l'Esprit » débouche sur la béatitude évangélique des « *artisans de paix* » (Mt 5, 9).

Comme une multitude de gouttes d'eau sale ne formera jamais une mer propre, de même, une multitude de cœurs en guerre ne formera jamais une humanité en paix. « *D'où viennent les guerres, d'où viennent les batailles parmi vous ? N'est-ce pas précisément de vos passions, qui combattent dans vos membres ?* » (Jc 4, 1.)

La paix ne s'obtient pas comme la guerre. Faire la guerre nécessite de longs préparatifs, la formation de grandes armées, la création de plans et de stratégies, et un assaut compact et groupé. Malheur à celui qui voudrait partir en premier, tout seul ou en petits groupes disparates ! Ce serait la défaite assurée. La paix se fait exactement par l'inverse. Se réunir autour d'un programme ou d'une méthode de paix ne suffit pas, ni même obtenir un grand nombre d'adhésions pour décider de se tourner tous ensemble vers sa réalisation. Pourquoi ? Parce que, entre-temps, des dizaines de positions se seront créées au sujet du programme, ainsi que de nombreux désaccords sur sa compréhension ; il faudra tout recommencer à zéro.

Non, la paix se fait vraiment par petits groupes, en commençant dès maintenant, là où nous nous trouvons. De même qu'il suffit de deux créatures humaines, un homme et une femme, pour donner une vie là où d'innombrables ouvrages et de multiples tables rondes sur le sujet ne suffiraient pas, il suffit de deux personnes pour créer la paix. La paix ne se fait pas comme la guerre, mais elle se construit comme une avalanche. L'avalanche grossit en avançant, au point de tout emporter sur son passage. Mais comment débute-t-elle ? Par une boule de neige qui se met en mouvement du haut de la montagne et qui commence à emporter avec elle toute la neige qu'elle rencontre sur son chemin.

Nous sommes ainsi arrivés à la troisième dimension de la paix. Elle est un *don de Dieu* et un *fruit de l'Esprit*, mais elle est aussi une *béatitude* dans l'Évangile. Elle se situe dans la ligne de la *grâce* et des *vertus*, mais aussi dans celle des *devoirs* et des responsabilités : « *Heureux les artisans de paix, car ils seront appelés fils de Dieu.* » (Mt 5, 9)

Comment devient-on artisan de paix ? Un moyen important est d'abord de ne pas répandre le mal, de ne pas être un agent de l'accusateur qui sème la zizanie. Il s'agit d'être les « terminaux » des paroles méchantes, des jugements hostiles et des critiques. Le terminal est le lieu qui marque le point d'arrivée d'un moyen de transport. Il s'agit d'être comme un gouffre qui engloutit toutes les méchancetés. Ensuite, être artisan de paix consiste à prendre des initiatives de paix et à promouvoir la justice. Toutefois, il ne faut pas ignorer ce domaine plus petit du quotidien, qui est accessible à tous.

François d'Assise nous montre comment un seul homme peut faire la paix. D'après une prière qu'on lui attribue, il aurait demandé au Seigneur : « Seigneur, fais de moi un instrument de ta paix » et Dieu a vraiment fait de lui un instrument, ou mieux, un canal de sa paix. La paix fleurissait sur son passage : entre une ville et l'autre, entre autorités civiles et autorités religieuses, entre les hommes et le reste de la création. Voici ce qu'il recommandait à ses frères : « Vous annoncez la paix par vos paroles, ayez-la plus encore dans vos cœurs [24]. » Et grâce à lui, Assise est devenue un carrefour de paix, surtout depuis la première rencontre de paix historique entre les religions, voulue par le pape Jean-Paul II.

Aujourd'hui, un aspect très important de la paix est justement celui de la paix entre les différentes religions et, avant tout, entre les diverses églises chrétiennes. L'Église dans son ensemble doit être le grand carrefour de la paix pour les nations. Mais si l'Église est elle-même déchirée en son sein par des luttes et des divisions, comment peut-elle annoncer la paix au monde ? Sur la croix, Jésus est devenu notre paix, « *lui qui des deux peuples n'en a fait qu'un, détruisant la barrière qui les séparait* [...] *pour créer en sa personne les deux en un seul*

---

24. *Légende des trois compagnons*, 58 (Documents, *op. cit.*, p. 849).

Homme Nouveau » (cf. Ep 2, 14 s.). À l'époque, les deux peuples étaient les juifs et les païens. Non seulement ce mur-là, abattu *de jure*, reste encore à abattre *de facto*, malgré les récents pas en avant effectués, mais de nouveaux murs se sont élevés, notamment entre les chrétiens eux-mêmes.

Au Moyen-Âge, en certaines occasions, on faisait en ville un bûcher des vanités : cela consistait à brûler publiquement tous les instruments du vice. Nous devrions faire un bûcher des *hostilités*. Nous ne pouvons « brûler » toutes les divergences doctrinales, qui doivent être patiemment résolues en des lieux appropriés, mais nous pouvons brûler les hostilités. L'expérience récente a démontré que ces divergences sont bien plus faciles à aplanir quand il n'y a plus d'hostilité. Elles tombent parfois d'elles-mêmes et l'on s'aperçoit alors que beaucoup d'entre elles n'étaient dues qu'à une incompréhension ou à un malentendu.

La paix du cœur est un fruit de l'Esprit, c'est-à-dire le résultat à la fois de l'action de l'Esprit et de notre liberté. Mais notre liberté ne s'exprime pas seulement à travers l'effort personnel ou collectif en faveur de la paix. Nous avons une deuxième arme : la prière. Durant la messe, la liturgie met sur les lèvres du prêtre ces paroles, juste avant la communion : « Seigneur Jésus Christ, tu as dit à tes Apôtres : *"Je vous laisse la paix, je vous donne ma paix"*, ne regarde pas nos péchés, mais la foi de ton Église ; pour que ta volonté s'accomplisse, donne-lui toujours cette paix et conduis-la vers l'unité parfaite, toi qui règnes pour les siècles des siècles. »

Ce même Jésus qui dit adieu à ses Apôtres au Cénacle en disant : « *Je vous laisse la paix, je vous donne ma paix* » est ressuscité, il est vivant. Aujourd'hui, il continue à nous offrir la paix de ce même mouvement incessant par lequel il continue à souffler sur ses disciples en disant : « *Recevez l'Esprit Saint.* » (cf. Jn 20, 22)

Quand Jésus dit : « *La paix soit avec vous !* » (cf. Jn 20, 19), ce n'est pas une simple salutation. Ce sont des paroles efficaces : elles produisent ce qu'elles signifient (*significando causant*). Sur ses lèvres, le mot « paix » n'est pas une pieuse intention, c'est une réalité active et créative, qui vient demeurer en celui qui l'écoute s'il en est digne (cf. Mt 10, 13). C'est une chose bien concrète, presque palpable et matérielle.

Tant que nous sommes en ce monde, nous ne pouvons évidemment nous attendre à une paix totale et définitive. Saint Paul exhortait les chrétiens de Rome à être « *en paix avec tous si possible, autant qu'il dépend de vous* » (Rm 12, 18). Vivre en paix avec tous, on ne le peut pas toujours, et cela ne dépend pas toujours de nous. La paix, comme la sainteté et l'unité, est un bien eschatologique qui appartient à la Jérusalem céleste, qu'une hymne de l'Église nomme, en référence à l'étymologie supposée du nom, « bienheureuse vision de paix » (*beata pacis visio*) [25].

Nous pouvons découvrir ici-bas les chemins qui conduisent à la paix (cf. Lc 19, 42) et « *guider nos pas dans le chemin de la paix* » (Lc 1, 79). En certains moments de grâce, nous pouvons goûter un avant-goût et recevoir les arrhes de cette paix qui nous attend au ciel. Sainte Thérèse d'Avila eut un ravissement en la fête de la Pentecôte : elle vit une colombe se poser sur sa tête. Cette colombe avait des ailes resplendissantes comme des écailles de nacre. Mais loin de se troubler, comme cela se passait normalement en de telles situations, son esprit « s'apaisa [...], la quiétude commença avec la joie [26] ». La paix descend sur l'âme en présence de l'Esprit comme le calme sur un champ de bataille après la fuite des troupes ennemies.

Nous terminons ce chapitre par la prière pour obtenir la paix du cœur, qui se trouve en conclusion d'un ouvrage classique en la matière :

> « *Dieu tout aimable, dont le règne en nous n'est qu'amour et paix,*
> *formez vous-même en mon âme ce silence*
> *que vous attendez pour vous communiquer à elle [...].*
> *L'action tranquille, le désir sans passion, le zèle qui agit sans s'agiter,*
> *ne peuvent nous venir que de vous, sagesse éternelle, activité infinie,*
> *repos inaltérable, qui êtes le principe et le modèle de la véritable paix [...].*
> *Vous nous l'avez promise par vos prophètes, envoyée par votre Fils,*
> *assurée par l'effusion de votre Esprit.*
> *Ne permettez pas que l'envie de nos ennemis, le trouble de nos passions,*
> *les scrupules de notre conscience nous fassent perdre ce don céleste,*
> *qui est le gage de notre amour, l'objet de vos promesses,*
> *le prix du sang de votre Fils. Ainsi soit-il* [27]. »

---

25. *Urbs Jerusalem beata*, Vêpres du commun de la Dédicace de l'Église.
26. THÉRÈSE D'AVILA, *Vie*, 38, 9-10.
27. AMBROISE DE LOMBEZ († 1778), *Traité de la paix intérieure*, Blois 1962, p. 303 s.

XIX

« AVEC TOI NOTRE GUIDE NOUS ÉVITERONS TOUT MAL »

L'Esprit Saint nous guide dans le discernement spirituel

Après la lutte contre le mal, le grand thème de cette strophe du *Veni creator* est, comme nous le disions plus haut, celui de la décision et du choix. Le choix revêt une importance déterminante dans la conception moderne de l'homme. Si l'on réfute l'existence d'un modèle et d'un projet humain définis par la Parole de Dieu, l'homme devient quelque chose qui se construit jour après jour, un projet complètement ouvert. Il est comme un fleuve qui creuse son lit au fil de son cours ; il est ce qu'il fait de sa liberté autonome. D'où l'angoisse qui accompagne cette vision sécularisée de l'homme. Choisir, c'est renoncer, et en l'absence de critère objectif d'évaluation, tout choix devient générateur d'angoisse.

L'attention nouvelle accordée au choix peut nous aider à saisir quelque chose de neuf dans la Parole de Dieu. Même lorsque l'on connaît le projet de Dieu sur nous et que l'on a décidé d'y accorder notre vie, se pose sans cesse la question du discernement de ce qui est conforme et de ce qui ne l'est pas. C'est de ce discernement que dépend le progrès spirituel.

La catéchèse apostolique insiste beaucoup sur ce point. On peut lire dans la Lettre aux Hébreux : « *Les parfaits, eux, ont la nourriture solide, ceux qui, par l'habitude, ont le sens moral exercé au discernement du bien et du mal.* » (He 5, 14) Paul veut que ses fidèles soient « *avisés pour le bien et malhabiles pour le mal* » (Rm 16, 19) ; il les exhorte à tout vérifier (cf. 1 Th 5, 21) afin de toujours retenir le meilleur [1].

---

1. Cf. Ph 1, 10 ; Rm 2, 18.

Ces deux versets de notre hymne nous aideront à découvrir le rôle de l'Esprit Saint dans ce chemin vers la maturité chrétienne. Si Jésus Christ est le chemin (*odòs*) qui conduit au Père (cf. Jn 14, 6), l'Esprit Saint est « le guide sur le chemin » (*odegòs*) [2]. Ambroise salue l'Esprit avec des mots qui rappellent de près les versets de notre hymne : « C'est bien là l'Esprit qui est notre conducteur et notre guide (*ductor et princeps*), capable de diriger notre esprit, de stabiliser notre amour, de nous entraîner là où il veut, de nous mener dans la voie d'en haut [3]. »

1. L'Esprit « guide » dans l'Écriture et dans la Tradition

Le thème de l'Esprit Saint « guide » s'est exprimé dans la Tradition chrétienne avec un symbole particulièrement parlant : la « nuée lumineuse » ou la « colonne de feu » qui accompagnait le peuple élu dans son chemin vers la Terre Promise [4]. Sur le Thabor, la nuée lumineuse, autrement dit l'Esprit Saint, rejoint finalement le but auquel elle conduisait le peuple : le Christ [5].

Le titre même de « guide », *ductor*, semble lié à cette tradition. Voici ce qu'écrit un auteur médiéval à ce sujet : « Le symbole de ce mystère fut cette colonne de feu qui précédait le peuple de Dieu dans son chemin vers Jérusalem, par laquelle on désigne l'Esprit Saint comme le guide (*ductor* !) de ceux qui vont au Christ [6]. »

Cette tradition patristique intéressante a un fondement biblique indirect. Dans le livre du prophète Isaïe, tout le chemin du peuple au désert est attribué à la conduite de l'Esprit. « *L'Esprit de Dieu les menait au repos* » (Is 63, 14) ; Dieu mit son Esprit Saint dans l'intime de Moïse que les Israélites contristèrent par leurs rébellions (cf. Is 63, 10). Paul dit que « *tous ont été baptisés en Moïse dans la nuée et dans la mer* » (1 Co 10, 2). Or, en quel sens la nuée est-elle associée au baptême et comment s'explique l'expression « *baptisés dans la nuée* » si ce n'est en lien avec le baptême « d'eau et d'Esprit » ou « dans l'Esprit et le feu » ? Un peu plus loin, l'Apôtre dit que c'est en un seul Esprit que nous avons tous été baptisés (1 Co 12, 13).

En dehors du symbole de la nuée, la fonction de guide, dans le Nouveau Testament, est explicitement attribuée au Paraclet. Jésus lui-même fut

---

2. Grégoire de Nysse, *Sur la foi* (PG 45, 1241 C) ; Macaire, *Homélies spirituelles*, 1, 3 (PG 34, 453 A) ; cf. Pseudo-Athanase, *Dialogue contre les Macédoniens*, 1, 12 (PG 28, 1308 C).
3. Ambroise, *Apologie de David*, 15, 73 (CSEL 32, 2, p. 348), SC 239, p. 175.
4. Ambroise, *Du Saint-Esprit*, III, 4, 21 ; cf. Id., *Des sacrements*, I, 6, 22 ; Id., *Des mystères*, 3, 13.
5. Théophane Kérameus, *Homélie 59 sur la Transfiguration* (PG 132, 1037 A).
6. Paschase Radbert, *Commentaire de l'Évangile de Matthieu*, II, 2 (CM 56, p. 153).

« *emmené* [ductus] *au désert par l'Esprit* » (Mt 4, 1) ; les chrétiens ne sont plus sous la loi s'ils se laissent *mener* par l'Esprit (cf. Ga 5, 18).

Les Actes des Apôtres transmettent la même idée en nous montrant de façon descriptive une Église qui est conduite « pas à pas » par l'Esprit. Luc fait succéder à l'Évangile les Actes des Apôtres pour nous montrer combien l'Esprit, qui a guidé Jésus à chaque instant de sa vie terrestre, conduit aujourd'hui l'Église comme Esprit « du Christ ». Si Pierre va vers Corneille et les païens, c'est l'Esprit qui le lui ordonne (cf. Ac 10, 19 ; 11, 12) ; à Jérusalem, les Apôtres prennent-ils des décisions importantes ? C'est l'Esprit Saint qui les leur suggère (Ac 15, 28).

La conduite de l'Esprit s'exerce dans les grandes, mais aussi dans les petites choses. Paul et Timothée veulent prêcher l'Évangile dans la province d'Asie, mais l'Esprit Saint les en empêche ; ils tentent d'entrer en Bithynie, mais « *l'Esprit de Jésus ne le leur permet pas* » (Ac 16, 6 s.). On comprend pourquoi l'Esprit les conduit en avant de manière aussi pressante : il pousse ainsi l'Église naissante à sortir de l'Asie et à s'approcher d'un nouveau continent, l'Europe (cf. Ac 16, 9). L'Apôtre en vient à se définir dans ses choix comme « *enchaîné par l'Esprit* » (cf. Ac 20, 22).

Le concile Vatican II reprend cette intime conviction de la Bible et de la Tradition lorsque l'Église parle d'elle-même comme du « peuple de Dieu » « se sachant *conduit* par l'Esprit du Seigneur [7] ».

2. Là où s'exerce la conduite de l'Esprit : la conscience et l'Église

Où s'exerce ce rôle de guide du Paraclet ? Quels sont, pour ainsi dire, les organes de cette fonction ? Le premier domaine ou organe est la *conscience*. Il existe une relation très étroite entre la conscience et l'Esprit Saint, qui n'a peut-être pas encore été suffisamment explorée. Mais qu'est-ce que la fameuse « voix de la conscience » si ce n'est une sorte de « répétiteur de signaux » au travers duquel l'Esprit Saint s'adresse à chaque homme ? « *Ma conscience m'en rend témoignage dans l'Esprit Saint* » (cf. Rm 9, 1), s'exclame Paul en évoquant son amour pour ses concitoyens hébreux.

À travers cet « organe », la conduite de l'Esprit s'étend hors de l'Église, à tous les hommes. Les païens « *montrent la réalité de cette loi inscrite en leur cœur, à preuve le témoignage de leur conscience* » (Rm 2, 15). C'est bien parce

---

7. *Gaudium et spes*, n. 11.

que l'Esprit Saint parle en tout être raisonnable par le biais de la conscience que l'« on voit beaucoup d'hommes, même chez les barbares et les nomades, choisir une vie bonne et convenable, et mépriser les lois sauvages qui étaient en vigueur parmi eux [8] ».

La conscience est une sorte de loi intérieure non écrite, différente, inférieure à celle qui existe chez le croyant par la grâce, mais non pas en désaccord avec elle puisqu'elle provient du même Esprit. Celui qui possède cette loi « inférieure » et qui lui obéit est plus proche de l'Esprit que celui qui possède la loi supérieure issue du baptême mais qui ne lui obéit pas.

Chez les croyants, ce rôle de guide joué par la conscience est comme démultiplié et élevé par l'onction qui « *instruit de tout, qui est véridique, non mensongère* » (1 Jn 2, 27) : la conscience du croyant peut donc le guider de manière infaillible, s'il l'écoute. En commentant ce texte de saint Jean, Augustin a formulé la doctrine de l'Esprit Saint en tant que « maître intérieur ». Il se demande ce que signifie la phrase : « *Vous n'avez pas besoin qu'on vous enseigne.* » Le croyant sait-il déjà tout par lui-même ; n'a-t-il pas besoin de lire, de s'instruire ni d'écouter quiconque ? S'il en était ainsi, pourquoi l'Apôtre aurait-il écrit cette Lettre ? La vérité est qu'il faut écouter les maîtres et les prédicateurs externes, mais seul celui qui écoute intimement les paroles de l'Esprit Saint comprendra et profitera de ce qu'ils lui apprennent. Voilà pourquoi tous ne comprennent pas de la même manière un même enseignement [9].

Quelle consolation nous pouvons trouver en cela ! La parole de l'Évangile : « *Le maître est là et il t'appelle* » (Jn 11, 28) est vraie pour tout chrétien. Le même maître, le Christ, parle maintenant à travers son Esprit ; il est au-dedans de nous et nous appelle. Saint Cyrille de Jérusalem avait raison de qualifier l'Esprit Saint de *megas didascalos*, c'est-à-dire « grand maître de l'Église [10] ».

Dans ce domaine intime et personnel de la conscience, l'Esprit Saint nous instruit par de « bonnes inspirations » ou des « illuminations intérieures » dont nous avons tous fait l'expérience dans notre vie. Il nous encourage à suivre le bien et à fuir le mal par des attirances et des aspirations du cœur qui ne peuvent s'expliquer naturellement car elles vont souvent à l'opposé de ce que voudrait la nature : ce sont des lumières et des désirs qui s'éveillent en écoutant la Parole de Dieu ou face à des personnes exemplaires. Dans ces cas-là, on expérimente l'Esprit comme un vent qui souffle où il veut, dont on entend la

---

8. Maxime le Confesseur, *Chapitres variés*, I, 72 (PG 90, 1208 D).
9. Cf. Augustin, *Traité sur l'Évangile de saint Jean*, 3, 13 ; 4, 1 (PL 35, 2004 s.).
10. Cyrille de Jérusalem, *Catéchèses*, XVI, 19.

voix mais dont on ne sait ni d'où il vient ni où il va (cf. Jn 3, 8). Ce n'est qu'après, en voyant les fruits, que l'on comprend que c'était lui, l'Esprit. Nous avons vu jusqu'à maintenant le premier domaine où l'Esprit Saint exerce son rôle de guide, la conscience.

L'Esprit nous guide à travers un autre domaine : *l'Église*. Le témoignage intérieur de l'Esprit Saint doit être conjugué au témoignage externe, visible et objectif, qu'est le magistère apostolique. Dans l'Apocalypse, au terme de chacune des sept lettres se fait entendre cet avertissement : « *Celui qui a des oreilles, qu'il entende ce que l'Esprit dit aux Églises.* » (Ap 2, 7 s.)

L'Esprit parle aussi aux Églises et aux communautés, non pas seulement aux individus. Dans les Actes des Apôtres, Pierre réunit les deux témoignages de l'Esprit Saint, intérieur et extérieur, personnel et public. Aux foules, il parle du Christ qui a été mis à mort et qui est ressuscité : d'entendre cela, elles eurent le cœur transpercé (cf. Ac 2, 37) ; il fait le même discours devant les chefs du Sanhédrin, qui se mettent en colère (cf. Ac 4, 8 s.). Le discours est le même, le prédicateur est le même, mais l'effet est différent. Comment cela se fait-il ? Pierre en donne l'explication par la suite : « *Nous sommes témoins de ces choses, nous et l'Esprit Saint que Dieu a donné à ceux qui lui obéissent.* » (Ac 5, 32) Il faut la conjugaison de deux témoignages pour faire naître la foi : celui des apôtres qui proclament la parole et celui de l'Esprit qui permet de l'accueillir. La même idée se retrouve dans l'Évangile selon saint Jean quand, au sujet du Paraclet, Jésus dit ceci : « *Il me rendra témoignage. Mais vous aussi, vous témoignerez.* » (Jn 15, 26 s.) Les membres du Sanhédrin n'ont pas bénéficié du témoignage intérieur de l'Esprit parce qu'ils n'étaient pas disposés à « obéir à Dieu ».

Il serait également fatal de se passer de l'un ou l'autre témoignage de l'Esprit. Quand on délaisse le témoignage intérieur, on tombe facilement dans le juridisme et l'autoritarisme ; quand on délaisse le témoignage extérieur, apostolique, on tombe facilement dans le subjectivisme et le fanatisme. Contre les gnostiques qui refusent le témoignage apostolique, officiel, saint Irénée écrit ceci :

> « C'est à l'Église elle-même qu'a été confié le "Don de Dieu", comme l'avait été le souffle à l'ouvrage modelé […]. De cet Esprit s'excluent donc tous ceux qui refusent d'accourir à l'Église […]. Devenus étrangers à la vérité, il est fatal qu'ils roulent dans toute erreur et soient ballottés par elle, qu'ils pensent diversement sur les mêmes sujets suivant les moments et n'aient jamais de doctrine fermement établie [11]. »

---

11. IRÉNÉE, *Contre les Hérésies*, III, 24, 1-2 (SC 211, p. 473-475).

Tout réduire à l'écoute personnelle et privée de l'Esprit ouvre la voie à un interminable processus de divisions et de subdivisions, chacun étant convaincu d'avoir raison. Cette division et cette prolifération de dénominations et de sectes, en désaccord fréquent sur des points essentiels, démontre que ce ne peut être l'Esprit de vérité qui parle en chacune d'elles, sinon il se contredirait lui-même.

C'est, nous le savons bien, le danger auquel le monde protestant est le plus exposé, puisqu'il a fait du témoignage intérieur de l'Esprit Saint le seul critère de vérité, en opposition à tout témoignage externe, ecclésial, qui ne serait pas la *sola scriptura* [12]. Certains courants sont allés si loin qu'ils ont même séparé la conduite intérieure de l'Esprit de la parole de l'Écriture : divers mouvements d'« enthousiastes » ou d'« illuminés » ont ainsi ponctué l'histoire de l'Église, aussi bien catholique qu'orthodoxe ou protestante. L'aboutissement le plus habituel de cette tendance qui concentre toute son attention sur le témoignage interne de l'Esprit est le suivant : l'Esprit perd insensiblement sa lettre majuscule et commence à coïncider avec le simple esprit humain. C'est ce qui se produisit dans le rationalisme.

Par ailleurs, il nous faut reconnaître aussi l'existence du risque opposé. Il consiste à absolutiser le témoignage externe et publique de l'Esprit en ignorant le témoignage individuel qui s'exerce au travers de la conscience illuminée par la grâce ; en d'autres termes, à réduire la conduite du Paraclet au seul magistère officiel de l'Église, appauvrissant ainsi la variété d'action de l'Esprit Saint. Ce qui prévaut facilement dans ce cas, c'est l'élément humain, l'organisation et l'institution. Cela favorise la passivité du corps et ouvre la voie à la marginalisation des laïcs et à une cléricalisation excessive de l'Église.

Le concile Vatican II a affirmé la valeur prioritaire de la liberté de conscience et donc indirectement de l'écoute, personnelle aussi, de l'Esprit. L'Église a toujours cru par ailleurs qu'il existe chez les fidèles un *sensus fidelium*, un sens chrétien des choses de la foi, une capacité de jugement due à cette onction intérieure dont parle l'évangéliste Jean ; sauf que, en pratique, ce *sensus fidelium* a été souvent neutralisé, réduit à un accord nécessaire et supposé avec le magistère de l'Église.

Dans ce cas aussi, nous devons retrouver l'ensemble, la synthèse qui est le critère vraiment « catholique ». L'idéal consiste en une saine harmonie entre l'écoute de ce que me dit l'Esprit, à moi personnellement, ce qu'il dit à l'Église dans son ensemble et ce qu'il dit à travers l'Église aux croyants. Il faut une écoute réciproque pour que le croyant soit disposé à écouter ce que l'Esprit dit à l'Église et que l'Église soit disposée à écouter ce que l'Esprit dit au croyant.

---

12. Cf. J.-L. WITTE, « Esprit Saint et Églises séparées », dans *Dict. Spir.* 4, coll. 1318-1325.

3. L'Esprit Saint aide à discerner les signes des temps

Nous allons tenter d'appliquer ces principes à notre vie. Comment peut-on reconnaître dans notre vie et dans celle du monde les motions authentiques de l'Esprit Saint, en les distinguant des fausses motions ou des autres esprits ?

Paul mentionne à cet égard un charisme spécifique : le discernement des esprits (1 Co 12, 10). Cette expression a un sens bien précis à l'origine. Il s'agit du don permettant de distinguer, dans les paroles inspirées ou prophétiques prononcées durant une assemblée, celles issues de l'Esprit du Christ et celles issues d'autres esprits, à savoir l'esprit de l'homme, l'esprit du mal ou l'esprit du monde.

Jean y voit le même sens fondamental : le discernement consiste à éprouver « *les esprits pour voir s'ils viennent de Dieu* » (1 Jn 4, 1). Pour Paul, le critère fondamental de discernement est le fait de confesser le Christ comme « Seigneur » (cf. 1 Co 12, 3) ; pour Jean, le fait de confesser que Jésus « *est venu dans la chair* » (cf. 1 Jn 4, 2), c'est-à-dire l'Incarnation. Avec lui, déjà, le discernement commence à être utilisé dans un rôle théologique comme critère de discernement des vraies et des fausses doctrines, de l'orthodoxie et de l'hérésie, ce qui deviendra un élément central par la suite.

Pour le discernement comme pour la conduite de l'Esprit Saint, il existe deux domaines d'exercice : le domaine ecclésial et le domaine personnel.

Dans l'Église, le discernement des esprits est exercé avec autorité par le magistère qui doit tenir compte aussi du *sensum fidelium*. Dans la situation actuelle, caractérisée par un dialogue pacifique avec les autres religions, le discernement s'avère d'une extrême importance. Il nous permet de distinguer, parmi les théories et les thèses théologiques en cours, celles qui sauvegardent le critère apostolique de la « Seigneurie » du Christ et de la véritable « incarnation » du Fils de Dieu et celles qui n'en tiennent pas compte. Il nous permet aussi de distinguer dans le domaine de la religiosité et de la vie chrétienne quand la religiosité populaire, les nouvelles dévotions et les révélations privées proviennent de Dieu et constituent un enrichissement de la vie de foi, et quand, au contraire, elles la compromettent par de trop nombreux éléments secondaires et superflus.

Je voudrais m'arrêter sur un point particulier : le discernement des signes des temps. Le Concile a déclaré :

> « L'Église a le devoir, à tout moment, de scruter les signes des temps et de les interpréter à la lumière de l'Évangile, de telle sorte qu'elle puisse répondre, d'une manière adaptée à chaque génération, aux questions éternelles des hommes sur le sens de la vie présente et future et sur leurs relations réciproques [13]. »

---

13. *Gaudium et spes*, n. 4.

Un facteur très important dans l'accomplissement de cette tâche est la collégialité des évêques que le Concile lui-même a bien mise en valeur. Elle permet de « [décider] en commun de toutes les questions les plus importantes, par une décision que l'avis de l'ensemble permet [...] d'équilibrer [14] ». L'exercice effectif de la collégialité confère au discernement et à la résolution des problèmes la diversité des situations locales et des points de vue, la variété des éclairages et des dons dont chaque Église et chaque évêque est porteur.

Le premier « concile » de l'Église, celui de Jérusalem, nous en offre une émouvante illustration. Deux points de vue contraires s'y opposent : celui des judaïsants et celui qui prône l'ouverture aux païens : il y a une « discussion animée » qui leur permet, toutefois, d'annoncer leurs décisions finales avec cette formule extraordinaire : « *L'Esprit Saint et nous-mêmes avons décidé...* » (Ac 15, 28.)

Cela nous montre que l'Esprit conduit l'Église de deux manières : parfois directement, à travers la révélation et l'inspiration prophétique ; parfois collégialement, à travers la mise en commun patiente et difficile des différentes positions, qui peut mener au compromis. Le discours de Pierre le jour de la Pentecôte et dans la maison de Corneille est très différent de celui qu'il fait par la suite pour justifier sa décision (cf. Ac 11, 4-18 ; 15, 14).

L'Esprit Saint présente cette caractéristique intrinsèque de créer le consensus entre des personnes libres et différentes, de favoriser l'« accord », de rendre « unanimes » (cf. Ac 4, 32). Cet accord n'est pas imposé, mécanique ni passif, mais il naît de la liberté et de la participation de chacun. Ce qui n'est pas formé de notes différentes n'est pas un accord. Cette caractéristique provient de la propriété personnelle de l'Esprit dans la Trinité. Il est, du moins dans la vision occidentale, « une personne de deux *personnes* » (à la différence de Jésus qui est une personne de deux *natures*), il est une sorte de « nous » divin où se retrouvent le Père et le Fils.

Il faut avoir confiance dans cette capacité de l'Esprit de créer un accord *in fine* même si l'ensemble du processus peut nous échapper. Toutes les fois que se réunissent les pasteurs des Églises chrétiennes pour prendre des décisions importantes au niveau local ou universel, ils devraient tous avoir au cœur cette confiante certitude que le *Veni creator* a exprimée par ces versets : « Avec toi notre guide, nous éviterons tout mal. »

---

14. *Lumen Gentium*, n. 22.

4. Le discernement dans la vie personnelle

Ce charisme du discernement des esprits a subi une forte évolution au fil des siècles. À l'origine, ce don servait à discerner les inspirations d'autrui, de ceux qui avaient parlé ou prophétisé dans l'assemblée ; il a servi par la suite à discerner *nos propres* inspirations. L'évolution n'est pas arbitraire, car il s'agit du même don, même s'il est appliqué à des objets différents. Une bonne partie de ce que les auteurs spirituels ont écrit au sujet du « *don* de conseil » s'applique aussi au charisme du discernement. Ces deux choses n'appartiennent pas en effet à des genres différents, le domaine de la sanctification et le domaine charismatique. Par le don ou le charisme du conseil, l'Esprit Saint évalue les situations et oriente les choix, non pas seulement sur la base de critères de sagesse et de prudence humaine, mais aussi à la lumière des principes surnaturels de la foi.

Le premier discernement fondamental des esprits permet de distinguer « *l'Esprit de Dieu* » de l'« *esprit du monde* » (cf. 1 Co 2, 12). Paul propose un critère objectif de discernement, le même que celui donné par Jésus : celui des fruits. Les « œuvres de la chair » révèlent certains désirs peccamineux qui viennent du vieil homme ; « les fruits de l'Esprit » révèlent les désirs issus de l'Esprit (cf. Ga 5, 19-22). « *Car la chair convoite contre l'esprit, et l'esprit contre la chair.* » (Ga 5, 17)

Parfois, ce critère objectif ne suffit pas, car le choix n'est pas entre le bien et le mal, mais entre le bien et un autre bien ; il s'agit de voir ce que Dieu veut dans une circonstance précise. C'est surtout en réponse à cette exigence que saint Ignace de Loyola développa sa doctrine sur le discernement. Il invite à regarder une chose en particulier : nos propres dispositions intérieures, nos intentions cachées (« les esprits ») derrière tel ou tel choix. Il s'inscrit en cela dans une tradition déjà bien affirmée. Un auteur médiéval écrit ceci :

> « Qui peut bien examiner les inspirations, si elles viennent de Dieu, si Dieu n'a donné leur discernement, afin de pouvoir examiner avec exactitude et par un jugement droit les pensées, les dispositions, les intentions de l'Esprit ? Le discernement est comme la mère de toutes les vertus et il est nécessaire à tous dans la conduite de leur vie et de celle des autres... Voici donc le discernement : l'union du jugement droit et de l'intention vertueuse [15]. »

Ignace de Loyola a suggéré des moyens pratiques permettant d'appliquer ces critères [16]. En voici un : face à deux choix possibles, il est bon de s'arrêter

---

15. BAUDOUIN DE CANTERBURY, *Traités*, 6 (PL 204, 466).
16. Cf. IGNACE DE LOYOLA, *Exercices spirituels*, IVe semaine (ed. BAC, Madrid 1963, p. 262 s.).

d'abord sur l'un comme si l'on devait sans nul doute suivre cette voie-là, demeurer en cet état un jour ou deux, puis évaluer les réactions de notre cœur devant ce choix : s'il procure de la paix, s'il est en harmonie avec l'ensemble de nos choix ; si quelque chose d'intérieur nous encourage en ce sens, ou si, au contraire, cela nous laisse un voile d'inquiétude... Répéter le processus avec la seconde hypothèse. Accomplir le tout dans un climat de prière, d'abandon à la volonté de Dieu et d'ouverture à l'Esprit Saint.

En somme, il s'agit de mettre en pratique le vieux conseil que Jethro donna à Moïse : présenter nos questions à Dieu et attendre sa réponse dans la prière (cf. Ex 18, 19). La meilleure condition à un bon discernement est une disposition de fond à faire toujours la volonté de Dieu. Jésus disait : « *Mon jugement est juste, parce que je ne cherche pas ma volonté, mais la volonté de celui qui m'a envoyé.* » (Jn 5, 30)

Certaines manières modernes d'entendre et de pratiquer le discernement accentuent tellement les aspects psychologiques qu'on risque d'oublier l'acteur principal du discernement : l'Esprit Saint. Saint Ignace rappelle qu'en certains cas, seule l'onction de l'Esprit Saint permet de discerner ce qu'il faut faire [17]. La raison en est théologique : l'Esprit Saint étant lui-même la volonté substantielle de Dieu, quand il entre dans une âme, il « se manifeste comme la volonté même de Dieu pour celui en qui il se trouve [18] ».

C'est le mouvement pentecôtiste et charismatique qui a revalorisé le rôle de l'Esprit Saint dans le discernement des esprits. Puisque ce discernement n'est ni un art ni une technique, mais un charisme, c'est-à-dire un don de l'Esprit, il a ainsi retrouvé son véritable sens. Les aspects psychologiques ont une grande importance, qui reste néanmoins secondaire par rapport au don de l'Esprit. Voici ce qu'écrit un ancien maître spirituel :

> « Seul l'Esprit Saint peut purifier l'intelligence... Il faut donc par tous les moyens, surtout par la paix de l'âme, faire reposer sur nous l'Esprit Saint, pour avoir auprès de nous la lampe de la connaissance toujours allumée. Si elle brille sans interruption dans les recoins de notre âme, non seulement les assauts mesquins et ténébreux du malin deviennent manifestes à l'intelligence mais ils restent aussi dénués de toutes forces, démasqués par cette sainte et glorieuse lumière. C'est pourquoi l'Apôtre dit : *"N'éteignez pas l'Esprit."* (1 Th 5, 19) [19] »

D'ordinaire, la lumière de l'Esprit Saint ne se répand pas dans l'âme de manière miraculeuse ou extraordinaire, mais très simplement, à travers la parole de l'Écriture. Ainsi se sont produits les plus grands discernements de

---

17. Id., *Constitutions*, 141, 414 (*ibid.*, p. 452.503).
18. Cf. GUILLAUME DE SAINT-THIERRY, *Le miroir de la foi*, 61 (SC 301, p. 128).
19. DIADOQUE DE PHOTICÉ, *Cent chapitres*, 28 (SC 5, p. 87 s.).

l'histoire de l'Église. C'est en écoutant ces paroles de l'Évangile : « *Si tu veux être parfait...* » que saint Antoine comprit sa vocation et initia le monachisme. De même, François d'Assise écrit dans son *Testament* : « Après que le Seigneur m'eut donné des frères, personne ne me montra ce que je devais faire, mais le Très Haut lui-même me révéla que je devais vivre selon le saint Évangile. » Cela se produisit au cours d'une messe, lorsqu'il entendit le passage de l'Évangile où Jésus envoie ses apôtres proclamer le Royaume de Dieu en leur recommandant ceci : « *Ne prenez rien pour la route, ni bâton, ni besace, ni pain, ni argent ; n'ayez pas non plus chacun deux tuniques.* » (Lc 9, 3) [20]

Je me souviens moi-même d'un petit épisode de ce genre. Durant une mission, un homme vint à moi et me confia son problème. Son fils de onze ans n'était pas baptisé. Il me dit : « Si je le fais baptiser, cela va créer un drame dans la famille, car ma femme a quitté l'Église et ne veut surtout pas entendre parler d'un baptême ; si je ne le fais pas baptiser, je n'aurai pas la conscience tranquille étant donné qu'à l'époque de notre mariage, nous étions tous deux catholiques. » C'est un cas classique de discernement. Je lui dis de revenir le lendemain, afin de me laisser le temps de prier et de réfléchir. Le jour suivant, il revint me voir et me dit, radieux : « J'ai trouvé la solution, mon père. J'ai lu dans ma Bible l'épisode d'Abraham. Quand Abraham partit faire le sacrifice d'Isaac, il ne dit rien à sa femme ! » La Parole de Dieu l'avait éclairé mieux que tout conseil humain. Je baptisai moi-même l'enfant et ce fut une grande joie pour tous...

On peut parfois sentir un élan intérieur qui nous pousse, dans un climat de prière, à ouvrir la Bible au hasard, à la recherche d'une parole de Dieu. Dieu a souvent parlé par ce moyen. Je conseille, toutefois, de ne pas en faire une habitude qui nous exposerait tôt ou tard à de mauvaises conséquences. Les dons de l'Esprit ne doivent jamais devenir une habitude mécanique. « Étendre sur l'aire une toison de laine » comme le fait Gédéon dans l'attente d'un signe particulier de Dieu (Jg 6, 36-40) peut donner parfois de bons fruits, sous réserve de sentiments d'humble soumission à Dieu. Cela étant, il faut user là aussi de modération, de sorte que ce moyen de discernement ne devienne pas une manière de mettre Dieu à l'épreuve.

---

20. ST FRANÇOIS, *Testament*, 14 (Documents, p. 94) ; THOMAS DE CELANO, *Vie première*, 9, 22 (Documents, p. 209).

5. Se laisser conduire par l'Esprit Saint

Concrètement, cette méditation devrait nous inciter à re-choisir la « direction spirituelle » de l'Esprit Saint, c'est-à-dire à nous laisser entièrement conduire par l'Esprit. Voici ce qui est écrit dans le livre de l'Exode : « *À toutes leurs étapes, lorsque la nuée s'élevait au-dessus de la Demeure, les Israélites se mettaient en marche. Si la nuée ne s'élevait pas, ils ne se mettaient pas en marche jusqu'au jour où elle s'élevait.* » (Ex 40, 36-37) De même, nous devrions toujours attendre l'indication de l'Esprit Saint, « la nuée qui s'élève », avant de nous mettre en marche. La vie de Jésus en constitue le meilleur exemple. Il n'entreprend jamais rien sans l'Esprit Saint : il va dans le désert avec l'Esprit Saint ; il revient et commence sa prédication dans la puissance de l'Esprit Saint ; il choisit ses apôtres *« sous l'action de l'Esprit Saint »* (cf. Ac 1, 2) ; il s'est offert lui-même à Dieu par l'Esprit (cf. He 9, 14).

Nous avons évoqué au début de ce chapitre la tendance de l'homme moderne et sécularisé à « se diriger » tout seul, tel un fleuve creusant son lit par son propre cours. Voici un apologue illustrant les conséquences de ce choix, dont l'auteur est un grand philosophe. Un homme riche acheta un jour deux splendides chevaux, qu'il voulut dresser lui-même, malgré sa totale inexpérience en la matière. Étant ainsi livrés à eux-mêmes, ses chevaux perdirent rapidement leur beauté et se retrouvèrent dans l'état le plus misérable qu'on pût imaginer : le regard hébété et somnolent, l'allure sans noblesse, ils étaient devenus capricieux, ne supportaient plus rien, semblaient continuellement fatigués et n'avaient de cesse de s'arrêter à chaque pas ; jusqu'au jour où leur propriétaire se décida à les confier au cocher du roi en personne. En un mois, ils devinrent, grâce à lui, les chevaux les plus élégants de tout le pays : leur port de tête était fier, leur regard plein de fougue et ils pouvaient s'élancer dans une course de sept milles sans s'arrêter. Puisque cet homme était un expert, il conduisait les chevaux selon des règles précises, et non selon leur bon plaisir.

Les chevaux sont les facultés humaines, le riche propriétaire est l'homme qui prétend se conduire tout seul et le cocher du roi est l'Esprit Saint. « Ah ! si les hommes savaient quelle est leur chance quand c'est le cocher du roi qui prend les rênes en main [21] ! »

Mais nous, les « croyants », devons éviter une autre tentation : vouloir donner des conseils à l'Esprit Saint, au lieu de les recevoir. *« Qui a dirigé l'esprit du Seigneur et [quel] homme de conseil a su l'instruire ? »* (Is 40, 13.)

---

21. Cf. S. KIERKEGAARD, « Pour un examen de conscience ». Le jour de Pentecôte (*Œuvres complètes*, vol. 18, De l'Orante).

L'Esprit Saint nous dirige tous et n'est dirigé par personne ; il conduit, il n'est pas conduit. Il existe une manière subtile de suggérer à l'Esprit Saint ce qu'il devrait faire avec nous et comment il devrait nous conduire ; il peut même nous arriver de prendre des décisions que l'on attribue ensuite à l'Esprit Saint.

Saint Thomas d'Aquin qualifie cette conduite intérieure de l'homme par l'Esprit comme une sorte d'« instinct propre des justes » : « De même, en effet, que dans la vie corporelle, le corps ne se meut que par l'âme par laquelle il vit, ainsi dans la vie spirituelle, tout mouvement en nous doit procéder de l'Esprit Saint [22]. »

D'après l'Apôtre, obéir à la « loi de l'Esprit » consiste à « se laisser conduire par l'Esprit » (cf. Ga 5, 18). J'ai demandé un jour à une petite fille âgée de cinq ans ce que signifiait l'obéissance pour elle, pensant qu'elle me répondrait : obéir à maman, à papa... Elle me donna cette réponse inattendue : « L'obéissance, c'est cela : l'Esprit Saint dit à Jésus : "Faisons cela !" et Jésus répond : "D'accord !" L'Esprit Saint te dit : "Faisons cela !" et toi, tu lui réponds : "D'accord !" » Je ne sais pas d'où lui venaient ces paroles, mais il est sûr qu'elles contiennent le secret de la véritable obéissance « spirituelle » à la suite de Jésus.

Nous devons nous abandonner à l'Esprit Saint comme les cordes de la harpe s'abandonnent aux doigts de la harpiste. Nous sommes comme des acteurs jouant notre propre vie sur la scène. Nous devons ainsi tendre l'oreille vers le souffleur qui est en coulisses, afin de jouer le plus fidèlement possible le rôle qui est le nôtre. Cela est bien plus facile que ce que l'on pourrait croire, puisque notre souffleur nous parle au-dedans de nous-mêmes, nous enseignant toute chose et nous instruisant de tout. Un seul coup d'œil intérieur, un simple mouvement du cœur ou une seule prière peut suffire. Dans un très bel éloge consacré à un saint évêque du IIe siècle, Méliton de Sarde, il est écrit que « dans sa vie, il fit toute chose dans l'Esprit Saint [23] ». Que chacun de nous puisse mériter un tel éloge à sa mort !

---

22. THOMAS D'AQUIN, *Commentaire de la Lettre aux Galates*, c. V, lect. 5, n. 318 ; lect. 7, n. 340 ; *Commentaire à l'évangile de Jean*, 6,5,3.
23. EUSÈBE DE CÉSARÉE, *Histoire ecclésiastique*, V, 24, 5.

« AVEC TOI NOTRE GUIDE NOUS ÉVITERONS TOUT MAL »

Demandons au Paraclet de conduire notre esprit et toute notre vie, avec les paroles pleines d'« onction » d'un auteur médiéval :

« Esprit Saint, conduis notre esprit,
remplis notre cœur et notre bouche ouverte pour toi.
Toi qui commandes de jouer des timbales festives
Et d'entonner un cantique,
Saint des saints,
Dieu des dieux,
joie, lumière, médecine et vie :
louange à toi, avec le Père et le Fils,
Esprit qui donnes la vie (Spiritus alme !). Amen [24]. »

---

24. RUPERT DE DEUTZ, *Hymne I à l'Esprit Saint*, 13 (CM 29, p. 380).

XX

« FAIS-NOUS CONNAÎTRE LE PÈRE »

L'Esprit Saint nous transmet le sentiment de la filiation divine

1. De l'histoire à la Trinité

Dans cette méditation, nous aborderons la dernière strophe du *Veni creator* qui nous conduit à la fin de notre cheminement sur les pas de l'Esprit.

« Fais-nous connaître le Père,
Fais-nous apprendre aussi le Fils
Et croire en tout temps que tu es
L'unique Esprit de l'un et l'autre. »

Ces paroles ouvrent un nouvel horizon. Notre regard n'est plus tourné vers l'histoire, ni vers l'Église ; il n'est plus question d'ennemis, de dangers ni de choix à faire… Dans cette strophe, nous passons de ce que les Pères appelaient l'*oikonomia* ou l'histoire du Salut, à la *theologia* ou au niveau trinitaire, c'est-à-dire à la vie intime de Dieu. Nous passons ainsi de ce que *fait* l'Esprit Saint dans l'histoire à ce qu'il *est* dans la Trinité.

Notre hymne ne suit pas l'ordre de l'être, mais celui de la manifestation de l'Esprit auprès de nous. Dans la *réalité*, il y a d'abord l'Esprit en soi, dans ses rapports trinitaires, puis son action dans la création et dans l'histoire ; dans notre *connaissance*, il y a d'abord l'action de l'Esprit comme nous l'avons connue dans l'histoire, puis seulement, à partir de celle-ci, la découverte de l'Esprit dans la Trinité. Le *Veni creator* suit cet ordre historique, que l'on observe aussi dans la Bible. En cela, le choix de l'auteur s'avère particulièrement « moderne ».

La nouveauté du *Veni creator* se situe aussi à un autre niveau : nous ne sommes pas exclus de cet horizon trinitaire, bien au contraire. Par l'oraison, nous sommes profondément impliqués dans les relations entre les trois personnes divines. « Fais-*nous* connaître le Père », « Fais-*nous* apprendre aussi le Fils ». Ce sont des relations triangulaires : l'Esprit Saint, le Père et nous ; l'Esprit Saint, le Fils et nous. Dans cette dernière strophe, comme d'ailleurs dans tout le reste, le discours sur l'Esprit Saint reste loin de la froide abstraction.

Nous demandons simplement à l'Esprit Saint ce qu'il a, d'après l'Écriture, accompli aux origines de la foi. Comment la première communauté chrétienne est-elle arrivée à la foi dans la Trinité ? Certaines théories évoquent l'influence déterminante de l'hellénisme : la racine de la Trinité serait ainsi tout à fait étrangère à la Bible. Cela est complètement faux. La foi trinitaire naît de l'*expérience* que les croyants font de Dieu comme Père et de Jésus comme Seigneur, grâce à l'Esprit. C'est lui qui leur a enseigné, du dedans, à appeler Dieu *Abba*, « Père » et Jésus Christ *Kyrios*, « Seigneur », et qui les a ainsi poussés à découvrir Dieu comme communion d'amour entre le Père, le Fils et l'Esprit Saint [1]. Cette expérience n'est pas née *ex nihilo*, mais s'est développée à partir de la révélation sur le Père et sur le Paraclet faite par Jésus. Sur ce point, les enseignements de Jean et de Paul se complètent et sont indissociables.

Nous assistons aujourd'hui au même phénomène. Là où l'Esprit Saint se manifeste de manière puissante et nouvelle, comme dans le baptême de l'Esprit par exemple, on vit inévitablement une redécouverte vitale, et non pas seulement abstraite ou théologique, de la Trinité. La prière se fait trinitaire : le Père nous renvoie au Fils, le Fils nous renvoie au Père et l'Esprit Saint nous enseigne, comme à des personnes ayant perdu leur langue maternelle, à redire : *Abba* et *Marana-tha*. Cela procure le doux sentiment d'entrer dans une famille, où chacun s'empresse de nous présenter ceux qu'il aime par de multiples récits savoureux et empreints d'affection. Sous l'onction de l'Esprit, tous ou presque vivent cette expérience émouvante et forte.

Voilà justement le propos de ces trois dernières méditations : nous abandonner à l'Esprit de sorte qu'il nous introduise dans cette vivante et palpitante réalité trinitaire. Pour parler du Père et du Fils, nous aurons plus que jamais besoin de l'Esprit. Ainsi, nous entreprenons « sur de petites barques

---

1. Cf. J.D.G. DUNN, *Jesus and the Spirit*, Londres 1975, p. 236.

une longue traversée » et nous nous avançons vers le ciel « en nous servant de petites ailes ² ».

2. L'Esprit Saint nous fait connaître Dieu comme « Père de son Fils Jésus Christ »

Le Nouveau Testament distingue nettement les deux sens du mot « père », lorsqu'il est appliqué à Dieu : « notre Père » et « Père de notre Seigneur Jésus le Christ » ; « *mon Père et votre Père* », selon l'expression de Jésus (Jn 20, 17). Ces deux sens sont présents dans ce verset du *Veni creator*, qui demande l'une et l'autre chose : nous faire connaître Dieu comme Père de notre Seigneur Jésus Christ, en tant que « Père éternel », et nous faire connaître Dieu comme papa, c'est-à-dire nous transmettre le doux sentiment de la filiation divine. Ces deux significations de Père sont inséparables mais non identifiables. Nous allons réfléchir à chacune d'entre elles, en commençant par la signification trinitaire.

Dans le Nouveau Testament, la connaissance du Père est la prérogative par excellence du Fils : « *Je connais le Père* », dit Jésus à plusieurs reprises (cf. Jn 7, 29 ; 8, 55 ; 10, 15), « *Nul ne connaît le Père si ce n'est le Fils et celui à qui le Fils veut bien le révéler* » (Mt 11, 27). Pourquoi demander à l'Esprit Saint de nous faire connaître le Père, au lieu de le demander directement au Christ ? Voici la réponse : l'Esprit Saint nous fait précisément connaître la révélation du Fils au sujet du Père ! Il nous fait comprendre ce que Jésus a dit du Père. Il fait passer la révélation explicite et « extérieure » au niveau de l'expérience : la révélation devient intérieure.

Cette réponse, développée par la Tradition, est déjà contenue dans l'Évangile. Lorsque Jésus affirme aux apôtres que le Paraclet leur enseignera tout et qu'il leur rappellera tout ce qu'il leur a dit (cf. Jn 14, 25), il fait avant tout allusion, d'après le contexte, à ce qu'il a dit du Père. Il leur dit aussi de manière fort significative : « *L'heure vient où [...] je vous entretiendrai du Père en toute clarté.* » (Jn 16, 25) Quand donc Jésus les entretiendra-t-il du Père en toute clarté, étant donné qu'il est sur le point de les quitter ? Il les entretiendra « *en toute clarté* » du Père, à travers son Esprit, après Pâques ! C'est ce qu'il affirme dans le même contexte : « *J'ai encore beaucoup à vous dire, mais vous ne pouvez pas le porter à présent. Mais quand il viendra, lui, l'Esprit de vérité, il vous introduira dans la vérité tout entière.* » (Jn 16, 12-13)

Là aussi « *la vérité tout entière* » se réfère avant tout à la pleine révélation

---

2. Grégoire de Nazianze, *Poèmes théologiques*, 1 (PG 37, 397).

sur le Père. La connaissance que le Paraclet donne du Père est d'une qualité toute particulière : non seulement il nous fait « connaître » le Père, mais il nous fait « être » dans le Père. « *À ceci nous connaissons que nous demeurons en lui et lui en nous : il nous a donné de son Esprit.* » (1 Jn 4, 13) Connaître le Père, c'est la vie éternelle elle-même (cf. Jn 17, 3).

Paul parle aussi, mais en termes différents, de ce rôle de l'Esprit dans la connaissance de Dieu :

> « *L'Esprit en effet sonde tout, jusqu'aux profondeurs de Dieu. Qui donc entre les hommes sait ce qui concerne l'homme, sinon l'esprit de l'homme qui est en lui ? De même, nul ne connaît ce qui concerne Dieu, sinon l'Esprit de Dieu. Or, nous n'avons pas reçu, nous, l'esprit du monde, mais l'Esprit qui vient de Dieu, pour connaître les dons gracieux que Dieu nous a faits.* » (1 Co 2, 10b-12)

Dans ces « *profondeurs de Dieu* » et dans « *ce qui concerne Dieu* », il est difficile de ne pas voir la vie même de Dieu, sa vie intime, son secret trinitaire. D'après l'Apôtre, il existe dans notre être une chambre inviolable où personne ne peut pénétrer et dont la porte ne s'ouvre que du dedans : nous seuls pouvons l'ouvrir, selon notre liberté. Pour Dieu, il en va de même : son secret intime n'est connu et révélé que par l'Esprit qui est en lui.

Voyons maintenant comment ce rôle de l'Esprit dans la connaissance du Père a été compris et vécu dans la Tradition. Saint Irénée écrit ceci : « L'Esprit prépare l'homme pour le Fils de Dieu, et le Fils le conduit ensuite au Père [3]. » Saint Basile reprend et développe cette idée qui orientera toute la réflexion postérieure de l'Église : « La route de la connaissance de Dieu va de l'Esprit "un", par le Fils "un", jusqu'au Père "un" et, en sens inverse, la bonté essentielle, la sainteté naturelle et la dignité royale s'écoulent du Père, par le Monogène, jusqu'à l'Esprit [4]. »

Cette idée biblique revêt parfois la coloration platonicienne propre à l'époque dans laquelle vivent les Pères, comme nous pouvons le voir dans ces paroles de saint Basile : « Le Paraclet, s'emparant d'un œil très pur, te montrera en lui-même l'Image de l'Invisible ; dans la bienheureuse contemplation de l'Image, tu verras l'ineffable beauté de l'Archétype [5]. »

Dans cette vision philosophique, l'Esprit constitue par excellence le mouvement de retour vers l'Un ; c'est pourquoi la connaissance du Père dépend de lui. Les créatures « reçoivent de Dieu l'Esprit par lequel elles connaissent Dieu [6] ».

---

3. IRÉNÉE, *Contre les hérésies*, IV, 20, 5.
4. BASILE LE GRAND, *Sur le Saint-Esprit*, XVIII, 47 (PG 32, 153) ; SC 17 bis, p. 197 s.
5. *Ibid.*, IX, 23 (PG 32, 109) ; SC 17 bis, p. 147.
6. MARIUS VICTORINUS, *L'épître aux Galates*, 4, 9 (CSEL 83, 2, p. 146).

Avec ce verset, l'auteur de notre hymne s'inscrit dans ce courant de la Tradition, poursuivi en Occident par Hilaire, Ambroise et les autres [7]. Et les paroles de l'hymne s'avèrent être à nouveau des « structures ouvertes » : d'une part, elles reprennent et condensent toute une tradition biblique et patristique ; d'autre part, elles sont aptes à accueillir de nouveaux éléments.

Que demandons-nous aujourd'hui à l'Esprit Saint quand nous le prions de nous faire connaître le Père ? Nous ne partageons plus le souci de saint Basile et des autres Pères de démontrer l'unité de nature des trois personnes divines et la divinité de l'Esprit Saint. (« S'il peut nous faire connaître le Père, c'est parce qu'il est de la même nature que le Père. ») Aujourd'hui, la question est plus radicale : faut-il conserver ou éliminer la perspective trinitaire dans la foi chrétienne ? Un certain nombre de courants théologiques tendent actuellement à éliminer cette dimension trinitaire, arguant de sa prétendue dérivation helléniste ou bien en vue de faciliter le dialogue avec les autres religions monothéistes.

Le réveil de l'Esprit dans le christianisme est aussi un réveil trinitaire. Le meilleur critère d'évaluation d'une pneumatologie consiste à se demander si elle ouvre ou non l'horizon trinitaire. La doctrine sur l'Esprit Saint de certaines petites Églises et sectes chrétiennes peut parfois révéler, du moins dans la pratique et dans le langage, un binitarisme latent – Jésus-Christ et l'Esprit –, comme si le Père était absent de cet horizon.

Une autre question se pose actuellement, que l'Esprit Saint peut nous aider à résoudre avec sérénité : il s'agit de l'emploi du mot « père » pour qualifier Dieu. Comme nous le savons, ce terme est fortement contesté dans les théologies marquées par le mouvement féministe. Comme toujours, si on sait l'interpréter, ce signe des temps peut susciter un enrichissement de la théologie, au lieu de conduire à une polémique stérile. Il nous aide en tous les cas à purifier ce terme du résidu machiste déposé par la culture dominante de l'époque. Nous savons aujourd'hui que le terme de « père » ne doit pas être pris « à la lettre ». S'il existait ou si l'on pouvait inventer dans nos langues modernes un terme unique pour dire à la fois « père » et « mère » (comme les Gnostiques inventèrent le terme unique *huiospator*, pour désigner quelqu'un qui est à la fois père et fils [8]), rien en principe n'empêcherait de traduire ainsi le terme biblique de « père ». Dieu est antérieur à la distinction père/mère et il n'est pas la *synthèse* de ces deux réalités, mais la *source*.

L'Esprit Saint conduit ainsi l'Église, même à travers le mouvement fémi-

---

7. Cf. HILAIRE, *La Trinité*, II, 1, 35 (CC 62, p. 71) ; AMBROISE, *Du Saint-Esprit*, II, 12, 130.
8. Cf. LAMPE, *A Patristic Greek Lexicon*, Oxford 1968, p. 1426.

niste, dans son inlassable chemin vers la « *vérité tout entière* » sur le Père. Mise à part la question de savoir s'il est nécessaire ou opportun de remplacer ce terme biblique de *Père* (l'évolution du sentiment chrétien en décidera), il n'en demeure pas moins que notre traduction et notre compréhension de ce terme doivent désormais tenir compte de l'évolution qui s'est produite dans la culture moderne, tout en veillant à ne pas trahir son sens originel et profond.

Saint Jean s'adressait aux chrétiens en ces termes : « *Je vous ai écrit, petits-enfants, parce que vous connaissez le Père. Je vous ai écrit, pères, parce que vous connaissez celui qui est dès le commencement.* » (1 Jn 2, 14) D'après l'Apôtre, le plus beau cadeau pour des jeunes et des adultes est de connaître le Père par excellence, celui « *de qui toute paternité au ciel et sur terre tire son nom* » (cf. Ep 3, 15). Et c'est ce que nous demandons à l'Esprit Saint dans ce verset du *Veni creator* : qu'il continue à faire connaître le Père aux enfants et aux pères d'aujourd'hui. C'est désormais à l'Esprit que nous adressons cette prière que Philippe fit à Jésus : « *Seigneur, montre-nous le Père et cela nous suffit.* » (Jn 14, 8)

3. L'Esprit Saint nous fait connaître Dieu comme « notre Père »

Selon saint Paul, le centre ou le sommet de la vie nouvelle jaillie de la Pâque du Christ se trouve dans l'œuvre accomplie par l'Esprit Saint dans les profondeurs du cœur humain quand il lui révèle Dieu comme Père et Jésus comme Fils de Dieu : « *Et la preuve que vous êtes des fils, c'est que Dieu a envoyé dans nos cœurs l'Esprit de son Fils qui crie : Abba, Père* [9] *!* »

L'Esprit poursuit ainsi l'œuvre qu'il a commencée au temps de Jésus de Nazareth. C'est, en effet, dans l'Esprit Saint que Jésus en tant qu'homme a pu découvrir et expérimenter de plus en plus clairement son rapport filial avec le Père. Dans le baptême au Jourdain, Jésus est à la fois proclamé « Fils bien-aimé » du Père et revêtu de la puissance de l'Esprit Saint, qui est représenté par la colombe (cf. Mt 3, 16-17). C'est l'Esprit qui suscite dans les profondeurs du cœur humain du Christ le cri *Abba* comme nous le confirme l'Évangile : Jésus « *tressaillit de joie sous l'action de l'Esprit Saint et il dit : "Je te bénis, Père, Seigneur du ciel et de la terre..."* » (Lc 10, 21.)

L'Esprit Saint continue d'accomplir dans les membres du corps ce qu'il a fait dans la tête. Mais il y a une nouveauté importante : cette expérience de la

---

9. Ga 4, 6 ; cf. Rm 8, 15-16.

paternité de Dieu faite par les membres n'est pas parallèle à celle du Christ, mais elle en est dépendante puisqu'elle passe par elle. En d'autres termes, les croyants expérimentent Dieu comme leur Père parce qu'il est le Père de Jésus et qu'ils participent dans l'Esprit à la filiation du Fils. Celui qui agit en eux n'est plus simplement l'« Esprit de Dieu », mais l'« Esprit de son Fils ».

Comment se fait-il que l'Esprit, lorsqu'il vient en nous, crie « *Abba* » ? Comment celui qui n'est pas engendré par le Père, mais qui procède seulement de lui, peut-il l'appeler Père ? Cela ne remet-il pas en question toute notre doctrine de la Trinité ? La raison est simple, l'Esprit crie « *Abba* » car il est devenu, par l'incarnation, l'Esprit du Fils ; il s'est « accoutumé », voire « acclimaté » aux hommes et il vient maintenant à nous depuis la Pâque du Christ. Il se comporte « comme une mère qui enseigne à son enfant à dire "papa" et qui répète ce nom avec lui jusqu'à ce qu'il prenne l'habitude d'appeler son père jusque dans le sommeil [10] ».

La mère ne devrait pas pouvoir dire « papa » puisqu'elle est l'épouse et non la fille de son époux, mais elle s'identifie à son enfant, l'éduque et le stimule. Le Paraclet fait de même à notre égard.

La connaissance du Père que l'Esprit Saint nous transmet de cette manière est d'un caractère tout particulier. Elle correspond bien au sens revêtu par le terme « connaissance » dans la Bible et non au sens qu'il possède dans le monde grec.

> « Alors que pour les Grecs, la connaissance de Dieu implique la contemplation pure à son degré le plus élevé d'abstraction, pour les Hébreux, elle réside essentiellement dans un rapport concret et réciproque avec Dieu : expérimenter dans le temps ce qu'il éprouve pour les hommes, écouter et obéir à ses commandements [11]. »

La connaissance de Dieu en tant que Père équivaut à le reconnaître, le sentir, l'expérimenter comme notre propre père. On connaît le sens de ce terme dans des expressions comme « connaître sa femme » ou « connaître la privation d'enfants » (cf. Is 47, 8). Ici, il s'agit de la même chose. Dans le monde naturel, c'est la voix du sang qui pousse un enfant à reconnaître son père entre mille ; dans le monde spirituel, c'est la voix de l'Esprit. Cette connaissance va de pair avec une exultation, un frémissement de tout notre être, comme cela se manifeste en Jésus durant sa vie terrestre.

« Heureux sont ceux qui connaissent le Père [12] ! » s'exclame Tertullien lors-

---

10. Diadoque de Photicé, *Cent chapitres*, 61 (SC 5, p. 121).
11. C. H. Dodd, *L'interprétation du quatrième Évangile*, Cerf 1975, Deuxième partie, chap.3.
12. Tertullien, *La prière*, 2, 3 (CC 1, p. 258).

qu'il explique les premiers mots du *Notre Père*. En effet, cette connaissance nous rend heureux et nous donne à la fois la confiance et le sentiment d'être inébranlables. Elle transforme en profondeur le sentiment que nous avons de nous-mêmes et nous confère une nouvelle identité, notre identité véritable qui est d'être fils ou fille de Dieu. La vie de sainte Marguerite de Cortone nous en donne un exemple touchant. Suite à sa conversion, elle connaît un moment de désolation terrible. Dieu semble en colère contre elle ; il lui fait revenir en mémoire, un à un, tous les péchés qu'elle a commis, dans les moindres détails, en lui donnant le désir de disparaître totalement. Un jour, après la communion, une voix se fait entendre en elle : « Ma fille ! » Elle qui a résisté à la vision de toutes ses fautes ne peut alors résister à la douceur de cette voix et elle tombe en extase. Des témoins l'entendent alors répéter, dans un état extatique de stupeur et de joie : « Je suis sa fille, il l'a dit. Ô infinie douceur de mon Dieu ! Ô parole si longuement désirée ! Demandée avec tant d'intensité ! Parole dont la douceur dépasse toute douceur ! Océan de joie ! Ma fille ! C'est mon Dieu qui l'a dit ! Ma fille ! [13] »

Cela nous fait percevoir ce que comporte l'expérience de la filiation divine si elle est vécue dans ses potentialités. Les saints nous montrent, par un mouvement d'agrandissement et d'accélération, ce qui se produit en tout croyant.

Lorsque nous avons parlé de l'Esprit Saint comme « loi nouvelle », nous en avons donné une illustration théologique. Aussi longtemps que l'homme vit sous le régime du péché et sous la loi, Dieu lui apparaît comme un maître sévère qui s'oppose à la satisfaction des convoitises de l'homme par ses péremptoires : « Tu dois…, tu ne dois pas ! » Ainsi, l'homme nourrit en son for intérieur une sourde rancœur contre Dieu qui est perçu comme un réel adversaire de son bonheur ; et si cela pouvait dépendre de lui, il serait content que Dieu n'existât pas [14].

La première chose que fait l'Esprit lorsqu'il vient en nous est de nous montrer un autre visage de Dieu, son vrai visage. Il nous révèle un allié et un ami, celui qui, pour nous, *« n'a pas épargné son propre Fils »* (cf. Rm 8, 32), autrement dit notre doux et tendre Père. De là jaillit le sentiment filial qui s'exprime dans le cri du cœur : *Abba*, Père ! C'est comme si l'on disait : « Je ne te connaissais pas, ou seulement par ouï-dire ; maintenant je te connais, je sais qui tu es, je sais que tu m'aimes vraiment, que tu me veux du bien. » Le fils a pris la place de l'esclave, l'amour a banni la crainte. Voilà comment se produit, au plan subjectif et existentiel, la « renaissance de l'Esprit ».

---

13. Giunta Bevegnati, *Vita e miracoli della Beata Margherita di Cortona*, II, 6, Vicenza 1978, p. 19 s.
14. Cf. Luther, *Sermon de Pentecôte* (WA 12, p. 568 s).

De nos jours, cette secrète action de l'Esprit Saint doit affronter un terrain nouveau et difficile. La « sourde rancœur » contre Dieu est réapparue au plan mondial, non plus en raison de la *loi* que Dieu donne à l'homme, mais en raison de la *souffrance* qu'il permet. Pour de nombreuses personnes, après Auschwitz, on ne peut plus parler d'un Dieu « Père ». Seule l'action puissante de l'Esprit Saint permettra à l'homme moderne de dépasser cet obstacle qu'aucun raisonnement théologique semble capable d'éliminer. Voilà la plus grande guérison que l'on puisse attendre du nouveau souffle pentecostal de l'Esprit. L'homme contemporain n'a pas seulement une pensée « faible » à l'égard de Dieu, mais aussi une pensée rebelle, voire hostile.

Nous percevons déjà comment l'Esprit Saint peut répondre à cette nouvelle exigence : en révélant aux croyants que Dieu souffre aussi ! En nous révélant un Dieu qui est essentiellement amour, la Bible nous révèle que « Dieu souffre une passion d'amour [15] ». Sa souffrance est due à la nature même de l'amour, qui est d'être vulnérable : « On ne vit point sans douleur dans l'amour [16]. »

Cela constitue un nouveau chapitre de la théologie, inséparable de l'action du Paraclet : c'est ainsi qu'il nous guide aujourd'hui vers la « *vérité tout entière* » sur le Père. Il est significatif à cet égard que la première allusion au thème de la « souffrance de Dieu » dans les textes du magistère se trouve dans une encyclique sur l'Esprit Saint et que sa révélation soit explicitement attribuée à l'action du Paraclet qui « manifeste le péché du monde [17] ».

L'Esprit Saint ne se limite pas à corriger notre connaissance du Père, distordue à la fois par le péché et, aujourd'hui, par l'expérience de la douleur innocente. Il fait davantage : il nous donne accès à l'intime mystère de Dieu, nous introduisant en quelque sorte dans la vie intime de Dieu. Il nous cache « avec le Christ en Dieu » (cf. Col 3, 3). Les mystiques [18] nous le confirment, mais aussi tout simplement l'expérience de nombreuses personnes simples qui ignorent tout de ces savantes doctrines.

4. Fais-nous connaître l'amour du Père !

En somme, que demandons-nous à l'Esprit par ces mots : « Fais-nous connaître le Père » ? Une chose en particulier : « Fais-nous connaître l'*amour*

---

15. ORIGÈNE, *Homélies sur Ézéchiel*, 6, 6 (GCS 1925, p. 384).
16. *Imitation de Jésus-Christ*, III, 5.
17. Cf. JEAN-PAUL II, Encyclique *Dominum et vivificantem*, n. 39.
18. Cf. JEAN DE LA CROIX, *Cantique spirituel* A, 38.

du Père ! » C'est le rôle suprême du Paraclet : répandre dans nos cœurs l'amour de Dieu ; non pas en nous prodiguant une connaissance abstraite de lui, mais en nous faisant éprouver un vrai sentiment à son égard. Notre prière à l'Esprit peut se résumer ainsi : fais-nous connaître l'amour du Père pour nous et cela nous suffit !

Dans le langage biblique, connaître Dieu signifie toujours, nous l'avons vu, satisfaire aussi ses exigences, savoir obéir à ses commandements. Ainsi, lorsque nous disons à l'Esprit : « Fais-nous connaître le Père », nous lui disons aussi : « Fais-nous connaître la volonté du Père ! » C'est justement à travers l'Esprit Saint que Dieu nous fait connaître le mystère de sa volonté (cf. Ep 1, 9) :

> « Le mystère de la volonté de Dieu est le mystère le plus élevé de tous... Ce n'est pas seulement quelque chose de divin ; c'est vraiment Dieu, l'Esprit Saint lui-même, qui est la volonté substantielle de Dieu... L'Esprit Saint donc, quand il entre en quelqu'un, se manifeste comme la volonté même de Dieu pour celui en qui il se manifeste, sans se manifester dans aucun autre lieu, sinon celui où il est présent [19]. »

Nul ne connaît la véritable volonté de Dieu sur moi-même, excepté l'Esprit Saint qui m'est donné ; c'est donc en lui que je dois la rechercher, tout en tenant compte de tous les critères subjectifs et objectifs de discernement spirituel.

Tout aspect de notre relation à Dieu le Père, pas seulement l'obéissance à sa volonté, est façonné par l'action de l'Esprit Saint. Si l'obéissance devient une obéissance dans l'Esprit, la souffrance aussi devient une souffrance dans l'Esprit ; l'adoration, une adoration dans l'Esprit ; la contemplation, une contemplation dans l'Esprit ; la prière, une prière dans l'Esprit.

Au sujet de la prière, nous pourrions nous demander pourquoi l'Esprit Saint ne figure pas parmi les demandes que nous adressons au Père dans le *Notre Père*. Cette lacune est si frappante que l'on tenta d'y remédier dans l'Antiquité, en substituant à « Que Ton règne vienne » : « Que Ton Esprit Saint vienne sur nous et qu'il nous purifie », comme l'attestent certains manuscrits et certains Pères de l'Église.

Mais l'explication est plus simple : l'Esprit Saint ne fait pas partie de ce que l'on demande car c'est Lui qui demande toutes choses ! Paul nous dit qu'en venant en nous, l'Esprit Saint crie « *Abba*, Père ! » : qu'est-ce, sinon le début du *Notre Père* ? C'est l'Esprit Saint qui entonne le *Notre Père* en nous, toutes les fois que nous le disons.

---

19. GUILLAUME DE ST-THIERRY, *Le miroir de la foi*, 61 (SC 301, p. 128).

Il est le seul à pouvoir nous faire entrer dans le mystère de cette prière, en nous conduisant au-delà des mots. Dans notre première méditation, nous avons contemplé l'Esprit de Dieu comme le mystère « terrible et fascinant » de force et de tendresse. À travers le *Notre Père*, il nous fait connaître Dieu le Père de la même manière : comme mystère de transcendance et de proximité. Les deux premières paroles, « Notre Père », nous font ressentir Dieu comme un tendre papa, à qui nous pouvons nous adresser avec toute la hardiesse et la liberté des enfants, mais les paroles suivantes – « qui es aux cieux » – nous le montrent aussi comme le Dieu tout-puissant, grand et saint, qui s'élève au-dessus de nous autant que les cieux sont élevés au-dessus de la terre, et avec qui nous pouvons nous sentir absolument protégés et sûrs. Père, mais tout-puissant ; tout-puissant, mais père : voilà la vraie et entière conception chrétienne de Dieu. Un Dieu qui est « paternel » sans être ni mièvre ni faible !

C'est ce que l'Esprit Saint fait éprouver à Jésus quand il le pousse à s'exclamer : « *Je te bénis, Père, Seigneur du ciel et de la terre…* » (Lc 10, 21.) « Père » mais aussi « Seigneur du ciel et de la terre ». Le *Notre Père* est comme la « vague » de la prière du Christ qui se propage dans les siècles, de la tête du corps vers ses membres. La connaissance du Père que nous demandons à l'Esprit Saint, à travers les paroles du *Veni creator*, est toute contenue dans le *Notre Père*.

Lorsque saint Ignace d'Antioche se rend à Rome pour y connaître le martyre, il écrit ceci : « Je sens en moi comme une eau qui murmure : "Viens vers le Père !" » [20] C'est ainsi que l'Esprit opère le retour à Dieu de toutes les créatures : en nous attirant vers le Père, en suscitant en nous la nostalgie du Père et en mettant dans le cœur des sauvés un ardent désir de voir son visage. L'Esprit Saint est « l'échelle de notre ascension vers Dieu [21] ».

---

20. IGNACE D'ANTIOCHE, *Lettre aux Romains*, 7, 2.
21. IRÉNÉE, *Contre les Hérésies*, III, 24, 1.

Nous terminons avec ce magnifique éloge de l'Esprit, de l'auteur médiéval que nous avons évoqué plus haut, qui insiste particulièrement sur le rôle de l'Esprit Saint dans la connaissance de Dieu :

« *Hâte-toi donc de participer à l'Esprit Saint.*
Il est présent lorsqu'on l'invoque, et on l'invoque parce qu'il est déjà présent...
Il est le fleuve fougueux qui réjouit la cité de Dieu...
Il te révélera ce que Dieu le Père a caché aux sages et aux savants de ce monde...
Dieu est esprit et comme il est nécessaire que ceux qui l'adorent,
l'adorent en esprit et en vérité,
ainsi il convient que ceux qui veulent le comprendre et le connaître
cherchent uniquement dans l'Esprit Saint l'intelligence de la foi
et le sens de la vérité pure et simple.
Dans les ténèbres et l'ignorance de cette vie, il est pour les pauvres en esprit :
la lumière qui illumine, la charité qui entraîne, la douceur qui émeut,
l'accès de l'homme à Dieu, l'amour de l'amant, la dévotion et la piété [22]. »

---

22. GUILLAUME DE ST-THIERRY, *Le miroir de la foi*, 71 s.

XXI

« FAIS-NOUS CONNAÎTRE AUSSI LE FILS ! »

L'Esprit Saint nous enseigne à proclamer que Jésus est le Seigneur

Dans les Saintes Écritures, l'Esprit Saint ne proclame jamais son propre nom, mais toujours celui du Père ou du Fils. Il ne nous enseigne pas à dire son nom, *Ruah*, mais le nom du Père, *Abba*, et celui de Jésus, *Maranatha* ! Il se révèle en révélant les autres personnes. Inconnu, il est celui qui fait tout connaître. En cela, les symboles du vent et de la lumière expriment particulièrement bien les propriétés de sa personne. Le vent ne se voit pas en tant que tel, mais dans ses effets : il courbe les arbres, fait bruisser les feuillages et soulève les vagues de la mer. De même, la lumière illumine toutes choses, tout en restant cachée. Nous percevons bien les objets si la lumière est derrière nous ; si elle est devant nous, elle nous éblouit.

L'Esprit Saint est pour ainsi dire le « Dieu dans les coulisses », qui suggère et révèle en restant caché. Mais c'est justement de cette manière qu'il se donne à connaître tel qu'il est. Saint Basile l'explique sur la base de cette profonde observation : en même temps qu'on voit les objets, on voit la lumière qui les fait voir. En nous montrant le Fils qui est l'image de Dieu et la splendeur de sa gloire, le Paraclet se révèle lui-même :

« Impossible de voir l'Image du Dieu invisible, sinon dans l'illumination de l'Esprit. Qui fixe les yeux sur l'Image ne peut en séparer la lumière, car ce qui cause la vision est vu nécessairement avec ce qu'on voit. [...] Ainsi, par l'illumination de l'Esprit, on discerne le Rayonnement de la gloire de Dieu [1]. »

---

1. Basile le Grand, *Sur le Saint-Esprit*, XVI, 64 (PG 32, 185) ; SC 17 bis, p. 231.

Par ces mots : « Fais-nous connaître aussi le Fils ! », nous demandons à l'Esprit de continuer à jouer son rôle en nous, à savoir mettre en lumière le visage du Christ.

1. Il me rendra témoignage

Voyons d'abord ce que nous dit le Nouveau Testament au sujet de l'Esprit, principe de connaissance du Christ. Ce rôle de l'Esprit se manifeste davantage dans les faits que dans des affirmations explicites et réfléchies. La venue de l'Esprit Saint à la Pentecôte se traduit par une incroyable révélation de l'œuvre et de la personne du Christ ; Pierre le proclame alors « *avec certitude* » comme Seigneur et Christ (cf. Ac 2, 36).

Paul affirme que Jésus Christ a été « *établi Fils de Dieu avec puissance selon l'Esprit de sainteté* » (Rm 1, 4), c'est-à-dire par le Saint-Esprit. Nul ne peut dire que Jésus est Seigneur si ce n'est par une révélation intérieure de l'Esprit Saint (cf. 1 Co 12, 3). D'après la lettre aux Éphésiens, Paul attribue à l'Esprit Saint la compréhension du mystère du Christ qui lui a été donnée comme à tous les saints apôtres et prophètes (cf. Ep 3, 4-5). Les croyants, fortifiés par l'Esprit, pourront ainsi comprendre « *ce qu'est la Largeur, la Longueur, la Hauteur et la Profondeur* [...] *de l'amour du Christ qui surpasse toute connaissance* » (Ep 3, 18-19).

Dans l'Évangile de Jean, Jésus annonce lui-même cette œuvre du Paraclet à son égard : il prendra de son bien, le dévoilera et l'annoncera aux disciples ; il leur rappellera tout ce que Jésus leur a dit ; il les conduira à la vérité tout entière sur son rapport avec le Père ; il lui rendra témoignage. Le critère pour reconnaître s'il s'agit du véritable Esprit de Dieu et non d'un autre esprit sera de discerner s'il pousse à reconnaître que Jésus est venu dans la chair (cf. 1 Jn 4, 2-3).

Le Nouveau Testament nous montre déjà deux types de connaissance du Christ, ou plutôt deux terrains d'action de l'Esprit. Il existe une connaissance objective du Christ, de son être, de son mystère et de sa personne et une connaissance plus subjective, fonctionnelle, personnelle et intérieure. Dans la première, l'objet est surtout ce que Jésus « est en soi » et, dans la seconde, ce que Jésus « fait pour moi ». Les deux sphères sont inséparables et coexistent souvent. Paul s'intéresse davantage à ce que le Christ a fait pour nous, à son œuvre, en particulier à son mystère pascal ; Jean s'intéresse davantage à ce qu'est le Christ : le *Logos* éternel qui était auprès de Dieu et qui est venu dans la chair, qui est un avec le Père (cf. Jn 10, 30).

Ces tendances s'accentuent dans les développements ultérieurs. Nous allons les évoquer brièvement afin de mettre en lumière le don particulier que l'Esprit Saint fait à l'Église aujourd'hui.

À l'époque patristique, l'Esprit Saint apparaît surtout comme le garant de la tradition apostolique autour de Jésus, contre les innovations des gnostiques. Saint Irénée affirme ceci : « C'est à l'Église elle-même, en effet, qu'a été confié le "Don de Dieu" [...]. De cet Esprit s'excluent donc tous ceux qui, refusant d'accourir à l'Église, se privent eux-mêmes de la vie par leurs doctrines fausses [2]. » Tertullien dit qu'il est impossible de considérer que les Églises apostoliques aient pu se tromper dans la prédication de la vérité ; penser le contraire signifierait que « l'Esprit Saint n'a veillé sur aucune pour la conduire à la vérité, lui qui avait été envoyé par le Christ et demandé au Père pour être le docteur de la vérité ; [que] lui, l'intendant de Dieu, le vicaire du Christ, il a négligé ses devoirs [3] ».

À l'époque des grandes controverses dogmatiques, l'Esprit Saint est considéré comme le gardien de l'orthodoxie christologique. Dans les Conciles, l'Église a la ferme certitude d'être « inspirée » par l'Esprit lorsqu'elle formule la vérité au sujet des deux natures du Christ, de l'unité de sa personne et de l'intégrité de son humanité. L'accent est clairement mis sur la connaissance objective, dogmatique et ecclésiale du Christ.

Jusqu'à la Réforme, cette tendance est prédominante en théologie, même si elle connaît quelques évolutions. Au moment de leur formulation, les dogmes concernent des questions qui relèvent de la vie et qui sont liées à la vie de l'Église dans son ensemble, en particulier à la liturgie ; mais une fois adoptés et transmis, ces dogmes tendent à perdre de leur acuité et semblent purement formels. Ainsi, la notion « deux natures, une personne » n'est plus vue comme l'aboutissement d'un long et éprouvant chemin, mais plutôt comme une belle formule toute faite. Entre-temps, la connaissance intime et personnelle du Christ continue d'être vécue dans de splendides expériences personnelles, pleines d'ardente dévotion, mais dépourvues d'influence sur la théologie. Aujourd'hui encore, ce type d'expériences reste cantonné au domaine de la spiritualité et ne figure pas dans l'histoire de la théologie.

Les réformateurs protestants renversent cette situation en disant : « Connaître le Christ signifie reconnaître ses bienfaits, plutôt que rechercher ses natures et ses modes d'incarnation [4]. »

---

2. Cf. IRÉNÉE, *Contre les Hérésies*, III, 24, 1-2.
3. TERTULLIEN, *Des prescriptions contre les hérétiques*, 28, 1 (CC 1, p. 209).
4. PH. MELANCHTHON, *Loci theologici*, in *Corpus Reformatorum*, XXI, Brunsvigae 1854.

Le Christ « pour moi » passe au premier plan. La connaissance subjective et intime s'oppose à la connaissance objective et dogmatique ; le « témoignage intérieur » rendu par l'Esprit Saint à Jésus dans le cœur de chaque croyant prend alors le pas sur le témoignage externe de l'Église et des Écritures elles-mêmes. Toutefois, cette nouveauté théologique devient à son tour une « orthodoxie morte » dans le protestantisme officiel, ce qui suscite l'apparition périodique de mouvements, tels que le piétisme et le méthodisme, visant à redonner vie à la doctrine. Dans ces milieux-là, le croyant atteint le sommet de la connaissance du Christ lorsque, mû par l'Esprit Saint, il prend conscience que Jésus est mort « pour lui » et qu'il le reconnaît comme son Sauveur personnel :

> « Pour la première fois, je crus de tout mon cœur,
> Je crus de foi divine,
> Et dans l'Esprit j'obtins le pouvoir
> De dire *mon* Sauveur.
> Je sentis le sang d'expiation de mon Seigneur
> Directement appliqué à mon âme [5]. »

La conception du rapport entre l'Esprit Saint et le Christ évolue en une troisième phase, caractéristique des siècles des Lumières. Nous en sommes les héritiers directs. La connaissance objective et détachée revient au premier plan ; elle n'est plus de type ontologique comme dans l'ère antique, mais de type historique. En d'autres termes, on ne cherche pas à savoir *qui est en soi* Jésus-Christ (la préexistence, les natures, la personne), mais plutôt *qui il a été dans la réalité historique*. C'est l'époque de la recherche du soi-disant « Jésus historique » !

Dans cette phase, qui est celle du rationalisme, l'Esprit Saint ne joue plus aucun rôle dans la connaissance du Christ ; il en est totalement absent. Le « témoignage interne » de l'Esprit Saint s'identifie désormais à la raison et à l'esprit humain. Seul compte alors le « témoignage externe », qui ne désigne plus le témoignage apostolique de l'Église mais seulement celui de l'histoire, vérifiée par différentes méthodes critiques : trouver le vrai Christ suppose de le chercher hors de l'Église, de le libérer des « bandes du dogme ecclésiastique ».

Nous savons bien que cette recherche du Jésus historique a abouti à un échec (bien qu'elle ait porté aussi de bons fruits). Une équivoque fondamentale a persisté à ce sujet. Jésus Christ (et avec lui d'autres grands personnages

---

5. CH. WESLEY, hymne *Glory to God and Praise and Love*, dans *The United Methodist Hymnal*, Nashville, Tennessee 1989, p. 36.

de l'histoire comme François d'Assise) n'a pas seulement *vécu* dans l'histoire, mais il a aussi *créé* une histoire ; il vit maintenant dans l'histoire qu'il a créée, comme un son existe dans l'onde qu'il a produite. Les historiens rationalistes ont, semble-t-il, tenté de l'extraire de l'histoire qu'il a créée et cherché à le restituer à l'histoire commune et universelle, dans l'espoir de mieux l'identifier. C'est comme si, pour mieux percevoir un son dans toute son originalité, on tentait de le « détacher » de l'onde qu'il a produite. L'histoire que Jésus a commencée, ou bien l'onde qu'il a émise, est la foi de l'Église animée par l'Esprit Saint. Nous ne nions pas ainsi la légitimité de la recherche historique normale sur Jésus, mais nous l'encourageons à prendre conscience de ses propres limites et du fait qu'elle n'épuise pas tout ce que l'on peut connaître sur le Christ.

2. La sublime connaissance du Christ

Dans la première moitié du XXe siècle, la théologie est caractérisée par un abandon du soi-disant Jésus historique au nom du Christ du dogme et de l'Église (Barth) ou du Christ « pour moi » du *kérygme* (Bultmann) ; dans la seconde moitié du siècle, elle est marquée par la recherche d'une continuité entre le Jésus historique et le Christ de la foi. La cause de toutes ces impasses de la christologie est devenue évidente à tout le monde : c'est le manque d'une pneumatologie adéquate qui, seule, peut éclairer le mystère du Christ. Comment y remédier ?

De Lubac conclut son œuvre classique sur l'histoire de l'exégèse chrétienne par ce constat plutôt triste : nous n'avons plus, nous les modernes, les caractéristiques des Pères, à savoir une foi pleine d'élan et le sens de la plénitude et de l'unité des Écritures qui leur permirent de développer une lecture spirituelle. Si nous voulions imiter leur audace aujourd'hui, nous risquerions presque de commettre une profanation, étant donné qu'il nous manque l'esprit d'où jaillissaient toutes ces choses [6]. Toutefois, il ne ferme pas la porte à l'espérance ; il dit dans une autre œuvre que si l'on veut retrouver aujourd'hui quelque chose de ce que fut dans les premiers siècles de l'Église l'exégèse spirituelle des Écritures, il faut d'abord susciter un mouvement spirituel [7].

Ce que note Henri de Lubac au sujet de l'intelligence spirituelle des Écritures s'applique *a fortiori* à la connaissance spirituelle du Christ. Il ne suffit pas d'écrire de nouveaux traités de pneumatologie actualisés. Si notre discours ne jaillit pas d'une expérience vivante de l'Esprit, analogue à celle qui accom-

---

6. Cf. H. DE LUBAC, *Exégèse médiévale*, II, 2, Paris 1964, p. 79.
7. Cf. Id., *Histoire et Esprit*, Cerf 2002 (Conclusion).

pagna au IVe siècle la première élaboration de la théologie de l'Esprit, il ne traitera jamais la vraie question. Il nous manque les conditions nécessaires pour rejoindre le niveau d'action du Paraclet : l'élan, l'audace et la « sobre ivresse de l'Esprit » dont parlent tous les grands auteurs de ce siècle-là. On ne peut présenter un Christ vivant dans l'onction de l'Esprit si l'on ne vit pas de quelque manière dans cette onction.

La grande nouveauté souhaitée par de Lubac s'est enfin réalisée à propos de l'Esprit. Au cours du XXe siècle, un « mouvement spirituel » a vu le jour, puis s'est développé, créant ainsi les bases d'un renouveau de la pneumatologie à partir de l'expérience de l'Esprit et de ses charismes. Le phénomène pentecostal et charismatique est reconnu aujourd'hui comme le mouvement spirituel de plus vaste ampleur et à la croissance la plus rapide de toute l'histoire de l'Église. En moins de quatre-vingt-dix ans, il est passé de zéro à des centaines de millions de personnes. À la lumière de cette expérience, il est difficile de ne pas reconnaître le caractère prophétique des paroles écrites par la servante de Dieu et grande mystique, Conchita, née dans les années 1916-1918, alors que personne n'avait encore parlé d'une nouvelle Pentecôte. C'est le Fils, Jésus, qui parle :

> « En envoyant au monde une nouvelle Pentecôte, je veux qu'il s'enflamme, qu'il se purifie, qu'il soit illuminé, embrasé et purifié par la lumière et le feu du Saint-Esprit. La dernière étape du monde doit se signaler très spécialement par l'effusion du Saint-Esprit [...]. Il viendra, moi je l'enverrai une autre fois d'une façon évidente en ses effets, qui étonnera le monde et poussera l'Église à la sainteté [8]. »

Avant elle, une autre femme, la bienheureuse Elena Guerra, écrivit ceci : « Autrefois Jésus manifesta aux hommes son Cœur, aujourd'hui il veut manifester son Esprit [9]. »

Dans ses cinquante premières années, ce mouvement, né en réaction à la tendance rationaliste décrite plus haut, a volontairement ignoré la théologie, qui l'a elle aussi volontairement ignoré. Dès lors qu'il est entré dans les Églises possédant de grands instruments théologiques et qu'il a reçu un bon accueil de principe de la part des hiérarchies respectives, la théologie n'a plus été en mesure de l'ignorer. Dans un volume intitulé *Expérience et théologie de l'Esprit Saint*, les plus grands théologiens d'alors, catholiques et protestants, ont pris en compte la signification du phénomène pentecôtiste et charismatique pour le renouvellement de la doctrine sur l'Esprit Saint [10]. Congar y consacre tout

---
8. M. M. Philipon, *Conchita. Journal spirituel d'une mère de famille*, Desclée de Brouwer 1974, p. 220.
9. B. Elena Guerra, Ms. X, 566, dans D. M. Abbrescia, *Elena Guerra. Profetismo e rinnovamento*, Brescia 1970, p. 63.
10. AA. VV., *Erfahrung und Theologie des Heiligen Geistes*, Munich 1974.

un chapitre de son ouvrage sur l'Esprit Saint [11], de même que la quasi-totalité des auteurs qui se sont occupés de pneumatologie ces dernières années [12], sans parler des innombrables ouvrages issus du mouvement lui-même.

Tout cela nous intéresse ici du point de vue de la connaissance du Christ. Quelle connaissance du Christ émerge de cette nouvelle atmosphère spirituelle et théologique ? Le fait le plus significatif n'est pas la découverte de quelque chose de nouveau – nouveaux éléments de réflexion, nouvelles perspectives ou méthodes –, mais bien la redécouverte d'un fait biblique élémentaire : Jésus Christ est le Seigneur !

Saint Paul parle d'une connaissance du Christ de degré « supérieur », voire « sublime » qui consiste à le connaître et à le proclamer « Seigneur » (cf. Ph 3, 8). C'est la proclamation qui, avec la foi dans la résurrection du Christ, fait qu'une personne est sauvée (cf. Rm 10, 9). Et cette connaissance n'est rendue possible que par l'Esprit Saint : « *Nul ne peut dire : "Jésus est Seigneur", s'il n'est avec l'Esprit Saint.* » (1 Co 12, 3) Toute personne peut dire ces mots avec ses lèvres, même sans l'Esprit Saint, mais il ne s'agit pas alors de la proclamation grandiose que nous venons d'évoquer et cela ne veut pas dire que cette personne est « sauvée ».

Qu'est-ce qui rend cette affirmation si déterminante ? Cela peut s'expliquer selon différents points de vue, objectifs ou subjectifs. La force *objective* de la phrase : « *Jésus est le Seigneur* » vient du fait qu'elle rend l'histoire présente, en particulier le mystère pascal. C'est la conclusion qui découle de deux événements : le Christ est mort pour nos péchés ; il est ressuscité pour notre justification ; *donc*, il est le Seigneur. « *Car le Christ est mort et revenu à la vie pour être le Seigneur des morts et des vivants.* » (Rm 14, 9) Les événements qui ont préparé cette conclusion sont comme contenus dans cette dernière qui les rend présents et agissants. En ce cas, la parole est vraiment, pour employer une expression de Heidegger, « la demeure de l'être ». « *Jésus est le Seigneur* » est la semence qui a donné naissance au *kérygme* et à l'annonce chrétienne qui lui succède. C'est par cette proclamation que Pierre conclut son discours le jour de la Pentecôte (cf. Ac 2, 36).

Du point de vue *subjectif*, c'est-à-dire de ce qui dépend de nous, la force de cette *proclamation* vient du fait qu'elle suppose aussi une *décision*. Celui qui la prononce décide du sens de sa vie. C'est comme s'il disait : « Tu es mon Seigneur ; je me soumets à toi, je te reconnais librement comme mon sauveur, mon chef, mon maître, celui qui a sur moi tous les droits. »

---

11 Y. CONGAR, *Je crois en l'Esprit Saint*, Cerf 1995.
12. Cf. J. MOLTMANN, *L'Esprit qui donne la vie*, Cerf 1999 ; M. WELKER, *Gottes Geist. Theologie des heiligen Geistes*, Neukirchen - Vluyn 1993, p. 15.

Selon moi, cela explique pourquoi, dans l'Évangile, les démons n'ont pas de mal à proclamer Jésus « Fils de Dieu » ou « Saint de Dieu », mais qu'ils ne disent jamais : « Nous savons qui tu es : tu es le Seigneur ! » Dans le premier cas, ils ne font que reconnaître un fait qui ne dépend pas d'eux et qu'ils ne peuvent changer ; dans le second cas, ils se soumettraient au Christ, ce qu'ils ne peuvent faire.

Le fait que la proclamation de Jésus comme « Seigneur » comporte une décision revêt aujourd'hui une actualité particulière. Certains considèrent qu'il est possible voire nécessaire de renoncer à la thèse de l'unicité du Christ pour favoriser le dialogue interreligieux. Or, proclamer que Jésus est « Seigneur » signifie précisément proclamer son unicité. Saint Paul écrit ceci : « *Car, bien qu'il y ait, soit au ciel, soit sur la terre, de prétendus dieux – et de fait il y a quantité de dieux et quantité de seigneurs –, pour nous en tout cas, il n'y a qu'un seul Dieu, le Père, de qui tout vient et pour qui nous sommes, et un seul Seigneur, Jésus Christ, par qui tout existe et par qui nous sommes.* » (1 Co 8, 5-6)

Au moment où Paul écrit ces mots, la foi chrétienne, toute petite et nouveau-née, doit faire face à un monde dominé par des cultes et des religions puissantes et prestigieuses. Le courage qu'il nous faut aujourd'hui pour proclamer que Jésus est le seul Seigneur n'est rien par rapport à celui qu'il fallait aux chrétiens d'alors. Mais la « *puissance de l'Esprit* » n'est donnée qu'à celui qui proclame que Jésus est le Seigneur, au sens fort des origines. C'est une donnée issue de l'expérience. C'est seulement quand un théologien a décidé de tout miser, au niveau intellectuel aussi, sur Jésus Christ comme « seul Seigneur », qu'il fait l'expérience d'une certitude nouvelle dans sa vie, l'expérience du Saint-Esprit.

3. « ... afin de le connaître »

Cette redécouverte lumineuse de Jésus comme Seigneur est la nouveauté, disais-je, et la grâce que Dieu a accordées à son Église en ces temps. Interrogeons la Tradition sur presque tous les thèmes et les termes de l'Écriture, et les témoignages se bousculeront dans notre esprit ; mais si l'on tente de l'interroger sur ce point, elle restera presque muette. Déjà au IIIe siècle, le titre de Seigneur n'est plus envisagé dans son sens *kérygmatique*. Il est considéré comme un titre employé par un « serviteur » vivant dans la crainte, et par conséquent, il est inférieur au titre de Maître employé par le « disciple » et par l'ami [13].

---

13. Cf. ORIGÈNE, *Commentaire de l'Évangile de saint Jean*, I, 29 (SC 120, p. 158).

On continue bien évidemment à parler de Jésus comme « Seigneur », mais il est devenu un nom du Christ parmi d'autres, ou, plus souvent, l'un des éléments de son nom complet : « Notre Seigneur Jésus Christ. » La Vulgate traduisait ainsi la phrase de Philippiens 2, 11 : « *Et que toute langue proclame que le Seigneur Jésus Christ est dans la gloire du Père.* » Mais une chose est de dire : « Le Seigneur Jésus Christ », une autre est de dire : « *Jésus Christ est le Seigneur !* »

Où se trouve le saut qualitatif que nous fait faire l'Esprit Saint dans la connaissance du Christ ? Il consiste en ce que la proclamation de Jésus comme Seigneur nous fait connaître le Christ vivant et ressuscité ! Ce n'est plus un Christ *personnage*, mais une personne ; ce n'est plus un ensemble de thèses, de dogmes (et d'hérésies correspondantes), non plus seulement un objet de culte et de mémoire, mais une réalité vivante dans l'Esprit. Le Christ ressuscité vit dans l'Esprit ; hors de l'Esprit, on ne peut trouver qu'un Christ « mort ». La recherche du Jésus historique, évitant délibérément toute référence à l'Esprit Saint, ne pouvait rencontrer que le Jésus de l'histoire, « mort », comme cela s'est effectivement passé.

Encouragé par le grand chantre de l'Esprit que fut Siméon le Nouveau Théologien, je dois donner mon petit témoignage personnel sur ce point. Si un homme riche donne une obole à un mendiant et que celui-ci l'annonce à d'autres de sorte qu'ils accourent pour recevoir la même chose que lui, cet homme riche s'irrite ; au contraire, le Seigneur s'irrite si celui qui a reçu son don ne le dit à personne, de sorte que personne ne vienne recevoir la même chose [14].

J'enseignais l'histoire des origines chrétiennes à l'Université Catholique de Milan. Ma thèse de doctorat en théologie concernait la christologie de Tertullien, et l'étude des anciennes doctrines chrétiennes restait toujours mon intérêt principal de recherche et d'enseignement. Je notais cependant en moi une gêne. Quand je parlais de Jésus dans la salle de cours de l'université, il devenait un objet de recherche. Comme dans toute recherche historique, le chercheur doit « dominer » l'objet de sa recherche et rester neutre à son égard. Mais comment dominer cet objet et comment rester neutre à son égard ? Comment le concilier avec le Jésus invoqué dans la prière et reçu le matin à l'Eucharistie ?

La découverte de Jésus comme « Seigneur » advenue avec le baptême de l'Esprit opéra en moi un grand changement que j'eus été bien incapable de réaliser tout seul. Je percevais soudain ce que comprenait l'expérience de Paul

---

14. Cf. Syméon le Nouveau Théologien, *Catéchèses*, 34 (SC 113, p. 276).

qui commence tout à coup à considérer tous les « *avantages* » de sa vie comme des « *désavantages* » et des « *déchets* », eu égard à la sublime connaissance du Christ ; je percevais la gratitude infinie, la fierté, la joie qui se cachent derrière son expression au singulier : « *Jésus Christ* mon *Seigneur.* »

Je connaissais beaucoup de choses sur Jésus : des doctrines, des hérésies, des explications anciennes et modernes… Mais quand je lisais l'exclamation de l'Apôtre dans ce contexte : « *afin de le connaître lui* » (Ph 3, 10), ce simple pronom personnel « lui » me semblait contenir infiniment plus de choses que tous les livres que j'avais pu lire ou écrire. « Lui » signifie en effet le Jésus vivant, « en chair et en os », le ressuscité qui vit dans l'Esprit ; non pas des théories et des doctrines *sur* Jésus, mais Jésus *lui-même*.

Plus tard, réfléchissant à cette expérience, je me souvins de cette phrase de saint Thomas d'Aquin : « L'objet de la foi n'est pas une vérité à énoncer, mais une réalité [15]. » Je me souvins aussi du programme lancé au début du XXe siècle en philosophie : « Revenir aux choses ! » La « chose » ou la réalité à laquelle revenir dans ce cas est le Christ vivant dans l'Esprit, la seule réalité vraiment « existante ». En lisant la fameuse page de Sartre qui décrit la soudaine révélation de l'existence des choses qui « coupe le souffle [16] », je comprenais qu'il fallait passer par une semblable expérience à l'égard du Christ pour le connaître vraiment. Réaliser que Jésus existe, qu'il fait partie du monde des vivants et des « existants ». C'est bien cette expérience que l'Esprit Saint est en train de faire vivre à de nombreux cœurs simples de nos jours. Entre le Jésus vivant et le Jésus des livres et des discussions savantes, il y a la même différence qu'entre le vrai ciel et le ciel dessiné sur du papier.

Cette connaissance spirituelle et existentielle de Jésus comme Seigneur ne nous pousse pas à méconnaître la connaissance objective, dogmatique et ecclésiale du Christ, mais elle la revitalise. L'Esprit Saint se révèle vraiment comme la « lumière des dogmes », d'après l'expression d'un Père ancien. Sous l'action de l'Esprit Saint, la vérité révélée, « telle un dépôt de grand prix renfermé dans un vase excellent [...], rajeunit et fait rajeunir le vase même qui la contient [17] ». Moi-même, suite à cette expérience, je repris l'étude des anciens dogmes christologiques avec un regard renouvelé [18].

L'Esprit Saint, qui fait toutes choses nouvelles, peut et veut renouveler aussi les dogmes de l'Église. Il ne fait rien de nouveau, mais rend nouvelle toute chose ; il ne crée pas de nouveaux dogmes sur le Christ, mais renouvelle

---

15. Thomas d'Aquin, *Somme théologique*, II-IIae, q. 1, a. 2, ad 2.
16. Cf. J.-P. Sartre, « La nausée », dans *Œuvres romanesques*, Paris, Gallimard 1938, p. 150 s.
17. Irénée, *Contre les Hérésies*, III, 24, 1.
18. Cf. R. Cantalamessa, *Jésus-Christ, le Saint de Dieu*, Ed. Mame, 1993.

les dogmes anciens, les actualise et les rend agissants. Kierkegaard dit ceci : « La terminologie dogmatique de l'Église primitive est comme un château enchanté, où reposent, dans un profond sommeil, les princesses et les princes les plus gracieux. Il suffit de les réveiller pour qu'ils se dressent dans toute leur gloire [19]. » L'Esprit Saint est le seul qui soit capable de les extraire de leur sommeil séculaire.

4. Là où l'Esprit nous fait connaître le Fils

Avant de conclure sur ce thème, nous devons aborder l'aspect plus pratique de notre réflexion en cherchant à identifier les lieux et les moyens où l'Esprit Saint nous accorde cette vivante connaissance du Christ aujourd'hui.

Le lieu le plus commun de cette connaissance est la *parole écrite*, la Bible. L'Esprit Saint nous aide à découvrir par nous-mêmes ce que les Pères ont toujours affirmé : que toute la Bible parle du Christ, que le Verbe de Dieu est présent dans toutes les pages de l'Écriture. Il nous enseigne la lecture spirituelle de la Bible, qui consiste justement à la lire entièrement en référence au Christ qui en est l'accomplissement. Un jour, dans une rencontre de prière, suite à la lecture du passage où Élie est enlevé au ciel et où il laisse une double part de son esprit à Élisée, j'ai entendu une femme faire cette prière : « Jésus, merci car quand tu es monté au ciel, tu ne nous as pas laissé seulement une partie ou une double part de ton Esprit, mais tout ton Esprit. Merci car tu ne l'as pas laissé à un seul disciple, mais à tous les hommes ! » Voilà bien une lecture christologique et spirituelle de la Bible, et de la qualité la meilleure, apprise exclusivement à l'école de l'Esprit Saint !

Dans la *prière*, l'Esprit Saint nous fait non seulement connaître Jésus, mais (nous l'avons vu dans le chapitre précédent) il met en nous sa prière, nous communique ses états d'âme, ses intentions et ses sentiments. Il nous « transforme » en Christ. C'est l'Esprit du Fils qui prie en nous. La meilleure manière de commencer un temps de prière est de demander à l'Esprit Saint de nous unir à la prière de Jésus. L'Évangile nous présente Jésus qui prie à toute heure du jour, au lever comme au coucher du soleil et la nuit. Lorsque nous sommes en prière durant l'une ou l'autre de ces heures, nous pouvons nous mettre à côté de Jésus en prière et laisser son Esprit continuer à louer et à bénir le Père en nous. Cela comporte une force secrète, qui se révèle au fil de la pratique.

---

19. S. KIERKEGAARD, *Journal*, II A, 110.

Voilà ce qui se passe dans la prière, surtout la prière contemplative : « *Et nous tous qui, le visage découvert, réfléchissons comme en un miroir la gloire du Seigneur, nous sommes transformés en cette même image, allant de gloire en gloire, comme de par le Seigneur, qui est l'Esprit.* » (2 Co 3, 18)

Mais le moment le plus fort est constitué par l'*Eucharistie*. L'Esprit Saint, qui rend présents le corps et le sang du Christ sur l'autel, est aussi celui qui le rend présent à notre esprit, qui nous fait comprendre, au-delà des mots, qu'il s'agit du sang qui a été versé « pour moi » ; il nous enseigne à « discerner » le corps du Seigneur, à pénétrer dans le mystère inépuisable de la rédemption qui se produit à chaque fois en nous. Saint Irénée dit que l'Esprit Saint est « notre communion avec le Christ [20] ».

Terminons avec la prière d'un auteur médiéval que nous connaissons déjà et dont les dernières paroles font écho à celles de l'hymne que nous commentons. Nous demandons ainsi à l'Esprit Saint de nous aider à comprendre tout le mystère du Christ, qu'il a lui-même inspiré et réalisé dans l'Histoire :

> « *Esprit Saint, mon Seigneur et mon Dieu...*
> *De toi vint le conseil de la rédemption de l'homme.*
> *Tu tiras Dieu du ciel dans le sein d'une Vierge,*
> *Tu es l'amour par lequel Dieu s'unit à notre chair.*
> *Pour le Fils de Dieu, tu as édifié dans la mère une maison*
> *Construite sur sept colonnes qui sont les sept dons.*
> *De la racine de Jessé a éclos la fleur*
> *Sur laquelle tu devais toi-même reposer...*
> *Dieu, nos oreilles ont entendu ce que nos pères nous ont raconté*
> *L'œuvre que tu as accomplie,*
> *Quand du trône divin, tu es descendu en langues de feu*
> *Pour faire de la terre le ciel et des hommes des dieux...*
> *Depuis, nous, fils adoptifs répandus de par le monde,*
> *Par toi, nous crions à Dieu : Abba, Père !*
> *Seigneur, tes miséricordes sont grandes.*
> *Je t'invoque pour elles, réanimé dans l'espérance :*
> *Sceau de la foi, avocat des fidèles,*
> *Lumière, feu et source de la lumière,*
> *Écoute celui qui t'invoque et viens...*
> *Si tu es notre guide,*
> *Nous verrons le visage du Père et celui du Fils*
> *Et nous te connaîtrons, toi qui en découles,*
> *Source de vie et fleuve de la paix* [21]. »

---

20. IRÉNÉE, *Contre les Hérésies*, III, 24, 1.
21. RUPERT DE DEUTZ, *Oraison au Saint-Esprit* (CM 29, p. 422 s.).

XXII

« ET TOI LEUR ESPRIT COMMUN, FAIS-NOUS TOUJOURS CROIRE EN TOI »

L'Esprit Saint nous éclaire sur le mystère de sa personne

Le *Veni creator* s'ouvre par une profession de foi en la *nature* divine de l'Esprit Saint (l'Esprit « créateur » !) et se conclut par une profession de foi en lui comme *personne* distincte ; il s'ouvre en éclairant « ce qu'est » l'Esprit Saint et se termine en nous éclairant sur « qui » est l'Esprit Saint. Il nous faudra maintenant un ultime effort pour atteindre, non pas quelque opération du Paraclet, mais le Paraclet lui-même dans son mystère le plus intime et le plus inaccessible. L'atteindre non par notre raison, mais par notre foi. Nous ne disons pas en effet : fais-nous *comprendre*, mais fais-nous *croire* !

Ce dernier chapitre sera un peu différent des précédents et il nécessitera peut-être plus d'attention, en raison de la présence de certains concepts théologiques. Mais avec l'aide de l'Esprit qui nous a conduits jusqu'ici, nul ne devrait se sentir exclu ni renoncer à gravir les derniers degrés qui nous séparent du sommet.

1. La question du Filioque

Les deux derniers versets que nous allons méditer, si simples et si familiers en apparence, sont en revanche les plus problématiques de toute l'hymne. Nous devons donc préparer le terrain en levant une équivoque qui pourrait compromettre la compréhension non seulement de ces deux versets, mais de l'ensemble de l'hymne. Il est nécessaire d'évoquer ici, à grandes lignes, la fameuse question du *Filioque*.

La foi de l'Église dans l'Esprit Saint fut définie, comme on le sait, au Concile œcuménique de Constantinople en 381 par ces mots : « [Nous croyons] dans l'Esprit Saint, qui est Seigneur et qui donne la vie ; il procède du Père. Avec le Père et le Fils, il reçoit même adoration et même gloire. Il a parlé par les prophètes [1]. »

À bien y regarder, cette formule contient la réponse aux deux questions fondamentales concernant l'Esprit Saint. À la question : « Qui est l'Esprit Saint ? », on répond qu'il est « Seigneur » (c'est-à-dire qu'il appartient à la sphère du Créateur et non des créatures), qu'il procède du Père et qu'il est, dans l'adoration, égal au Père et au Fils ; à la question : « Que fait l'Esprit Saint ? », on répond qu'« il donne la vie » (ce qui résume toute l'action sanctifiante, intérieure et rénovatrice de l'Esprit) et qu'il « a parlé par les prophètes » (ce qui résume l'action charismatique de l'Esprit Saint).

Malgré ces éléments de grande valeur, il faut dire que cette formule reflète un stade encore provisoire sinon de la foi, du moins de la terminologie concernant l'Esprit Saint. La lacune la plus évidente est la suivante : on n'attribue pas encore à l'Esprit Saint, du moins explicitement, le titre de « Dieu ». Cela reflète l'attitude de saint Basile et d'autres qui, tout en admettant pleinement la divinité de l'Esprit Saint, évitaient par prudence de l'appeler ouvertement « Dieu ». Le premier à se plaindre de cette réticence fut Grégoire de Naziance, qui la surmontait en affirmant : « Comment donc ? L'Esprit est Dieu ? Certainement. Comment donc ? Alors il est consubstantiel (*homoùsion*) ? Oui, puisqu'il est Dieu [2]. »

Au lendemain du Concile, il n'hésita pas à exprimer son désaccord avec cette formule qui semblait résulter d'un compromis et peut-être aussi de pressions de la part du pouvoir impérial, lequel voulait la paix à tout prix avec le parti contraire des Macédoniens [3]. Cette lacune fut de fait comblée dans la pratique de l'Église, qui, après avoir dépassé les raisons contingentes qui l'avaient jusque-là retenue, n'hésita pas à attribuer à l'Esprit Saint le titre de « Dieu » et à le définir comme « consubstantiel » au Père et à l'Esprit.

Cette « lacune » n'était pas la seule. Du point de vue de l'histoire du Salut, on considéra rapidement qu'il était étrange que la seule œuvre attribuée à l'Esprit Saint fût de « parler par les prophètes », passant sous silence toutes ses autres actions, en particulier son œuvre dans la vie de Jésus, dans le Nouveau

---

1. DS 150.
2. Grégoire de Naziance, *Discours*, XXXI, 10 (PG 36, 144) ; SC 250, 293.
3. Cf. A. M. Ritter, *Das Konzil von Konstantinopel und sein Symbol*, Göttingen 1965, p. 189-191.

Testament. Dans ce cas aussi, le complément de la formule dogmatique apparut spontanément dans la vie de l'Église, comme le montre clairement cette épiclèse de la liturgie dite de saint Jacques, où le titre de « consubstantiel » est attribué à l'Esprit (les phrases extraites du Symbole sont en italique) :

> « Envoie ton *Esprit Saint, Seigneur et vivificateur, qui siège avec toi, Dieu et Père, et avec ton Fils unique* ; qui règne, consubstantiel et éternel. *Il a parlé* dans la Loi, *dans les prophètes* et dans le Nouveau Testament ; il est descendu sous la forme d'une colombe sur notre Seigneur Jésus Christ, sur le fleuve du Jourdain, reposant sur lui, et il est descendu sur les saints apôtres le jour de la sainte Pentecôte [4]. »

La formule conciliaire avait également passé sous silence le rapport entre l'Esprit Saint et le Fils et, en conséquence, le rapport entre la christologie et la pneumatologie. La seule allusion en ce sens consistait dans la phrase : « Par l'Esprit Saint, il a pris chair de la Vierge Marie », qui se trouvait probablement dans le Symbole de la foi que le Concile de Constantinople adopta comme base de son Credo [5].

Sur ce point, l'intégration du Symbole se fit de manière moins univoque et paisible. Certains Pères grecs exprimèrent le rapport éternel entre le Fils et l'Esprit Saint en disant que l'Esprit Saint procède du Père « par le Fils » ou bien en nommant l'Esprit avec une expression qui leur était propre, « Image du Fils », de même que le Fils était appelé « Image du Père [6] ».

Quand la discussion sur l'Esprit Saint passa au monde latin, on chercha à exprimer ce rapport en inventant la phrase suivante : l'Esprit procède « du Père et *du Fils* ». Les mots « et du Fils » en latin donnent *Filioque*, d'où le sens dont s'est chargée cette parole dans le débat trinitaire et dans les disputes entre Orient et Occident. On lit parfois qu'il s'agirait d'« une hérésie introduite en théologie par Augustin » ; mais cela, mise à part la qualification théologique d'hérésie, n'est pas non plus exact historiquement. Il est vrai qu'Augustin a fourni à l'expression *Filioque* sa justification théologique qui a caractérisé par la suite toute la pneumatologie latine. Mais celui qui a formulé en premier l'idée que l'Esprit Saint « procède du Père et du Fils » est Ambroise [7]. Augustin emploie des expressions encore vagues comme « des deux » (*de utroque*) [8] et ne

---

4. A. HÄNGGI - I. PAHL, *Prex Eucharistica*, Fribourg 1968, p. 250.
5. Cf. R. CANTALAMESSA, *Incarnatus de Spiritu Sancto ex Maria Vergine. Cristologia e Pneumatologia nel Simbolo Constantinopolitano e nella Patristica*, in CinSS I, 1983, p. 101 s.
6. Cf. ATHANASE, *Lettres à Sérapion*, I, 24 (PG 26, 585 s.), SC 15, 127 ; CYRILLE D'ALEXANDRIE, *Commentaire sur l'Évangile de saint Jean*, XI, 10 (PG 74, 541 C) ; JEAN DE DAMAS, *La foi orthodoxe*, I, 13 (PG 94, 856 B).
7. AMBROISE, *Du Saint-Esprit*, I, 120 : « *Spiritus quoque Sanctus, cum procedit a Patre et a Filio, non separatur.* »
8. AUGUSTIN, *La Trinité*, XV, 26, 45.

situe pas du tout le Père et le Fils au même niveau par rapport à l'Esprit Saint, comme le montre sa célèbre affirmation : « Le Saint-Esprit procède principalement du Père, et, grâce au don que le Père lui en fait, sans aucun intervalle de temps, tout à la fois du Père et du Fils [9]. »

Celui qui a utilisé pour la première fois l'expression littérale *Filioque* pour indiquer la procession « du Père et du Fils » est Fulgence de Ruspe qui avait déjà fixé des formules précédentes de la théologie latine encore élastiques [10]. Il ne mentionne pas la distinction faite par Augustin selon lequel l'Esprit Saint procède « principalement » du Père, mais insiste en revanche sur le fait qu'il « procède du Fils comme (*sicut*) il procède du Père », « entièrement (*totus*) du Père et entièrement du Fils », mettant ainsi au même niveau les deux relations d'origine [11]. C'est dans cette version indifférenciée que la doctrine de la procession de l'Esprit Saint du Père et du Fils est entrée dans les définitions ecclésiastiques à partir du IIIe Concile de Tolède de 589 [12]. Il est significatif que plus tard, lorsque Charlemagne voulut imposer officiellement l'usage du *Filioque* dans le *Credo*, on ait utilisé, sous le nom d'Augustin, un texte sur le *Filioque* qui provenait en réalité de Fulgence de Ruspe [13].

On croit qu'Ambroise, formulant en premier l'idée de la procession de l'Esprit Saint « par le Père et par le Fils », a été influencé par la tradition latine, en particulier par Tertullien. Mais Ambroise est le seul écrivain latin de renom qui n'ait pas connu Tertullien, ou du moins qui ne l'ait jamais cité, alors que sa dépendance, bien souvent littérale, concernant la doctrine de l'Esprit Saint, à saint Basile et plus encore à saint Athanase et à Didyme d'Alexandrie est bien connue.

Mon impression est qu'Ambroise n'a rien voulu d'autre que reprendre et expliciter ce qui, selon lui, était le sens d'un certain nombre d'expressions qu'il lisait dans ses sources grecques, comme : l'Esprit Saint procède « *à travers* le Fils » ; il est « *image* du Fils » ; il « procède du Père et *reçoit du Fils* » ; il est le « rayon » qui émane du soleil (le Père) et de sa splendeur (le Fils) ; le ruisseau qui provient de la source (le Père) et du fleuve (le Fils). Toutes ces expressions mettaient en lumière l'existence d'un certain rapport, toutefois non éclairci et mystérieux, entre le Fils et l'Esprit Saint, dans leur commune origine du Père.

---

9. *Ibid.*, 47.
10. FULGENCE DE RUSPE, *Lettres*, 14, 21 (CC 91, p. 411) ; Id., *De fide*, 6. 54 (CC 91 A, p. 716.747) : « *Spiritus Sanctus essentialiter de Patre Filioque procedit* » ; Id., *Liber de Trinitate* (CC 91 A., p. 633 s.).
11. Id., *Lettres*, 14, 28 (CC 91, p. 420).
12. DS 470. Dans le Symbole du Ier Concile de Tolède de 400 (DS 188), *Filioque* est un ajout postérieur.
13. Cf. *Libellus Smaragdi*, in *Monumenta Germaniae Historica*, Concilia Carol., t. I, p. I, 1906, p. 238 (PL 98, 923) : le texte en question est *De fide*, 6, de Fulgence de Ruspe, cité.

Si « à travers le Fils » signifie quelque chose et ne se réduit pas à une sorte de complément circonstanciel « de lieu » sans signification précise, ce quelque chose est ce qu'Ambroise a entendu exprimer par l'expression « et du Fils ».

Cela pourrait constituer, aujourd'hui encore, le point de départ commun, sur lequel s'appuyer afin de trouver un accord sur la question séculaire qui divise les Orientaux et les Latins. C'était en tous les cas le point d'accord de tous les Pères du IVe siècle, grecs et latins. On peut percevoir, dans tous leurs écrits sur l'Esprit Saint, une consonance de fond et une continuité bien plus importante que celle que l'on trouve dans les thèses opposées qui ont été élaborées ensuite à partir de ces derniers, respectivement en Orient et en Occident.

L'accord, grâce à Dieu, ne semble plus si loin. Un document du Conseil Pontifical pour l'unité des chrétiens de 1995, sollicité par le pape lui-même et bien accueilli par les représentants de la théologie orthodoxe, a dit tout ce qui pouvait être dit du côté catholique, dans l'état actuel des choses, pour ouvrir la voie à un accord œcuménique [14]. Le reste relève peut-être davantage d'un changement des cœurs et des rapports généraux entre les deux Églises que d'une modification des idées et des formules théologiques.

Quel est le rapport entre le *Veni creator* et la question du *Filioque* ? Un auteur a affirmé que l'hymne fut composée, à la demande de Charlemagne, précisément dans le but d'encourager l'usage de cette expression et de pousser le pape Léon III à accepter que celle-ci soit insérée dans le Credo [15].

Cette thèse est dénuée de fondement car la position de l'auteur de l'hymne est identique à celle du pape. Comme tous les Latins, il croyait dans la procession de l'Esprit Saint « du Père et du Fils ». Il évite néanmoins d'employer le terme controversé de *Filioque* dans une hymne destinée à l'usage liturgique et choisit à sa place l'expression *utriusque Spiritus*, acceptable par les deux parties. Aussi bien les Pères latins que les Pères grecs admettent en effet que l'Écriture évoque le Paraclet tantôt comme « l'Esprit du Père », tantôt comme « l'Esprit du Fils » ou « l'Esprit du Christ ». Le *Veni creator* ne fut pas rédigé dans une intention polémique en vue de défendre une vision de l'Esprit Saint contre une autre, mais pour célébrer la foi commune de l'Église dans la troisième personne de la Trinité et servir d'hymne liturgique pour la Pentecôte.

---

14. Cf. *Les traditions Grecque et Latine concernant la procession du Saint-Esprit*, dans « Service d'Information du Conseil Pontifical pour la promotion de l'unité des Chrétiens », n. 89, 1995, p. 87-91.
15. Voir l'Excursus « Le *Veni creator* et la doctrine du *Filioque* » à la fin de ce livre.

2. Nouvelles perspectives sur l'origine de l'Esprit Saint procédant du Père

Les paroles du *Veni creator*, parce qu'elles découlent justement de l'Écriture et qu'elles sont ainsi « inépuisables », nous permettent, comme nous l'avons déjà noté plusieurs fois, de nous libérer des questions et des points de vue relatifs à une époque passée et dépourvus de lien avec nos besoins actuels. Il en va de même pour les deux derniers versets. La doctrine de l'Esprit Saint s'est comme enlisée dans les discussions autour du *Filioque* et du mode de procession de l'Esprit Saint, alourdies de surcroît par des facteurs extérieurs à la théologie. Il est urgent de la « désembourber ».

La plus grande nouveauté dans la pneumatologie ne consiste pas simplement à trouver un accord sur le *Filioque* ; elle doit jaillir d'une relecture nouvelle de la Bible, accomplie dans une perspective plus vaste. Un élément précis est apparu, à partir de cette relecture initiée depuis un certain temps déjà : dans l'histoire du Salut, l'Esprit Saint n'est pas seulement envoyé *par* le Fils, mais aussi *envoyé sur* le Fils : le Fils n'est pas seulement celui qui *donne* l'Esprit, mais aussi celui qui le *reçoit*. Dans le document du Conseil Pontifical pour l'unité des Chrétiens, que nous avons déjà mentionné, se trouve un beau texte qui résume toutes ces interventions de l'Esprit sur Jésus :

> « L'Esprit Saint oriente par l'amour toute la vie de Jésus vers le Père dans l'accomplissement de sa volonté. Le Père envoie son Fils (Ga 4, 4) quand Marie le conçoit par l'opération du Saint-Esprit (cf. Lc 1, 35). Celui-ci manifeste Jésus comme Fils du Père au baptême en reposant sur lui (cf. Lc 3, 21-22 ; Jn 1, 33). Il pousse Jésus au désert (cf. Mc 1, 12). Jésus en revient *"rempli du Saint-Esprit"* (Lc 4, 1). Il tressaille de joie dans l'Esprit en bénissant le Père pour son dessein bienveillant (cf. Lc 10, 21). Il choisit ses apôtres *"sous l'action de l'Esprit Saint"* (Ac 1, 2). Il expulse les démons par l'Esprit de Dieu (Mt 12, 28). Il s'offre lui-même au Père *"par un Esprit éternel"* (He 9, 14). Sur la croix, il *"remet son Esprit"* entre les mains du Père (Lc 23, 46). C'est *"en lui"* qu'il descend aux Enfers (1 P 3, 19) et c'est par lui qu'il est ressuscité (cf. Rm 1, 4) [16]. »

Le passage de l'une à l'autre phase de l'histoire du Salut – du Jésus qui reçoit l'Esprit au Jésus qui envoie l'Esprit – est constitué par l'événement de la croix [17].

Une observation globale des rapports entre Jésus et l'Esprit Saint nous montre, mieux que tout raisonnement, la réciprocité de leur rapport. Tout

---

16. *Les traditions…*, *op. cit.*, p. 90.
17. Cf. Jean-Paul II, *Dominum et vivificantem*, n. 13 ; 24 ; 41 ; J. Moltmann, *L'Esprit qui donne la vie*, chap. III.

d'abord, dans l'incarnation, l'Esprit nous donne Jésus, puisqu'il fut conçu « *de l'Esprit Saint* » (Mt 1, 18), ensuite dans le mystère pascal (selon Jean, déjà sur la croix), Jésus nous donne l'Esprit Saint. Ce rapport se retrouve dans l'Eucharistie : d'abord dans la consécration, l'Esprit Saint nous donne Jésus (car c'est par la puissance de l'Esprit Saint que le pain devient le Corps et le vin le Sang du Christ) ; puis, dans la communion, Jésus nous donne l'Esprit Saint car « *Celui qui s'unit au Seigneur, au contraire, n'est avec lui qu'un seul esprit* » (1 Co 6, 17).

Ce rapport de réciprocité, que l'on retrouve au niveau historique, ne peut pas ne pas refléter de quelque manière le rapport qui existe dans la Trinité. Du recueil de textes que l'on vient d'évoquer, le document tire cette conclusion : « Ce rôle de l'Esprit au plus intime de l'existence humaine du Fils de Dieu fait homme découle d'un rapport trinitaire éternel par lequel l'Esprit caractérise dans son mystère de Don d'amour la relation entre le Père comme source d'amour et son Fils bien-aimé [18]. »

Mais comment concevoir cette réciprocité dans le domaine trinitaire ? C'est le terrain de réflexion actuel de la théologie de l'Esprit. Voici une chose particulièrement encourageante : des théologiens de toutes les grandes Églises chrétiennes : orthodoxe, catholique et protestante, avancent dans la même direction, dans un dialogue fraternel et constructif. Une solution proposée par différentes parties consisterait à rendre réciproque la formule *Filioque* en la faisant suivre de la formule *Spirituque*. Cela reviendrait à dire que, s'il est vrai que l'Esprit Saint procède « du Père et du Fils », il est aussi vrai que le Fils procède « du Père et de l'Esprit ». Mais cette solution présente un point faible évident, que ses promoteurs relèvent parfois eux-mêmes [19].

Une autre expression semble plus satisfaisante : elle emploie la préposition utilisée traditionnellement au sujet de l'Esprit Saint, non pas « par » mais « dans » : « Le Fils naît du Père *dans* l'Esprit [20]. » Cette solution a été systématiquement reprise et approfondie dans l'essai récent d'un théologien catholique, où l'on peut trouver la documentation la plus complète sur ces nouvelles perspectives qui s'ouvrent à la pneumatologie. C'est « dans l'Esprit » que le Christ crie *Abba* sur la terre (cf. Lc 10, 21), et « dans l'Esprit » que le Fils prononce son *Abba* éternel dans son engendrement par le Père. Ici aussi, ce qui se produit dans l'histoire du Salut reflète ce qui se produit dans la Trinité [21].

---

18. *Les traditions…, op. cit.*, p. 90-91.
19. Cf. Y. CONGAR, *Je crois en l'Esprit Saint*, Cerf 1995, vol. III, Première partie, chap. 2 ; J. MOLTMANN, *L'Esprit qui donne la vie*, chap. III ; L. BOFF, *Trinité et société*, Cerf 1990.
20. O. CLÉMENT, *Sources. Les mystiques chrétiens des origines*, Ed. Stock, Paris 1982, Première partie, chap. 4.
21. Cf. T. G. WEINANDY, *The Father's Spirit of Sonship. Reconceiving the Trinity*, Edimbourg 1995.

Comment peut-on formuler cette nouvelle vision théologique ? L'un des points de départ de la réflexion des Pères, en particulier d'Augustin, était le manque de réciprocité entre l'Esprit Saint et les deux autres personnes divines. Nous pouvons, disaient-ils, appeler l'Esprit Saint « Esprit du Père », mais nous ne pouvons appeler le Père « Père de l'Esprit » ; nous pouvons appeler l'Esprit Saint « Esprit du Fils », mais nous ne pouvons pas appeler le Fils « Fils de l'Esprit [22] ».

Voilà comment nous pouvons dépasser l'obstacle. Il est vrai que nous ne pouvons appeler Dieu « Père de l'Esprit », mais pouvons l'appeler « Père dans l'Esprit » ; il est vrai que nous ne pouvons appeler le Fils « Fils de l'Esprit », mais nous pouvons l'appeler « Fils dans l'Esprit ». Il ne s'agit pas là d'une simple formule ingénieuse, mais d'une manière toute nouvelle de concevoir les rapports trinitaires. Le Verbe et l'Esprit procèdent simultanément du Père. Entre eux deux, il faut renoncer à toute idée de priorité, non seulement chronologique, mais aussi logique. Cette priorité était affirmée sur la base de ce principe : le Verbe procède du Père par la *connaissance* et l'Esprit Saint par l'*amour* ; or, la connaissance précède logiquement l'amour. Mais nous ne sommes pas sûrs de la validité de ce principe, pas même sur le plan humain (il est vrai que l'on n'aime que ce que l'on a d'abord connu ; mais il est vrai que, plus profondément, on ne connaît vraiment que ce que l'on aime !). Comment pouvons-nous donc être sûrs de sa validité sur le plan divin ?

Comme la nature qui constitue les trois Personnes divines est unique, de même l'opération qui a sa source dans le Père et qui constitue le Père comme « Père », le Fils comme « Fils » et l'Esprit comme « Esprit », est unique. Le Fils et l'Esprit ne sont pas vus l'un après l'autre, ou l'un à côté de l'autre, mais « l'un dans l'autre ». L'engendrement et la procession ne sont pas « deux actes séparés », mais deux aspects ou deux résultats d'un acte unique [23].

Comment concevoir et exprimer cet acte abyssal d'où éclôt la rose mystique de la Trinité ? Il existe plusieurs propositions, mais la discussion est encore ouverte et est appelée à le rester. Nous sommes face au noyau le plus intime du mystère trinitaire, plus facile à deviner intuitivement qu'à décrire, car il se trouve au-delà de toute analogie et de tout concept humains. Une possibilité consisterait à revaloriser dans cette nouvelle perspective, la formule augustinienne de *celui qui aime*, de *celui qui est aimé* et de l'*amour* [24], qui a démontré sa grande fécondité à travers tous les changements de climat théo-

---

22. AUGUSTIN, *La Trinité*, V, 12, 13.
23. Cf. J. MOLTMANN, *L'Esprit qui donne la* vie, chap. III ; T. G. WEINANDY, *The Father's...*, *op. cit.*, p. 53-85.
24. AUGUSTIN, *La Trinité*, VIII, 14.

logique. C'est ce que fait Durwell qui complète cette triade par une autre, celle du *géniteur,* de l'*engendré* et de la *génération* : « Celui qui engendre, Celui qui est engendré, et l'Engendrement qui est l'Esprit Saint [25]. »

3. L'onction éternelle du Verbe dans l'Esprit Saint

À cet égard, la réflexion offerte par le théologien orthodoxe Olivier Clément me semble la plus plausible : il parle d'une « onction éternelle » du Fils par le Père à travers l'Esprit [26]. C'est en tous les cas la réflexion que je voudrais développer ici, en montrant surtout combien la formule « oignant, oint, onguent » est confirmée par la plus ancienne théologie des Pères. Saint Irénée écrit : « Dans le nom de "Christ" est sous-entendu Celui qui a oint, Celui qui a été oint, et l'Onction même dont il a été oint ; celui qui a oint, c'est le Père, celui qui a été oint, c'est le Fils, et il l'a été dans l'Esprit, qui est l'Onction [27]. »

Saint Basile reprend à la lettre cette affirmation, répétée à son tour par saint Ambroise [28]. À l'origine, elle se réfère directement à l'onction historique de Jésus lors de son baptême au Jourdain ; par la suite, on considère que cette onction s'est déjà réalisée lors de l'incarnation [29]. Mais les Pères, déjà, vont plus loin. Justin, Irénée et Origène parlent d'une « onction cosmique » du Verbe, d'une onction que le Père confère au Verbe en vue de la création du monde, puisque « par son moyen, le Père a oint et ordonné toutes choses [30] ». Eusèbe de Césarée va plus loin encore, il identifie l'onction au moment même de l'engendrement : « L'onction consiste dans l'engendrement même du Verbe, à travers lequel l'Esprit du Père passe dans le Fils, comme une fragrance divine [31]. »

Le témoignage d'Eusèbe, à lui seul, ne permet pas de donner à cette affirmation le sceau de l'autorité patristique, en raison de la position confuse de cet auteur concernant la consubstantialité du Fils. En revanche, on reconnaît cette autorité en saint Grégoire de Nysse qui a illustré, dans un chapitre entier d'une de ses œuvres, l'onction du Verbe à travers l'Esprit Saint, dans son

---

25. F. X. Durrwell, *Le Père. Dieu dans son mystère*, Cerf 1993, chap. 6.
26. Cf. O. Clément, *Sources, op. cit.*, Première partie, chap. 4.
27. Irénée, *Contre les Hérésies*, III, 18, 3 ; SC 211, p. 351.
28. Basile le Grand, *Sur le Saint-Esprit*, XII, 28 (PG 32, 116 C), SC 17bis, p. 345 ; Ambroise, *Du Saint-Esprit*, I, 3, 44.
29. Cf. R. Cantalamessa, *Incarnatus de Spiritu Sancto…, op. cit.*, p. 120 s.
30. Irénée, *La prédication des Apôtres*, 53 (SC 62, p. 114) ; les textes de ces auteurs sont longuement commentés par A. Orbe, *La Unción del Verbo*, Analecta Gregoriana, vol. 113, Roma 1961, p. 501-568.
31. Orbe, *La Unción del Verbo, op. cit.*, p. 578.

engendrement éternel par le Père. Il part du présupposé que le nom « Christ », Oint, appartient au Fils de toute éternité :

> « L'huile d'allégresse présente la puissance de l'Esprit Saint, par laquelle Dieu est oint par Dieu, le Fils unique est oint par le Père... Comme le juste ne peut en même temps être injuste, ainsi l'oint ne peut pas ne pas être oint. Or, celui qui n'est jamais non-oint, est certainement l'oint depuis toujours. Et quiconque doit admettre que celui qui oint est le Père et que l'onguent est l'Esprit Saint [32]. »

L'onction de Jésus au baptême du Jourdain aurait fourni à la thèse de Grégoire de Nysse un fondement biblique certainement plus convaincant que la référence au Psaume 45, 8 sur lequel il s'appuie dans ce texte ; mais ce n'est pas ce qui nous intéresse ici. L'image de l'*onction* (car il s'agit toujours d'une image) ajoute une nouveauté qui n'est pas exprimée dans l'image plus habituelle de la *spiration*. On a coutume de répéter en Occident que l'Esprit s'appelle ainsi car il est « spiré » (*spiratus*) et qu'il « in-spire » (*spirat*). Dans la brève paraphrase du *Veni creator* qui est contenue dans une œuvre attribuée à saint Bonaventure, il est dit ceci :

> « L'Esprit Saint s'appelle Esprit, de *inspirer* : au sens actif, en tant qu'il souffle, comme on lit en saint Jean : *"L'Esprit souffle où il veut"* (Jn 3, 8), et en ce sens, le nom est commun aux trois personnes et convient à l'Esprit Saint par appropriation ; au sens passif, en tant qu'il est inspiré et en ce sens, ce nom est propre à l'Esprit Saint qui procède par spiration [33]. »

De ce point de vue, l'Esprit Saint ne jouerait un rôle « actif » qu'en dehors de la Trinité, puisqu'il inspire les Écritures, les prophètes, les saints etc., alors que dans la Trinité, il n'aurait que la qualité passive d'être spiré par le Père et par le Fils. Mais aujourd'hui, cette absence de rôle actif de l'Esprit au sein de la Trinité est vue justement comme la lacune peut-être la plus grande de la pneumatologie traditionnelle. Cette lacune est comblée dans la mesure où l'on reconnaît une réciprocité entre le Fils et l'Esprit. En effet, si l'on reconnaît au Fils un rôle actif à l'égard de l'Esprit, exprimé par l'image de la *spiration*, on reconnaît aussi un rôle actif à l'Esprit Saint à l'égard du Fils, exprimé par l'image de l'*onction*. On ne peut pas dire du Verbe qu'il est « Fils de l'Esprit Saint », mais on peut dire de lui qu'il est « l'Oint de l'Esprit ».

On peut alors se demander s'il ne faut pas aussi rendre réciproque le qualificatif de « nous » que certains attribuent à la personne de l'Esprit Saint [34],

---

32. GRÉGOIRE DE NYSSE, *Contre Apollinaire*, 52 (PG 45,1249 s.).

33. Pseudo-BONAVENTURE, *Compendium veritatis theologicae*, 10 (dans *Opera Omnia* de S. BONAVENTURE, Paris 1866, p. 68) ; cf. aussi ISIDORE DE SÉVILLE, *Étymologies*, VII, 3, 2 (PL 82, 268).

34. Cf. H. MÜHLEN, *Der Heilige Geist als Person. Ich-Du-Wir*, Münster 1963 ; U. VON BALTHASAR, *Spiritus Creator*, Brescia 1972, p. 109.

bien que cela puisse paraître problématique à première vue. Si l'Esprit Saint est le « nous » divin dans la *spiration* duquel s'unissent le Père et le Fils, le Fils serait dans ce cas le « nous » divin dans l'*engendrement/onction* duquel s'unissent le Père et l'Esprit Saint. Sans cette « réciprocité », la brillante intuition de Mühlen reste inévitablement liée au *Filioque*, et n'est valable qu'au sein de la théologie latine.

Toutefois, il faut veiller à ne pas recréer, dans le sens opposé, l'inconvénient que nous avons signalé, mettant alors de côté la part active que le Fils prend aussi dans la procession de l'Esprit. D'où l'utilité de ne pas choisir entre la spiration et l'onction, mais de continuer à employer l'une et l'autre en théologie. L'image de la spiration est, en effet, celle qui met le mieux en lumière cette participation active du Fils, surtout si elle est entendue comme *con-spiration* du Père et du Fils, avec les nuances d'intimité, de secret, d'entente et de sainte connivence que ce terme peut évoquer dans la langue française.

S'il est une limite à l'affirmation de la pleine réciprocité entre le Fils et l'Esprit Saint (et qui justifie ainsi l'ordre traditionnel dans lequel sont nommées les trois personnes divines), elle est constituée par la *mission*. L'histoire du Salut nous montre que l'Esprit est envoyé sur le Fils, mais ne nous montre jamais l'Esprit envoyant le Fils. Il résulte des Évangiles que l'Esprit exerce sur Jésus une *impulsion* (comme lorsqu'il le pousse au désert) ou un *accompagnement*, mais non un véritable *envoi*. Il est écrit que l'Esprit Saint est envoyé « au nom » du Fils Jésus Christ (cf. Jn 14, 26), mais nulle part il n'apparaît que le Fils est envoyé « au nom » de l'Esprit Saint ou *par* l'Esprit Saint.

4. Fils et Esprit Saint, une seule économie du salut

Je voudrais évoquer brièvement la manière dont ces nouveaux développements de la théologie trinitaire répondent effectivement aux questions actuelles de l'Église. Grâce à eux, le dogme cesse d'être un vestige du passé ; il devient en revanche, conformément à sa nature, un guide lumineux pour l'Église, un authentique « anticorps » prêt à entrer en action pour éviter à la foi de contracter de nouveau des maladies qui auraient déjà été affrontées et guéries. En même temps, il nous permet de nous prémunir contre le risque éventuel contenu dans les nouvelles ouvertures sur le dogme trinitaire que nous avons rappelées.

La thèse de la réciprocité entre le Fils et l'Esprit Saint et de la simultanéité de leur origine montre clairement qu'il ne peut y avoir de Fils sans l'Esprit, comme il ne peut y avoir d'Esprit Saint sans le Fils. L'un et l'autre sont inséparables. Dans l'Antiquité, cette indivision est mise en question par la thèse d'Origène, selon laquelle le champ d'action du *Logos*, représenté par les créatures rationnelles, s'étend au-delà du champ d'action de l'Esprit Saint, représenté par les créatures sanctifiées [35] ; le Fils comme *Logos* agit aussi là où l'Esprit de sanctification n'œuvre pas encore, par exemple dans les philosophes païens. La Tradition, nous le savons, a écarté cette idée.

Nous commettrions aujourd'hui la même erreur, mais en sens opposé, si nous attribuions à l'Esprit Saint un champ d'action plus vaste que celui du Fils Jésus Christ. Et ce risque n'est pas faible. La pire conséquence d'un éventuel abandon du *Filioque* et de la certitude retrouvée de l'autonomie relative de l'Esprit serait de conclure qu'il peut donc y avoir un domaine (par exemple celui des autres religions) où œuvre l'Esprit de Dieu, sans que cela suppose aucune relation de dépendance au mystère pascal du Christ ni aucune orientation même implicite vers l'Église.

Une thèse de ce genre mine à sa racine l'une des certitudes bibliques et théologiques les plus claires : celle de l'unicité du plan divin du salut. Ce serait la répétition, appliquée à l'Esprit Saint, de la crise produite par Marcion et par les gnostiques, qui séparaient l'économie du Fils et celle du Créateur ; il faudrait recommencer tout le combat séculaire d'Irénée et des autres Pères pour rétablir cette vérité : « *Un seul corps, un seul Esprit, une seule Espérance.* » (cf. Ep 4, 4)

On emploie parfois curieusement dans ce contexte l'image du Fils et de l'Esprit comme « les deux mains de Dieu » pour affirmer justement le contraire de ce qui tenait à cœur à Irénée, c'est-à-dire l'unicité d'action de Dieu dans le monde, la « cohérence » de fond de l'action divine [36] ; comme si, en Dieu aussi, cette expression se vérifiait : « *Que ta main gauche ignore ce que fait ta main droite.* » (cf. Mt 6, 3)

Un développement dans ce sens finirait par rompre non seulement l'unité du plan du salut, mais la vision même de l'Esprit Saint. Nous aurions ainsi deux actions indépendantes de l'Esprit et donc deux Esprits saints : l'un, appelé génériquement « Esprit de Dieu » agissant sur toute la création, et l'autre, appelé « Esprit du Christ » agissant dans l'Église, dans les sacrements, etc. L'Écriture nomme l'Esprit tantôt avec l'un tantôt avec l'autre nom ; c'est pourquoi il convient de parler de deux modes d'agir et d'être accueilli de l'Esprit de Dieu et du Christ, à l'intérieur et à l'extérieur de l'Église, dans l'ordre naturel et dans celui de la grâce.

---

35. ORIGÈNE, *Traité des principes*, I, 3, 5-7 (SC 252, p. 152 s.).
36. Cf. IRÉNÉE, *Contre les Hérésies*, IV, 20, 1 ; SC 100, p. 627.

Le *Veni creator*, cette vénérable hymne ancienne, peut très bien remplir cette tâche : déployer sous notre regard la splendeur et l'unité profonde de tout le plan du salut, de la création au retour final de toutes les créatures vers Dieu. En lui, le Paraclet est vu à la fois comme l'Esprit de la création (*creator Spiritus*) et comme l'Esprit de la rédemption et de la grâce (*imple superna gratia*) ; et, selon des manières différentes, il agit aussi bien dans le monde que dans l'Église.

5. Merci, Esprit Saint !

Revenons maintenant aux deux derniers versets de cette hymne, d'où nous sommes partis pour cette longue réflexion : *Te utriusque Spiritum credamus omni tempore*. Quel est le son produit par ces mots dans l'immense caisse de résonance qu'est la Tradition, que ces derniers reprennent et transmettent à la fois ?

Ils ne signifient pas : « Fais-nous croire que tu es l'Esprit du Père et du Fils », mais plutôt : « Fais-nous croire en toi, qui es l'Esprit du Père et du Fils. » L'objet n'est pas une doctrine (la procession de l'Esprit Saint du Père et du Fils), mais une personne, l'Esprit Saint lui-même. Voilà ce que suggère l'analogie avec les deux versets précédents où l'objet est d'abord la personne du Père, puis celle du Fils. Il est vrai que la foi dans les personnes divines s'exprime d'ordinaire par la préposition « en » : croire *en* l'Esprit Saint. Mais je pense que l'absence de cette préposition se justifie dans le texte latin par les exigences de la métrique.

Croire en l'Esprit Saint ! Qu'est-ce que cela signifie à la lumière de cette hymne ? Cela ne signifie pas seulement croire en son existence abstraite, croire que l'Esprit Saint « existe » ; ni même seulement croire en sa précise relation d'origine, selon la conception latine de l'Esprit. Affirmer que le Paraclet est « l'Esprit des deux », pour le fidèle disciple d'Augustin qu'est l'auteur du *Veni creator*, signifie croire qu'il est l'amour réciproque du Père et du Fils, leur étreinte, leur baiser réciproque, tout de joie et de bonheur ; et que, grâce à lui, l'homme est de quelque manière inclus dans cet échange et dans ce baiser du Père et du Fils.

Cela devrait aussi signifier pour nous aujourd'hui : « Je crois en l'Esprit Saint ! » Croire en lui consiste non seulement à croire en l'*existence* d'une troisième personne de la Trinité, mais aussi en sa *présence* au milieu de nous, dans notre cœur ; croire en la victoire finale de l'amour ; croire que l'Esprit Saint conduit l'Église à l'unité tout entière, comme il la conduit à la vérité tout entière ; croire en l'unité finale de tout le genre humain, même si elle semble fort lointaine et peut-être seulement eschatologique ; car c'est lui qui conduit l'histoire et qui préside au « retour de toutes les choses vers Dieu ».

Croire en l'Esprit Saint signifie donc croire au sens de l'histoire et de la vie ; en l'accomplissement des espoirs humains ; en la pleine rédemption de ce corps et du corps plus grand qu'est le cosmos entier, car c'est l'Esprit qui le soulève et le fait gémir, comme dans les douleurs d'un enfantement.

Croire en l'Esprit Saint signifie l'adorer, l'aimer, le bénir, le louer et le remercier, comme nous voulons le faire maintenant, en conclusion de notre commentaire du *Veni creator*, vécu comme un véritable voyage vers une « immersion totale », un nouveau baptême, dans les eaux bénies de l'Esprit :

Merci, Esprit créateur, parce que tu transformes sans cesse notre chaos en cosmos ;
parce que tu as visité nos esprits et que tu as rempli nos cœurs de grâce.

Merci car tu es pour nous le Consolateur, le don suprême du Père,
l'eau vive, le feu, l'amour et l'onction spirituelle.

Merci pour les dons infinis et les charismes que tu as donnés aux hommes,
toi le doigt puissant de Dieu,
la promesse accomplie du Père et toujours en accomplissement.

Merci pour la parole de feu que tu n'as cessé de mettre sur la bouche des prophètes,
des pasteurs, des missionnaires et des priants.

Merci pour la lumière du Christ que tu as fait briller dans nos esprits,
pour son amour que tu as répandu dans nos cœurs,
et la guérison que tu as opérée dans notre corps infirme.

Merci d'avoir été à nos côtés dans le combat,
de nous avoir aidés à vaincre l'adversaire ou à nous relever après la défaite.

Merci d'avoir été notre guide dans les choix difficiles de la vie
et de nous avoir préservés de la séduction du mal.

Merci enfin de nous avoir révélé le visage du Père
et de nous avoir enseigné à crier : Abba !

Merci parce que tu nous pousses à proclamer que Jésus est le Seigneur !

Merci de t'être manifesté à l'Église des Pères et à celle d'aujourd'hui comme le lien
d'unité entre le Père et le Fils, objet ineffable de leur con-spiration d'amour,
souffle vital et parfum d'onction divine que le Père transmet au Fils,
en l'engendrant dès avant l'aurore.

Simplement parce que tu es là, maintenant et pour toujours,
Esprit Saint, nous te disons : Merci !

Excursus

LE *VENI CREATOR* ET LA DOCTRINE DU *FILIOQUE*

Dans une étude riche en donnés historiques et philologiques fort utiles (pour lesquels tous les amis du *Veni creator* seront reconnaissants à l'auteur), une thèse tout à fait infondée a été formulée, qui met en question l'entière compréhension de l'hymne. La voici : Raban Maur, l'auteur probable de l'hymne, a vécu aux environs de l'an 780 et de l'an 856. Or, durant cette période, précisément dans l'an 809, se tint à Aix-la-Chapelle, selon la volonté de Charlemagne, un synode pour promouvoir l'introduction du *Filioque* dans le Symbole de Nicée-Constantinople que l'on commençait à chanter à la messe dans certaines Églises. Au terme de ce Concile, une délégation se rendit chez le pape Léon III pour le gagner à cette cause.

Tout en partageant la doctrine du *Filioque*, le pape considérait que son insertion dans le Symbole était inopportune et il maintint fermement sa décision [1]. En cela, il suivait la ligne de conduite choisie aussi par l'Église grecque, dans laquelle des multiples intégrations et approfondissements de l'article sur l'Esprit Saint purent se faire, comme nous l'avons vu, sans apporter de changements dans le texte du Symbole de foi. Il n'est pas nécessaire, en effet, d'insérer dans le Symbole et dans les formules liturgiques toutes les implications que la théologie ne cesse de découvrir dans les dogmes [2].

Le chercheur auquel j'ai fait allusion a mis en rapport la composition du *Veni creator* avec ce moment historique particulier. Raban Maur aurait écrit l'hymne dans l'intention d'apporter son soutien à l'empereur. Ce serait donc

---

1. Informations et documents relatifs au synode et au dialogue entre Léon III et les délégués de l'empereur dans *Monumenta Germaniae Historica*. Concilia Carol., t. II, p. II, 1906, p. 235-244 et dans PL 102, 971-976.

2. Un signe d'une certaine résistance de la liturgie à accueillir le *Filioque* pourrait se trouver dans l'antienne du *Sacramentarium Gellonense* du VIIIe siècle (CC 159, p. 139) et toujours en usage dans la liturgie latine de la Pentecôte : « Que le Paraclet qui procède de toi, Seigneur, éclaire notre esprit et nous conduise, comme ton Fils nous l'a promis, à la vérité tout entière » (*qui a te procedit*, et non : *qui a te Filioque procedit* !).

une « hymne de combat ». L'adversaire dont il est question dans l'avant-dernière strophe (« Repousse l'adversaire au loin ») ne serait pas le démon, mais les adversaires ecclésiastiques du *Filioque*, c'est-à-dire en pratique le pape ! Les mots « Avec toi notre guide nous éviterons tout mal » signifieraient : nous éviterons les fausses décisions dans le synode imminent, nous ne deviendrons pas victimes de la malice qui se déchaîne souvent dans ce type de réunions. Et ainsi de suite.

Dans ce cadre, que signifient les deux derniers versets : *Te utriusque Spiritum credamus omni tempore* ? Littéralement, ils signifient : « Fais-nous croire pour toujours que tu es l'Esprit du Père et du Fils », mais le vrai sens sous-entendu serait : « Fais que ta procession du Père et du Fils soit inscrite officiellement dans le Symbole de la foi [3]. »

Cette reconstruction semble infondée pour les raisons suivantes. En l'an 809, Raban Maur, sous réserve qu'il soit véritablement l'auteur de cette hymne, avait une trentaine d'années : un âge invraisemblable si l'on considère la grande maturité intellectuelle et la maîtrise hors du commun des écrits patristiques dont il fait preuve dans notre hymne. D'autre part, le *Veni creator* traduit un souffle spirituel d'une portée si vaste et si universelle qu'elle ne s'accorde pas avec une interprétation polémique aussi restreinte.

Mais l'argument principal est autre. Ces deux versets, sur lesquels se base toute la reconstruction évoquée, ne contiennent pas du tout la thèse soutenue par l'auteur de l'article. Il serait bien curieux que l'auteur de l'hymne cherche à promouvoir l'insertion du *Filioque* dans le *Credo* alors que lui-même s'efforce de l'éviter. Si tel avait été son souhait, il n'aurait eu aucun mal à insérer dans la doxologie finale une telle expression, comme cela s'est fait dans les hymnes à l'Esprit Saint postérieures à cette date, alors que le *Filioque* était déjà entré dans le *Credo* et qu'il n'était plus un objet de discussion [4].

L'auteur du *Veni creator* montre une adhésion littérale à la position du pape. Comme tous les Latins, il croit dans la procession de l'Esprit Saint « du Père et *du Fils* [5] », mais il évite d'insérer ce terme discuté, le *Filioque*, dans un texte destiné lui aussi à un usage public et liturgique, employant en revanche une phrase qui fait l'unanimité.

Nul doute qu'à l'époque de la composition de l'hymne, on considérait l'expression *utriusque Spiritus*, Esprit *appartenant aux* deux, comme équiva-

---

3. Cf. H. LAUSBERG, *Der Hymnus « Veni creator Spiritus »*, dans JAWG, 1969, p. 26-58 ; une synthèse du même auteur dans « *Nachrichten der Akademie der Wissenschaften zu Gottingen* », I. Philol.-hist. Klasse, 1976, p. 389-394.

4. Cf. par exemple, ADAM DE ST-VICTOR, *Hymnes pour la Pentecôte*, AHMA 54, 1915, p. 241 : « *qui procedis ab utroque.* »

5. Cf. RABAN MAUR, *De l'univers*, I, 3 (PL 111, 23).

lente à *Spiritus ab utroque*, Esprit *venant des deux*, et donc dans la ligne de la doctrine du *Filioque*. Mais en soi-même, l'expression est tout à fait biblique ; c'est peut-être la donnée biblique la plus certaine que nous ayons sur l'Esprit Saint. Augustin le déduit de l'Écriture. Il écrit ceci : « Les divines Écritures prouvent qu'il procède des deux (*Spiritum amborum*) [6] ». Cette affirmation est suivie de la citation des textes bibliques où l'Esprit Saint est appelé tantôt « Esprit de Dieu » ou « Esprit du Père », tantôt « Esprit du Fils » ou « Esprit du Christ [7] ». Ce n'est pas l'expression *utriusque Spiritus* qui dérive de la doctrine du *Filioque*, mais bien plutôt le contraire : c'est la doctrine du *Filioque* qui s'appuie sur l'affirmation biblique de l'*utriusque Spiritus*.

Mais ce n'est pas tout. Un accord total existe entre les auteurs grecs et latins sur le thème du Paraclet comme Esprit du Père et du Fils. Athanase, le premier, écrit ceci : « Dans toute la divine Écriture, tu trouveras que l'Esprit Saint, qui est dit "du Fils", est dit aussi "de Dieu" [8]. »

Sur cette ligne, on retrouve saint Basile (Esprit « de Dieu en tant qu'il sort de Dieu » et Esprit « du Christ [9] ») et surtout Cyrille d'Alexandrie qui, à plusieurs reprises, nomme l'Esprit Saint « l'Esprit du Père et du Fils [10] ». Peut-on alors penser que l'auteur du *Veni creator* ait voulu prendre le parti de l'empereur contre les opposants au *Filioque* et qu'il ait ainsi souhaité exercer des pressions sur le pape, en employant l'expression la plus « inoffensive » qui pût exister et sur laquelle tous étaient en parfait accord ? C'eût été enfoncer une porte ouverte. Nous devons donc ébranler le château d'hypothèses construit sur ces deux versets et sur le lien étroit de notre hymne avec la polémique entre le pape et l'empereur autour du *Filioque*. Quand l'auteur même du *Veni creator* ne peut être certain, comment peut-on en déterminer avec précision l'année et les circonstances de la naissance ?

Peut-être sous l'influence de cette interprétation que je viens d'illustrer, on a pensé à élaborer en Allemagne un « texte œcuménique » du *Veni creator* à utiliser à l'occasion de rencontres avec des frères orthodoxes. Nos deux versets sont alors traduits ainsi : « Aide-nous, ô Esprit Saint,/à expérimenter que tu es Dieu en nous [11]. »

---

6. Augustin, *La Trinité*, XV, 26, 45.
7. Cf. Mt 10, 20 ; Ac 16, 7 ; Ga 4, 6 ; Rm 8, 9 ; 8, 14 ; 1 Co 2, 11.
8. Athanase, *Lettres à Sérapion*, III, 1 (PG 26, 625), SC 15, p. 164.
9. Basile le Grand, *Sur le Saint-Esprit*, XVIII, 46 (PG 32, 152).
10. Cyrille d'Alexandrie, *Commentaire sur l'Évangile de saint Jean*, IX (PG 74, 257 A) ; Id., *Dialogue sur la Trinité*, VI (PG 75, 1056 A).
11. *Gotteslob. Katholisches Gebet-und Gesangbuch*, Stuttgart 1975 : « *und dich erfahren, Gott in uns/dazu hilf uns, o Heiliger Geist.* »

Naturellement, rien n'interdit de changer le texte dans la mesure où il pourrait heurter les sentiments de nos frères orthodoxes. Cependant, avant de faire cela, il faudrait être certains que ces deux versets du *Veni creator*, entendus dans leur vraie signification, offensent réellement de tels sentiments.

Le *Veni creator* est déjà « œcuménique » tel qu'il est, et non seulement au sens où il ne canonise aucune thèse particulière sur l'origine de l'Esprit Saint, mais aussi au sens où il dégage un souffle d'une portée universelle qui l'a rendu unique et fort populaire auprès de tous les chrétiens d'Occident jusqu'à nos jours. L'apport des Pères grecs n'est pas moindre que celui des Latins même s'il est filtré par ces derniers. Le *Veni creator* n'est pas une « hymne de guerre », mais une hymne de paix ; il n'est pas une hymne « de circonstance », mais une hymne liée à une fête liturgique précise (en l'occurrence la Pentecôte), comme le sont d'autres hymnes attribuées au même auteur.

Index des auteurs

Abbrescia 295
Adam de Saint-Victor 214
Aelred de Rievaulx 82
Ambroise (saint) 33, 39, 41, 45, 46, 47, 51, 57, 82, 88, 98, 102, 103, 105, 132, 190, 194, 199, 225, 252, 263, 265, 282, 304, 305, 306, 310
Ambrosatier 38
Ambroise de Lombez 263
Angèle de Foligno 244
Antienne de Pentecôte 221
Apophtegmes du manuscrit Coislin 248
Aretas de Césarée 207
Athanase (saint) 32, 53, 70, 129, 130, 134, 200, 265, 304, 305, 318
Auguste 259
Augustin (saint) 6, 26, 33, 145, 188, 211, 255

Bach 14, 221
Barth 122, 204, 294
Basile le Grand 15, 25, 36, 70, 104, 111, 132, 140, 147, 165, 176, 190, 200, 206, 238, 281, 290, 310, 318
Becker 78
Bède le Vénérable 184
Beethoven 236
Bergson 93
Bernard (saint) 82, 138, 149
Boff, 308
Bonaventure (saint) 47, 57, 65, 76, 138, 139, 141, 149, 164, 212, 225, 226, 232, 311
Bultmann 241, 294
Burnett 143

Cabasilas 204
Cantalamessa 299, 304, 310
Carducci 241

Catherine de Gênes 92
Cazelles 132, 149
Celse 144, 207, 233
Césaire d'Arles 246
Charlemagne 305, 306, 316
Clément 308, 310
Clément d'Alexandrie 41
Coccioli 107
Comblin 177
Conchita 295
Congar 11, 135, 295, 296, 308
Constitutions apostoliques 42
Corpus antiphonalium officii 221
Cothenet 66, 211
Cremaschi 248
Cyrille d'Alexandrie 50, 66, 70, 111, 118, 130, 133, 304, 318
Cyrille de Jérusalem 23, 88, 97, 101, 102, 125, 137, 146, 147, 165, 200, 201, 223, 232, 239, 248, 267

Dante Alighieri 212, 259
Darwin 93
De Lubac 294, 295
Dei Verbum, 204
Denys le Chartreux 73
Diadoque de Photicé 24, 104, 105, 179, 239, 257, 273, 284
Didascalie des Apôtres 81
Didascalie Syriaque 238
Didyme l'Aveugle d'Alexandrie 40, 51
Dodd 284
Dorothée de Gaza 79
Dostoïevski 42
Ducros 148
Dunn 52, 148, 153, 279
Durrwell 310

Elena Guerra 295
Eliot 102, 111
Ephrem de Syrie 112
Eusèbe de Césarée 176, 276, 310

François d'Assise 7, 27, 72, 92, 97, 189, 198, 212, 223, 242, 261, 274, 294
Fulgence de Ruspe 305

Gaudium et spes 29, 38, 49, 247, 266, 270
Gautier de Saint-Victor 88, 102, 115, 211, 234
Giunta Bevegnati 285
Goethe 14, 39, 84, 211, 221
Goraïnoff 60, 202
Gotteslob 318
Grégoire de Narek 196
Grégoire de Naziance 303
Grégoire de Nysse 33, 69, 103, 201, 207, 265, 310, 311
Grégoire Le Grand 13, 138, 149, 158
Grégoire Palamas 119, 202
Guigues II 42
Guillaume de Saint-Thierry 70, 210, 273

Hänggi 304
Heïdegger 97
Hermann de Reun 51, 112
Hermas 68
Hesbert 221
Hésychius Prêtre, 257
Hilaire de Poitiers 28, 65, 82, 88
Homélies Pascales 41, 225
Hymnaire de l'abbaye de Stanbrook 44

Ignace d'Antioche 122, 141, 227, 288
Ignace de Lattaquié 59
Ignace de Loyola 272
Imitation du Christ 258
Innocent III 24
Irénée (saint) 213, 224, 268, 281, 292, 301, 310
Isaac de l'Étoile 82, 105, 118, 210
Isaac de Ninive 217
Isidore de Séville 45, 65, 73, 88, 103, 116, 131, 150, 164, 311

Jean Cassien 209
Jean Chrysostome 26, 156
Jean Climaque 208
Jean de la Croix 105, 112, 246, 286
Jean-Paul II 81, 90, 158, 261, 286, 307
Joachim de Flore 48
Julienne de Norwich 111
Justin (saint) 310

Kasper 76, 122
Katholisches Gebet-und Gesangbuch 318
Keble 85
Kierkegaard 93, 94, 244, 247, 275, 300

Lambiasi 156
Lausberg 151, 164, 171, 317
Lemonon 253
Leibniz 167
Léon XIII 151
Lessing 167, 168
Lettre de Barnabé 163
Lorenzo Lotto 240
Lucrèce 83
Lumen Gentium 72, 123, 152, 271
Luther 7, 14, 36, 41, 111, 204, 217, 221, 222, 258, 285

Mahler 14, 31, 211
Mansi 14
Manzoni 106, 146
Marius Victorinus 47, 98, 281
Martin 143, 186
Maxime le Confesseur 37, 38, 148, 149, 150, 157, 231, 267
Méliton de Sarde 276
Méthode d'Olympe 42

INDEX DES AUTEURS

MICHEL-ANGE 161, 170
MILTON 240
MISSEL ROMAIN 27, 80, 103, 124, 144, 219, 220
MOEHLER 152
MOLTMANN 94, 147, 177, 296, 307, 308, 309
MONTAGUE 186
MONTINI 156
MÜHLEN 11, 122, 135, 311, 312

NESTORIUS 133
NEWMAN 71, 72
NIETZSCHE 93, 94

ODES DE SALOMON 28
ORAISON ANCIENNE DE LA MESSE DE PENTECÔTE 202
ORBE 310
ORIGÈNE 37, 42, 51, 69, 102, 144, 150, 204, 207, 233, 286, 297, 310, 313
OTTO 21

PAHL 304
PASCAL 94
PASCHASE RADBERT 111, 265
PAUL DE SAMOSATE 133
PAUL VI 123, 151, 152, 158, 243
PÉGUY 178, 179, 225
PENTECOSTAIRE 72, 202, 214
PHILON D'ALEXANDRIE 193
PIC DE LA MIRANDOLE 91
PIE XII 122, 153
PLATON 41
PONTIFICALE SYRORUM 160
PRESBYTORUM ORDINIS 135
PSEUDO-ATHANASE 130, 134, 265
PSEUDO-BONAVENTURE 139, 311
RABAN MAUR 13, 34, 45, 65, 73, 76, 88, 90, 103, 116, 131, 150, 163, 164, 214, 316, 317
RAHNER 56
RICHARD DE SAINT-VICTOR 77
RITTER 303

RUPERT DE DEUTZ 51, 90, 277, 301

SACRAMENTARIUM GELLONENSE 202, 316
SACROSANCTUM CONCILIUM 190
SARTRE 299
SAUTER 122,177
SCHIERSE 70
SÉQUENCE DE PENTECÔTE 25, 27, 30, 46, 65, 70, 83, 98, 150, 202, 220, 252
SÉQUENCE SUR L'ESPRIT SAINT 128
SÉRAPHIM DE SAROV 60, 72, 201
SHAKESPEARE 193
SHERILL 185
SIMAN 103, 160, 214
SPÉCULUM VIRGINUM 164
SULLIVAN 55
SYMÉON LE NOUVEAU THÉOLOGIEN 106, 109, 175, 249
SYNAXAIRE DE PENTECÔTE 202

TAGORE 11, 187, 250
TAULER 98
TERSTEEGEN 14
TERTULLIEN 23, 65, 69, 201, 239, 251, 284, 292, 298, 305
THÉOPHANE KÉRAMEUS 265
THÉOPHILE D'ANTIOCHE 136
THÉRÈSE D'AVILA 113, 263
THOMAS D'AQUIN 34, 38, 47, 53, 54, 56, 75, 118, 126, 151, 175, 203, 253, 254, 255, 276, 299
THOMAS DE CELANO 189, 274

URBS JERUSALEM BEATA 263

VIES DES PÈRES 246
VIRGILE 39
VIVALDI 236
VON BALTHASAR 177, 311

WALPOLE 73

Weinandy 308, 309
Welker 55, 252, 296
Wesley 113, 293
Witte 269

INDEX ANALYTIQUE

ABBA : 154, 176, 192, 215, 247, 279, 283ss, 290, 301, 315
    l'Esprit Saint nous enseigne à crier A. : 77
    Le Fils prononce son A. éternel : 308

AILES DE L'ESPRIT : 251 ; AILES DU VENT 28

AMOUR (CHARITÉ) : 26, 81ss, 109, 111ss, 143, 167, 175, 193, 198, 263, 286ss
    a. de Dieu : 109, 114ss, 143, 167, 175, 193, 198, 263, 286ss
    l'Esprit Saint a. dans la Trinité : 75ss, 81ss, 116ss, 177, 203, 256, 279, 307ss, 314
    et dans l'Église : 116ss
    la formule augustinienne : « celui qui aime, celui qui est aimé, l'amour » : 116, 309
    l'Esprit Saint répand dans les cœurs l'a. : 17, 26, 46, 63, 71, 126, 142ss, 155, 163ss, 197, 214, 221, 247, 287, 315
    l'a., loi nouvelle du chrétien : 75 ss
    agit à travers l'attirance : 215, 219, 247, 267
    crée l'extase : 126
    a. de soi et de Dieu : 196, 210ss
    a. de Dieu et amour du prochain : 126, 128, 138, 162, 190, 266
    a.-propre : 215ss
    a. conjugal : 81ss

CHARITÉ ET EXERCICE DES CHARISMES : 148, 187

ANGLICANS : 143

ANGOISSE :
    Le démon et l'angoisse : 244ss
    l'Esprit Saint nous délivre de l'a. : 247
    et choix : 264

ANTHROPOLOGIE DU *VENI CREATOR* : 198

ARIENS ET ARIANISME : 32, 133 SS

ASCÈSE : 92, 142, 182, 215

BABEL ET PENTECÔTE : 42, 194 SS

BAISER : SYMBOLE DE L'ESPRIT SAINT : 82, 125, 314

BAPTÊME :
    de Jésus dans le Jourdain : 22, 36, 115, 132 ss, 224, 227, 237, 283, 307, 310ss
    du Chrétien (sacrement) : 29, 52, 57, 81, 86ss, 90, 96ss, 99, 104, 115, 121, 127, 136ss, 141, 146, 148, 238, 250, 267, 274
    dans l'Esprit Saint et le feu : 54ss, 137, 143, 265, 279, 198, 315
    dans le monde (déluge) : 251
    de lumière : 181, 202

CHANT :
    Favorisent cet abandon à l'onction : 142, 190, 233 (un baume)
    en langues : 185 ss, 188, 189, 192, 195 (chant nouveau)
    grégorien : 189

ARRHES : DE L'ESPRIT : 92, 172ss, 226

CARACTÈRE INDÉLÉBILE : 136, 141

CHARISMES :
    définition : 53, 62, 187
    et sainteté : 155ss
    et institution : 122, 149ss, 158
    et sacrements : 83, 137, 155,
    et fruits de l'Esprit : 55, 145ss, 192, 254, 295
    et talents : 38, 147ss
    et charité : 121, 159, 185
    et béatitudes : 123
    et vie consacrée : 147
    messianiques : 149
    spirituels : 149 ss, 156
    pentecôstaux : 62, 102
    exercice des c. : 56, 147ss, 157
    cléricalisation des c. : 154ss
    cessation des c. : 153ss, 228,
    de la parole : 147, 150, 154, 159, 183, 190, 192
    de l'enseignement : 147, 150, 154, 159
    des guérisons : 147ss, 159, 225ss, 228, 229

CATÉCHÈSE MYSTAGOGIQUES : 58, 136ss

COLLÉGIALITÉ DES ÉVÊQUES : 271

COLOMBE :
    symbole de l'Esprit Saint : 35ss, 67, 102, 111, 121, 134, 263, 283, 304
    symbole de la paix : 250ss

COMBAT SPIRITUEL : 29, 219, 235ss, 239, 248, 253, 315, 317

CONCILES ET SYNODES :
    de Jérusalem : 271
    de Nicée (325) : 32

de Constantinople (381) : 33, 39, 304
de Tolède (589) : 305
d'Aix-la-chapelle (809) : 316
de Reims (1049) : 13
de Trente : 53
Vatican II : 9, 29, 38, 49, 72, 122, 135, 151, 238, 247, 266, 269

CONNAISSANCE : 220
De Dieu : 280ss, 291ss
Don de l'Esprit :149, 151
L'Esprit a connaissance : 36, 38, 64, 66, 176, 199, 202, 210, 273
Foi et connaissance : 56, 86, 138, 144, 148, 165, 207, 209, 211, 238, 278
dans la Bible et dans le monde grec : 284

CONSOLATION DE L'ESPRIT SAINT : 56, 63ss, 71ss, 99, 138, 249, 267

CONTEMPLATION :
Contemplation de l'Esprit Saint : 60ss, 67, 70, 120, 123, 197, 206, 218, 281, 284, 287
intellectuelle et sapientielle : 138
les sept dons et la c. : 151
dans l'Esprit : 287
onction et contemplation : 138

CORPS, TEMPLE DE L'ESPRIT SAINT : 55, 88, 90, 92, 103, 105, 107, 111, 140, 163, 174, 177, 181, 186, 198, 206ss, 215ss, 223, 276, 315
« frère c. » : 198, 207, 223, 226, 233
Du Christ : 96, 208, 225, 301, 308
Eglise :71ss, 80, 121, 124, 134ss, 144, 151, 155, 157, 159, 170, 188, 231, 269, 283

CRÉATION NOUVELLE ou NOUVELLE CRÉATION : 35ss, 43, 47, 49, 110, 115

CONFIRMATION : 81, 83, 87, 135, 137, 141

CROIX : 9, 80, 109, 158, 243, 256, 259, 261
Don de l'Esprit sur la Croix : 41, 89, 184, 254, 307ss
folie de la c. : 212

DÉMYTHISATION : 241 SS

DÉMON (DIABLE, SATAN, DÉMONIAQUE) : 104, 205, 237ss, 297, 307
Jésus tenté par le d. : 242
diverses représentations du d. : 240
silence sur le d. : 241
symbole de l'inconscient collectif selon certains : 241
doctrine de l'Église : 240ss
le démon et l'angoisse : 244ss
peut aboyer mais ne peut mordre : 183

DÉSERTIFICATION : 97ss

DIALOGUE :
Œcuménique : 9, 119
Inter-religieux : 10

DIEU LE PÈRE : 10, 15, 17, 19, 24ss, 32ss, 37, 40ss, 44, 48, 50ss, 57ss, 67ss, 74ss, 90, 96, 98, 103ss, 109ss, 116ss, 122, 125ss, 132, 135ss, 142, 145, 153ss, 157, 161, 163ss, 171ss, 184, 192, 199, 201, 203ss, 208ss, 215, 218, 222, 234, 237, 247, 254, 257, 259, 265, 271, 297ss, 314ss
il est p. et mère à la fois : 24, 282
l'Esprit Saint révèle Dieu comme p. : 287ss

LA SOUFFRANCE DE DIEU : 286

DIRECTION SPIRITUELLE : 275

DISCERNEMENT DES ESPRITS : 150, 153, 191, 270ss
et don du conseil : 272

DOIGT DE DIEU : 63, 125, 145, 157, 161ss, 213, 237, 247, 315
le titre « doigt de Dieu » et le *Filioque* : 164

DONATISTES : 121

EAU :
symbole de l'Esprit Saint : 19, 58, 63, 67, 74, 77, 86ss, 96ss, 114, 115, 129, 137, 172, 199, 201, 265, 288, 315,

ECOLOGIE ET SAUVEGARDE DE LA CRÉATION : 38ss, 260

ÉCRITURES : 56ss, 91, 147, 204ss, 294
lecture spirituelle des E. : 71
ouverture de la Bible au hasard : 274

ÉGLISE :
sacrement de l'Esprit : 122, 130
l'Esprit œuvre dans l'E. : 37, 46, 49, 61, 94, 71, 74, 83, 105, 115ss, 198, 282, 295, 314,
est hiérarchique et charismatique : 9, 122, 155
« une personne mystique » : 122, 134
« cosmos du cosmos » : 42
est porteuse de l'Esprit Saint : 15
son organisation est l'œuvre de l'Esprit Saint : 112, 123, 146, 197
l'Esprit œuvre dans l'Eglise : 37, 46, 49, 61, 64, 71, 74, 83, 105, 115ss, 198, 282, 295, 314

ENTHOUSIASTES ET ILLUMINÉS : 269

INDEX ANALYTIQUE

ÉPICLÈSE : 13, 29, 197, 219, 304

ESCHATOLOGIE ET ESPRIT SAINT : 174, 177, 226

ESPÉRANCE : 30, 72, 93, 96, 102, 109, 111ss, 204, 234, 294, 301
  Esprit Saint et E. : 52, 111, 146, 178ss, 313
  le « principe Espérance » : 71, 84, 171ss

ESPRIT :
  consacrer son raison au Paraclet : 208
  comparé à un moulin : 209

ESPRIT SAINT :
  Esprit du Père et du Fils : 75, 314ss
  « nous » divin du Père et du Fils : 122, 271
  la formule *utriusque Spiritus* : 306, 314ss
  procède du Père : 303ss
  et du Fils : 305
  est image du Fils : 304ss
  rôle actif et non seulement passif dans la Trinité : 77
  relative autonomie de l'Esprit dans la Trinité : 313
  divinité de l'Esprit Saint : 318
  est consubstantiel au Père et au Fils : 26, 303ss
  est personne : 37, 50
  substance énergétique et énergie substantielle : 69,
  don de Dieu : 74ss, 51
  jouissance et joie : 82
  communion : 75ss, 116ss, 279
  mystère terrible et fascinant : 21, 288
  mystère de mouvement et de paix : 30, (cf. 255)
  l'Esprit Saint mère : 24
  principe de création des choses : 34, 48
  préside à la sortie des créatures de Dieu et à leur retour à Dieu : 315
  est créateur : 31ss
  se révèle en révélant le Père et le Fils : 290
  compagnon inséparable de Jésus : 26, 70, 140
  esprit de la rédemption : 48, 61
  esprit de la grâce : 51, 61, 81, 94, 197
  vivifiant(e) : 68, 88, 95
  « *almus Spiritus* » : 90
  esprit de vérité pour Jean et Esprit de charité pour Paul : 10, 64, 66, 72, 104, 136, 199, 211, 238, 269, 280
  âme de l'Église : 83, 121ss,
  principe de l'unité et de la diversité de l'Église : 146
  action sanctificatrice et charismatique de l'E. : 197
  le « grand docteur » de l'Église : 200, 248
  il ne fait pas de choses nouvelles mais renouvelle toutes choses : 16, 299
  cause de la justification : 104
  est la rémission des péchés : 103ss, 110, 114ss, 173, 182
  loi nouvelle du chrétien : 75, 95, 173, 212ss
  principe de connaissance et d'amour : 210
  est le lieu des saints : 15
  est la volonté substantielle de Dieu : 273, 287
  hôte très doux de nos âmes : 25ss, 70
  crée l'intimité avec Dieu : 25
  guide notre chemin (*odegós*) : 265ss
  cautère vraiment très suave : 105
  baume : 233ss
  maître intérieur : 138, 267
  l'ami le plus intime de la saine raison humaine : 20, 26
  échelle de notre ascension vers Dieu : 288,
  est notre communion avec le Christ : 301
  esprit de Dieu et esprit du monde : 200, 237, 270, 272, 281
  identifié à l'esprit humain : 25, 37

EUCHARISTIE : 57, 86, 90, 130, 136, 192, 208, 298, 301, 308

EXORCISME : 162, 238ss

EXPÉRIENCE DE LA TRINITÉ :
  de l'Esprit Saint : 39, 52 ss, 103, 125, 158, 160, 187, 214, 295
  de l'amour de Dieu : 116, 126

FÉMINISME : L'ESPRIT SAINT ET LE MOUVEMENT FÉMINISTE 282

FERVEUR : 55, 106, 111 SS, 168, 181

FILIOQUE :
  le problème du F. : 134, 302ss
  le *Veni creator* et le F. : 164, 302ss, 316ss

FEU : SYMBOLE DE L'ESPRIT SAINT : 17, 19, 21ss, 46, 61, 63, 67, 87, 100ss, 114ss, 123, 125, 129, 137, 158, 184, 189, 192ss, 199, 210, 214, 221ss, 239, 265, 295, 301, 315

FOI : 9ss, 23, 26, 28, 33, 36ss, 43ss, 48, 52, 55ss, 67ss, 71, 74, 89ss, 96, 99, 101, 103, 126, 133, 137, 142, 146ss, 170, 173ss, 178ss, 181ss, 184, 186, 189, 193, 202ss, 205, 208, 215, 221ss, 225ss, 230ss, 236, 240, 247ss, 272, 279, 282, 289, 293ss, 301ss, 306, 312, 314, 316ss

« L'OBJET DE LA FOI N'EST PAS UNE VÉRITÉ À ÉNONCER, MAIS UNE RÉALITÉ » : 299
  f. charismatique : 210
FRANCISCAIN : MOUVEMENT 138, 153, 212
FRUITS DE L'ESPRIT : 15, 55, 74, 83, 98 143, 151ss, 172, 179, 224, 252 SS, 260ss, 268, 272
GLOSSOLALIE (DON DES LANGUES) : 154, 184ss
  comme initial evidence : 187
  et mantique païenne : 186
GNOSTIQUES ET GNOSTICISME : 24, 91, 133, 154, 224, 268, 282, 292, 313
  gnose hérétique chrétienne : 256
GRÂCE : 17ss, 29, 37, 39, 44ss, 52ss, 60ss, 67, 70, 72, 75, 86ss, 98, 104, 110, 112, 115, 123, 125, 139ss, 146ss, 155, 158, 160, 162ss, 172ss, 179, 182, 196ss, 200ss, 206, 216ss, 224, 228ss, 231, 238, 247ss, 254ss, 261, 263, 267, 269, 297, 313ss
  point de rencontre entre l'œuvre du Christ et de l'Esprit : 46
  s'expérimente : 52
  est l'Esprit Saint lui-même : 45ss, 51, 81, 94
  créée et incréée : 48ss, 54, 75
  gratis data e gratum faciens : 53, 148
  g. personnelle et g. capitale de Jésus : 134ss, nature et g. : 47ss, 90ss, 126, 148, 228
GUÉRISONS : 148, 153SS, 156, 159, 165, 168, 170, 192, 225SS, 286, 315
HÉRÉSIE ET ORTHODOXIE : 32ss, 130, 270, 292ss, 298ss, 304
HÉSICHASME : 257
HOMME : 9ss, 20ss, 24ss, 37, 46ss, 49ss, 70, 183ss, 186, 190, 192ss, 198ss, 201ss, 206ss, 210ss, 215, 220, 223ss, 232, 236, 238ss, 250, 253ss, 257ss, 260ss, 264, 266ss, 270, 272, 275ss, 281, 283ss, 295, 300ss, 308, 314ss
  image de Dieu : 103, 111, 114
  « cosmos du cosmos » : 42
  l'H. du sous-sol : 42
  le surhomme : 93
  « replié » suite au péché : 216ss
HUMILITÉ : 55, 97, 120, 139, 158, 159, 204, 254
IDÉALISME (PHILOSOPHIE) : 37
INCARNATION : 9, 68, 89, 96, 132SS, 184, 224 SS, 270, 284, 292, 308, 310
  et mystère pascal : 9, 96, 184, 284, 308

et onction : 132ss, 310
INCONSCIENT : 43, 124, 229, 241
INHABITATION DE L'ESPRIT DANS L'ÂME : 38, 75ss
INITIATION CHRÉTIENNE : 55, 57, 136
INQUISITION : 240
INSPIRATION ARTISTIQUE : 39, 141
INSPIRATIONS : 150, 157, 267, 271ss
INTERPRÉTATION DES LANGUES : 153, 185
INTIMITÉ AVEC DIEU : 25SS, 30, 83SS, 177, 185
IRRIGATION : TITRE DE L'ESPRIT SAINT : 98
ISOTIMIE DE L'ESPRIT SAINT : 33
JÉSUS CHRIST :
  par l'Esprit Saint il a pris chair de la vierge Marie : 304
  J. historique : 293ss, 298
  le Christ du dogme : 294
  Jésus Seigneur :56, 68, 192, 291, 296ss, 315
  maître : 222, 267, 296ss
  le Jésus « pour moi » : 291, 293ss
  Jésus priant : 300
  dogmes christologiques : 299
  l'Esprit Saint éclaire la personne et l'œuvre du Christ : 172
  la sublime connaissance du Christ : 294, 296, 299
JUBILÉ : 50, 51
KÉRYGME : 192, 294, 296
LANGAGE DE SCIENCE ET DE SAGESSE : 184ss, 191
LIBERTÉ, LIBRE ARBITRE : 40, 91, 110, 153ss, 156ss, 189, 215, 217ss, 221, 227, 230ss, 241, 244ss, 254, 257ss, 260, 262, 264, 269, 271, 281, 288
LITURGIE : 13, 14, 27, 44, 55, 59, 80, 111, 142, 144, 190, 192, 202, 220, 262, 292
  latine : 211, 214, 316
  byzantine et syriaque : 103, 214
  de St Jacques : 304
LIVRES : LES DEUX LIVRES DE LA NATURE ET DE LA BIBLE 20, 86
LUMIÈRE : 43ss, 83, 87, 116ss, 124, 141, 169, 172, 181, 191, 220, 222, 233, 241, 253, 315
  l'Esprit Saint l. : 10, 17, 19, 38, 56, 87, 96, 119, 123, 197ss, 215ss, 221, 226, 233, 249, 273, 277, 289ss, 295, 299, 301 200, 273

INDEX ANALYTIQUE

l. et couleurs, symboles de la grâce et des charismes : 146, 157
l. du Thabor : 202

LUMIÈRES (SIÈCLE DES LUMIÈRES) : 10, 293

MACÉDONIENS (TROPISTES, PNEUMATOMAQUES) : 37, 303

MAGISTÈRE :
apostolique : 268
de l'Église : 154, 158, 243, 260, 269ss

MAINS DE DIEU 110, 224, 313
Du Père : 10, 40ss, 307
De l'Esprit : 43, 71

MANICHÉENS : 49, 91

MARANA-THA : 30, 176, 279, 290

MARCION ET MARCIONISME : 49, 313

MARIAGE : 80ss,
est un charisme : 83, 147
le m. renouvelé par l'Esprit : 83

MARIE :
l'Esprit créateur a agi en elle : 40, 304, 307
après avoir reçu l'Esprit Saint, elle entonne le Magnificat : 61, 195
en prière au cénacle : 58
consolatrice des affligés et avocate des pécheurs : 72

MARTYRS :
l'Esprit Saint, entraîneur des m. : 23, 65, 125, 160, 239

MESSALIENS : 104, 238

MÉTHODISME : 293

MIRACLES : 55, 71, 133, 146, 157SS, 164SS, 187, 227

MISSION DU VERBE ET DE L'ESPRIT : 134, MISSION DE L'ESPRIT : 55SS, MISSION DU CHRIST : 137, 153, 165SS

MONACHISME PHÉNOMÈNE CHARISMATIQUE : 153

MONTAN ET MONTANISME : 154

MOYEN-PLATONISME : 32

MYSTÈRE PASCAL : 9, 29, 49, 95SS, 184, 291, 296, 308, 313

MYSTIQUE :
de l'Esprit Saint : 201
de la lumière et du feu : 203, 212
m. rhénane : 162, 212

NIHILISME : 43

NOTRE PÈRE : 40, 110, 247, 280 SS ; PRIÈRE DU NOTRE PÈRE : 103, 237, 285, 287SS

NUÉE LUMINEUSE SYMBOLE DE L'ESPRIT SAINT : 202, 214, 265, 275

NUIT : 200
symbole du chaos primordial : 44
n. obscure de l'esprit : 246

NUMINEUX: CARACTÈRE DE L'ESPRIT SAINT : 21SS

OBÉISSANCE : 142ss, 157, 205, 215, 284, 287
Et dons : 151
et charismes : 143, 157ss
o. dans l'Esprit Saint : 217, 268, 276, 287

ŒCUMÉNISME ET UNITÉ DES CHRÉTIENS : 54, 119, 143, 124, 306, 307

ONCTION : 17, 56, 61, 63, 129SS, 209, 277, 312
de Jésus dans le Jourdain : 132ss, 135, 141ss, 310ss
le Christ, l'Oint de Dieu : 311 ; nom que Jésus reçoit de cette onction : 133, 139
cosmique : 310
éternelle du Verbe : 310
royale, sacerdotale et prophétique : 131ss, 135
comme sacrement :131, 137ss
chrétiens c'est-à-dire oints : 133, 139, 164, 295
comme acte et comme état : 131, 133, 138, 141
spirituelle : 17, 61ss, 129ss, 315, 321
Enseigne tout : 131, 136, 138ss, 269
comme dévotion : 140ss
comme force : 133, 140, 143
des malades : 135

PAIX : 106, 252, 255, 258, 260, 250ss
« tranquillité de l'ordre » : 255ss
nom de Dieu : 255ss
fruit de l'Esprit : 17, 27, 30, 56, 82ss, 110, 123, 140ss, 178, 235, 244, 250ss, 273
fausse paix : 106, 143, 157, 205, 215, 284, 287
totalité des biens messianiques : 255 idéal messianique : 252
p. du cœur : 257 ss, 262
et discernement : 244, 258, 273
béatitude évangélique : 260ss, bonheur du ciel : 252, 263
p. chrétienne et nirvana bouddhiste : 251

PARACLET : 21, 24, 27, 33, 45, 51, 60, 62ss, 90, 109, 112, 128, 140, 145, 160, 163ss, 172, 176, 181, 198ss, 202, 204, 206, 208, 215, 219, 233, 235, 238, 247ss, 265ss, 277, 279ss, 284, 286ss, 290ss, 295, 302, 306, 314, 316, 318

PAROLE , : 10ss, 20, 23, 27ss, 40, 56, 66, 86, 99, 123, 170ss, 183ss, 204ss, 213, 230, 233ss, 248, 253, 255, 260, 264, 267ss, 274, 285, 296, 300, 304, 315
   est inspirée : 96, 145, 154, 165, 190
   et Esprit : 28, 35, 119, 142, 145, 183ss, 196
   instrument de guérison : 71, 230 ; p. et miracles : 84 ; p. et sacrements :86, 96, 234

PENTECÔTE : 13ss, 24, 42, 45, 48ss, 54ss, 62, 72, 74, 90, 99, 101ss, 115, 120ss, 123ss, 137, 145, 151, 155, 160, 168, 170, 172ss, 180, 184ss, 194ss, 202, 214, 221, 263, 271, 291, 296, 304, 306, 319
   l'événement : 57, 124, 214
   consiste dans l'expérience de l'amour de Dieu : fête des prémices : 175,, 213
   et Sinaï : 22, 173, 213ss
   et Babel :194
   et jubilé : 50ss
   une « nouvelle Pentecôte » : 10, 30, 46, 55, 58, 125, 155, 169, 181, 295

PENTECÔTISTES ET CHARISMATIQUES : 27, 57, 156, 180, 187, 188

PIÉTISME : 293

PNEUMA : 18, 19, 35, 67SS
   « pneumathérapie » : 233

PNEUMATOLOGIE : 199ss, 211, 217, 239, 282, 294ss, 307ss, 311
   latine et grecque : 211, 304
   renouveau de la p. : 295
   une p. pour l'homme du deuxième millénaire : 236, 296
   et christologie : 184, 304

PRÉMICES DE L'ESPRIT : 174ss, 258

PRIÈRE : 29, 56, 58, 61, 71, 84, 139ss, 142ss, 153, 164, 168, 176, 181, 185ss, 205, 220, 227ss, 233ss, 239, 244, 262, 273ss, 276, 283, 288, 298, 300ss
   Prière écrite : 27, 30, 37, 46, 72, 80, 98, 103, 110, 144, 160, 170, 196, 220, 229, 261, 263
   trinitaire :279
   dans l'Esprit : 287

PROGRÈS SPIRITUEL : 55, 236, 264

PROMESSE : 30, 89, 101
   l'Esprit de la p. : 145, 171ss
   théologie paulinienne de la p. : 173ss

PROPHÉTIE : CHARISME 15, 55, 123, 145, 147, 149, 153, 156, 159, 173, 184ss, 191ss, 213
   Dans la Bible : 29, 173, 180, 184,
   en Luc :173, 178 ; en Paul : 190
   charisme du magistère : 154

PROTO-CATHOLISCISME : 154

PSYCHANALYSE : 43

PURETÉ ET ESPRIT SAINT : 43, 81, 141, 206 SS, 253 SS

RATIONALISME : 10, 28, 166, 269, 293

RÉCIPROCITÉ :
   entre l'Esprit et les deux autres personnes : 308ss, 312
   entre le Fils et l'Esprit : 184, 307ss, 311

RELIGIOSITÉ : 21, 40, 166ss, 227
   populaire : 270
   apollinienne et dionysiaque : 211

RÉFORME ET RÉFORMATEURS : 11, 14, 53, 122, 205, 206, 292

REMORDS : 106 SS

RENOUVEAU CHARISMATIQUE : 10, 11, 56, 125

REPOS DANS L'ESPRIT : 27, 156

RÉVEIL DE L'ESPRIT : 15, 282

RÉVEILS CHARISMATIQUES : 153, 158

RUAH : 18SS, 25, 29, 35 SS, 132, 183, 290

SACREMENT : 20, 48, 56ss, 81, 86ss, 96, 103, 122, 130, 135, 137, 140, 146ss, 152, 227ss, 230, 234, 313
   toute la création est s. : 86ss
   communion des s. et société des saints : 121
   figure, événement et s. :130, 135
   et charismes : 83, 137, 155

SACRIFICE : CONCEPT CHRÉTIEN : 77ss, 83, 110, 274

SAINT (*QADOSH*) : 22
   sainteté masculine et féminine : 24ss
   le saint est pour l'Esprit un lieu propre : 15ss

SCEAU : 81, 124, 129, 136, 140SS, 173SS, 176, 182, 301, 310
   l'Esprit Saint « sceau royal » : 136

SENSUS FIDELIUM : 269

INDEX ANALYTIQUE

SEPT DONS : 17, 137, 145 SS, 301
SIGNES DES TEMPS : 270
SINAÏ THÉOPHANIE : 22, 27, 214, 312
SOBRE IVRESSE DE L'ESPRIT : 57, 125, 295
SOUFFLE, HALEINE : SYMBOLES DE L'ESPRIT 19ss, 35, 38ss, 43, 68, 74, 82, 89, 99, 101, 119, 123, 128ss, 152, 155ss, 161, 178, 180ss, 237, 239, 249, 267ss, 286, 311, 315, 317, 319
SPIRATION : 311SS
SPIRITUALITÉ : 46, 94, 191, 257, 292
   latine : 116, 211ss
   franciscaine et dominicaine : 138, 153, 212
   thomiste et augustinienne : 126, 182, 212
   Spirituque : 308
STOÏCISME LA NOTION DE *PNEUMA* : 36, 39
SYMBOLES NATURELS DE L'ESPRIT : 27, 61, 67, 87, 100, 114, 199, 290
TENTATION : 29, 178, 218, 237, 239, 242, 245 SS, 258, 275
THÉOLOGIE : 9ss, 15, 19, 46, 54, 68, 70ss, 75ss, 81, 128, 133ss, 151ss, 155, 157, 171, 174, 177, 201, 203, 240, 282, 286, 292, 294ss, 304ss, 307ss, 312, 316
   scholastique : 53, 150
   thomiste : 151, 212
   orthodoxe et orientale : 119, 201, 306
   de la libération : 177
   de l'Espérance : 178
   du plaisir : 83
TÉMOIGNAGE INTERNE ET EXTERNE DE L'ESPRIT SAINT : 67, 158, 168, 205ss, 266, 268ss, 291, 293
TIÉDEUR : 100, 112ss
TOUCHER DE L'ESPRIT : 57, 142, 161, 168ss
TRADITION : 31ss, 37, 61, 63ss, 81, 76, 88, 100ss, 126, 145, 149, 163ss, 211, 237ss, 251, 255, 265ss, 280ss, 297, 313ss
   comme expérience de l'esprit dans l'église : 15
   latine et orientale : 15
TRINITÉ: 18, 24, 32, 34, 47ss, 66ss, 75, 77, 116ss, 124ss, 134, 161, 177, 184, 198, 204, 256ss, 271, 278, 284, 308ss, 311, 314
   est homogène ou n'est pas : 70
   doctrine de la T. : 47ss
   foi trinitaire et expérience : 278ss,
   les images trinitaires « soleil, rayonnement, rayon » et « source, fleuve, ruisseau » : 201

UNION INTIME : SYMBOLE DE L'ESPRIT SAINT : 82
VENI CREATOR : 13ss, 31ss, 39ss, 42ss, 51ss, 60ss, 87, 90, 99ss, 114ss, 122, 124, 129, 142, 145, 150ss, 163ss, 171ss, 178, 181ss, 197, 202, 206, 209ss, 221, 223, 226, 235ss, 244, 251ss, 259, 264, 271, 278ss, 283, 288, 302, 306ss, 311, 314ss
   caractère œcuménique : 14
   sa présence dans la culture occidentale : 13
   et question du *Filioque* : 164, 302ss, 316ss
   l'unité du plan du Salut dans le : 314
   et *Magnificat* : 61
VENT :
   symbole de l'Esprit : 19ss, 29, 35ss, 87, 100, 114, 123, 128ss, 153, 199, 214, 267, 290
   « frère V. » : 27ss, 87
   chaud de printemps : 28
VERTUS : 93, 150ss, 239, 253, 272
   théologales : 44, 48, 146ss, 178
   et dons de l'Esprit : 150ss,
   et fruits de l'Esprit : 152, 254, 261
VIE : 10ss, 20, 23, 26, 52ss, 64, 70ss, 112ss, 118, 121, 125, 127, 130ss, 134, 147, 151ss, 161, 166, 172, 175, 177, 182, 186, 192, 196, 200, 203ss, 209, 213ss, 225ss, 235ss, 244, 248ss, 256, 259ss, 270, 272, 274ss, 281, 283ss, 289, 292ss, 296ss, 299, 301, 303ss, 307, 315
   naturelle et surnaturelle : 88, 90ss
   Esprit et v. : 20, 29, 35, 41ss, 52, 58, 62, 75ss, 83ss, 114, 123, 149, 155, 167, 178
VITALISME : 93, 94
VŒUX RELIGIEUX : 79

Table des matières

PRÉFACE	9
INTRODUCTION	13
I - « VIENS, ESPRIT ! »	18
II - « CRÉATEUR »	31
III - « EMPLIS DE LA GRÂCE D'EN HAUT LES CŒURS QUI SONT TES CRÉATURES »	45
IV - « TOI QU'ON APPELLE PARACLET »	60
V - « DON SUPRÊME DE DIEU »	73
VI - « EAU VIVE »	86
VII - « FEU »	100
VIII - « AMOUR »	114
IX - « ONCTION SPIRITUELLE »	129
X - « MULTIFORME DANS TES DONS »	145
XI - « DOIGT DE LA DROITE DE DIEU »	161
XII - « PROMESSE SOLENNELLE DU PÈRE »	171
XIII - « TU METS LA PAROLE SUR NOS LÈVRES »	183
XIV - « METS TA LUMIÈRE EN NOS ESPRITS »	197
XV - « RÉPANDS L'AMOUR DANS NOS CŒURS »	210
XVI - « FORTIFIE PAR TA PUISSANCE ÉTERNELLE L'INFIRMITÉ DE NOTRE CORPS »	223
XVII - « REPOUSSE L'ADVERSAIRE AU LOIN ! »	235
XVIII - « SANS TARDER DONNE-NOUS LA PAIX »	250
XIX - « AVEC TOI NOTRE GUIDE NOUS ÉVITERONS TOUT MAL »	264
XX - « FAIS-NOUS CONNAÎTRE LE PÈRE »	278
XXI - « FAIS-NOUS CONNAÎTRE AUSSI LE FILS ! »	290
XXII - « ET TOI LEUR ESPRIT COMMUN, FAIS-NOUS TOUJOURS CROIRE EN TOI »	302
EXCURSUS	316
INDEX DES AUTEURS	321
INDEX ANALYTIQUE	325

Achevé d'imprimé par Dupli-Print (95) en août 2015
N° d'impression : 2015080899
Imprimé en France